Die Kommanditgesellschaft auf Aktien (KGaA)

Sibilla Nagel · Ansas Wittkowski

Die Kommanditgesellschaft auf Aktien (KGaA)

Rechtsform für Mittelstand und Familienunternehmen

Dr. Sibilla Nagel,
Dr. Ansas Wittkowski,
München,
Deutschland

ISBN 978-3-8349-2364-6　　　　　　　ISBN 978-3-8349-6829-6 (eBook)
DOI 10.1007/978-3-8349-6829-6

Die Deutsche Nationalbibliothek verzeichnet diese Publikation in der Deutschen Nationalbibliografie; detaillierte bibliografische Daten sind im Internet über http://dnb.d-nb.de abrufbar.

Springer Gabler
© Gabler Verlag | Springer Fachmedien Wiesbaden 2012
Das Werk einschließlich aller seiner Teile ist urheberrechtlich geschützt. Jede Verwertung, die nicht ausdrücklich vom Urheberrechtsgesetz zugelassen ist, bedarf der vorherigen Zustimmung des Verlags. Das gilt insbesondere für Vervielfältigungen, Bearbeitungen, Übersetzungen, Mikroverfilmungen und die Einspeicherung und Verarbeitung in elektronischen Systemen.

Die Wiedergabe von Gebrauchsnamen, Handelsnamen, Warenbezeichnungen usw. in diesem Werk berechtigt auch ohne besondere Kennzeichnung nicht zu der Annahme, dass solche Namen im Sinne der Warenzeichen- und Markenschutz-Gesetzgebung als frei zu betrachten wären und daher von jedermann benutzt werden dürften.

Lektorat: Andreas Funk, Irene Buttkus
Einbandentwurf: KünkelLopka GmbH, Heidelberg

Gedruckt auf säurefreiem und chlorfrei gebleichtem Papier

Springer Gabler ist eine Marke von Springer DE. Springer DE ist Teil der Fachverlagsgruppe Springer Science+Business Media.
www.springer-gabler.de

Geleitwort

Die Kommanditgesellschaft auf Aktien (KGaA) ist zunächst eine nicht nur im Ausland schwer verständliche Rechtsform. Viele in Deutschland gewählte steuerliche Gestaltungsstrukturen sind aufgrund der hybriden Eigenschaften dieser Rechtsform mit vergleichsweise geringer Gestaltungsintensität erreichbar. Vor diesem Hintergrund muss die Attraktivität der KGaA immer wieder unterstrichen werden. Sie wird auch zunehmend erkannt und führt zu einer stetig ansteigenden Verwendung dieser Rechtsform. Die KGaA vereinigt wie keine andere Rechtsform Vorteile von Personen- und Kapitalgesellschaften in sich und lässt insbesondere einen Börsengang wie im Falle einer Aktiengesellschaft zu.

Nicht nur unter den zahlreichen gesellschaftsrechtlichen Aspekten, sondern auch in mitbestimmungsrechtlicher und schließlich steuerrechtlicher Hinsicht zeigen sich die Vorteile dieser Rechtsform. Der Bundesfinanzhof betrachtet in einer neueren Entscheidung die KGaA als „(teil-) transparente hybride Rechtsform", die im internationalen Steuerrecht, speziell abkommensrechtlich, viele Vorteile bieten kann. Die „nur" Kommanditaktionäre nehmen wie „normale" Aktionäre nicht an den steuerlichen Folgen der Mischform der KGaA teil. Gestaltungsspielraum resultiert ferner aus dem Mischelement des Personengesellschaftscharakters für die Komplementärstellung. Die unterschiedlichen Ausprägungen als reine KGaA mit einer natürlichen Person als Komplementär, als personalistische KGaA mit einer Personengesellschaft als persönlich haftende Gesellschafterin oder als atypische KGaA mit einer Kapitalgesellschaft als Komplementärin eröffnen mannigfaltige Gestaltungswege, die auch die Besteuerung der Gesellschafter der KGaA erfassen.

In Akquisitionen oder Umstrukturierungen zeigt die Rechtsform der KGaA interessante gesellschaftsrechtliche Elemente wie die Sicherung der Unternehmensführung mit einer Mehrheit an der Komplementärin und mit einer Kommanditaktionärsbeteiligung von nur geringfügig mehr als 25 %. Außerdem kann mitbestimmungsrechtlich je nach Gestaltung trotz Börsennotierung der mitbestimmte Aufsichtsrat optimiert werden. Zudem können neben dem Aufsichtsrat weitere Gremien eingerichtet werden, die weitergehende Rechte im Vergleich zu einem üblichen Beirat erhalten und an der Unternehmensführung teilhaben können.

Das vorliegende Werk führt den Leser in die spezifischen Teilaspekte der KGaA ein und erläutert die angedeuteten Gestaltungselemente mit praktischen Beispielen, die diese besondere hybride Rechtsform so attraktiv erscheinen lässt wie sie in der täglichen Praxis ist.

Düsseldorf, im Dezember 2011

Robert Risse
Corporate Vice President der Henkel AG & Co. KGaA

Einleitung

Die KGaA ist eine Rechtsform, die teils im Personengesellschaftsrechts und teils im Aktienrecht verankert ist. Die Verzahnung dieser beiden Rechtsgebiete und die damit einhergehende Komplexität der Regelungen sind wohl maßgeblich dafür verantwortlich, dass die KGaA nicht als eine attraktive Rechtsform wahrgenommen wird. Unseres Erachtens ist diese Einschätzung nicht richtig. Sie verkennt die Vorzüge, die eine KGaA für mittelständische eigentümergeführte Unternehmen bereithält. Familienunternehmen gibt sie aufgrund der weitgehenden Vertragsfreiheit bei der Ausgestaltung der Führungsstruktur die Möglichkeit, die konkreten Bedürfnisse der Unternehmerfamilie auf Dauer zu sichern. Die KGaA kann mit einer Kapitalgesellschaft als Komplementär ausgestaltet werden und vermeidet damit die unbeschränkte persönliche Haftung einer natürlichen Person unter Beibehaltung der Leitungsmacht. Ferner gewährt die KGaA den Zugang zum Kapitalmarkt. Sie bietet damit die Vorteile der Aktiengesellschaft, ohne deren Nachteile hinnehmen zu müssen, die insbesondere in der Satzungsstrenge gesehen werden. Auch erweist sich die KGaA weiterhin unter steuerlichen Gesichtspunkten als attraktiv. Zwar sind seit 1.1.2009 manche erbschaftsteuerlichen Vorteile entfallen. Je nach Ausgestaltung profitiert die KGaA aber nach der derzeitigen Rechtsprechung zum Beispiel, wenn sie ausländische Tochtegesellschaften hat, davon, dass deren Dividenden bis auf die Ebene des persönlich haftenden Gesellschafters weitgehend steuerfrei vereinnahmt werden können.

Wir haben die sich belebende Diskussion um die KGaA zum Anlass genommen, diese Rechtsform unter rechtlichen und steuerlichen Gesichtspunkten zu beleuchten. Dabei wollen wir insbesondere Unternehmern, Investoren und Führungskräften einen Leitfaden als Entscheidungshilfe an die Hand geben, zur Beantwortung der Frage, ob für ein Unternehmen die Rechtsform der KGaA attraktiv ist. Aus dieser Aufgabenstellung folgt, dass dieses Buch nicht alle Aspekte der KGaA unter allen rechtlichen und steuerlichen Gesichtspunkten abdeckt. Ziel ist es vielmehr, die wesentlichen Strukturen und ihre Gestaltungsmöglichkeiten anschaulich darzustellen.

München, im Dezember 2011

Dr. Sibilla Nagel / Dr. Ansas Wittkowski

Inhaltsübersicht

Geleitwort		5
Einleitung		7
Literaturverzeichnis		15
§ 1	KGaA als hybride Gesellschaftsform – ein Überblick	21
	A. Grundstruktur und alternative Gestaltungen auf Gesellschafterebene	21
	I. Die Grundstruktur der KGaA nach dem gesetzlichen Leitbild	21
	II. Gestaltungen der KGaA auf der Gesellschafterebene	24
	1. Personengesellschaften als Komplementär	24
	2. GmbH & Co. KG als Komplementär der KGaA	25
	3. Einmann-KGaA	26
	4. Atypische KGaA – Komplementär ist Kapitalgesellschaft	27
	5. Gestaltungen zur Stärkung der Kommanditaktionäre	28
	a) Gleichlauf der Kommanditanteile mit den Anteilen an der Komplementär-GmbH	29
	b) Stärkung einzelner Kommanditaktionäre	29
	c) Einheits-KGaA	29
	III. Zusammenfassender Überblick	31
	B. Wann kann die KGaA die richtige Rechtsform sein?	31
§ 2	Rechtliche Gestaltung der KGaA	33
	A. Gründung einer KGaA	33
	I. Der Gründungsvorgang	33
	1. Errichtung der KGaA	33
	2. Mindestangaben in der Satzung	34
	a) Firma	35
	b) Sitz	36
	c) Unternehmensgegenstand	36
	d) Grundkapital	37
	3. Bestellung des ersten Aufsichtsrats und Wahl des ersten Abschlussprüfers	38
	4. Gründungsbericht	38
	5. Gründungsprüfung durch Aufsichtsrat und Komplementäre	38
	6. Gründungsprüfung durch Gründungsprüfer	39
	II. Handelsregisteranmeldung	39
	III. Gründer- und Handelndenhaftung bei der Vor-KGaA	40
	1. Haftung der Gründer gegenüber der Gesellschaft (Innenhaftung)	40
	2. Handelndenhaftung gegenüber Gesellschaftsgläubiger (Außenhaftung)	41
	IV. Angaben auf Geschäftsbriefen	42
	B. Gesellschafter und Organe der KGaA	42
	I. Möglichkeiten und Grenzen der Satzungsgestaltung	43
	II. Komplementäre	44

	1. Aufnahme von Komplementären	44
	2. Rechte des Komplementärs aus der Gesellschafterstellung	45
	a) Stimmrecht des Komplementärs	45
	aa) Beschlussfassung	46
	bb) Beschlussmehrheiten	46
	b) Informations- und Kontrollrechte	46
	c) Actio pro Sozio	46
	d) Recht zur Erbringung einer Sondereinlage	47
	e) Gewinnbezugsrecht	47
	3. Rechte und Pflichten des Komplementärs aus der organschaftlichen Stellung	48
	a) Geschäftsführungsbefugnis	49
	b) Vertretungsmacht	49
	c) Entzug der Geschäftsführungsbefugnis	50
	d) Gestaltungsmöglichkeiten	50
	e) Wettbewerbsverbot	51
	4. Sorgfaltspflichten und Haftung	51
	a) Sorgfaltsmaßstab	51
	b) Außenhaftung	51
	c) Innenhaftung	52
	5. Ausscheiden und Ausschluss eines Komplementärs	52
	a) Gesetzliche Ausscheidenstatbestände	53
	b) Übertragung der Komplementärbeteiligung	53
	c) Kündigung der Gesellschafterstellung durch den Komplementär	53
	d) Ausschluss eines Komplementärs	54
	e) Rechtsfolgen des Ausscheidens eines Komplementärs	54
	f) Gestaltungshinweise für die Satzung	54
III.	**Kommanditaktionäre**	56
	1. Rechte und Pflichten des einzelnen Kommanditaktionärs	56
	2. Rechte und Pflichten der Gesamtheit der Kommanditaktionäre	58
	3. Das Verhältnis der Komplementäre zu der Gesamtheit der Kommanditaktionäre	59
	4. Die Hauptversammlung	59
	a) Entscheidungskompetenz der Hauptversammlung	60
	b) Stimmrecht und Stimmrechtsausschluss	61
	c) Beschlussfassung	61
	d) Beschlussmehrheiten	62
	5. Hinweise zur Satzungsgestaltung	63
IV.	**Aufsichtsrat**	64
	1. Stellung des Aufsichtsrats	65
	2. Pflichten des Aufsichtsrats und Haftung	67
	3. Hinweise zur Satzungsgestaltung	67
V.	**Der Beirat als fakultatives Gesellschaftsorgan**	68
	1. Der Beirat auf schuldrechtlicher Basis oder als Gesellschaftsorgan	68
	2. Gründe für die Schaffung eines Beirats	69
	3. Gesellschaftsrechtliche Grenzen	71

			4. Auswahl und Bestellung der Beiratsmitglieder	72
			5. Haftung	73
	C.	Kapitalmaßnahmen		73
		I.	Kapitalerhöhung	73
			1. Barkapitalerhöhung	74
			2. Bedingte Kapitalerhöhung	75
			3. Genehmigtes Kapital	75
			4. Kapitalerhöhung aus Gesellschaftsmitteln	76
			5. Sachkapitalerhöhung	76
		II.	Erbringung und Erhöhung von Sondereinlagen der Komplementäre	77
		III.	Umwandlung von Sondereinlagen von Komplementären in Kommanditaktien	78
		IV.	Gestaltungshinweise für die Satzung	79
		V.	Kapitalherabsetzung	80
			1. Herabsetzung des Grundkapitals	80
			a) Ordentliche Kapitalherabsetzung	80
			b) Vereinfachte Kapitalherabsetzung	81
			c) Kapitalherabsetzung durch Einziehung von Kommanditaktien	82
			aa) Tatbestände der Zwangseinziehung	82
			bb) Einziehung nach Erwerb durch die Gesellschaft	83
			cc) Einziehungsverfahren	83
			2. Herabsetzung der Sondereinlagen	83
		VI.	Gestaltungshinweise für die Satzung	84
	D.	Mitbestimmung		84
		I.	Umfang der Mitbestimmung	84
		II.	Mitbestimmung in der atypischen KGaA	86
	E.	Liquidation		87
		I.	Gründe für die Auflösung	87
		II.	Anmeldung der Auflösung zum Handelsregister	88
		III.	Abwicklung	88
			1. Abwickler	88
			2. Abwicklungsverfahren	89
		IV.	Anmeldung der Vollbeendigung zum Handelsregister	90
		V.	Gestaltungshinweise	90
§ 3	Bilanzierung der KGaA			91
	A.	Jahresabschluss nach HGB		92
		I.	Aufstellung, Feststellung und Offenlegung des Jahresabschlusses	92
		II.	Allgemeine und spezielle Bilanzierungsgrundsätze	95
		III.	Größenabhängige Erleichterungen	96
	B.	Bilanz der KGaA		97
		I.	Kapitalanteile der persönlich haftenden Gesellschafter	98
		II.	Rücklagen	99
		III.	Verlustausweis	100

		IV.	Kredite an persönlich haftende Gesellschafter	101
		V.	Entnahme durch persönlich haftende Gesellschafter	101
		VI.	Pensionszusagen an persönlich haftende Gesellschafter	102

    C. Gewinn- und Verlustrechnung der KGaA   102
    D. Anhang bei einer KGaA   104
    E. Lagebericht bei einer KGaA   106
    F. Jahresabschluss einer KGaA nach IAS/IFRS   107

§ 4 Besteuerung der KGaA   111
    A. KGaA als hybrides Besteuerungssubjekt   111
    B. Transparenz- und Trennungsprinzip   112
        I. Grundsätzliche Unterscheidung der Besteuerungsprinzipien   112
        II. Übertragung der Besteuerungsprinzipien auf die KGaA   113
    C. Besteuerungsebenen der KGaA   114
        I. Ebene der KGaA   115
           1. Ermittlung des zu versteuernden Einkommens   116
              a) Zweistufige Gewinnermittlung   116
              b) Kürzung des Gewinnanteils des Komplementärs   118
              c) Beteiligung an anderen Körperschaften (§ 8b KStG)   119
              d) Nicht abziehbare Betriebsausgaben   121
           2. Organschaft (§§ 14 KStG)   122
              a) KGaA als Organträger   122
              b) KGaA als Organgesellschaft   122
              c) Ergebnisabführungsvertrag   123
           3. Verlustabzug bei der KGaA   125
              a) Mindestbesteuerung nach § 10d Absatz 2 EStG   125
              b) Verlustuntergang nach § 8c KStG   126
           4. Körperschaftssteuerbelastung der KGaA   127
           5. Gewerbesteuer auf Ebene der KGaA   127
        II. Ebene des persönlich haftenden Gesellschafters   129
           1. Besteuerung wie ein Mitunternehmer   129
              a) Laufende Besteuerung   130
              b) Anteilsveräußerung   132
           2. Gewerbesteuer   133
              a) Ermittlung des Gewerbeertrags   133
              b) Ermittlung der Gewerbesteuer   134
              c) Gewerbesteueranrechnung nach § 35 EStG   134
        III. Ebene der Kommanditaktionäre   140
           1. Laufende Besteuerung   140
              a) Kommanditaktien im Privatvermögen   140
              b) Kommanditaktien im Betriebsvermögen   141
           2. Anteilsveräußerung   142
              a) Kommanditaktien im Privatvermögen   142
              b) Kommanditaktien im Betriebsvermögen   143
           3. Zusammenfassung Ebene der Kommanditaktionäre   143

	D.	Zinsschranke	144
		1. Konzeption einer Zinsschranke	145
		2. Zinsschranke bei der KGaA	146
	E.	KGaA im Abkommensrecht	148
	F.	Investitionen einer inländischen KGaA im Ausland (Outbound)	149
		I. Ausländische Tochterkapitalgesellschaft	149
		1. Ebene ausländische Tochterkapitalgesellschaft	151
		2. Ebene KGaA	152
		3. Ebene persönlich haftender Gesellschafter	154
		II. Ausländische Personengesellschaft/Betriebsstätte	154
		1. Ebene ausländische Personengesellschaft/Betriebsstätte	155
		2. Ebene KGaA	156
		3. Ebene persönlich haftender Gesellschafter	157
	G.	Investitionen aus dem Ausland in eine inländische KGaA (Inbound)	159
		I. Ebene inländische KGaA	160
		II. Ebene ausländischer Kommanditaktionär	160
		III. Ebene ausländischer persönlich haftender Gesellschafter	162
		IV. KGaA als Inboundvehikel	164
	H.	Gestaltungshinweis Wegzugsbesteuerung	167
	I.	Besteuerungsverfahren	167
	J.	KGaA und Erbschaftsteuer	169
		I. Grundlegende Aspekte	169
		II. Verschonungstatbestände	170
		III. Gestaltungsbeispiel	172
		IV. Fazit	173
§ 5		**Umwandlung in eine KGaA als Zielgesellschaft**	**175**
	A.	Verschmelzung	175
		I. Rechtliche Aspekte	175
		1. Vorbereitung	177
		2. Beschlussfassung	178
		3. Vollzug	178
		II. Steuerliche Aspekte der Verschmelzung einer GmbH auf eine KGaA	179
		1. GmbH-Gesellschafter wird Komplementär	181
		a) Übertragende Kapitalgesellschaft	184
		b) Übernehmende KGaA (mitunternehmerschaftsähnlicher Zweig)	185
		2. GmbH-Gesellschafter wird Kommanditaktionär	186
		a) Übertragende Kapitalgesellschaft	187
		b) Übernehmende KGaA (kapitalistischer Zweig)	188
		c) Gesellschafter an der übertragenden Kapitalgesellschaft	189
		3. Zusammenfassung	189
		III. Steuerliche Aspekte der Verschmelzung einer GmbH & Co. KG auf eine KGaA	190

		1.	Mitunternehmer wird Komplementär	191
			a) Übernehmende KGaA (mitunternehmerschaftsähnlicher Zweig)	192
			b) Übertragender Mitunternehmer	193
		2.	Mitunternehmer wird Kommanditaktionär	193
			a) Einbringungsgegenstand und Einbringungsumfang	194
			b) Übernehmende KGaA (kapitalistischer Zweig)	195
			c) Übertragender Mitunternehmer	196
			d) Besonderheit: Sperrfristbehaftete Anteile	196
			e) Anteile an der Komplementär-GmbH als wesentliche Betriebsgrundlage	197

B. Formwechsel in eine KGaA — 199

I. Rechtliche Aspekte — 199
1. Vorbereitung — 200
2. Beschlussfassung — 200
3. Vollzug — 201

II. Steuerliche Aspekte — 201
1. Mitunternehmer wird Komplementär — 202
   - a) Übernehmende KGaA (mitunternehmerschaftsähnlicher Zweig) — 202
   - b) Übertragender Mitunternehmer — 203
2. Mitunternehmer wird Kommanditaktionär — 203
   - a) Übernehmende KGaA (kapitalistischer Zweig) — 203
   - b) Übertragender Mitunternehmer — 204
   - c) Wesentliche Betriebsgrundlagen — 204
3. Sonderfall: Anteile an der Komplementär-GmbH — 205

Stichwortverzeichnis — 207

Literaturverzeichnis

Arnold/Arnd, Die GmbH & Co. KGaA, 2001.

Assmann/Sethe, Der Beirat der KGaA, FS für Marcus Lutter, 2002, 251.

Bachmann/Gregor, Die Änderung personengesellschaftsrechtlicher Satzungsbestandteile bei der KGaA, FS für Karsten Schmidt, 2009, 41.

Baumbach/Hopt, Handelsgesetzbuch Kommentar, 34. Aufl., 2010.

Baetge/Dörner/Kleekämper/Wollmert/Kirsch, Rechnungslegung nach IFRS: Kommentar auf der Grundlage des deutschen Bilanzrechts, 3. Aufl., 2003.

Baetge/Kirsch/Thiele, Bilanzen, 11. Aufl., 2011.

Baetge/Winkeljohann/Haenelt, Die Bilanzierung des gesellschaftsrechtlichen Eigenkapitals von Nicht-Kapitalgesellschaften nach der novellierten Kapitalabgrenzung des IAS 32 (rev. 2008), DB 2008, 1518.

Beck`scher Bilanzkommentar, Handels- und Steuerbilanz, 7. Aufl., 2010.

Beck'sches Handbuch der AG, Gesellschaftsrecht, Steuerrecht, Börsengang, 2. Aufl., 2009.

Beußer, Die Verlustabzugsbeschränkung gem. § 8c KStG im Unternehmensteuerreformgesetz 2008, DB 2007, 1549.

Binz/Sorg, Die KGaA mit beschränkter Haftung – quo vadis?, DB 1997, 313.

Birk, Liebhaberei im Ertragssteuerrecht, BB 2009, 860.

Bräher, Umwandlungssteuerrecht, 4. Aufl., 2009.

Brey/Merz/Neufang, Verschonungsregelungen beim Betriebsvermögen, BB 2009, 692.

Cahn, Die Änderung von Satzungsbestimmungen nach § 281 AktG bei der Kommanditgesellschaft auf Aktien, AG 2001, 579.

Blümich, Ertragsteuer-Kommentar, 13. Aufl., 2010.

Debatin/Wassermeyer, DBA-Kommentar, 2008.

Derlien/Wittkowski, Neuerungen bei der Gewerbesteuer - Auswirkungen in der Praxis, DB 2008, 835.

Diekmann, Änderungen im Wertpapiererwerbs- und Übernahmegesetz anlässlich der Umsetzung der EU-Übernahmerichtlinie in das deutsche Recht, NJW 2007, 17.

Dierksen/Möhrle, Die kapitalistische Kommanditgesellschaft auf Aktien, ZIP 1998, 1377.

Dörfler/Wittkowski, Verschärfung der Verlustnutzung bei Kapitalgesellschaften: Wie § 8c KStG-E das Kinde mit dem Bade ausschüttet, GmbHR 2007, 513.

Dötsch/Jost/Pung/Witt, KStG-Kommentar, 60. Ergänzungslieferung.

Falter, Die einheitliche und gesonderte Feststellung von Besteuerungsgrundlagen bei der KGaA, FS für Sebastian Spiegelberger, 113.

Feldhaus, Der Verkauf von Unternehmensteilen einer Aktiengesellschaft und die Notwendigkeit einer außerordentlichen Hauptversammlung, BB 2009, 562.

Fett/Förl, Die Mitwirkung der Hauptversammlung einer KGaA bei der Veräußerung wesentlicher Unternehmensteile, NZG 2004, 210.

Freudenberg/Sorg, Die KGaA mit beschränkter Haftung (GmbH & Co. KGaA), Heidelberger Musterverträge, Heft 95, 2. Aufl., 2010.

Frotscher, EStG-Kommentar, 2007.

Geck, Überlegungen zur Verwendung der GmbH & Co. KGaA in der mittelständischen Wirtschaft, NZG 1998, 586.

Gonnella/Mikic, Die Kapitalgesellschaft & Co. KGaA als „Einheitsgesellschaft", AG 1998, 508.

Gosch, KStG-Kommentar, 2. Aufl., 2009.

Großkommentar zum Aktiengesetz, §§ 278-290, 4. Aufl., 2001.

Haase, Die Vorteile der GmbH oder der GmbH & Co. KGaA in gesellschaftsrechtlicher Hinsicht, GmbHR 1997, 917.

Habel/Strieder, Die Kommanditgesellschaft auf Aktien – ein Überblick, MitBayNot 1998, 65.

Habel/Strieder, Ist die Kommanditgesellschaft auf Aktien eine geeignete Rechtsform für einen Börsengang von Vereinen der Fußball-Bundesliga?, NZG 1998, 92.

Hageböke, Das „KGaA-Modell", 2008.

Hageböke/Koetz, Die Gewinnermittlung des persönlich haftenden Gesellschafters einer KGaA durch Betriebsvermögensvergleich, DStR 2006, 293.

Halasz/Kloster/Kloster, Die GmbH & Co. KGaA – Eine Rechtsformalternative zur GmbH & Co. KG?, GmbHR 2002, 310.

Haritz, Verschmelzung einer GmbH auf eine KGaA – eine steuerrechtliche Mischumwandlung, DStR 1996, 1193.

Hartel, Umwandlung einer GmbH & Co. KG in eine KG auf Aktien, DB 1992, 2329.

Heidel, Aktienrecht und Kapitalmarktrecht, 3. Aufl., 2011.

Hennerkes/Lorz, Roma locuta causa finita: Die GmbH & Co. KGaA ist zulässig, DB 1997, 1388.

Herzig/Bohn, Modifizierte Zinsschranke und Unternehmensfinanzierung, DB 2007, 1.

Hoffmann-Becking, Beck'sches Bürgerliches, Handels- und Wirtschaftsrecht, 10. Aufl., 2010.

Hoffmann-Becking/Herfs, Struktur und Satzung der Familien KGaA, FS für Walter Sigle, 2000, 273.

Hopt/Wiedemann (Hrsg.), AktG, Großkommentar, 17. Lieferung, §§ 278-290, 4. Aufl., 2001.

Huber, Die Einbringung in der steuerlichen Beratungspraxis, 2009.

Hüffer, Aktiengesetz, 9. Aufl., 2010.

Jacobs, Internationale Unternehmensbesteuerung, 7. Aufl., 2007.

Jaques, Börsengang und Führungskontinuität durch die kapitalistische KGaA, NZG 2000, 401.

Joost, Mitbestimmung in der kapitalistischen KGaA, ZGR 1998, 334.

Jorde, Gestaltung der Einheits(kommandit)gesellschaft – Praxisfragen aus steuer-, zivil- und sozialversicherungsrechtlicher Sicht, BB 2005, 2718.

Kamps, KGaA – erb- und schenkungssteuerliche Behandlung – Nachfolge vor und nach dem ErbStRG, ErbStB 2009, 248.

Kessler, Die Entwicklung des Binnenrechts der KGaA seit BGHZ 134, 392, NZG 2005, 145.

Kessler, Die Kommanditgesellschaft auf Aktien im System der dualen Unternehmensbesteuerung – Konsequenzen und Inkonsequenzen einer hybriden Rechtsform, Gestaltung und Abwehr im Steuerrecht, FS für Klaus Korn, 2005, 307.

Kessler/Förster/Watrin, Unternehmensbesteuerung: FS für Norbert Herzig, 2010.

Kessler/Köhler/Knörzer, Die Zinsschranke im Rechtsvergleich: Problemfelder und Lösungsansätze, IStR 2007, 418.

Kessler/Kröner/Köhler, Konzernsteuerrecht, 2. Aufl., 2008.

Koch, Mitwirkungsrechte der Kommanditaktionäre bei der GmbH & Co. KGaA: Grenzen satzungsgemäßer Einschränkung, DB 2002, 1701.

Kirchhof, EStG-Kommentar, 8. Aufl., 2008.

Kölner Kommentar zum Aktiengesetz, 3. Aufl., 2004ff.

Kollruss, Die KGaA im Lichte der Verlustabzugsbeschränkung des § 8c KStG und der Zinsschranke, DStR 2009, 88.

Kollruss, Gewerbesteuerliche Optimierung bei der GmbH & Co. KGaA, INF 2003, 347.

Kollruss/Weißert/Ilin, Die KGaA im Lichte der Verlustabzugsbeschränkung des § KSTG § 8c KStG und der Zinsschranke, DStR 2008, 88.

Krafka/Willer/Kühn, Registerrecht, 8. Aufl., 2010.

Kramer, Das Internationale Schachtelprinzip der KGaA – zugleich Anmerkung zum Urteil des Hessischen FG vom 23.6.2009, 12 K 3439/01, IStR 2010, 57.

Kroniger/Thies, Anwendung des check the box-Systems auf die KGaA als Joint Venture-Vehikel, IStR 2002, 397.

Krug, Gestaltungsmöglichkeit bei der KGaA durch Umwandlung von Komplementäranteilen in Aktien, AG 2000, 510.

Kusterer, Anteilsumwandlung bei atypisch ausgestalteter KGaA, DStR 1999, 1681.

Kusterer, Überlegungen zur Besteuerung des persönlich haftenden Gesellschafters einer Kommanditgesellschaft auf Aktien, DStR 2008, 484.

Lang/Englisch, Zur Verfassungswidrigkeit der neuen Mindestbesteuerung, StuW 2005, 3.

Lange, Der Beirat als Element der Corporate Governance in Familienunternehmen, GmbHR 2006, 903.

Lüdenbach/Hoffmann, Haufe IFRS-Kommentar, 9. Aufl., 2011.

Lüdicke/Sistermann, Unternehmensteuerrecht, 2008.

Martens, Der Beirat in der Kommanditgesellschaft auf Aktien, AG 1982, 113.

Masuch, Sachkapitalerhöhung des Komplementärkapitals in der KGaA, NZG 2003, 1048.

Mentz, Eigenkapitalausweis nach ED IAS 32 und der Abfindungsanspruch des Gesellschafters einer Personenhandelsgesellschaft, DStR 2007, 453.

Mertens, Die Auflösung der KGaA durch Kündigung der Kommanditaktionäre, AG 2004, 333.

Mertens, Die Handelsgesellschaft KGaA als Gegenstand gesellschaftsrechtlicher Diskussion und die Wissenschaft vom Gesellschaftsrecht, FS für Wolfgang Ritter, 1997, 731.

Mössner, Steuerrecht international tätiger Unternehmen, 2. Aufl., 2005.

Motte, Die GmbH & Co. KGaA nach der Zulassung durch den BGH - Die neue Rechtsform für den Mittelstand?, DStR 1997, 1539.

Münchener Handbuch des Gesellschaftsrechts, Bd. 4 Aktiengesellschaft, 2007.

Münchener Kommentar zum Aktiengesetz, 3. Aufl., 2008/2011.

Niedner/Kusterer, Die atypisch ausgestaltete Familien-KGaA aus der Sicht des Kommanditaktionärs, DB 1997, 1451.

Niedner/Kusterer, Die atypisch ausgestaltete Familien-KGaA als Instrument zur Gestaltung des Generationenwechsels in mittelständischen Unternehmen, DB 1997, 2010.

Niedner/Kusterer, Der Weg von der GmbH in die GmbH & Co. KGaA, GmbHR 1998, 584.

Niedner/Kusterer, Gesellschaftsrechtliche Wege aus der Personengesellschaft in die GmbH & Co. KGaA, DB 1998, 2405.

Oetker, HGB Handelsgesetzbuch Kommentar, 2011.

Palandt, Bürgerliches Gesetzbuch: BGB, 70. Aufl., 2011.

Pauli, Die Doppelstiftung als Unternehmensträger einer KGaA, ZErb 2010, 66.

Peemöller/Spanier/Weller, Internationalisierung der externen Rechnungslegung: Auswirkungen auf nicht kapitalmarktorientierte Unternehmen, BB 2002, 1799.

Priester, Die Kommanditgesellschaft auf Aktien ohne natürlichen Komplementär, ZHR 160 1996, 250.

Rödder/Hageböke/Stangl, Zur Anwendung der Zinsschranke bei der KGaA und ihrem persönlich haftenden Gesellschafter, DB 2009, 1561.

Rödder/Herlinghaus/van Lieshaut, Umwandlungssteuergesetz, 2007.

Rohrer/Orth, Anwendung des Halbeinkünfteverfahrens auf Ebene einer KGaA, BB 2007, 1594.

Rohrer/Orth, Zinsschranke: Belastungswirkung bei der atypisch ausgeprägten KGaA, BB 2007, 2266.

Sagasser/Bula/Brünger, Umwandlungen, 4. Aufl., 2011.

Schaumburg, Die KGaA als Rechtsform für den Mittelstand, DStZ 1998, 525.

Schaumburg, Internationales Steuerrecht: Außensteuerrecht – Doppelbesteuerungsrecht, 3. Aufl., 2010.

Schaumburg/Rödder, Unternehmensteuerreform, 2008.

Schaumburg/Schulte, Die KGaA – Recht und Steuern in der Praxis, 2000.

Schlitt, Die Satzung der Kommanditgesellschaft auf Aktien, 1999.

Schmidt, K., Zehn Jahre GmbH & Co. KGaA – Zurechnungs- und Durchgriffsprobleme nach BGHZ 134, 392, FS für Hans-Joachim Priester, 2007, 691.

Schmidt, L., EStG-Kommentar, 30. Aufl., 2011.

Schmitt/Hörtnagl/Stratz, Umwandlungsgesetz, Umwandlungssteuergesetz, 5. Aufl., 2008.

Scholz, Das Übernahme- und Pflichtangebot bei der KGaA, NZG 2006, 445.

Schrick, Überlegungen zur Gründung einer kapitalistischen KGaA aus dem Blickwinkel der Unternehmerfamilie, NZG 2000, 409.

Schrick, Die GmbH & Co. KGaA in der Form der Einheitsgesellschaft als börsenwilliges Unternehmen?, NZG 2000, 675.

Schürmann/Groh, KGaA und GmbH & Co. KGaA, Neue Aspekte einer interessanten Gesellschaftsform, BB 1995, 684.

Schütz, Einheitliche Anwendung von § 20 UmwStG auf Sacheinlagen bei der Kommanditgesellschaft auf Aktien, DB 2000, 2446.

Schütz/Bürgers/Riotte, Die Kommanditgesellschaft auf Aktien, Handbuch, 2004.

Schulte, Wechsel des persönlich haftenden Gesellschafters einer KGaA ertragsteuerneutral möglich?, DStR 2005, 951.

Sethe, Bewegung im Recht der Kommanditgesellschaft auf Aktien? ZIP 1996, 2053.

Sethe, Die Besonderheiten der Rechnungslegung bei der KGaA, DB 1998, 1044.

Sethe, Die Satzungsautonomie in Bezug auf die Liquidation einer KGaA, ZIP 1998, 1138.

Sigle, Beiräte, NZG 1998, 619.

Strieder, Zur Problematik einer Genossenschaft bzw. einer Kapitalgesellschaft als einzigem persönlich haftenden Gesellschafter einer Kommanditgesellschaft auf Aktien, DB 1994, 1557.

Strieder, Die Genossenschaft als persönlich haftender Gesellschafter einer KGaA, BB 1998, 2276.

Tipke/Lang, Steuerrecht, 19. Aufl., 2008.

Theisen, Die Besteuerung der KGaA, DB 1989, 2191.

Veil, Die Kündigung der KGaA durch persönlich haftende Gesellschafter und Kommanditaktionäre, NZG 2000, 72.

Wagner, Bundesliga Going Public. Traumpass oder Eigentor, NZG 1999, 469.

Wassermeyer, Einkünftekorrekturnormen im Steuersystem, IStR 2001, 633.

Wassermeyer, Die Wurzeltheorie bei der Besteuerung persönlich haftender Gesellschafter eine Kommanditgesellschaft auf Aktien unter Beachtung des BFH-Urteils vom 19.5.2010 – I R 62/09, Ubg 2011, S. 47.

Wassermeyer/Richter/Schnittker, Personengesellschaften im Internationalen Steuerrecht, 2010.

Watrin/Wittkowski/Ullmann, Deutsche Mindestbesteuerung und ihre Belastungswirkung im europäischen Vergleich, StuW 2008, 238.

Watrin/Wittkowski/Strohm, Auswirkungen der Unternehmensteuerreform 2008 auf die Be*Wehrheim*, Die Einkünftequalifikation der Gesellschafter einer GmbH & Co. KGaA, DB 2001, 947.

Wendtlandt/Knorr, Das Bilanzrechtsreformgesetz, KoR 2005, 54.

Winnefeld, Bilanz-Handbuch, 4. Aufl., 2006.

Wichert, Satzungsänderungen in der Kommanditgesellschaft auf Aktien, AG 1999, 362.

Winkemann, Die KGaA als Alternative zur Mehrmütterorganschaft? BB 2003, 1649.

Wittkowski, Grenzüberschreitende Verlustverrechnung in Deutschland und Europa, 2008.

Wittkowski/Hielscher, Änderungen des § 8c KStG durch das Wachstumsbeschleunigungsgesetz, DB 2010, 11.

Wittkowski/Hielscher, Praxishinweise zur Beachtung der Sanierungsklausel mit Blick auf die Aufnahme neuer Investoren, BRZ 2009, 421.

Wittkowski/Hielscher, Wesentliche Änderungen der Unternehmensbesteuerung durch das JStG 2010, BC 2010, 569.

Wittkowski/Lindscheid, Berücksichtigung ausländischer Betriebsstättenverluste nach dem JStG 2009, IStR 2009, 225.

§ 1 KGaA als hybride Gesellschaftsform – ein Überblick

Die Kenntnis über die grundlegende Struktur der KGaA und ihre Spielarten ist Voraussetzung für die Beurteilung, in welchen Unternehmenskonstellationen diese Rechtsform eine valide Alternative zu den vorherrschenden Rechtsformen der GmbH & Co. KG, GmbH oder AG sein kann oder diesen gängigen Rechtsformen gar überlegen ist.

A. Grundstruktur und alternative Gestaltungen auf Gesellschafterebene

I. Die Grundstruktur der KGaA nach dem gesetzlichen Leitbild

Die KGaA ist eine Gesellschaft mit eigener Rechtspersönlichkeit (Kapitalgesellschaft, § 278 Absatz 1 AktG). Sie hat – wie die KG – zwei verschiedene Gesellschaftergruppen.

Abbildung 1: Grundstruktur der KGaA

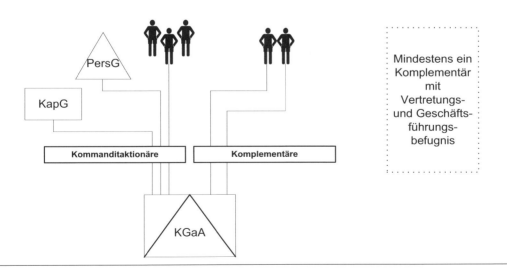

Zu der einen Gesellschaftergruppe gehört mindestens ein Komplementär, der unbeschränkt und persönlich haftet und die Geschäfte der KGaA führt. Der oder die Komplementäre unterliegen in der Unternehmensführung den für die KG geltenden Regeln (§ 278 Absatz 2 AktG, §§ 161 – 177a

HGB), die einen weiten Spielraum für Satzungsgestaltungen im Hinblick auf die Kompetenzen der Komplementäre ermöglichen. Komplementäre der KGaA sind sogenannte geborene Geschäftsführungsorgane, d.h. sie werden anders als der Vorstand einer Aktiengesellschaft nicht bestellt, sondern sind kraft ihrer Gesellschafterstellung geschäftsführungs- und vertretungsbefugt (sogenannte Selbstorganschaft). Die Komplementäre können, müssen aber nicht, eine Vermögenseinlage in die Gesellschaft einbringen. Diese Vermögenseinlage ist Bestandteil des Gesamtkapitals der KGaA, nicht aber des Grundkapitals.

3 Die andere Gesellschaftergruppe bilden die Kommanditaktionäre, welche die Funktion als Kapitalgeber übernehmen. Sie sind an dem in Aktien zerlegten Grundkapital der Gesellschaft beteiligt und haften nicht persönlich für die Verbindlichkeiten der Gesellschaft. Darin unterscheiden sich die Kommanditaktionäre wesentlich von den Kommanditisten einer KG, die in Höhe ihrer Einlage persönlich für die Verbindlichkeiten der KG haften. Kommanditaktionär kann jeder sein, der Aktien halten kann. Die KGaA kann wie die Aktiengesellschaft ihr Aktienkapital über die Börse aufnehmen.

4 Kommanditaktionären stehen nach dem gesetzlichen Leitbild keine Geschäftsführungsbefugnisse zu. Allerdings müssen sie zustimmen, wenn es um außergewöhnliche und Grundlagengeschäfte geht. Beschlüsse fassen die Kommanditaktionäre in ihrem Willensbildungsorgan, der Hauptversammlung, in der die Komplementäre kein Stimmrecht haben. Die Hauptversammlung ist also nicht eine Versammlung aller Gesellschafter der KGaA, sondern nur der Kommanditaktionäre. Die Komplementäre sind jedoch berechtigt und, soweit Angelegenheiten der Geschäftsführung betroffen sind, grundsätzlich auch verpflichtet, an den Hauptversammlungen teilzunehmen. Hauptversammlungsbeschlüsse über Grundlagengeschäfte (z.B. Umwandlungen, Abschluss von Unternehmensverträgen, Auflösung der Gesellschaft) sowie alle Satzungsänderungen und außergewöhnlichen Geschäfte bedürfen wiederum der Zustimmung durch die Komplementäre.

5 Neben den Komplementären und der Hauptversammlung ist der Aufsichtsrat das dritte, zwingende Organ der KGaA. Die Hauptversammlung wählt den Aufsichtsrat, seine Wahl und Zusammensetzung richten sich nach dem Aktiengesetz. Der Aufsichtsrat der KGaA hat eine deutlich schwächere Position, als der Aufsichtsrat der Aktiengesellschaft; so hat er z.B. keine Personalkompetenz, kann also nicht bestimmen, wer die Geschäfte der KGaA führt und sie vertritt. Die drei wesentlichen Kompetenzen des Aufsichtsrats der KGaA sind die Überwachung der Geschäftsführung, die Prüfung (nicht Feststellung) des Jahresabschlusses und das Ausführen der Beschlüsse der Kommanditaktionäre.

6 Auf die Kommanditaktionäre, ihre Mitgliedschaft, die Kapitalaufbringung und Kapitalsicherung sowie die Organisation der Hauptversammlung finden die Regeln des Aktiengesetzes (§ 278 Absatz 3 AktG) Anwendung und damit die im Aktienrecht geltende sogenannte Satzungsstrenge (§ 23 Absatz 5 AktG). Das bedeutet, dass in diesem Bereich Satzungsgestaltungen nur in den vom Aktiengesetz ausdrücklich zugelassenen, engen Grenzen möglich sind.

7 Die Gesellschafter können ein weiteres, freiwilliges Organ schaffen, das häufig mit der Bezeichnung Beirat, Gesellschafterausschuss oder Verwaltungsrat belegt wird. Ihm können Aufgaben von nur repräsentativem Charakter bis hin zu überwachenden oder gar – in Grenzen - geschäftsführenden Funktionen übertragen werden.

A. Grundstruktur und alternative Gestaltungen auf Gesellschafterebene

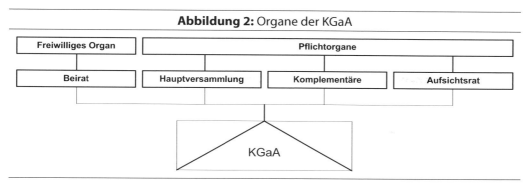

Abbildung 2: Organe der KGaA

Gesetzestechnisch wird die zweigleisige Rechtsstruktur der KGaA im zweiten Buch des Aktiengesetzes wie folgt geregelt: In erster Linie gelten die (wenigen) Spezialvorschriften für die KGaA (§§ 278 bis 290 AktG). Soweit darin auf die Bestimmungen des Personengesellschaftsrechts im Handelsgesetzbuch verwiesen wird (insbesondere § 278 Absatz 2 AktG), finden diese Anwendung. Im Übrigen gelten die Vorschriften des Aktiengesetzes zur Aktiengesellschaft. Die Satzung einer KGaA enthält also Bestandteile, die den aktienrechtlichen, zumeist zwingenden Normen unterliegen und solche, die dem weitgehend der Gestaltungshoheit der Gesellschafter unterliegenden Personengesellschaftsrecht unterstellt sind.

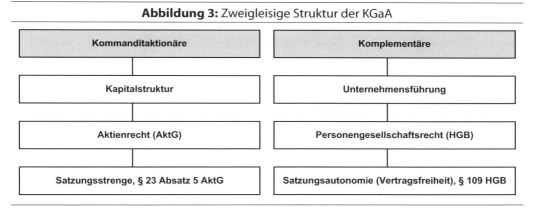

Abbildung 3: Zweigleisige Struktur der KGaA

Insgesamt begründet die KGaA nach ihrem gesetzlichen Leitbild eine starke Stellung der Komplementäre. Dies ergibt sich aus der Gesamtschau der Komplementäre als geborene Geschäftsführungs- und Vertretungsorgane, und des Zustimmungsvorbehalts, unter dem die Hauptversammlungsbeschlüsse stehen, die Satzungsänderungen und Grundlagengeschäfte betreffen. Diese Stellung kann in bestimmten Grenzen durch Satzungsgestaltung noch verstärkt werden, denn die Rechtsverhältnisse der Komplementäre untereinander und die Rechtsverhältnisse gegenüber der Gesamtheit der Kommanditaktionäre sowie gegenüber Dritten bestimmen sich nach dem weitgehend dispositiven (also dem Gestaltungswillen der Gesellschafter zugänglichen) Personengesellschaftsrecht. So ist es möglich, das Zustimmungserfordernis der Komplementäre zu den Hauptversammlungsbeschlüssen auf die Bereiche zu erweitern, in denen die Kommanditaktionäre nach dem Gesetz ein alleiniges Entscheidungsrecht haben. Allerdings kann das Vetorecht der Komplementäre nicht auf die Beschlussgegenstände erstreckt werden, für die das Gesetz ein Stimmverbot der Komplementäre vorsieht (vgl. § 285 AktG). Zusätzlich kann das Recht der Kommanditaktionäre auf Zustimmung zu außergewöhnlichen Geschäftsführungsmaßnahmen (§§ 278 Absatz 2, 285 Absatz 2 Satz 1 AktG, 164 HGB) ausgeschlossen werden.[1] Diese Gestaltung reduziert die Stellung der Kommanditaktionäre auf ihre Funktion als Kapitalgeber ohne nennenswerte Mitspracherechte in den unternehmerischen Belangen.

10 Das Steuerrecht bildet die Struktur der KGaA als Mischform zwischen Personen- und Kapitalgesellschaft insofern ab, als die KGaA einer gespaltenen Besteuerung unterliegt.

11 In der konkreten Ausgestaltung bedeutet dies, dass die KGaA steuerlich wie eine Kapitalgesellschaft behandelt wird, allerdings nur soweit die Einkünfte den Kommanditaktionären zuzurechnen sind. Die den Komplementären zustehenden Gewinnanteile unterliegen somit nicht der Körperschaftsteuer der gewinnerzielenden KGaA.

12 Die Kommanditaktionäre werden wie Gesellschafter einer Kapitalgesellschaft besteuert. Die Komplementäre werden hingegen nach den Grundsätzen der Besteuerung von Personengesellschaften behandelt. Gewinnanteile des Komplementärs sind Einkünfte, die der Komplementär entsprechend seinem persönlichen Steuersatz zu versteuern hat. Verluste auf der Ebene der KGaA kann er nach Maßgabe seiner Beteiligung grundsätzlich mit seinen anderen Einkünften steuerlich verrechnen.

II. Gestaltungen der KGaA auf der Gesellschafterebene

1. Personengesellschaften als Komplementär

13 Auch Personengesellschaften (BGB-Gesellschaft, offene Handelsgesellschaft (OHG) und Kommanditgesellschaft (KG)) können Komplementäre der KGaA sein. Da diese Gesellschaftsformen eine Beschränkung der Haftung nicht kennen, bieten sie keinen bedeutenden Vorteil gegenüber dem Komplementär als natürliche Person.

14 Unter steuerlichen Gesichtspunkten zeigen sich grundsätzlich auch keine Vorteile darin, eine Personengesellschaft zwischenzuschalten. So wird grundsätzlich durch die Personengesellschaft hindurch gesehen, um eine Besteuerung auf Ebene der mittelbaren Gesellschafter zu erreichen.

---

1 Allerdings ist diese „Entmachtung" der Kommanditaktionäre im Falle von Publikumsgesellschaften höchst umstritten und gerichtlich nicht geklärt. Die Streitfrage entzündete sich an einem obiter dictum des BGH in dem Beschluss vom 24.2.1997, worin der BGH zu bedenken gab, ob die Kapitalanleger nicht geschützt werden müssten durch eine Einschränkung der Freiheit der Satzungsgestaltungen, wenn der Komplementär eine Kapitalgesellschaft ist, siehe S. 27f.

Abbildung 4: KGaA mit einer Personengesellschaft als Komplementär

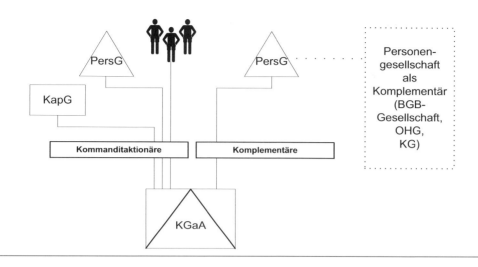

2. GmbH & Co. KG als Komplementär der KGaA

Anders verhält es sich bei der GmbH & Co. KG. Sie ist zwar als Kommanditgesellschaft ebenfalls eine Personengesellschaft, deren unbeschränkt haftender Komplementär ist jedoch eine GmbH. Diese Gestaltungsform enthält also Elemente der Kapitalgesellschaft und der Personengesellschaft und nimmt damit eine Zwischenstellung ein. Mit Hilfe dieser Konstruktion kann die unbeschränkte Haftung des Komplementärs auf das Vermögen der Kapitalgesellschaft begrenzt werden. Auch eine GmbH & Co. KG kann Komplementär der KGaA sein. Die KGaA wird in diesem Fall vertreten durch die KG, diese wiederum durch die GmbH, die ihrerseits von ihrem Geschäftsführer vertreten wird. Über eine solche Gestaltung wird nicht nur erreicht, dass die Haftung beschränkt ist. Vielmehr wird die die KGaA kennzeichnende Selbstorganschaft überlagert durch die Fremdorganschaft, der die GmbH als Komplementärin der Komplementär-KG unterliegt: Die GmbH wird durch ihren Geschäftsführer vertreten, der kraft Bestellung zum Organ der GmbH wird.[2]

Steuerlich bietet die GmbH & Co. KG als Komplementärin der KGaA den Kommanditisten der KG die Möglichkeit, sich mitunternehmerisch an der KGaA zu beteiligen, ohne dabei ein erhöhtes Haftungsrisiko einzugehen. Da nach § 15 Absatz 1 Satz 1 Nr. 2 Satz 2 EStG der mittelbar über eine oder mehrere Personengesellschaften beteiligte Gesellschafter einem unmittelbar beteiligten Gesellschafter stets gleichsteht, wird auch die mittelbar beteiligte natürliche Person wie ein unmittelbar beteiligter Mitunternehmer transparent und im Rahmen der Einkommensteuer mit den gewerblichen Einkünften der KGaA veranlagt.

---

2 Hierzu ausführlich *Karsten Schmidt*, FS Priester (2007), S. 699f.

17 Bei diesen Gestaltungen ist jedoch zu bedenken, dass sie sehr aufwendig sind, da drei Gesellschaften miteinander verwoben sind und die jeweiligen Kompetenzen genau aufeinander abgestimmt werden müssen. Jede Änderung in der Ausgestaltung einer Gesellschaft zieht in der Regel Änderungen bei den anderen Gesellschaften nach sich. Abstimmungsbedarf und Verwaltungsaufwand sind dabei nicht zu unterschätzen und sollten sorgfältig gegen die erwarteten Vorteile abgewogen werden.

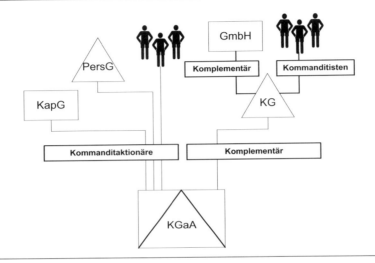

Abbildung 5: GmbH & Co. KG als Komplementär der KGaA

3. Einmann-KGaA

18 Ein Komplementär hat die Möglichkeit, sich gleichzeitig auch als Kommanditaktionär an der KGaA zu beteiligen. Es können sogar alle Komplementäre gleichzeitig Kommanditaktionäre sein (vgl. § 285 Absatz 1 Satz 1 AktG). Ist der alleinige Komplementär auch der einzige Kommanditaktionär spricht man von einer Einmanngesellschaft.[3] Allerdings muss in den Fällen, in denen eine Person beide Gesellschafterstellungen in sich vereint, streng unterschieden werden, in welcher Funktion sie jeweils agiert: So darf diese Person die Stimmrechte in der Hauptversammlung nur in ihrer Eigenschaft als Kommanditaktionär ausüben. Eine eventuell vom Komplementär geleistete Vermögenseinlage verleiht in der Hauptversammlung kein Stimmrecht. In bestimmten Fragen unterliegt der Kommanditaktionär, der zugleich Komplementär ist, dem Stimmverbot gemäß § 285 AktG. Dies betrifft zum Beispiel die Wahl des Aufsichtsrats oder die Entlastung der Komplementäre. Die Vereinigung beider Gesellschaftergruppen in einer Person führt hingegen dazu, dass der mögliche Interessengegensatz zwischen Komplementären und Kommanditaktionären nicht mehr besteht. Daher gilt für den Einmann-Gesellschafter in Hauptversammlungen nicht das Stimmverbot des § 285 AktG: Er darf also z.B. in seiner Eigenschaft als Kommanditaktionär den Aufsichtsrat bestimmen. Wie jeder andere Komplementär, der als Kommanditaktionär zugleich an der Gesellschaft beteiligt ist, ist es dem Einmann-Gesellschafter verwehrt, Mitglied im Aufsichtsrat zu sein, da er seine Geschäftsführungstätigkeit als Komplementär selbst kontrollieren würde (§ 287 Absatz 3 AktG).

---

3   MünchKommAktG / *Perlitt*, § 280, Rz. 27.

A. Grundstruktur und alternative Gestaltungen auf Gesellschafterebene

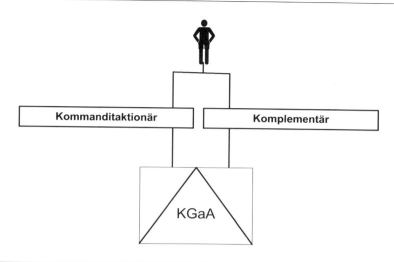

Abbildung 6: Einmann-KGaA

4. Atypische KGaA – Komplementär ist Kapitalgesellschaft

Die Frage, ob der Komplementär einer KGaA in jedem Fall eine natürliche Person sein muss, oder auch als Kapitalgesellschaft ausgestaltet werden darf, ist viele Jahre in der Literatur kontrovers diskutiert worden. Die damit verbundene Rechtsunsicherheit hat offenbar auch die Verbreitung dieser Rechtsform gehindert. Seit dem Beschluss des BGH vom 24.2.1997[4] ist klargestellt, dass die Komplementäre einer KGaA nicht nur natürliche Personen, sondern auch Kapitalgesellschaften sein können (sog. atypische KGaA[5]). Der Gesetzgeber hat durch die Regelung zur Firmierung in § 279 Absatz 2 AktG die Entscheidung des BGH akzeptiert.

Eine intensive Diskussion hat der Hinweis des BGH in der vorgenannten Entscheidung ausgelöst, wonach zu erwägen sei, ob bei der atypischen KGaA Satzungsgestaltungen zu Lasten der Kommanditaktionäre wie bei Publikums-Kommanditgesellschaften nur in engeren Grenzen zuzulassen seien als bei einer gesetzestypischen KGaA mit einer natürlichen Person als Komplementär. Gemeint sind insbesondere Satzungsbestimmungen, die den Ausschluss des Mitbestimmungsrechts der Hauptversammlung bei außergewöhnlichen Geschäften vorsehen.[6] Inwieweit eine solche Grenzziehung erforderlich sei, hat der BGH offen gelassen. Der Ausschluss wird jedenfalls aber als zulässig angesehen, wenn das Mitwirkungsrecht der Kommanditaktionäre auf den Aufsichtsrat übertragen wurde.[7] Als Argument für eine enge Grenzziehung insbesondere bei börsennotierten atypischen KGaAs, wird angeführt, dass das Vorschalten einer Kapitalgesellschaft die Disziplinierungswirkung auf den Komplementär beseitige, der bei persönlicher Haftung mit seinem ganzen Vermögen schon aus eigenem Interesse im Unternehmenswohl handle, wodurch

---

4 BGHZ 134, S. 392.
5 Teilweise wird auch der Begriff „kapitalistische KGaA" verwandt. Dieser Begriff wird jedoch nachfolgend für Gestaltungen verwendet, bei denen die Kommanditaktionäre eine im Vergleich zum gesetzlichen Leitbild starke Stellung eingeräumt bekommen, siehe unten S. 28f.
6 BGHZ 134, S. 392, 399f.
7 *Schütz/Bürgers/Riotte*, § 5, Rz. 98ff.

unternehmerische Fehlentscheidungen in Grenzen gehalten werden könnten.[8] Der vom BGH erteilte Hinweis sollte differenziert behandelt werden: Sind die wesentlichen Gesellschafter der KGaA Familienmitglieder und haben die Komplementäre Vermögenseinlagen geleistet, wie dies sehr oft der Fall ist, dann erscheint die vom BGH beschriebene Gefahr, dass bei atypischen KGaAs unternehmerische Fehlentscheidungen nicht durch den Verlust des eigenen Vermögens sanktioniert werden, eher gering: Die Familienmitglieder, die als Komplementäre die Vermögenseinlagen geleistet haben, sind gleichermaßen dem Risiko des Verlustes dieser Einlage ausgesetzt. Bei solchen Konstellationen muss dann auch die Gestaltungsfreiheit im Hinblick auf eine Einschränkung der Mitwirkungsrechte der Hauptversammlung gegeben sein.[9] Anders mag es sich bei KGaAs verhalten, die börsennotiert sind und deren Aktien sich ausschließlich im Streubesitz befinden.[10]

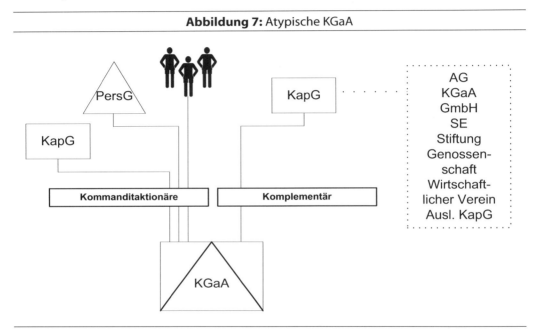

Abbildung 7: Atypische KGaA

5. Gestaltungen zur Stärkung der Kommanditaktionäre

21 Die Zulassung der Kapitalgesellschaft als Komplementärin der KGaA eröffnet neue Spielräume in der Ausgestaltung der Machtverhältnisse der Gesellschafter zueinander. Insbesondere bei der Wahl der GmbH (oder auch der GmbH & Co. KG) als Komplementärin kann der Gesellschafter dem Geschäftsführer die Unternehmensführung vorgeben. Ist der alleinige Gesellschafter der Komplementär-GmbH z. B. auch ihr Geschäftsführer, dann steuert diese Person die Geschäftsführung und diese Stellung kann – wie bereits dargestellt - über eine entsprechende Satzungsgestaltung im

---

8 Zum Streitstand vgl. *Hoffmann-Becking / Herfs*, Struktur und Satzung der Familien-KGaA, FS Sigle, 2000, S. 273, 286 ff.
9 Dies., ebenda.
10 Gegen eine Einschränkung der Satzungsfreiheit in diesem Punkt mit durchaus überzeugenden Argumenten: *Wichert* in Heidel, Aktienrecht, § 278, Rz. 10ff.

A. Grundstruktur und alternative Gestaltungen auf Gesellschafterebene

Verhältnis zu den Kommanditaktionären noch gestärkt werden. Die Macht kann aber auch hin zu den Kommanditaktionären verlagert werden. Hierzu werden nachfolgend zwei Gestaltungsmöglichkeiten aufgezeigt, die erkennen lassen, wie flexibel die KGaA eingesetzt werden kann:

a) Gleichlauf der Kommanditanteile mit den Anteilen an der Komplementär-GmbH

Alle Kommanditaktionäre können sich entsprechend ihres jeweiligen Anteils an der KGaA auch an der Komplementär-GmbH beteiligen. Da der Geschäftsführer der GmbH gegenüber den Gesellschaftern weisungsabhängig ist, bestimmt die Mehrheit der Kommanditaktionäre die Geschäftsführung, dominiert die Hauptversammlung und hat damit das alleinige Sagen im Unternehmen. Letztlich wird durch die Spiegelung der Kommanditaktionärsstruktur auf Ebene der Gesellschafter der Komplementärgesellschaft ein Gleichlauf der Interessen aller Gesellschafter hergestellt.[11]

b) Stärkung einzelner Kommanditaktionäre

Der Gegenentwurf zu dem vorigen Modell wäre die Stärkung einzelner Kommanditaktionäre, vielleicht sogar von Minderheitskommanditaktionären. Diese Struktur kann erreicht werden, indem die Kommanditaktionäre disproportional zu ihrem – vielleicht geringen - Kommanditaktionärsanteil Mehrheitsgesellschafter bei der Komplementär-GmbH werden oder einzelne Kommanditaktionäre die Anteile daran gar zu hundert Prozent halten. Über diese Disparität der Anteilsverhältnisse erreicht man die Herrschaft einer Minderheit über die Mehrheit der Gesellschafter.[12]

c) Einheits-KGaA

Der in Ziffer 5.a) dargestellte Gleichlauf der Anteilsverhältnisse lässt sich auch über die sogenannte Einheits-KGaA erreichen. Bei der Einheits-KGaA hält die KGaA selbst sämtliche Anteile an der Komplementärgesellschaft.[13] Die KGaA ist also einzige Gesellschafterin ihrer Komplementärin. Die Kommanditaktionäre sind mittelbar über die KGaA an der Komplementär-GmbH beteiligt. Ohne dass es besonderer gesellschaftsvertraglicher Regelungen bedarf, ist damit für die Kommanditaktionäre eine Parallelität ihrer Beteiligungen an der KGaA und der Komplementärgesellschaft gewährleistet. Die Komplementär-GmbH kann, muss aber keine Einlage in der KGaA haben. Da eine Ein-Personen-Gesellschaft bei Personengesellschaften nicht möglich ist, ist eine Einheits-KGaA immer eine sogenannte atypische KGaA, d.h. mit einer Kapitalgesellschaft als Komplementärin.

---

11 Karsten Schmidt nennt dieses Modell „das Integrationsmodell", FS *Priester*, 2007, S. 691, 696.
12 Karsten Schmidt nennt dieses Modell „das Zentralverwaltungsmodell", FS *Priester*, 2007, S. 691, 697.
13 MünchKommAktG / Perlitt, § 278, Rz. 388; *Gonnella/Mikic*, AG 1998, S. 508ff.

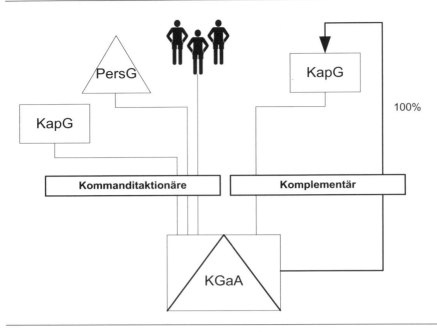

Abbildung 8: Einheits-KGaA

25 Eine Einheits-KGaA wird regelmäßig dann gewählt, wenn dauerhaft die Macht der kapitalgebenden Kommanditaktionäre in der KGaA sichergestellt werden soll. Die Position der KGaA als alleinige Gesellschafterin der Komplementärin ermöglicht einen uneingeschränkten Einfluss auf die Geschäftsleitung der KGaA. Allerdings muss dem Umstand durch Satzungsregelung Rechnung getragen werden, dass im Falle einer Komplementär-GmbH der Geschäftsführer dann eine Doppelfunktion wahrnimmt, nämlich einerseits die Geschäfte der KGaA führt und andererseits in Gesellschafterversammlungen der Komplementär-GmbH die KGaA als einzige Gesellschafterin vertritt. Der GmbH-Geschäftsführer könnte sich also selbst entlasten, sich Weisungen erteilen oder abberufen. Solche Konfliktsituationen können durch eine Satzungsregelung vermieden werden, wonach die KGaA in Gesellschafterversammlungen der Komplementär-GmbH von dem Aufsichtsrat oder einem von den Kommanditaktionären kontrollierten Beirat vertreten wird.[14] Unterliegt die KGaA der Mitbestimmung, dann wird eine Übertragung dieser Kompetenz auf den Aufsichtsrat regelmäßig nicht gewählt, da damit die Arbeitnehmervertreter im Aufsichtsrat einen erheblichen Einfluss auf die Geschäftspolitik ausüben könnten.[15]

---

14 *Gonnella/Mikic*, AG 1998, S. 508, 512.
15 *Schütz/Bürgers/Riotte*, § 5, Rz. 217.

III. Zusammenfassender Überblick

In der Literatur[16] werden für die vorstehend skizzierten, unterschiedlichen Typen der Ausgestaltung der KGaA Begriffe verwendet, die zum Ausdruck bringen, auf welchem Organ der Schwerpunkt der Entscheidungsgewalt liegt. Dabei werden die gesetzliche Grundstruktur der KGaA als Ausgangspunkt zugrunde gelegt und Abweichungen hin zu dem einen oder anderen Organ betrachtet:

Abbildung 9: Überblick über die unterschiedlichen Typen der KGaA

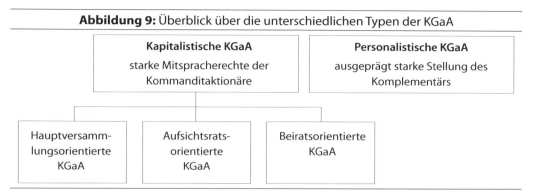

B. Wann kann die KGaA die richtige Rechtsform sein?

Die bisherige Darstellung der KGaA hat gezeigt, dass diese Rechtsform eine gewisse Komplexität aufweist, die sich im Aufwand der Gründung, aber auch in ihrem Unterhalt niederschlägt. Daher erscheint die Wahl dieser Rechtsform erst ab einer gewissen Unternehmensgröße (ab einem Umsatz in dreistelliger Millionenhöhe) sinnvoll.

Die KGaA ist vornehmlich ein gestalterisches Instrument für familiengeführte Unternehmen. Gerade in diesen Unternehmen besteht das Bedürfnis, die vielschichtigen Interessen der verschiedenen Familienmitglieder in einer flexiblen, den sich wandelnden Gegebenheiten anpassungsfähigen Gesellschaftsstruktur abzubilden.

Ist ein oder sind mehrere Familienmitglieder im Unternehmen leitend tätig, während andere lediglich monetäre Interessen verfolgen, kommt die KGaA in ihrer atypischen Ausgestaltung in Betracht. Die Unternehmensführer werden – soweit gesetzlich gestattet – ihre persönliche Haftung beschränken wollen und daher als Gesellschaftergeschäftsführer einer Komplementär-GmbH agieren. Die anderen Familienmitglieder können sich als Kommanditaktionäre beteiligen. Ohnehin hat die atypische KGaA den Vorzug, dass sie Kontinuität verleiht und im Falle von Tod oder Ausscheiden eines Komplementärs nicht aufgelöst werden muss. Sie ist also die geeignete Form, wenn Nachfolgethemen im Raume stehen. Entsprechende Gestaltungen sichern den Einfluss der Familie über Generationen hinweg.

---

16 So z.B. Münch. Hdb. GesR IV / *Herfs*, § 75, Rz. 13.

30 Die Einheits-KGaA erscheint für Familienunternehmen eher ungeeignet, da die unternehmerisch tätigen Familienmitglieder ja gerade ihre Unabhängigkeit in der Unternehmensführung durch die Wahl der Rechtsform der (typischen) KGaA sichern wollen. Andere Familienmitglieder wiederum wollen sich lediglich kapitalmäßig beteiligen. Sie haben kein besonderes unternehmerisches Interesse und bringen dafür auch oft nicht die notwendigen Kenntnisse mit.

31 Schließlich eröffnet die Rechtsform der KGaA den Zugang zum Kapitalmarkt, also die Beschaffung von Eigenkapital über die Börse, bei gleichzeitigem Erhalt der unternehmerischen Entscheidungsgewalt in der Familie.

32 Die Aktiengesellschaft als Alternative gewährt diesen Vorteil nicht und vermag damit den dauerhaften Einfluss der Familie auf die Unternehmensgeschicke nicht zu sichern. Der wesentliche Grund hierfür ist strukturell in der Aktiengesellschaft angelegt, deren Management vom Aufsichtsrat auf Zeit bestellt wird.

33 Bei einer KGaA handelt es sich sicherlich um kein „Steuersparmodell" zur Erzielung kurzfristiger Steuervorteile. Gleichwohl ermöglicht die KGaA aus steuerlicher Sicht die Vorteile der Personen- und Kapitalgesellschaften flexibel zu kombinieren. Insbesondere im grenzüberschreitenden Kontext erweist sie sich gegenüber anderen Rechtsformen als überlegen. Dies gilt einerseits bei Investitionen im Ausland (sog. Outbound-Investitionen), da die Steuervergünstigung erhaltener Dividenden auch auf den Anteil des Komplementärs ausstrahlt. Andererseits ist die KGaA auch für Ausländer von Interesse, die in Deutschland investieren wollen (sog. Inbound-Investitionen). Hier können nicht nur mögliche Schwierigkeiten aufgrund von § 50d Absatz 3 EStG (Freistellung bzw. Erstattung einbehaltener Kapitalertragsteuer) legal umgangen werden, sondern sich auch Konstellationen einstellen, die zu einer doppelten Berücksichtigung von Aufwendungen führen können.[17]

---

[17] Die steuerlichen Aspekte ergeben sich insbesondere bei Inbound-Investitionen. Vgl. hierzu insbesondere die Ausführungen auf Seite 164.

§ 2 Rechtliche Gestaltung der KGaA

A. Gründung einer KGaA

Die Gründung einer KGaA vollzieht sich in mehreren Schritten, wobei die rechtliche Qualität des im Entstehen befindlichen Gebildes verschiedene Stadien durchläuft. Ist der Entschluss gefasst, eine KGaA zu gründen, so entsteht – ohne dass es eines formalen Vertrages hierfür bedarf – eine sogenannte **Vorgründungsgesellschaft** in der Form einer Gesellschaft bürgerlichen Rechts. Die Vorgründungsgesellschaft ist nicht mit der späteren KGaA identisch.[1] Werden also im Stadium der Vorgründungsgesellschaft von dieser bereits Rechtsverhältnisse begründet, so gehen sie nicht automatisch auf die spätere KGaA über. Es bedarf vielmehr eines gesonderten Übertragungsakts. Die sogenannte **Vor-Gesellschaft** (Vor-KGaA) entsteht mit der Errichtung der KGaA durch Beurkundung der Satzung und Übernahme der Aktien durch die Kommanditaktionäre. Alle von der Vor-Gesellschaft eingegangenen Verpflichtungen und Rechte gehen, ohne dass es eines Übertragungsaktes bedürfte, im Wege der Gesamtrechtsnachfolge auf die KGaA über, wenn diese durch Eintragung im Handelsregister als juristische Person entsteht.[2]

I. Der Gründungsvorgang

1. Errichtung der KGaA

Die KGaA wird durch notarielle Beurkundung der Satzung und Übernahme aller Aktien durch die Kommanditaktionäre errichtet. Gründer der KGaA sind diejenigen Gesellschafter, die die Satzung festgestellt haben (§ 280 Absatz 3 AktG). Während früher mindestens 5 Personen als Gründer auftreten mussten, ist dieses Erfordernis durch das UMAG[3] vom 22.9.2005 entfallen. Damit ist die Streitfrage, ob eine Einmann-Gründung der KGaA möglich ist, im positiven Sinne ausgeräumt.

An der notariell zu beurkundenden Satzungsfeststellung müssen gemäß § 280 Absatz 1 Satz 2 AktG alle persönlich haftenden Gesellschafter (Komplementäre) und alle Kommanditaktionäre mitwirken, die Aktien der KGaA übernehmen. Eine rechtsgeschäftliche Vertretung ist mit notariell beglaubigter Vollmacht möglich (§ 280 Absatz 1 Satz 3 AktG).

Die Gründung der KGaA kann als **Bargründung** oder als **Sachgründung** erfolgen. Um eine Sachgründung würde es sich z.B. handeln, wenn das bisherige in einer Personen- oder Kapitalgesellschaft geführte Unternehmen im Wege der Einzelrechtsnachfolge gegen Ausgabe von Kommanditaktien in die KGaA eingebracht würde.

Die Sachgründung hat dieselben Voraussetzungen wie die Bargründung. Zusätzlich sind jedoch im Gründungsbericht und in der Gründungsprüfung weitere Angaben und Prüfungen vorzunehmen.

---

1 MünchKommAktG / *Pentz*, § 41, Rz. 10ff, 21.
2 *Hüffer*, AktG, § 41, Rz. 16.
3 Gesetz zur Unternehmensintegrität und Modernisierung des Anfechtungsrechts (UMAG).

2. Mindestangaben in der Satzung

6 Die Satzung der KGaA muss die gleichen Mindestangaben enthalten wie die Satzung einer Aktiengesellschaft. Dazu gehören gemäß § 23 Absätze 2 bis 4 AktG die Firma und der Sitz der Gesellschaft sowie der Gegenstand des Unternehmens. Im Hinblick auf das Grundkapital sind in der Satzung dessen Höhe anzugeben, die Zerlegung des Grundkapitals in Nennbetrags- oder Stückaktien, bei Nennbetragsaktien auch der Nennbetrag und die Zahl der Aktien eines jeden Nennbetrags sowie etwaige Gattungen und die Zahl der Aktien jeder Gattung und ferner die Kategorisierung, ob es sich um Inhaber- oder Namensaktien handelt.

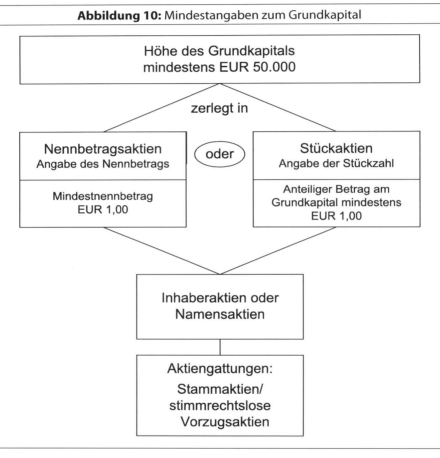

Abbildung 10: Mindestangaben zum Grundkapital

7 Zu den Mindestangaben gehören ferner die Zahl der Mitglieder der Geschäftsführung (Komplementäre) oder wie sie bestimmt wird sowie Bestimmungen über die Form der Bekanntmachungen der Gesellschaft. Für alle Komplementäre sind zudem jeweils der Vor- und Zuname, Wohnort sowie Art und Höhe ihrer jeweiligen Sondereinlagen anzugeben, falls solche geleistet werden (§ 281 AktG).

Wenngleich das Geschäftsjahr regelmäßig in der Satzung geregelt wird, ist dies nicht zwingend geboten. Enthält die Satzung keine Regelung über das Geschäftsjahr, so entspricht das Geschäftsjahr dem Kalenderjahr. Ein von dem Kalenderjahr abweichendes Geschäftsjahr muss jedoch in der Satzung geregelt werden und hat stets einen 12-Monats-Zeitraum zu umfassen. Wird die Gesellschaft im Laufe des Jahres gegründet, so ist das erste Geschäftsjahr ein Rumpfgeschäftsjahr, da es – bei Gleichlauf des Geschäftsjahres mit dem Kalenderjahr – unabhängig von seiner Dauer am 31. Dezember endet. Der genaue Beginn des Rumpfgeschäftsjahres ist strittig. Richtigerweise beginnt es, wenn die Vor-KGaA[4] mit der Errichtung entsteht. Auf diesen Zeitpunkt ist auch die Eröffnungsbilanz der KGaA aufzustellen.

a) Firma

Vorgaben für den Firmenkern

Die Firma kann entweder als **Sachfirma**, die den Gegenstand des Unternehmens wiedergibt, als **Phantasiefirma** ohne einen Bezug auf den Unternehmensgegenstand (z. B. Buchstaben- oder Zahlenfolgen) oder als **Personenfirma** mit dem Namen einer natürlichen Person ausgestaltet werden. Bei der Auswahl der Firma ist zu beachten, dass die Firma zur Kennzeichnung des Kaufmanns geeignet sein muss und Unterscheidungskraft besitzt (Individualisierbarkeit, § 18 Absatz 1 HGB). Zweitens darf die Firma nicht irreführend sein (Verbot der Irreführung, § 18 Absatz 2 HGB). Ferner muss sich die Firma von jeder anderen bereits bestehenden Firma am selben Ort deutlich unterscheiden (Unterscheidbarkeit, § 30 Absatz 1 HGB). Entspricht die Firma nicht diesen Vorgaben, so ist das Registergericht gemäß § 38 Absatz 3 Nr. 2 AktG berechtigt, die Eintragung in das Handelsregister abzulehnen.

Vorgaben für die Rechtsformbezeichnung

Für die typische KGaA gilt gemäß § 279 Absatz 1 AktG, dass sie die Bezeichnung „Kommanditgesellschaft auf Aktien" oder eine allgemein verständliche Abkürzung dieser Bezeichnung führen muss. Als Abkürzung sind gebräuchlich die „KGaA", weniger häufig benutzt, aber zulässig sind „KG auf Aktien" oder „Kommanditgesellschaft aA".

Haftet keine natürliche Person persönlich, handelt es sich also um eine sogenannte atypische Gesellschaft, dann fordert § 279 Absatz 2 AktG, dass die Haftungsbeschränkung aus der Firmierung ersichtlich sein muss. Beispiel: Ist die GmbH die alleinige, persönlich haftende Gesellschafterin (Komplementärin), dann muss die Firmierung lauten: „GmbH & Co. KGaA". Da eine Aneinanderreihung verschiedener Gesellschaftsformen wegen Irreführung nicht zulässig ist, wird der Zusatz „& Co." geführt.[5] Die Firmierung ändert sich nicht, wenn die Komplementärin eine GmbH & Co. KG ist, da ein zweifacher Zusatz „& Co." als unzulässig angesehen wird.[6]

In allen Fällen, in denen die KGaA und ihre Komplementärin am selben Ort ihren Sitz haben, ist unter dem Gesichtspunkt der Unterscheidbarkeit darauf zu achten, dass außer dem Rechtsformzusatz (der allein nicht unterscheidungskräftig ist) eine Bezeichnung gefunden wird, die für den Verkehr den Unterschied beider Unternehmen erkennbar macht. So könnte die Komplementär GmbH z. B. den Zusatz „Geschäftsführungs-GmbH" führen.[7]

---

[4] Siehe hierzu ausführlich S. 33.
[5] BGH, NJW 1980, S. 2084 zur KG.
[6] *Schlitt*, Die Satzung der KGaA, S. 93.
[7] *Schütz/Bürgers/Riotte*, § 4, Rz. 66.

b) Sitz

13 Gemäß § 5 Absatz 1 AktG ist der Sitz der Gesellschaft der Ort im Inland, den die Satzung bestimmt. Seit dem Inkrafttreten des MoMiG[8] am 1. November 2008 ist die Wahl des Sitzes nicht mehr beschränkt auf den Ort, an dem die Gesellschaft einen Betrieb unterhält, die Geschäftsleitung sich befindet oder von dem aus die laufende Verwaltung erfolgt (früher: § 5 Absatz 2 AktG; § 4a Absatz 2 GmbHG für die Komplementär-GmbH). Damit ist es möglich, den Sitz der Gesellschaft an einem Ort zu bestimmen, der nicht dem Verwaltungssitz entspricht. Ein Auseinanderfallen des Sitzes der Gesellschaft und des Verwaltungssitzes ist mithin möglich. Der satzungsmäßige Sitz muss im Inland sein, hingegen kann sich der Betrieb, die Geschäftsleitung oder Verwaltung auch im Ausland befinden. Nach früherem Recht wäre in einem solchen Fall die Gesellschaft aufzulösen gewesen. Eine Verlegung des satzungsmäßigen Sitzes ins Ausland führt jedoch nach wie vor zur Auflösung der Gesellschaft.

14 Der Sitz der Komplementär-GmbH befindet sich in der Regel am gleichen Ort, an dem sich der Sitz der KGaA befindet.

15 Dem satzungsmäßigen Sitz kommt zur Bestimmung von verschiedenen Zuständigkeiten Bedeutung zu. Er bestimmt vor allem, welches Registergericht örtlich für die Anmeldung der Gesellschaft zum Handelsregister zuständig ist. Der Sitz ist bei Eintragung der Gesellschaft auch auf dem elektronischen Registerblatt anzugeben. Die Ermittlung des allgemeinen Gerichtsstands der Gesellschaft wird ebenfalls durch den Sitz bestimmt (§ 17 Absatz 1 Satz 1 ZPO). Nur subsidiär ist der davon abweichende Verwaltungssitz maßgebend. Anders verhält es sich im Hinblick auf die Bestimmung des zuständigen Insolvenzgerichts, bei dem das Insolvenzverfahren über das Vermögen der Gesellschaft eröffnet wird. Maßgebend ist zwar zunächst der nach dem satzungsmäßigen Sitz bestimmte allgemeine Gerichtsstand (§ 3 Absatz 1 Satz 1 InsO). Befindet sich jedoch der Mittelpunkt der wirtschaftlichen Tätigkeit des Unternehmens an einem anderen Ort, wird dem Insolvenzgericht an diesem Ort der Vorrang eingeräumt (§ 3 Absatz 1 Satz 2 InsO). Schließlich ist nach § 121 Absatz 5 Satz 1 AktG der Sitz der Gesellschaft auch der Ort, an dem die Hauptversammlung abgehalten wird, es sei denn, die Satzung sieht eine abweichende Regelung vor.

c) Unternehmensgegenstand

16 Der Unternehmensgegenstand beschreibt die wesentliche Tätigkeit der Gesellschaft und soll die Öffentlichkeit über die Geschäftstätigkeit der Gesellschaft informieren. Die Vorgaben im Unternehmensgegenstand binden ferner die Geschäftsführung in ihrer Tätigkeit. Bei der Formulierung des Unternehmensgegenstandes ist daher darauf zu achten, dass die Art der Tätigkeit und der Geschäftsbereich des Unternehmens derart beschrieben sind, dass weder nur eine Leerformel wie „die Produktion und der Vertrieb von Produkten aller Art" verwendet wird, noch die Geschäftsführung in ihrer unternehmerischen Freiheit so sehr eingeschränkt wird, dass Handlungsalternativen zur Erreichung des Unternehmensgegenstands nicht bestehen.

17 Für bestimmte geschäftliche Tätigkeiten kann im Einzelfall eine staatliche Genehmigung erforderlich sein. Liegt diese nicht vor, wird das Registergericht die Eintragung der Gesellschaft von der Vorlage der Genehmigung abhängig machen.[9]

---

[8] MoMiG: Gesetz zur Modernisierung des GmbH-Rechts und zur Bekämpfung von Missbräuchen vom 28.10.2008.
[9] Beispiele für genehmigungspflichtige Unternehmensgegenstände in: *Hüffer*, AktG, § 37, Rz. 14.

d) Grundkapital

Das Grundkapital der KGaA beträgt mindestens EUR 50.000, welches in Aktien zerlegt ist. Dabei muss festgelegt werden, ob das Grundkapital in Nennbetrags- oder Stückaktien zerlegt wird (§ 8 Absatz 1 AktG).

Bei der Bargründung muss mindestens ein Viertel der Einlage geleistet werden (§ 36a AktG). Erfolgt eine Über-Pari-Emission, so ist der den Nennbetrag übersteigende Mehrbetrag (das sogenannte Agio) voll einzuzahlen.[10] Im Falle einer Sachgründung ist die gesamte Sacheinlage zu leisten. Die Einforderung der Einlage obliegt den Komplementären.

Nennbetragsaktien

Nennbetragsaktien müssen auf mindestens EUR 1,00 lauten und die Nennbeträge sowie die Zahl der Aktien jeden Nennbetrags nennen (§ 23 Absatz 3 Nr. 4 AktG). Es ist also möglich, das Grundkapital in Nennbetragsaktien mit unterschiedlich hohen Nennbeträgen zu stückeln.

Stückaktien

Bei Stückaktien wird das Grundkapital entsprechend der Anzahl der Aktien zerlegt. Stückaktien sind daher notwendig zu gleichen Teilen am Grundkapital der Gesellschaft beteiligt. Auch Stückaktien dürfen den Betrag von EUR 1,00 nicht unterschreiten.

Sowohl Nennbetragsaktien als auch Stückaktien können als Inhaber- oder Namensaktien ausgestaltet werden (§ 10 Absatz 1 AktG). Eine Gesellschaft kann sowohl Inhaber- als auch Namensaktien ausgeben. Die Wahl der Aktienform muss in der Satzung geregelt werden.

Inhaberaktien

Inhaberaktien werden durch Einigung und Übergabe der Aktienurkunde übertragen. Wer Besitzer der Inhaberaktie ist, ist gegenüber der Gesellschaft zur Geltendmachung der Aktionärsrechte legitimiert, auch wenn er materiell nicht berechtigt ist. Die Gesellschaft kann jedoch eine eventuell fehlende materielle Berechtigung nachweisen.

Namensaktien, Vinkulierung

Namensaktien bezeichnen den Inhaber der Aktie namentlich und werden durch rechtsgeschäftliche Erklärung übertragen (§ 68 Absatz 1 AktG). Namensaktien werden in das Aktienregister der Gesellschaft eingetragen (§ 67 Absatz 1 AktG). Daher muss die Übertragung unter Vorlage der Aktie der Gesellschaft angezeigt werden. Erst mit der Eintragung im Aktienregister gilt der Inhaber der Namensaktie auch gegenüber der Gesellschaft als Aktionär.

§ 68 Absatz 2 AktG eröffnet die Möglichkeit, die Übertragung von Namensaktien von der Zustimmung der Gesellschaft abhängig zu machen (sog. **Vinkulierung**). Soweit die Satzung nichts Abweichendes vorsieht, wird die Zustimmung durch die Komplementäre erteilt (§ 68 Absatz 2 Satz 4 AktG). Die Satzung könnte z.B. die Entscheidung über die Zustimmung einem bestimmten Komplementär zuweisen oder bestimmen, dass die Namensaktien nur an bestimmte Aktionäre (z.B.: Familienmitglieder) übertragen werden dürfen. Inhaber von Namensaktien können außerdem mit bestimmten Sonderrechten ausgestattet werden, z.B. dem Entsenderecht in den Aufsichtsrat.

Stimmrechtslose Vorzugsaktien

Vorzugsaktien durchbrechen das Prinzip, dass jede Aktie ein Stimmrecht gewährt (§ 12 Absatz 1 Satz 1 AktG), denn sie können als Aktien ohne Stimmrecht ausgegeben werden (§ 12 Absatz 1 Satz 2 AktG). Dabei sind die in den §§ 139 bis 141 AktG genannten Beschränkungen zu beachten: (i)

---

10 *Hüffer*, AktG, § 36, Rz. 2; LG Frankfurt, AG 1992, S. 240.

Nur bis zu 50 % des Grundkapitals kann in Vorzugsaktien ohne Stimmrecht zerlegt werden; (ii) Das Stimmrecht kann nur ausgeschlossen werden, wenn die Aktien mit einem nachzuzahlenden Dividendenvorzug ausgestattet sind. Darunter ist zu verstehen, dass die in der Satzung bestimmte Dividende zuerst an die Vorzugsaktionäre und erst dann an die Stammaktionäre auszuschütten ist. Die Höhe des Vorzugs muss in der Satzung geregelt werden und objektiv bestimmbar sein, darf also nicht mit der Höhe des Bilanzgewinns verknüpft werden. Der Dividendenanspruch muss nachzahlbar sein: Kann die festgesetzte Dividende in einem Geschäftsjahr mangels ausschüttungsfähigem Bilanzgewinn ganz oder teilweise nicht ausbezahlt werden, so muss der Fehlbetrag in den nächsten Geschäftsjahren, wenn wieder ein Bilanzgewinn erzielt wird, nachgezahlt werden. Gemäß § 140 Absatz 2 AktG lebt jedoch das Stimmrecht in vollem Umfang wieder auf,[11] wenn die Dividendenrückstände im nächsten Geschäftsjahr neben dem vollen Vorzug dieses Jahres nicht vollständig nachgezahlt werden (können).

3. Bestellung des ersten Aufsichtsrats und Wahl des ersten Abschlussprüfers

27 Nach Übernahme der Kommanditaktien müssen die Kommanditaktionäre gemäß §§ 278 Absatz 3, 30 Absatz 1 AktG den ersten Aufsichtsrat bestellen und den Abschlussprüfer für das erste (Rumpf-)Geschäftsjahr wählen. Dabei ist Stellvertretung unter schriftlicher Vollmacht möglich. Die Bestellung des Aufsichtsrats und des Abschlussprüfers muss notariell beurkundet werden.

4. Gründungsbericht

28 Die Gründer, also alle an der Feststellung der Satzung beteiligten Kommanditaktionäre und Komplementäre, müssen gemäß § 32 AktG einen Gründungsbericht über den Hergang der Gründung erstellen. Diese Verpflichtung besteht gleichermaßen bei Bar- und Sachgründung. Der Gründungsbericht hat alle wesentlichen Umstände der Gründung aufzunehmen. Dabei ist unerheblich, ob diese Informationen bereits in der Satzung enthalten sind, da der Gründungsbericht die gerichtliche Überprüfung der Gründung erleichtern soll und die Grundlage für die Gründungsprüfung bildet. Im Falle einer Sachgründung muss der Gründungsbericht zudem die wesentlichen Umstände darlegen, von denen die Angemessenheit der Leistungen für die Sacheinlagen abhängt (§ 32 Absatz 2 AktG).

29 Der Bericht ist schriftlich abzufassen, bedarf also der eigenhändigen Unterschrift aller Gründer (§ 32 Absatz 1 AktG).

5. Gründungsprüfung durch Aufsichtsrat und Komplementäre

30 Der erste Aufsichtsrat und die Komplementäre haben den Gründungsbericht zu prüfen (§ 283 Nr. 2 AktG). Da die Komplementäre als Gründer den Bericht mit verfasst haben, prüfen sie also den eigenen Bericht, eine gesetzlich eindeutige Anordnung, die aber vor dem Hintergrund, dass eine ex-

---

[11] Das Stimmrecht umfasst dann alle HV Angelegenheiten, nicht nur z.B. Gewinnverwendungsbeschlüsse, allgM., siehe *Hüffer*, AktG, § 140, Rz. 6 mit weiteren Nachweisen.

terne Gründungsprüfung wegen der Beteiligung der Komplementäre an der Gründung gemäß § 33 Absatz 1 Nr. 2 AktG ohnehin durchzuführen ist, überflüssig erscheint. Da das Gesetz jedoch unmissverständlich die Gründungsprüfung auch durch die Komplementäre fordert, ist dem zu folgen.

Die Gründungsprüfung umfasst nicht die Sondereinlage der Komplementäre. Allerdings ist dies in der Literatur umstritten. Teilweise wird eine Prüfung der Sondereinlage gefordert, weil sich ihre Bewertung auf die Verteilung des Gewinns zwischen den Komplementären und der Gesamtheit der Kommanditaktionäre auswirkt.[12] Dies betrifft aber nur die Frage, ob zwischen den Gesellschaftergruppen eine sachgerechte Gewinnverteilung stattfindet. Die Gründungsprüfung hat hingegen lediglich die Aufgabe, die ordnungsmäßige Errichtung und Kapitalaufbringung im Interesse der Gläubiger sicherzustellen.[13]

6. Gründungsprüfung durch Gründungsprüfer

Bei jeder Gründung einer KGaA und nicht nur im Falle einer Sachgründung, ist zusätzlich eine Gründungsprüfung durch einen externen, unabhängigen Gründungsprüfer durchzuführen. Dies ergibt sich aus § 33 Absatz 2 AktG, der eine solche Gründungsprüfung vorsieht, wenn ein Vorstand unter den Gründern ist, denn die KGaA kann ohne Komplementär nicht gegründet werden.

Für den Komplementär gelten die für den Vorstand der AG geltenden Vorschriften zur Gründungsprüfung sinngemäß (§ 283 Nr. 2 AktG).

Regelmäßig wird ein Wirtschaftsprüfer die externe Gründungsprüfung durchführen. Das Gesetz fordert, dass der Gründungsprüfer jedenfalls in der Buchführung ausreichend vorgebildet und erfahren sein muss (§ 33 Absatz 4 AktG). In den Fällen des § 33 Absatz 2 Ziffer 1 und 2 AktG können die Gründer anstelle eines externen Gründungsprüfers auch den beurkundenden Notar beauftragen. Nach dem Abschluss der Gründungsprüfungen kann die Gesellschaft zum Handelsregister angemeldet werden.

II. Handelsregisteranmeldung

Die Gründer, also alle persönlich haftenden Gesellschafter und alle Kommanditaktionäre sowie die Mitglieder des Aufsichtsrats haben die KGaA zur Eintragung in das Handelsregister anzumelden (§ 36 AktG). Die Anmeldung ist höchstpersönlich vorzunehmen, eine rechtsgeschäftliche Bevollmächtigung einer anderen Person ist nicht möglich. Dies folgt aus den mit der Anmeldung verbundenen zivil- und strafrechtlichen Haftungsfolgen der Erklärungen (§§ 46, 48, 399 AktG).

In der Handelsregisteranmeldung sind folgende Angaben zu machen und Urkunden vorzulegen (vgl. § 37 AktG):
- inländische Geschäftsanschrift der Gesellschaft;
- Art und Umfang der Vertretungsbefugnis der persönlich haftenden Gesellschafter;

---

12 So z.B. *Assmann/Sethe* in GroßKomm AktG, § 281, Rz. 24.
13 So zutreffend Münch. Hdb GesR IV / *Herfs*, § 76, Rz. 3 und MünchKommAktG / *Perlitt*, § 280, Rz. 23, § 281, Rz. 31f.

- Nachweis, dass der auf das Grundkapital gezahlte Betrag endgültig zur freien Verfügung der Komplementäre steht (z. B. durch Kontoauszug). Der Nachweis der Kapitalaufbringung bezieht sich nur auf das Grundkapital, nicht auch auf die Erbringung der Sondereinlage des Komplementärs;
- Satzung und Urkunden, in denen die Satzung festgestellt worden ist und die Aktien von den Gründern übernommen wurden;
- von der Gesellschaft zu tragender Gründungsaufwand;
- Urkunde über die Bestellung des Aufsichtsrats;
- Liste der Mitglieder des Aufsichtsrats, mit Name, Vorname, ausgeübter Beruf und Wohnort jedes Mitglieds;
- Gründungsbericht und Prüfberichte der Komplementäre, des Aufsichtsrats sowie des Gründungsprüfers;
- Die vertretungsbefugten Personen der Komplementärin haben zu versichern, dass keine Umstände vorliegen, aufgrund derer sie vom Amt eines Vorstands nach § 76 Absatz 3 Satz 2 und 3 AktG ausgeschlossen wären.[14]

37 Das Gericht prüft anhand der Handelsregisteranmeldung, ob die Gesellschaft ordnungsgemäß errichtet und angemeldet ist. Ist dies der Fall, wird die Gesellschaft eingetragen, andernfalls die Eintragung abgelehnt (§ 38 Absatz 1 AktG). Mit Eintragung der Gesellschaft ins Handelsregister entsteht die KGaA als juristische Person und erlangt damit ihre Rechtspersönlichkeit (§ 278 Absatz 1 AktG). Die Eintragung ist also konstitutiv. Der Inhalt der Eintragung und die Bekanntmachung ergeben sich aus §§ 39 und 40 AktG. Es werden nur das Kommanditkapital der Kommanditaktionäre und ggf. das genehmigte Kapital eingetragen, nicht jedoch eventuelle Sondereinlagen der Komplementäre.

III. Gründer- und Handelndenhaftung bei der Vor-KGaA

38 Mit der Errichtung der KGaA, die durch die Übernahme aller Aktien abgeschlossen ist, entsteht die sogenannte Vor-KGaA, die bis zur Eintragung in das Handelsregister besteht. Die Vor-KGaA kann grundsätzlich ihre Geschäftstätigkeit bereits aufnehmen. Auf die Vor-KGaA sind alle Vorschriften über die KGaA anwendbar, soweit sie nicht die Eintragung ins Handelsregister voraussetzen. Mit der Eintragung gehen alle in der Phase der Vor-KGaA begründeten Rechte und Pflichten der Vor-KGaA im Wege der Gesamtrechtsnachfolge auf die KGaA über.[15]

1. Haftung der Gründer gegenüber der Gesellschaft (Innenhaftung)

39 Die Gründer sind der Gesellschaft als *Gesamtschuldner* (d.h. jeder Gründer haftet für die volle Summe) zum Schadensersatz verpflichtet, wenn sie schuldhaft (vgl. §§ 278 Absatz 3 AktG, 46 AktG)

---

14 *Krafka/Willer/Kühn*, Registerrecht, Rz. 1773: Obwohl die persönlich haftenden Gesellschafter die KGaA nach den Grundsätzen des Rechts der Personengesellschaften vertreten, mithin nicht infolge Bestellung, wie der Vorstand einer AG, wird in der Literatur teilweise vertreten, dass § 76 Absatz 3 AktG auch auf die Komplementäre Anwendung findet. Daher wird die Aufnahme dieser Versicherung in die Handelsregisteranmeldung empfohlen.
15 *Hüffer*, AktG, § 41, Rz. 16.

- falsche oder unvollständige Angaben im Gründungsbericht gemacht haben;
- die Einlagen bei einer Zahlstelle eingezahlt haben, die nicht geeignet ist, insbesondere Zweifel an ihrer Zahlungsunfähigkeit bestanden;
- die tatsächliche Einzahlung der Einlagen nicht so erbracht haben, dass sie zur endgültigen freien Verfügung der Komplementäre sind.

Die Ersatzansprüche der Gesellschaft verjähren in fünf Jahren, beginnend mit Eintragung der KGaA im Handelsregister bzw. wenn die schadenbegründende Handlung später erfolgte, dann mit dem Zeitpunkt der Handlung (§ 51 AktG).

Jeder *einzelne* Gründer haftet für die Erfüllung seines Einlageversprechens. Im Falle der Sacheinlage haftet er für die Werthaltigkeit dieser Einlage.

Ferner setzen sich die Gründer bis zur Eintragung der Gesellschaft im Handelsregister einer Haftung gegenüber der Gesellschaft aus, wenn der Komplementär ermächtigt wird, die Geschäftstätigkeit schon vor Eintragung der KGaA in das Handelsregister aufzunehmen. Die BGH Rechtsprechung[16] hat zwei Bestandteile der Gründerhaftung entwickelt: zum einen die **Unterbilanzhaftung**, die zum Schutz der Gesellschaftsgläubiger sicherstellen soll, dass zum Zeitpunkt der Eintragung der Gesellschaft in das Handelsregister das Grundkapital noch vollständig erhalten ist. Wird das Gesellschaftsvermögen durch die Aufnahme der Geschäftstätigkeit so geschmälert, dass es im Zeitpunkt der Eintragung der KGaA im Handelsregister unter das Grundkapital fällt oder gar Überschuldung eintritt, dann haften die Gründer der Gesellschaft (reine Innenhaftung) anteilig in Höhe ihrer Kapitalbeteiligung auf die Differenz zwischen Gesellschaftsvermögen und Grundkapital.

Kommt es nicht zur Eintragung der KGaA und wird die Vor-KGaA liquidiert, haften die Gründer (im Innenverhältnis gegenüber der Vorgesellschaft) für die Verluste der Vorgesellschaft unbeschränkt und nicht nur bis zur jeweiligen Einlagenhöhe (**Verlustdeckungshaftung**).

Die Gründerhaftung trifft insbesondere die Kommanditaktionäre, da die Haftungsbeschränkung auf die Einlage erst mit Eintragung der KGaA im Handelsregister erfolgt. Die Gründerhaftung ist nicht beschränkt, sondern von der Höhe der bis zur Eintragung aufgelaufenen Verluste abhängig.

2. Handelndenhaftung gegenüber Gesellschaftsgläubiger (Außenhaftung)

Alle Personen, die im Namen der Vor-KGaA tätig werden, trifft ferner die sog. Handelndenhaftung (§§ 278 Absatz 3, 41 Absatz 1 Satz 2 AktG). Die Haftung knüpft an das Tätigwerden für die Gesellschaft an und ist eine persönliche Haftung. Mehrere Handelnde haften gesamtschuldnerisch. Weder die Gründer noch die Aufsichtsräte sind Handelnde im Sinne des § 41 Absatz 1 Satz 2 AktG. Diese Handelndenhaftung ist anders als die Gründerhaftung eine Außenhaftung gegenüber den Gläubigern der Gesellschaft. Mit Eintragung im Handelsregister gehen alle seit der Errichtung der KGaA, für diese begründeten Rechte und Pflichten im Wege der Gesamtrechtsnachfolge über, ohne dass es eines gesonderten Übertragungsaktes bedürfte. Die persönliche Haftung der Handelnden fällt dann also weg.

---

16 BGHZ 80, S. 129 für die GmbH, die Grundsätze sind aber auch auf andere Vorgesellschaften anwendbar, siehe Münch. Hdb. GesR IV / *Hoffmann-Becking*, § 3, Rz. 36. Damit hat sich der BGH von dem früheren „Vorbelastungsverbot" verabschiedet.

46 Die Haftung der Kommanditaktionäre für Verbindlichkeiten der Vor-KGaA aus ihren Handlungen vor Eintragung erlischt gemäß §§ 278 Absatz 3, 41 Absatz 1, Satz 2 AktG mit der Eintragung. Hingegen hat die Eintragung für die Komplementäre keine Auswirkung auf ihre Haftung, da diese gemäß §§ 278 Absatz 2 AktG, 128 HGB ohnehin unbeschränkt ist.

IV. Angaben auf Geschäftsbriefen

47 § 278 Absatz 3 AktG in Verbindung mit § 80 AktG schreiben folgende Angaben auf den Geschäftsbriefen der KGaA vor:
- Rechtsform
- Sitz der Gesellschaft
- Registergericht des Sitzes der Gesellschaft
- HR B Nummer
- Namen der vertretungsbefugten persönlich haftenden Gesellschafter und des Aufsichtsratsvorsitzenden

48 Strittig ist, ob bei einer atypischen KGaA auf den Geschäftsbriefen die vorstehenden Angaben auch für die Komplementärgesellschaft aufzunehmen sind. Unter dem Gesichtspunkt der von der Rechtsprechung geforderten Publizität hinsichtlich der Haftungsbeschränkung ist dies zu befürworten.

B. Gesellschafter und Organe der KGaA

49 Die KGaA hat zwei Gesellschaftergruppen, die persönlich haftenden Komplementäre und die Kommanditaktionäre und verfügt über drei Pflichtorgane, den Komplementären, die das Geschäftsführungs- und Vertretungsorgan bilden, dem Aufsichtsrat und der Hauptversammlung. Aufgrund des hybriden Charakters der KGaA mit Elementen der Personen- und Kapitalgesellschaft finden auf diese Organe teils personengesellschafts- und teils kapitalgesellschaftsrechtliche Normen Anwendung. Die Rechtsbeziehungen der Komplementäre untereinander sowie zwischen den Gesellschaftergruppen der Komplementäre und Kommanditaktionäre regeln sich gemäß § 278 Absatz 2 AktG nach den §§ 161ff, 105 ff HGB, also nach dem weitgehend dispositiven, dem Gestaltungswillen der Gesellschafter unterliegenden Personengesellschaftsrecht. Das gleiche gilt für die Rechtsbeziehungen der Komplementäre gegenüber Dritten, d.h. die Befugnis zur Geschäftsführung und die Vertretung der Gesellschaft. Dagegen finden auf den Aufsichtsrat ausschließlich die Regelungen des Aktienrechts, mit den Besonderheiten des § 287 AktG Anwendung. Bei den Kommanditaktionären ist wiederum zu unterscheiden: Soweit es sich um Rechte der Kommanditaktionäre handelt, die diese nur in ihrer Gesamtheit ausüben können, gilt das Personengesellschaftsrecht. Rechte einzelner Kommanditaktionäre, wie Vermögens- und Verwaltungsrechte richten sich dagegen nach dem Aktienrecht.[17] Auch die Organisation der Hauptversammlung richtet sich nach dem Aktienrecht. Dasselbe gilt für Rechtsverhältnisse der KGaA zu Dritten, die den aktienrechtlichen Vorschriften (§ 278 Absatz 3 AktG) unterliegen und daher außer in den im Aktiengesetz ausdrücklich zugelassenen Fällen nicht vom Gesetz abweichend geregelt werden können.

---

17 *Schütz/Bürgers/Riotte*, § 5, Rz. 3.

Die Rechtsform der KGaA lässt – anders als die Aktiengesellschaft – die satzungsmäßige Bildung weiterer sogenannter gewillkürter Organe zu. Häufig wird ein Beirat oder Verwaltungsausschuss gebildet, dem Aufgaben der persönlich haftenden Gesellschafter oder der Kommanditaktionäre zugewiesen werden.

I. Möglichkeiten und Grenzen der Satzungsgestaltung

Die Satzung einer KGaA hat mithin zwei Bestandteile, die jeweils einem anderen Rechtsregime unterliegen: Der eine Teil unterliegt dem dispositiven Personengesellschaftsrecht, der andere Teil dem weitgehend zwingenden Aktienrecht. Doch auch das Personengesellschaftsrecht kennt Grenzen der Vertragsfreiheit, die bei der Satzungsgestaltung zu beachten sind.[18] Diese Grenzen stellen insbesondere sicher, dass die schutzwürdigen Interessen der Gesellschafter gewahrt werden, sie z.B. über wesentliche Fragen der Gesellschaft selbst entscheiden (müssen) und Minderheitenrechte geschützt werden. Die meisten dieser gesellschaftsrechtlichen Grenzen gelten rechtsformübergreifend, also sowohl für Personengesellschaften als auch für Kapitalgesellschaften.

Kurz zusammengefasst handelt es sich insbesondere um folgende Prinzipien, die zu beachten sind:

- **Selbstorganschaft**: Dieses Prinzip gilt für die OHG und die KG und damit auch für die KGaA: Geschäftsführungs- und Vertretungsbefugnis kann nicht auf gesellschafterfremde Dritte übertragen werden. Sie muss zwingend von den Gesellschaftern ausgeübt werden. Dies bedeutet, dass diejenige Person, die die KGaA vertritt und ihre Geschäfte führt, gleichzeitig Komplementär sein muss. Nur bei einer atypischen KGaA ist eine Fremdgeschäftsführung zulässig. Der Geschäftsführer der Komplementär GmbH muss also nicht gleichzeitig Gesellschafter sein.

- **Verbandssouveränität**: Änderungen der Satzung dürfen nur von Gesellschaftern vorgenommen werden. Außenstehenden dürfen auch keine Zustimmungsbefugnisse eingeräumt bekommen.

- **Abspaltungsverbot (§ 717 Satz 1 BGB, § 105 Absatz 3 HGB)**: Dieses Verbot untersagt zwingend Satzungsgestaltungen, die eine Trennung von mit der Mitgliedschaft verbundenen Stammrechten vorsehen. So kann das Stimmrecht des Gesellschafters nicht auf Dritte übertragen werden. Auch das Gewinnbezugsrecht ist mit der Mitgliedschaft untrennbar verbunden und kann nicht isoliert übertragen werden. Hingegen können Gewinnansprüche, die nach der Feststellung des Jahresabschlusses aus dem Gewinnbezugsrecht entstehen, abgetreten oder belastet werden.

- **Kernbereichslehre**: Es gibt Gesellschafterrechte, die *unverzichtbar* sind. Hierzu gehören z.B. das Recht des Kommanditaktionärs, an der Hauptversammlung teilnehmen zu dürfen oder das Mindestinformationsrecht eines jeden Gesellschafters gemäß § 118 Absatz 2 HGB, wonach jeder Gesellschafter Kontrollrechte ausüben darf, wenn Grund zu der Annahme unredlicher Geschäftsführung besteht. Ferner gibt es Mitgliedschaftsrechte, die einem Gesellschafter *ohne dessen Zustimmung* nicht entzogen werden dürfen. Solche Mitgliedschaftsrechte sind z.B. die Stimmrechte, das Recht auf Gewinnbeteiligung oder das Informationsrecht. Sollen solche Rechte entzogen oder eingeschränkt werden, dann kann dieser Entzug nicht durch einen Mehrheitsbeschluss ohne Zustimmung des betroffenen Gesellschafters erfolgen.

---

18 Hierzu ausführlich: *Oetker*, HGB, § 109, Rz. 7ff; *Baumbach/Hopt*, HGB, § 109, Rz. 3.

- **Bestimmtheitsgrundsatz**: Dieser Grundsatz dient dem Minderheitenschutz und besagt, dass im Gesellschaftsvertrag unspezifische Mehrheitsbeschlüsse nur wirksam vereinbart werden können, wenn sie laufende Geschäfte betreffen. Geht es hingegen um Grundlagengeschäfte oder Satzungsänderungen, dann muss der Beschlussgegenstand, der einer Mehrheitsentscheidung unterliegen soll, in der Satzung so genau erfasst sein, dass der betroffene Gesellschafter die Tragweite bei der Zustimmung zu diesem Mehrheitserfordernis erkennen kann.
- **Treuepflicht**: Die Gesellschafter unterliegen in zweifacher Hinsicht der Treuepflicht: Die Treuepflicht besteht im Verhältnis der Gesellschafter untereinander und führt dazu, dass jeder Gesellschafter gegenüber seinen Mitgesellschaftern auf dessen gesellschaftsbezogenen Interessen Rücksicht zu nehmen hat. Zudem ist jeder Gesellschafter auch im Verhältnis zur Gesellschaft zur Treue verpflichtet, was sich insbesondere in der Verpflichtung niederschlägt, die Belange der Gesellschaft zu fördern.

II. Komplementäre

53 Aus der Gesellschafterstellung stehen dem Komplementär mitgliedschaftliche Rechte zu, wie Stimmrechte, Informations- und Kontrollrechte. Er ist ferner berechtigt, eine actio pro socio zu erheben, das heißt Ansprüche, welche die KGaA aus dem Gesellschaftsverhältnis gegenüber den Gesellschaftern hat, als Mitgesellschafter vor Gericht geltend zu machen (z. B. Einlageverpflichtung, Ansprüche der KGaA aus fehlerhafter Geschäftsführung).

54 Aus seiner Funktion als Geschäftsführungs- und Vertretungsorgan der Gesellschaft erwachsen dem Komplementär organschaftliche Rechte, die ihm in dem Maße zustehen, wie er geschäftsführungs- und vertretungsbefugt ist. Eine Beschränkung der organschaftlichen Rechte eines Komplementärs hat keine Auswirkung auf seine Gesellschafterstellung.

1. Aufnahme von Komplementären

55 Bei der Gründung werden die ersten Komplementäre der KGaA bestimmt. Sollen später weitere Komplementäre aufgenommen werden, findet das Recht der Kommanditgesellschaft Anwendung, mit der Folge, dass Gestaltungsfreiheit besteht. Der Eintritt des neuen Komplementärs erfolgt durch Satzungsänderung, denn § 281 Absatz 1 AktG sieht zwingend vor, dass in die Satzung die Identität des Komplementärs aufzunehmen ist. Für die Satzungsänderung bedarf es des Beschlusses aller (auch der nicht geschäftsführungs- und vertretungsbefugten) Komplementäre und der Hauptversammlung (also der Kommanditaktionäre). Der Beschluss der Komplementäre muss einstimmig sein, der Hauptversammlungsbeschluss bedarf einer ¾ Mehrheit des bei der Beschlussfassung vertretenen Grundkapitals.[19]

56 Von dieser Gesetzeslage kann die Satzung abweichende Regelungen vorsehen. Sie kann z.B. für die Aufnahme neuer Komplementäre die gesetzlichen Beschlussmehrheiten herabsetzen und damit die Hürde für die Aufnahme neuer Komplementäre absenken.

57 Die Satzung kann aber auch die Aufnahme neuer Komplementäre erschweren und den in Frage kommenden Personenkreis durch zusätzliche Erfordernisse z.B. hinsichtlich der fachlichen Qualifikation für neue Komplementäre einschränken, eine bestimmte Berufszugehörigkeit vorschreiben oder verlangen, dass neue Komplementäre einem bestimmten Familienzweig entstammen

---

19 Str., bejahend mit weiteren Nachweisen, *Schütz/Bürgers/Riotte*; ablehnend *Wichert*, AG 1999, S. 365 ff (einfache Mehrheit).

müssen. Es kann auch der spätere Eintritt einer außenstehenden Person in der Satzung an den Eintritt von Bedingungen oder Ereignissen geknüpft werden (sogenannte Eintrittsklausel).[20] Im Falle des Todes eines Komplementärs kann die Satzung durch eine Nachfolgeklausel dessen Erben als Nachfolger bestimmen.[21] Fühlt der Erbe sich der neuen Aufgabe nicht gewachsen oder möchte er aus anderen Gründen nicht die Stellung eines Komplementärs in der Gesellschaft einnehmen und hatte der Erblasser eine Sondereinlage geleistet, kann der Erbe innerhalb einer Frist von drei Monaten seit Kenntnis des Erbfalls gemäß §§ 278 Absatz 2 AktG, 139 HGB beantragen, dass ihm die Stellung eines Kommanditaktionärs eingeräumt wird. Wird dieser Antrag durch Beschluss der Komplementäre und Hauptversammlung (mit den gesetzlichen Mehrheiten, soweit die Satzung hiervon nicht abweicht) angenommen, kann der Erbe seinen Abfindungsanspruch als Sacheinlage gegen Gewährung von neuen Kommanditaktien einbringen.[22] Andernfalls scheidet er aus der Gesellschaft aus. Hatte der Komplementär hingegen keine Sondereinlage geleistet, bleibt dem Erbe nur die Möglichkeit, die Komplementärstellung einzunehmen oder aus der Gesellschaft auszuscheiden.[23]

Die Satzung kann einzelnen Komplementären oder einem anderen Organ, wie z.B. der Hauptversammlung oder dem Aufsichtsrat ein Auswahl- und Vorschlagsrecht einräumen. Das Recht, alleine über die Aufnahme neuer Komplementäre zu entscheiden, kann nur den Komplementären – einzelnen oder allen – verliehen werden.[24] Darin liegt eine antizipierte Zustimmung der Hauptversammlung.[25] Soll die KGaA kapitalistisch ausgestaltet werden, wird die Aufnahmekompetenz der Hauptversammlung oder dem Aufsichtsrat übertragen.[26]

2. Rechte des Komplementärs aus der Gesellschafterstellung

a) Stimmrecht des Komplementärs

Die Komplementäre haben auf der Grundlage ihrer Stellung als persönlich haftender Gesellschafter kein Stimmrecht in der Hauptversammlung. Stimmberechtigt sind sie nur dann, wenn sie zugleich Kommanditaktionäre sind. In diesem Fall rührt das Stimmrecht aus ihrer Gesellschafterstellung als Kommanditaktionär (§ 285 Absatz 1 Satz 1 AktG).[27] Allerdings bedürfen die Beschlüsse der Hauptversammlung gemäß § 285 Absatz 2 AktG der Zustimmung der Komplementäre, soweit Beschlussgegenstände betroffen sind, die auch in der Kommanditgesellschaft der Zustimmung der Komplementäre bedürfen. Hierzu zählen (i) alle Grundlagengeschäfte, d. h. Geschäfte die die personenrechtliche Verbundenheit der Gesellschafter berühren, wie z.B. Satzungsänderungen, der Abschluss von Unternehmensverträgen, Umwandlung, Auflösung der Gesellschaft, Veräußerung oder Verpachtung des Unternehmens, Antrag auf Entziehung der Geschäftsführungs- und/oder

---

20 MünchKommAktG / *Perlitt*, § 278, Rz. 68.
21 Zu Nachfolgeklauseln siehe *Schütz/Bürgers/Riotte*, § 5, Rz. 313.
22 *Assmann/Sethe* in Großkomm AktG, § 289, Rz. 121ff. a.A. Münch. Hdb. GesR IV / *Herfs*, der die Umwandlung des Kapitalanteils in Kommanditaktien befürwortet.
23 MünchKommAktG / *Perlitt*, § 289, Rz. 51.
24 MünchKommAktG / *Perlitt*, § 278, Rz. 68; *Assmann/Sethe* in Großkomm AktG, § 278, Rz. 48; Münch. Hdb. GesR IV / *Herfs*, § 77, Rz. 5; *Hartel* DB 1992, S. 234.
25 *Hartel* DB 1992, S. 234.
26 Münch. Hdb. GesR IV / *Herfs*, § 77, Rz. 9.
27 Siehe hierzu ausführlich S. 56.

Vertretungsbefugnis, Ausschluss oder Aufnahme eines Komplementärs, sowie (ii) alle außergewöhnlichen Geschäftsführungsmaßnahmen (§§ 116, 164 HGB). Ferner bedarf die Feststellung des Jahresabschlusses ebenfalls der Zustimmung der Komplementäre (§ 286 Absatz 1 AktG).

60 Nach der gesetzlichen Vorgabe in § 119 Absatz 2 HGB hat jeder Komplementär eine Stimme. Die Stimmzahl kann jedoch in der Satzung entsprechend der Höhe der Sondereinlage gewichtet werden. Damit können einzelne Komplementäre in ihrer Einflussnahme gestärkt werden.

aa) Beschlussfassung

61 Hat eine KGaA mehrere Komplementäre, bedarf es einer Beschlussfassung, in der sich die Willensbildung der Gesellschaftergruppe der Komplementäre manifestiert. Die Beschlüsse der Komplementäre bedürfen jedoch keiner gesonderten Versammlung, es sei denn, die Satzung sieht eine Komplementärversammlung vor. Vielmehr kommt der Beschluss durch Zusammenfassung der Einzelabstimmung jedes Komplementärs zustande. Beschlüsse der Komplementäre können grundsätzlich formfrei gefasst werden. Die Zustimmung der Komplementäre bedarf bei Beschlüssen, die ins Handelsregister eingetragen werden müssen, allerdings der notariellen Beurkundung gemäß § 285 Absatz 3 Satz 2 AktG in der Verhandlungsniederschrift oder in einer Anhangsurkunde.

bb) Beschlussmehrheiten

62 Sieht die Satzung keine Regelungen über Beschlussmehrheiten für Komplementäre vor, so gilt die gesetzliche Regelung des § 119 HGB, wonach alle Komplementäre der KGaA für den betreffenden Beschlussgegenstand stimmen müssen (Einstimmigkeit). Enthaltung oder Nichtteilnahme an der Abstimmung wird als Gegenstimme gewertet.[28] Daher ist es anzuraten, in der Satzung für solche Beschlussgegenstände, die nicht zwingend der Einstimmigkeit unterliegen, Mehrheitsbeschlüsse zuzulassen.

b) Informations- und Kontrollrechte

63 Jeder Komplementär darf sich von der Entwicklung der Gesellschaft unterrichten und kontrollieren, ob die Gesellschafter die ihnen obliegende Sorgfalt in Ausübung ihrer Rechte beobachten. Zu diesem Zweck darf er die Bücher und Papiere der Gesellschaft einsehen und Kopien hiervon anfertigen sowie die Geschäftsräume der Gesellschaft betreten und z.B. die Waren- oder Kassenbestände kontrollieren. Hingegen hat der von der Geschäftsführung ausgeschlossene Komplementär grundsätzlich kein Auskunftsrecht gegenüber dem geschäftsführenden Komplementär. Nur in den Fällen, in denen die vorhandenen Unterlagen lückenhaft oder widersprüchlich sind und daher kein vollständiges Bild abgeben, besteht ergänzend ein Auskunftsanspruch.

c) Actio pro Sozio

64 Bei der actio pro sozio handelt es sich allgemein um die Klage eines Gesellschafters, bei der Ansprüche der Gesellschaft aus dem Gesellschaftsverhältnis gegen Mitgesellschafter geltend gemacht werden. Eine solche actio pro sozio wird nicht im Namen der Gesellschaft erhoben, deren Ansprüche eingeklagt werden. Vielmehr ist der klagende Gesellschafter Prozesspartei, der in gesetzlicher Prozessstandschaft Klage gegen den jeweiligen Mitgesellschafter erhebt.

65 Ansprüche der KGaA gegen Komplementäre aus dem Gesellschaftsverhältnis sind z. B. die Ansprüche auf Leistung einer vereinbarten Sondereinlage, Ansprüche aus der Gründung oder Schadensersatzansprüche wegen fehlerhafter Geschäftsführung (§ 283 Nr. 8 AktG). Jeder Komple-

---

28 *Baumbach/Hopt*, HGB, § 119, Rz. 34.

B. Gesellschafter und Organe der KGaA

mentär kann solche Haftungsansprüche gegen andere Komplementäre, bzw. im Falle der Einlageschuld des Kommanditaktionärs gegen diesen, im Wege einer actio pro sozio geltend machen, ohne dass es eines Hauptversammlungsbeschlusses der Kommanditaktionäre bedürfte.

d) Recht zur Erbringung einer Sondereinlage

Komplementäre sind nicht verpflichtet, sich kapitalmäßig an der KGaA zu beteiligen. Es ist jedoch weit verbreitet, eine Sondereinlage zu leisten. Bei Familiengesellschaften, deren Familienmitglieder die Rolle des Komplementärs ausfüllen, und dies über eine atypische KGaA tun, ist es auch sinnvoll. Die Komplementäre geben damit an potenzielle Investoren das Signal, dass sie sich der Gesellschaft verpflichtet fühlen und auch bereit sind, in sie kapitalmäßig zu investieren. Näheres zur Ausgestaltung der Sondereinlage wird in §2 II., S. 77f ausgeführt. Die Sondereinlage wird im Handelsregister der KGaA nicht eingetragen.

e) Gewinnbezugsrecht

Ist die vom Komplementär erbrachte Sondereinlage bilanzierungsfähig und räumt sie ihm damit eine Beteiligung am Vermögen der KGaA ein, steht dem Komplementär ein Gewinnanspruch zu, der in den §§ 278 Absatz 2 AktG, 161 Absatz 2, 168 und 121 HGB geregelt ist. Nach der gesetzlichen Vorlage ist die Bemessungsgrundlage für den Gewinnanteil der Kapitalanteil des Komplementärs bezogen auf die Summe aus Grundkapital der KGaA und den in der Bilanz ausgewiesenen Kapitalanteilen aller Komplementäre. Vom verteilungsfähigen Gewinn werden zunächst vier Prozent der Summe aus Grundkapital und Kapitalanteilen der Komplementäre zwischen den Gesellschaftergruppen nach dem Verhältnis von Grundkapital zur Summe der Sondereinlagen verteilt. Reicht der Gewinn hierfür nicht, wird die Verteilung entsprechend reduziert. Bleibt nach der Verteilung dieses Vorzugsgewinnanteils noch ein verteilungsfähiger Gewinn übrig, wird dieser nach Angemessenheit verteilt.[29]

Hierin liegt ein erhebliches Streitpotenzial, das durch Satzungsgestaltung vermieden werden sollte. Daher wird meistens das Gewinnbezugsrecht des Komplementärs in allen Einzelheiten in der Satzung behandelt. Gesetzliche Grenzen sind der Satzungsautonomie insbesondere durch § 288 AktG gesteckt. Danach darf ein Komplementär insbesondere dann keinen Gewinn entnehmen, wenn und soweit auf seinen Kapitalanteil ein Verlust entfällt, der diesen Kapitalanteil übersteigt.

Verluste werden wie die Gewinne auf die Gesellschaftergruppen und auf die Kapitalanteile der einzelnen Komplementäre verteilt und von den Kapitalanteilen abgeschrieben.[30]

Satzungsregelungen zur Gewinnverteilung sehen anstelle der gesetzlich vorgesehenen festen Kapitalverzinsung häufig eine Bestimmung vor, wonach sich der dem einzelnen Komplementär zustehende Gewinn nach dem Verhältnis der Kapitalanteile der Komplementäre zum Gesamtkapital am Bilanzstichtag richtet. Dabei muss auch geregelt werden, ob ein den Kapitalanteil vermindernder Verlust berücksichtigt wird.[31] Hat ein Komplementär keine Sondereinlage geleistet, wird in der Regel die Verlustbeteiligung ausgeschlossen oder der Höhe nach begrenzt. Es ist auch möglich, die kapitalmäßig nicht beteiligten Komplementäre von der Gewinnbeteiligung auszuschließen und sie

---

29 Vgl. *Oetker*, HGB, § 168, Rz. 6.
30 Münch. Hdb. GesR IV / *Herfs*, § 80, Rz. 17.
31 Ausführlich hierzu: Münch. Hdb. GesR IV / *Herfs*, § 80, Rz. 18, siehe auch unten S. 108.

auf eine Tätigkeitsvergütung zu beschränken.[32] Die Satzung kann auch vorsehen, dass die Komplementäre nicht zur Entnahme ihres Gewinnanteils berechtigt sind, wenn die Hauptversammlung beschließt, den Bilanzgewinn vorzutragen oder in andere Gewinnrücklagen einzustellen.[33]

3. Rechte und Pflichten des Komplementärs aus der organschaftlichen Stellung

71 Sowohl die Geschäftsführung als auch die Vertretung der KGaA obliegt den persönlich haftenden Gesellschaftern. Während der Vorstand einer Aktiengesellschaft seine Organstellung aus einem gesonderten Akt der Bestellung durch den Aufsichtsrat ableitet, sind Komplementäre so genannte geborene Mitglieder des Geschäftsführungs- und Vertretungsorgan der KGaA, deren Amtszeit nicht zeitlich begrenzt ist. Für die Gestaltung der Reichweite der Geschäftsführung und Vertretung besteht grundsätzlich Vertragsfreiheit, da gemäß § 278 Absatz 2 AktG die personengesellschaftsrechtlichen Regelungen der §§ 164, 161 Absatz 2, 114 bis 118 HGB gelten. Diese Vertragsfreiheit ist insofern eingeschränkt, als § 283 AktG eine von den Komplementären zu beachtende zwingende Aufgabenzuweisung in den dort abschließend aufgezählten Bereichen vornimmt. Die in diesen Bereichen für den Vorstand geltenden aktienrechtlichen Vorschriften sind auch von den Komplementären zu beachten. Hiervon kann in der Satzung nicht abgewichen werden, da die Kompetenzzuweisung aktienrechtliche Vorschriften zum Eigenkapital und im öffentlichen Interesse begründete Pflichten betreffen.[34]

---

32 Münch. Hdb. GesR IV / *Herfs*, § 80, Rz. 18. Die Gewinnbeteiligung könnte auch bei einem Komplementär mit Sondereinlage ausgeschlossen werden, das wird jedoch kaum durchsetzbar sein.
33 MünchKommAktG / *Perlitt* § 286, Rz. 80.
34 MünchKommAktG / *Perlitt*, § 283, Rz. 2ff.

B. Gesellschafter und Organe der KGaA

> § 283 AktG weist folgende Aufgaben dem Komplementär zu:
> 1. die Anmeldungen, Einreichungen, Erklärungen und Nachweise zum Handelsregister sowie über Bekanntmachungen;
> 2. die Gründungsprüfung;
> 3. die Sorgfaltspflicht und Verantwortlichkeit;
> 4. die Pflichten gegenüber dem Aufsichtsrat;
> 5. die Zulässigkeit einer Kreditgewährung;
> 6. die Einberufung der Hauptversammlung;
> 7. die Sonderprüfung;
> 8. die Geltendmachung von Ersatzansprüchen wegen der Geschäftsführung;
> 9. die Aufstellung, Vorlegung und Prüfung des Jahresabschlusses und des Vorschlags für die Verwendung des Bilanzgewinns;
> 10. die Vorlegung und Prüfung des Lageberichts sowie eines Konzernabschlusses und eines Konzernlageberichts;
> 11. die Vorlegung, Prüfung und Offenlegung eines Einzelabschlusses nach § 325 Absatz 2a des Handelsgesetzbuchs;
> 12. die Ausgabe von Aktien bei bedingter Kapitalerhöhung, bei genehmigtem Kapital und bei Kapitalerhöhung aus Gesellschaftsmitteln;
> 13. die Nichtigkeit und Anfechtung von Hauptversammlungsbeschlüssen;
> 14. den Antrag auf Eröffnung des Insolvenzverfahrens.

Für Komplementäre ohne Geschäftsführungsbefugnis gelten allerdings solche Pflichten nicht, die eine Geschäftsführungsbefugnis voraussetzen.[35]

a) Geschäftsführungsbefugnis

Nach dem gesetzlichen Leitbild ist jeder Komplementär einzelgeschäftsführungsbefugt. Die Geschäftsführungsbefugnis erstreckt sich gemäß § 116 Absatz 1 HGB auf alle Handlungen, die der gewöhnliche Betrieb des Handelsgewerbes der Gesellschaft mit sich bringt. Ist ein Komplementär mit einer Handlung nicht einverstanden, kann er der von einem Komplementär geplanten Maßnahme widersprechen, mit der Folge, dass die Handlung des Komplementärs zu unterbleiben hat (§§ 278 Absatz 2 AktG, 115 Absatz 1 HGB).

Die Satzung kann abweichend von der gesetzlichen Regelung Gesamtgeschäftsführung anordnen (§§ 278 Absatz 2 AktG, 115 Absatz 2 HGB). Jede Geschäftsführungshandlung bedarf in diesem Fall der Zustimmung durch die anderen Komplementäre.

b) Vertretungsmacht

Nach dem gesetzlichen Leitbild ist jeder Komplementär berechtigt, die Gesellschaft einzeln zu vertreten. Die Vertretungsbefugnis erstreckt sich auf alle gerichtlichen und außergerichtlichen Geschäftshandlungen (§§ 278 Absatz 2 AktG, 161 Absatz 2, 126 Absatz 1 HGB).

---
35 MünchKommAktG / *Perlitt*, § 283, Rz. 8ff.

76 Sowohl die Geschäftsführungs- als auch die Vertretungsmacht können eingeschränkt oder ganz ausgeschlossen werden. Allerdings zieht der Grundsatz der Selbstorganschaft diesen Einschränkungen eine Grenze: Es dürfen nicht sämtliche Komplementäre von der Geschäftsführungs- und Vertretungsbefugnis ausgeschlossen werden; mindestens ein Komplementär muss diese Befugnis haben.

77 Die Kommanditaktionäre sind von der Geschäftsführung und Vertretung der KGaA ausgeschlossen (§ 164 HGB analog). Allerdings sehen die personengesellschaftsrechtlichen Regelungen über § 278 Absatz 2 AktG für die Kommanditaktionäre einen Ausgleich zu dieser fehlenden Einflussnahmemöglichkeit vor, indem außergewöhnliche Geschäftsführungsmaßnahmen und Grundlagengeschäfte unter den Vorbehalt der Zustimmung der Gesamtheit der Kommanditaktionäre gestellt werden.

c) Entzug der Geschäftsführungsbefugnis

78 Die Geschäftsführungs- und Vertretungsbefugnis kann einem Komplementär entzogen werden, wenn er grob pflichtwidrig handelt oder sich als unfähig erweist (Vorliegen eines wichtigen Grundes, § 278 Absatz 2 AktG, §§ 161 Absatz 2, 115 Absatz 1 HGB). Der Entzug erfolgt durch gerichtliche Entscheidung (§ 278 Absatz 2, §§ 161 Absatz 2, 117, 127 HGB), nachdem alle anderen Komplementäre und die Hauptversammlung jeweils einen entsprechenden Beschluss gefasst haben.

79 Bei der atypischen KGaA mit einer GmbH oder einer GmbH & Co. KG als Komplementärin wird teilweise gefordert, dass die Hauptversammlung oder der Aufsichtsrat das Recht haben müssten, die Abberufung des Geschäftsführers zu verlangen (**Abberufungsdurchgriff**).[36] Da dadurch in die Organisationsstruktur der Komplementärgesellschaft eingegriffen würde, ist ein solcher Abberufungsdurchgriff abzulehnen. Die Kommanditaktionäre sind aufgrund der Treuepflicht, der die Komplementärgesellschaft unterliegt, auch ausreichend geschützt.[37] Danach sind die Gesellschafter der Komplementärgesellschaft verpflichtet, bei der Auswahl der Geschäftsführer und bei der Frage, ob eine Abberufung des Geschäftsführers geboten ist, auf die Belange der Kommanditaktionäre Rücksicht zu nehmen. Kommen die Gesellschafter ihrer Verpflichtung nicht nach, können die Kommanditaktionäre der Komplementärgesellschaft durch gerichtliche Entscheidung die Geschäftsführungsbefugnis entziehen (§ 278 Absatz 2 AktG, §§ 117, 127 HGB).[38]

d) Gestaltungsmöglichkeiten

80 Im Hinblick auf die Geschäftsführung und Vertretung der KGaA besteht eine weitgehende Gestaltungsfreiheit, die dazu genutzt werden kann, die Stellung der Komplementäre erheblich zu stärken, sie einem Vorstand vergleichbar abzuschwächen oder gar in eine weitgehende Weisungsabhängigkeit zu bringen.[39] Die Satzung kann den Umfang der Geschäftsführungsbefugnisse über die gewöhnlichen Geschäftsführungsmaßnahmen hinaus auch auf außerordentliche Maßnahmen ausdehnen. Dies gilt auch für den Fall einer atypischen KGaA.[40] Allerdings kann die Geschäftsführungsbefugnis nicht auf Grundlagengeschäfte ausgedehnt werden, da diese den Kernbereich der Gesellschafterrechte betreffen. Grundlagengeschäfte sind strukturändernde Maßnahmen, die

---

36 *Wichert* in Heidel, Aktienrecht, § 278, Rz. 41ff, mit weiteren Nachweisen.
37 Der BGH betont in seinem Beschluss vom 24.2.1997 diese gesellschaftsrechtliche Treuepflicht der Komplementär-GmbH, siehe BGHZ 134, S. 392, 399.
38 Münch. Hdb. GesR IV / *Herfs*, § 78 Rz. 9.
39 MünchKommAktG / *Perlitt*, § 278, Rz. 220.
40 Str. vgl. *Wichert* in Heidel, Aktienrecht, § 278, Rz. 36.

die Grundlagen der Gesellschaft entscheidend verändern. Solche Geschäfte können nur durch übereinstimmende Beschlüsse aller Komplementäre und der Gesamtheit der Hauptversammlung verändert werden.[41]

Die Satzung kann auch vorsehen, dass die Hauptversammlung oder ein Beirat an der normalen Geschäftsführung beteiligt werden. Es muss aber ein Mindestmaß an Geschäftsführungsbefugnissen bei dem Komplementär verbleiben.[42]

Abweichend von dem Einstimmigkeitsprinzip im Personenhandelsgesellschaftsrecht können für Beschlüsse der Komplementäre je nach Beschlussgegenstand Mehrheiten festgelegt werden.

e) Wettbewerbsverbot

Zur Wahrung der gesellschaftsrechtlichen Treuepflicht bestimmt § 284 AktG, dass die Komplementäre mit der Gesellschaft nicht in Wettbewerb treten dürfen.[43] Für bestimmte Arten von Geschäften oder für die Tätigkeit für bestimmte Handelsgesellschaften können die übrigen Komplementäre und der Aufsichtsrat eine Einwilligung zur Konkurrenztätigkeit erteilen. Diese Einwilligung muss ausdrücklich erfolgen (§ 284 Absatz 1 AktG). Das Wettbewerbsverbot kann in der Satzung nicht abbedungen werden. Ist eine Kapitalgesellschaft Komplementärin, so unterliegen die Komplementärgesellschaft, ihr Geschäftsführer und die wesentlichen Gesellschafter der Komplementärgesellschaft dem Wettbewerbsverbot.[44]

Verstößt ein Komplementär gegen das Wettbewerbsverbot, kann die Gesellschaft Schadensersatz fordern oder stattdessen von ihm verlangen, dass er die für eigene Rechnung gemachten Geschäfte als für Rechnung der Gesellschaft eingegangen gelten lässt und die aus Geschäften für fremde Rechnung bezogene Vergütung herausgibt oder seinen Anspruch darauf abtritt, § 284 Absatz 2 AktG.

4. Sorgfaltspflichten und Haftung

a) Sorgfaltsmaßstab

Die Komplementäre unterliegen denselben Sorgfaltspflichten wie die Vorstände einer Aktiengesellschaft (§ 283 Nr. 3 i.V.m. § 93 AktG), sie haben also die Geschäfte mit der Sorgfalt eines ordentlichen gewissenhaften Geschäftsleiters zu führen. Bei der atypischen KGaA sind es die Geschäftsführungsorgane der Komplementärgesellschaft, die diese Sorgfaltspflichten treffen.[45]

b) Außenhaftung

Unabhängig davon, ob ein Komplementär in der Geschäftsführung ist, haftet er den Gläubigern der KGaA persönlich für die Verbindlichkeiten der KGaA mit seinem gesamten Privatvermögen (§ 278 Absatz 2 i.V.m. §§ 125 ff, 161 Absatz 2 HGB). Diese Haftung ist gegenüber den Gesellschaftsgläubigern nicht beschränkbar und ist unabhängig von seiner Beteiligungsquote an der

---

41 MünchKommAktG / *Perlitt*, § 278, Rz. 180.
42 MünchKommAktG / *Perlitt*, § 278, Rz. 225, 232.
43 MünchKommAktG / *Perlitt*, § 284, Rz. 3ff; daher unterliegen auch die nicht geschäftsführungsbefugten Komplementäre dem Wettbewerbsverbot, str.
44 *Wichert* in Heidel, Aktienrecht, § 284, Rz. 1.
45 MünchKommAktG / *Perlitt*, § 278, Rz. 62.

KGaA. Sie ist auch nicht subsidiär, Gläubiger der KGaA müssen also nicht zuerst die KGaA in Anspruch nehmen, sie können sich sofort an den Komplementär halten. Sind mehrere Komplementäre vorhanden, so haftet jeder von ihnen auf den vollen Betrag (gesamtschuldnerische Haftung).[46]

87 Wird ein Komplementär in Anspruch genommen, so steht ihm danach ein Ausgleichsanspruch gegen die anderen Komplementäre aus § 426 Absatz 1 BGB zu. Allerdings ist dieser Ausgleichsanspruch subsidiär gegenüber den Regressansprüchen, den der leistende Komplementär gegen die KGaA gemäß § 110 HGB hat.

c) Innenhaftung

88 Die persönlich haftenden Gesellschafter haften aus § 283 Nr. 3 i.V.m. § 93 Absatz 2 AktG im Innenverhältnis gegenüber der KGaA, wenn sie ihre Sorgfaltspflichten verletzen. Dabei ist allerdings zu berücksichtigen, dass die KGaA für außergewöhnliche und Grundlagengeschäfte eine Entscheidungskompetenz sowohl bei den Komplementären als auch der Hauptversammlung ansiedelt. Ist diese Kompetenzverteilung gemäß § 278 Absatz 2 AktG, § 164 HGB satzungsmäßig nicht geändert, und haben die Komplementäre die Hauptversammlung über eine solche Maßnahme umfassend unterrichtet, woraufhin die Hauptversammlung ihr zugestimmt hat, haben die Komplementäre ihrer Sorgfaltspflicht Genüge getan.[47]

89 Die Komplementäre haften nur bei Verschulden (§ 93 Absatz 2 AktG). Mehrere Komplementäre haften gesamtschuldnerisch und tragen die Beweislast dafür, dass sie den gesetzlichen Sorgfaltsmaßstab beachtet haben (§§ 283 Nr. 3, 93 Absatz 2 Satz 1 und 2 AktG).

5. Ausscheiden und Ausschluss eines Komplementärs

90 Die Gesellschafterstellung eines Komplementärs kann auf unterschiedliche Weise beendet werden: (i) aufgrund gesetzlicher Tatbestände; (ii) der Komplementär kann seine Beteiligung an der KGaA auf einen Dritten übertragen; (iii) er kann seine Gesellschafterstellung kündigen oder (iv) von den übrigen Gesellschaftern ausgeschlossen werden.

91 Die Satzung kann das Ausscheiden und die Übertragung der Komplementärstellung aufgrund des dafür geltenden Personengesellschaftsrechts regeln (§ 278 Absatz 2 AktG). Sieht die Satzung keine besonderen Regelungen vor, dann stellt das Ausscheiden und der Ausschluss eines Komplementärs aus der Gesellschaft eine Satzungsänderung dar, für welche die Zustimmung aller Komplementäre und ein zustimmender Beschluss der Kommanditaktionäre mit einer Mehrheit von mindestens ¾ des bei der Beschlussfassung vertretenen Grundkapitals nötig ist.

92 Alle verbleibenden Komplementäre müssen das Ausscheiden eines Komplementärs zur Eintragung in das Handelsregister anmelden. Die Eintragung hat jedoch nur deklaratorische Wirkung.

---

46 *Schütz/Bürgers/Riotte*, § 5, Rz. 220.
47 Münch. Hdb. GesR, IV / *Herfs*, § 78, Rz. 20; ausführlich *Schütz/Bürgers/Riotte*, § 5, Rz. 118ff mit weiteren Nachweisen.

a) Gesetzliche Ausscheidenstatbestände

Das Gesetz sieht Fälle des Ausscheidens eines Komplementärs aus der Gesellschaft vor (§ 289 Absatz 1 AktG, § 131 HGB). In diesen Fällen scheidet der Komplementär aus der Gesellschaft aus, ohne dass es einer Regelung in der Satzung bedarf[48]: Hierzu gehören unter anderem der Tod des Komplementärs, der seit dem Inkrafttreten des Handelsrechtsreformgesetzes[49] nur noch dann zur Auflösung der Gesellschaft führt, wenn es sich um den einzigen Komplementär handelt. Nach § 738 Absatz 1 Satz 1 BGB wächst der Anteil des Verstorbenen den übrigen Komplementären zu. Die Erben erhalten einen Abfindungsanspruch gegen die Gesellschaft. Ferner führt die Eröffnung des Insolvenzverfahrens über das Vermögen des Komplementärs zum Ausscheiden aus der Gesellschaft wie auch die Kündigung der Gesellschafterstellung des Komplementärs durch einen Privatgläubiger, der einen vollstreckbaren Titel gegen den Komplementär hat und bereits einen erfolglosen Versuch unternommen hat, in das bewegliche Vermögen des Komplementärs zu vollstrecken.[50] Alle Gesellschafter (einschließlich des Ausscheidenden) können das Ausscheiden eines Komplementärs auch einvernehmlich beschließen, § 131 Absatz 3 Nr. 6 HGB.

93

b) Übertragung der Komplementärbeteiligung

Die Komplementärbeteiligung wird durch Abtretung der Mitgliedschaft in der KGaA übertragen (§§ 398, 413 BGB). Mit der Übertragung gehen alle mit der Mitgliedschaft verbundenen Rechte und Pflichten auf den Erwerber über. Dazu gehören eventuelle Sozialansprüche und -verbindlichkeiten, der Anspruch auf den Gewinnanteil, die Rückgewähr der Vermögenseinlage. Nicht übertragbar und auch nicht pfändbar ist hingegen das Kapitalkonto (§ 278 Absatz 2 AktG, §§ 161 Absatz 2, 135, 105 HGB, § 717 BGB, § 851 ZPO).[51] Enthält die Satzung keine Regelungen zur Übertragung der Komplementärbeteiligung, bedarf die Übertragung der Zustimmung aller Komplementäre sowie der Zustimmung der Hauptversammlung mit satzungsändernder Mehrheit.

94

c) Kündigung der Gesellschafterstellung durch den Komplementär

Ist die Gesellschaft auf unbestimmte Zeit eingegangen, dann kann ein Komplementär gemäß § 131 Absatz 3 Nr. 3 HGB seine Mitgliedschaft in der Gesellschaft mit einer Kündigungsfrist von 6 Monaten für den Schluss eines Geschäftsjahres kündigen. Die Kündigung muss an alle Komplementäre und an die Hauptversammlung gerichtet sein.

95

---

48 Zu dem Regelungswiderspruch in § 289 Absatz 5 AktG, siehe *Wichert* in Heidel, Aktienrecht, § 289, Rz. 21.
49 Gesetz zur Neuregelung des Kaufmanns- und Firmenrechts und zur Änderung anderer handels- und gesellschaftsrechtlicher Vorschriften (Handelsrechtsreformgesetz - HRefG) v. 22.6.1998.
50 MünchKommAktG / *Perlitt*, § 289, Rz. 101: allerdings ist ein Privatgläubiger zur Kündigung nur dann berechtigt, wenn der Komplementär bei seinem Ausscheiden einen Anspruch auf ein Auseinandersetzungsguthaben hat. Das ist nur der Fall, wenn er sich kapitalmäßig durch eine Sondereinlage an der KGaA beteiligt hat. Hat der Komplementär nur keine Sondereinlage geleistet und daher nur einen Gewinnbeteiligungsanspruch, dann kann der Privatgläubiger des Komplementärs diesen Gewinnbeteiligungsanspruch unmittelbar pfänden (§ 717 Satz 2 BGB).
51 *Schütz/Bürgers/Riotte*, § 5, Rz. 324, unter Verweis auf *Assmann/Sethe* in Großkomm AktG, § 281, Rz. 22.

d) Ausschluss eines Komplementärs

96 Gemäß § 289 Absatz 1 AktG, § 140 HGB kann ein Komplementär aus wichtigem Grund aus der Gesellschaft ausgeschlossen werden. Hierzu müssen alle übrigen Komplementäre und die Gesamtheit der Kommanditaktionäre eine gerichtliche Klage einreichen, die auf den Ausschluss des Komplementärs gerichtet ist.[52] Zuvor haben die übrigen Komplementäre und die Hauptversammlung hierüber einen Beschluss zu fassen.[53] Ein wichtiger Grund liegt vor, wenn nach Abwägung aller Umstände des Einzelfalls die Fortsetzung des Gesellschaftsverhältnisses mit dem betreffenden Komplementär unzumutbar ist. Der wichtige Grund muss in der Person des auszuschließenden Komplementärs liegen, bei Komplementärgesellschaften in der Person ihrer Geschäftsführungsorgane. Beispiele für das Vorliegen eines wichtigen Grundes sind Verstöße gegen das Wettbewerbsverbot, Veruntreuungen oder Missbrauch eingeräumter Befugnisse.

e) Rechtsfolgen des Ausscheidens eines Komplementärs

97 Die gesetzlichen Rechtsfolgen des Ausscheidens eines Komplementärs aus der KGaA ergeben sich gemäß §§ 278 Absatz 2 AktG, 161 Absatz 2 und 105 Absatz 2 HGB aus §§ 738ff BGB, den entsprechenden Regelungen für die Gesellschaft bürgerlichen Rechts. Danach hat der ausscheidende Komplementär folgende Ansprüche gegen die Gesellschaft:

- Rückgabe der Gegenstände, die er der Gesellschaft überlassen hat (§§ 738 Absatz 1 Satz 2, 732 BGB);
- Befreiung von der Haftung für die Verbindlichkeiten der Gesellschaft. Der ausscheidende Komplementär haftet den Gläubigern der Gesellschaft für die bis zum Zeitpunkt seines Ausscheidens begründeten Verbindlichkeiten der Gesellschaft auch nach seinem Ausscheiden (sog. **Nachhaftung**, §§ 128, 160 HGB). Der ausscheidende Komplementär kann verlangen, dass die Gesellschaft entweder die Schulden tilgt, oder mit den Gläubigern eine Vereinbarung zur Befreiung von seiner Haftung trifft oder Sicherheit für die noch offenen Verbindlichkeiten leistet.
- Abfindungsanspruch (§ 738 Absatz 1 Satz 2 BGB), der auf den Stichtag des Ausscheidens auf der Basis des Verkehrswerts zu berechnen und sofort fällig ist. Soweit schwebende Geschäfte, also solche, die die Gesellschaft zum Zeitpunkt des Ausscheidens bereits begründet hat, deren Erfüllung aber noch aussteht, in der Berechnung des Abfindungsguthabens noch nicht berücksichtigt wurden, hat der ausscheidende Komplementär auch den Anspruch auf Beteiligung an diesen Geschäften (§ 740 Absatz 1 BGB). Ein Komplementär, der keine Sondereinlage geleistet hat, hat in der Regel auch keinen Abfindungsanspruch.[54]

f) Gestaltungshinweise für die Satzung

98 Regelmäßig sehen die Satzungen von KGaAs Bestimmungen hinsichtlich des Ausscheidens und des Ausschlusses von Komplementären vor. Insbesondere werden für diese Fälle auch die wirtschaftlichen Folgen im Hinblick auf eine Abfindung des ausscheidenden Komplementärs behandelt.

---

52 MünchKommAktG / *Perlitt*, § 289, Rz. 125f; a.A. *Wichert* in Heidel, Aktienrecht, § 289, Rz. 20.
53 MünchKommAktG / *Perlitt*, § 289; Rz. 125f.
54 MünchKommAktG / *Perlitt*, § 289, Rz. 198.

Aufnahme vom Gesetz abweichender Ausscheidensgründe: Die Satzung kann auch die Möglichkeit des Ausscheidens des Komplementärs aufgrund einer Vereinbarung mit der Gesellschaft vorsehen.[55] Sie kann ferner regeln, dass die Komplementärstellung befristet ist, z.B. auf 5 Jahre, wie bei einem Vorstand, oder mit Eintritt eines in der Satzung festgelegten Ereignisses endet, wie z.B. bei Erreichen einer bestimmten Altersgrenze.[56]

Änderung der Beschlussmehrheiten: Die Beschlussmehrheiten können in der Satzung erhöht werden und z.B. auch Einstimmigkeit für den Ausschließungsbeschluss vorsehen. Strittig ist, ob die gesetzlichen Mehrheiten auch abgesenkt werden können. Wegen der für den betreffenden Gesellschafter und auch für die Gesellschaft erheblichen Folgen, ist eine Erleichterung der Beschlussmehrheiten abzulehnen.

Erschweren oder Ausschluss des gesetzlichen Kündigungsrechts des Komplementärs: Das Kündigungsrecht des Komplementärs kann erschwert werden, indem z.B. die Kündigungsfristen verlängert werden, bestimmte Kündigungstermine (z.B. Kündigung nur zum Ende eines Geschäftsjahrs) festgelegt werden oder für einen bestimmten, angemessenen Zeitraum die Kündigung ausgeschlossen wird. Ein gänzlicher Ausschluss der ordentlichen Kündigungsmöglichkeit ist nicht wirksam vereinbar (§§ 278 Absatz 2 AktG, 161 Absatz 2, 105 Absatz 2 HGB, § 723 Absatz 3 BGB).[57]

Konkretisierung des „wichtigen Grundes" für den Ausschluss: Die Satzung kann im Einzelnen festlegen, wann ein wichtiger Grund für den Ausschluss eines Komplementärs vorliegt. Allerdings müssen diese Gründe tatsächlich auch gravierende Ereignisse betreffen, da sogenannte **Hinauskündigungsklauseln** unwirksam sind, also Klauseln, die ohne Vorliegen eines sachlichen Grundes den anderen Gesellschaftern die Möglichkeit einräumen, einem Komplementär zu kündigen.[58]

Erschweren oder Abbedingen des Ausschlussrechts: Es besteht Einigkeit, dass das Ausschlussrecht der anderen Gesellschafter durch die Satzung erschwert werden kann. Strittig ist jedoch, ob dieses Ausschlussrecht auch gänzlich ausgeschlossen werden kann. Das ist abzulehnen, da die anderen Gesellschafter bei Vorliegen eines wichtigen Grundes in der Lage sein müssen, als ultima ratio den Gesellschafter in dessen Person ein solcher Grund liegt, aus der Gesellschaft auszuschließen.[59]

Ausscheiden aufgrund Todes: Sehr häufig werden die Folgen des Ausscheidens eines Komplementärs durch Tod in **Nachfolgeklauseln** geregelt. Die einfachste Regelung besteht darin, dass die Gesellschaft mit dem oder den Erben fortgesetzt wird. Gibt es mehrere Erben, so entsteht die nachteilige Situation, dass nicht die Erbengemeinschaft Komplementär wird, sondern jeder Erbe entsprechend seiner Erbquote im Wege der Sondererbfolge einen Anteil an dem Gesellschaftsanteil des verstorbenen Komplementärs erwirbt.[60] Daher sind **qualifizierte Nachfolgeklauseln** vorzuziehen, wonach die Satzung bestimmte Erben als Nachfolger benennt. Allerdings müssen diese dann auch tatsächlich Erbe des Verstorbenen sein.[61]

---

55 Münch. Hdb. GesR IV / *Herfs*, § 77, Rz. 42.
56 Münch. Hdb. GesR IV / *Herfs*, § 77, Rz. 42.
57 MünchKommAktG / *Perlitt*, § 289, Rz. 4.
58 Münch. Hdb. GesR IV / *Herfs*, § 77, Rz. 39; für Wirksamkeit von Hinauskündigungsklauseln in bestimmten Konstellationen: *Wichert* in Heidel, Aktienrecht, § 289, Rz. 27.
59 So auch *Wichert* in Heidel, Aktienrecht, § 289, Rz. 29; a.A. MünchKommAktG / *Perlitt*, § 289, Rz. 123.
60 St. Rechtsprechung zu Personengesellschaften, BGH NJW 1987, S. 3184, 3185.
61 Zur Frage des Ausscheidens des Erben, bzw. der Möglichkeit die Sondereinlage in Kommanditaktien zu wandeln, siehe S. 78f.

105 **Regelungen zu Rechtsfolgen des Ausscheidens:** Soll der Komplementär auch nach seinem Ausscheiden für die bis zu seinem Ausscheiden begründeten Verbindlichkeiten der Gesellschaft haften, dann muss die Satzung die Regelung des § 738 Absatz 1 BGB abbedingen.

106 Detaillierte Regelungen zur Abfindungshöhe sind ratsam. Grundsätzlich kann der **Abfindungsanspruch** auf den Buchwert begrenzt werden, bei dem die stillen Reserven und der Firmenwert nicht berücksichtigt werden. Der Buchwert wird auf der Basis einer Stichtagsbilanz ermittelt. Der ausscheidende Komplementär erhält den auf dieser Grundlage ermittelten buchmäßigen Kapitalanteil zuzüglich des anteiligen Gewinns des laufenden Geschäftsjahrs zuzüglich etwaiger Gewinnvorträge sowie abzüglich anteiliger Verlustvorträge. Ein vollständiger Ausschluss des Abfindungsanspruchs ist hingegen nicht möglich, da dadurch faktisch das Kündigungsrecht des Komplementärs ausgeschlossen wird.[62] Aus diesem Grund darf das Abfindungsguthaben auch nicht unter dem Buchwert liegen. Die mit der Kündigung verbundenen wirtschaftlichen Nachteile erschweren aus der Sicht des Komplementärs seinen Entschluss zur Kündigung. Unter diesem Gesichtspunkt ist auch zu prüfen, ob eine Buchwertklausel angemessen ist. Liegen die Verhältnisse so, dass der Buchwert in einem Missverhältnis zu dem Verkehrswert steht, verlangt die Rechtsprechung eine entsprechende Anpassung des Abfindungsguthabens.[63] Im Falle des Ausscheidens aufgrund Todes kann der Abfindungsanspruch gänzlich ausgeschlossen werden.[64]

107 Da nach der gesetzlichen Maßgabe des § 738 Absatz 1 Satz 2 BGB die Abfindung des ausscheidenden Komplementärs sofort fällig ist, sollte die Satzung die Liquidität der Gesellschaft schonende Zahlungsmodalitäten enthalten. So wird häufig vereinbart, dass das Abfindungsguthaben in Raten über mehrere Jahre hinweg bezahlt wird. Eine weitere Möglichkeit, die Liquidität der Gesellschaft zu schonen, besteht darin, dem ausscheidenden Komplementär anstelle des Anspruchs auf Abfindungsguthaben einen Anspruch gegen die Hauptversammlung einzuräumen, die Umwandlung seiner Sondereinlage in Grundkapital durch eine Sachkapitalerhöhung unter Ausschluss des Bezugsrechts zu verlangen.[65] Die Umwandlung sollte durch Schaffung eines bedingten Kapitals erfolgen.[66]

III. Kommanditaktionäre

108 Bei Gründung wird die Gesellschafterstellung des Kommanditaktionärs durch Übernahme der Kommanditaktien begründet. Später erfolgen Ein- und Austritt durch Erwerb bzw. Veräußerung der Kommanditaktien.

1. Rechte und Pflichten des einzelnen Kommanditaktionärs

109 Gemäß § 278 Absatz 3 AktG richten sich die individuellen Rechte und Pflichten der Kommanditaktionäre grundsätzlich nach den aktienrechtlichen Regeln für Aktionäre.[67] Im Einzelnen handelt es sich um das Stimmrecht, das Recht, an der Hauptversammlung teilzunehmen und in den Hauptversammlungen zu reden. Ferner hat der einzelne Kommanditaktionär das Recht auf Auskunft über alle Angelegenheiten der KGaA und bei der atypischen KGaA auch über die

---

62 *Assmann/Sethe* in GroßKomm AktG, § 289, Rz. 135; Münch. Hdb. GesR IV / *Herfs*, § 77, Rz. 36.
63 *Palandt*, § 738, Rz. 7.
64 *Palandt*, § 738, Rz. 7.
65 Münch. Hdb. GesR IV / *Herfs*, § 77, Rz. 53.
66 Siehe hierzu S. 75.
67 Siehe im Einzelnen *Schütz/Bürgers/Riotte*, § 5, Rz. 365ff.

Angelegenheiten der Komplementärgesellschaft sowie das Einsichtsrecht insbesondere in den Jahresabschluss, den Bericht des Aufsichtsrats sowie den Vorschlag der Komplementäre zur Gewinnverwendung.

Der einzelne Kommanditaktionär hat auch das Recht, rechtswidrige Hauptversammlungsbeschlüsse anzufechten, wenn er während der Hauptversammlung Widerspruch zur Niederschrift erklärt hat (§ 278 Absatz 3 i.V.m. § 245 Nr. 1 AktG) oder, wenn er zu Unrecht nicht zur Hauptversammlung zugelassen, diese nicht ordnungsgemäß einberufen oder der Gegenstand der Beschlussfassung nicht ordnungsgemäß bekanntgemacht wurde (§§ 278 Absatz 3 i.V.m. § 243 Nr. 2 AktG). Die Anfechtung ist auch möglich, wenn ein Aktionär mit der Ausübung des Stimmrechts für sich oder einen Dritten Sondervorteile zum Schaden der Gesellschaft oder der anderen Aktionäre zu erlangen suchte und der Beschluss geeignet ist, diesem Zweck zu dienen und für die anderen Aktionäre keinen angemessenen Ausgleich vorsieht (§§ 278 Absatz 3 i.V.m. 245 Nr. 3, 243 Absatz 2 AktG).

Zudem steht dem einzelnen Kommanditaktionär der Anspruch auf den Bilanzgewinn zu, der mit dem Gewinnverwendungsbeschluss der Hauptversammlung entsteht (§ 278 Absatz 3, § 58 Absatz 1 bis 3 AktG).

Auf Seiten der Pflichten besteht vornehmlich die Pflicht, die Einlage zu leisten sowie die Treuepflicht. Der einzelne Kommanditaktionär unterliegt hingegen grundsätzlich keinem Wettbewerbsverbot, es sei denn, ihm oder allen Kommanditaktionären wäre ein Zustimmungsrecht auch für gewöhnliche Geschäftsführungsmaßnahmen eingeräumt.[68] Ferner haben Kommanditaktionäre einer börsennotierten KGaA bei Erreichen oder Überschreiten bestimmter Beteiligungsgrenzen Mitteilungspflichten nach dem Wertpapierhandelsgesetz sowie bei nicht börsennotierten die Mitteilungspflicht gemäß § 20 AktG.

---

[68] *Schütz/Bürgers/Riotte*, § 5, Rz. 369.

Abbildung 11: Wesentliche Rechte und Pflichten des Kommanditaktionärs

Wesentliche Rechte und Pflichten des einzelnen Kommanditaktionärs	
Rechte des einzelnen Kommanditaktionärs	**Pflichten des einzelnen Kommanditaktionärs**
In der Hauptversammlung: • Teilnahmerecht • Rederecht • Stimmrecht • Auskunftsrecht über alle Angelegenheiten der KGaA; bei atypischer KGaA auch über die Angelegenheiten der Komplementärgesellschaft	• Erbringung der Einlage

• Einsichtsrecht
  - In den JA
  - In den Bericht des AR
  - In den Vorschlag der Komplementäre zur Verwendung des Bilanzgewinns
	• Treuepflicht

• Gewinnbezugsrecht	• Mitteilungspflichten gem. WpHG bei börsennotierten KGaA, gem. § 20 AktG bei nicht börsennotierten KGaA
• Anfechtungsrecht bei rechtswidrigem HV-Beschluss	

2. Rechte und Pflichten der Gesamtheit der Kommanditaktionäre

113 Von den individuellen Rechten und Pflichten des einzelnen Kommanditaktionärs sind diejenigen der Gesamtheit der Kommanditaktionäre zu unterscheiden. Die Rechte und Pflichten der Gesamtheit der Kommanditaktionäre im Verhältnis zu den Komplementären unterliegen gemäß § 278 Absatz 2 AktG dem Personengesellschaftsrecht, es sei denn, die §§ 279 bis 290 AktG enthalten eine Sonderbestimmung.

114 Diese betreffen z. B. das Recht zur Beschlussfassung, unter anderem über Grundlagengeschäfte und außergewöhnliche Geschäftsführungsmaßnahmen. Ferner hat die Gesamtheit der Kommanditaktionäre das Recht zur Feststellung des Jahresabschlusses, zur Bestellung des Abschlussprü-

fers, zur Beschlussfassung über die Verwendung des auf die Kommanditaktionäre entfallenden Gewinns, zur Bestellung und Abberufung der Aufsichtsratsmitglieder sowie zur Entlastung der geschäftsführenden Komplementäre. Soweit solche Rechte und Pflichten der Gesamtheit der Kommanditaktionäre betroffen sind, werden diese von den Kommanditaktionären nur in der Hauptversammlung wahrgenommen. Das bedeutet, dass einzelne Kommanditaktionäre in diesen Bereichen, z.B. die Geschäftsführung betreffend, kein Recht haben, solche Geschäftsführungsrechte auszuüben und diese Kompetenz ihnen auch nicht eingeräumt werden darf. Dies ist der Hauptversammlung vorbehalten.

Eine **actio pro socio** steht dem einzelnen Kommanditaktionär nicht zu, vielmehr kann nur die Gesamtheit der Kommanditaktionäre Ansprüche der KGaA, die auf dem Gesellschaftsverhältnis beruhen, gegen Komplementäre geltend machen. Da die Gesamtheit der Kommanditaktionäre nicht rechts- oder parteifähig ist, erhebt die KGaA die Klage, vertreten durch den Aufsichtsrat (§ 287 Absatz 2 AktG).[69]

3. Das Verhältnis der Komplementäre zu der Gesamtheit der Kommanditaktionäre

Aus der Formulierung des § 278 Absatz 2 AktG, der auf das Verhältnis der Komplementäre zu der *Gesamtheit der Kommanditaktionäre* abstellt und dieses dem Personengesellschaftsrecht unterwirft, wurde früher gefolgert, dass die Gesamtheit der Kommanditaktionäre einen besonderen Personenverband darstellt.[70] Diese Ansicht ist überholt. Die Kommanditaktionäre üben ihre Mitgliedschaftsrechte in der Hauptversammlung aus und sind anspruchsberechtigt und klagebefugt, wenn ihre eigene Mitgliedstellung betroffen ist. Soweit das Gesetz Rechte der Gesamtheit der Kommanditaktionäre zuweist, kommen diese der KGaA selbst zu. Die Gesamtheit der Kommanditaktionäre ist weder ein besonderer Personenverband noch ist sie aktiv und passiv parteifähig.[71] Die Vorschrift ist also dahingehend auszulegen, dass sie innerhalb der KGaA Kompetenzen zwischen den Komplementären und der Hauptversammlung nach kommanditrechtlichen Grundsätzen voneinander abgrenzt.[72]

4. Die Hauptversammlung

Für die Einberufung und Durchführung der Hauptversammlung gelten gemäß § 278 Absatz 3 AktG die aktienrechtlichen Vorschriften. Die geschäftsführenden Komplementäre berufen die Hauptversammlung unter Bekanntgabe der Tagesordnung und der Beschlussvorschläge ein (§§ 278 Absatz 3, 121 Absatz 2, 124 AktG). Obwohl die Hauptversammlung einer KGaA die Versammlung der Kommanditaktionäre ist, sind die Komplementäre wegen ihres Rechts auf umfassende Information über die Angelegenheiten der Gesellschaft ebenfalls teilnahmeberechtigt, in bestimmten Fällen sind die geschäftsführenden Komplementäre sogar teilnahmeverpflichtet. Die Pflicht zur Teilnahme besteht in allen Fällen, in denen die Hauptversammlung über Angelegenheiten befindet, die die Geschäftsführung betreffen oder in welchen Beschlüsse gefasst werden, die nur mit Zustimmung der Komplementäre wirksam werden.[73] Die geschäftsführenden Kom-

---

69 Siehe hierzu S. 66.
70 MünchKommAktG / *Perlitt*, § 278, Rz. 83ff.
71 MünchKommAktG / *Perlitt*, § 287, Rz. 74.
72 *Wichert* in Heidel, Aktienrecht, § 278, Rz. 55.
73 MünchKommAktG / *Perlitt*, § 285, Rz. 6.

plementäre müssen z.B. gemäß §§ 283 Nr. 9 AktG, 120 Absatz 3, 176 Absatz 1 Satz 1, 175 Absatz 2 AktG die Vorlagen über den Jahresabschluss der Hauptversammlung zur Kenntnis bringen und erläutern. Daraus ergibt sich eine klare Teilnahmepflicht.[74] Die Komplementäre müssen auch über Einzelheiten des Jahresabschlusses Auskunft erteilen, wenn dies von den Kommanditaktionären verlangt wird (§ 131 Absatz 1 AktG). Hingegen sind die nicht geschäftsführenden Komplementäre lediglich berechtigt, aber nicht verpflichtet, an den Hauptversammlungen teilzunehmen. Das Teilnahmerecht der Komplementäre an Hauptversammlungen darf satzungsmäßig nicht ausgeschlossen werden.[75] Die Kommanditaktionäre haben aber das Recht, die Komplementäre aus Hauptversammlungen in den Fällen auszuschließen, in welchen die Komplementäre nicht zur Teilnahme verpflichtet sind.[76] Dies betrifft insbesondere Beschlussgegenstände, über die die Kommanditaktionäre autonom entscheiden können, wie z.B. die Wahl des Aufsichtsrats. Ein solcher Ausschluss ist allerdings nur möglich, wenn die betreffenden Komplementäre nicht gleichzeitig auch als Kommanditaktionäre an der Gesellschaft beteiligt sind.

a) Entscheidungskompetenz der Hauptversammlung

118 Die Hauptversammlung erhält ihre Entscheidungskompetenz aus verschiedenen Rechtsquellen:[77]

Abbildung 12: Wesentliche HV-Kompetenzen

Wesentliche Kompetenzen der Hauptversammlung

Aktienrechtliche Kompetenzen	Personengesellschaftsrechtliche Kompetenzen hinsichtlich Verhältnis zu Komplementären	KGaA spezialgesetzliche Kompetenzen
Bestellung und Abberufung der AR-Mitglieder	Außergewöhnliche Geschäftsführungsmaßnahmen	Feststellung des Jahresabschlusses
Verwendung des Bilanzgewinns	Grundlagengeschäfte	
Entlastung der Komplementäre und AR-Mitglieder	Änderungen der Geschäftsführungs- und Vertretungsbefugnis	
Satzungsänderungen	Änderungen der Vermögenseinlage der Komplementäre	
Maßnahmen der Kapitalbeschaffung und Kapitalherabsetzung	Aufnahme neuer Komplementäre	
Auflösung der Gesellschaft	Ausscheiden und Ausschließung von Komplementären	

---

74 MünchKommAktG / *Perlitt*, § 285, Rz. 6.
75 MünchKommAktG / *Perlitt*, § 285, Rz. 8.
76 MünchKommAktG / *Perlitt*, § 285, Rz. 8.
77 Münch. Hdb. GesR IV / *Herfs*, § 78, Rz. 39.

b) Stimmrecht und Stimmrechtsausschluss

Die Ausübung des Stimmrechts durch die Kommanditaktionäre richtet sich nach den aktienrechtlichen Vorschriften, §§ 278 Absatz 3, 134 bis 137 AktG.

Kommanditaktionäre, die zugleich Komplementäre sind, unterliegen gemäß § 285 Absatz 1 AktG bestimmten Stimmrechtsverboten, um Interessenkollisionen auszuschließen. Diese Stimmrechtsverbote treffen geschäftsführende und nicht geschäftsführende Komplementäre gleichermaßen.[78] Sie dürfen danach das Stimmrecht bei Beschlüssen nicht ausüben (und zwar auch nicht aus Aktien anderer), die die folgenden Gegenstände betreffen, bei denen typischerweise eine Interessenkollision vorliegt:

1. Wahl von Organen zur Überwachung der Geschäftsführung (Wahl und Abberufung des Aufsichtsrats, Bestellung von Sonderprüfern, Wahl des Abschlussprüfers);
2. Entlastung der Komplementäre;
3. Geltendmachung von Schadensersatzansprüchen gegen Komplementäre oder deren Verzicht;
4. Maßnahmen, die Komplementäre unmittelbar betreffen.

Ist der Komplementär eine Kapitalgesellschaft oder eine Personenhandelsgesellschaft, erfasst das Stimmverbot auch deren Geschäftsführungsorgane und die beherrschenden Gesellschafter.

Verstößt ein Komplementär gegen das Stimmverbot des § 285 Absatz 1 Satz 2 AktG, führt dies zur Anfechtbarkeit des Hauptversammlungsbeschlusses (§ 243 AktG).

Die gesetzlich vorgesehenen Fälle des Stimmverbots können in der Satzung nicht eingeschränkt werden. Insoweit gilt der Grundsatz der Satzungsstrenge (§ 23 Absatz 5 AktG).[79]

c) Beschlussfassung

Die Form der Beschlussfassung richtet sich nach den allgemeinen aktienrechtlichen Bestimmungen. Unterschieden werden **autonome** und **zustimmungsbedürftige Hauptversammlungsbeschlüsse**. Gemäß § 285 Absatz 2 Satz 2 AktG bedürfen bestimmte Hauptversammlungsbeschlüsse nicht der Zustimmung durch die Komplementäre. Es sind Beschlussgegenstände, die nicht zu den gemeinsamen Angelegenheiten der Gesellschafter gehören und auch satzungsmäßig nicht zu solchen gemacht werden können.

Zustimmungsbedürftige Hauptversammlungsbeschlüsse sind solche, für die das Recht der Kommanditgesellschaft die Zustimmung der persönlich haftenden Gesellschafter und der Kommanditisten erfordert (§ 285 Absatz 2 Satz 1 AktG, §§ 116 Absatz 2, 164 HGB). Hierzu zählen alle Grundlagengeschäfte und alle außergewöhnlichen Geschäfte sowie die Feststellung des Jahresabschlusses. Der festgestellte Jahresabschluss bildet die Grundlage für den Gewinnverwendungsbeschluss (Beschluss über die Verwendung des Bilanzgewinns) der Hauptversammlung. Dieser Beschluss wird ohne Mitwirkung der Komplementäre gefasst.[80] Die Ergebnisanteile der Komplementäre haben bereits das Jahresergebnis in der Gewinn- und Verlustrechnung vermindert (im Falle eines Gewinnes) bzw. erhöht (im Falle eines Verlustes).[81] Die gewöhnlichen Geschäfte fallen in den ausschließlichen Verantwortungsbereich der Komplementäre.

---

78 Münch. Hdb. GesR IV / *Herfs*, § 78, Rz. 31.
79 MünchKommAktG / *Perlitt*, § 285, Rz. 15.
80 MünchKommAktG / *Perlitt*, § 286, Rz. 80.
81 Vgl. ausführlich, § 3 C., S. 96.

Abbildung 13: Autonome und zustimmungsbedürftige HV-Beschlüsse

Autonome und zustimmungsbedürftige HV-Beschlüsse	
Autonome HV-Beschlüsse	**Zustimmungsbedürftige HV-Beschlüsse**
• AR-Bestellung, Abberufung, Entlastung • Entlastung der Komplementäre • Bestellung der Sonderprüfer • Bestellung der Abschlussprüfer • Geltendmachung von Ersatzansprüchen • Verzicht auf Ersatzansprüche • Gewinnverwendungsbeschluss	• Grundlagengeschäfte • Außergewöhnliche Geschäftsführungsmaßnahmen • Feststellung des Jahresabschlusses

126 Hauptversammlungsbeschlüsse, die der Zustimmung der Komplementäre bedürfen, müssen zum Handelsregister eingereicht werden (§ 285 Absatz 3 Satz 1 AktG). Soweit Beschlüsse in das Handelsregister einzutragen sind, muss die Zustimmung der Komplementäre in der Verhandlungsniederschrift oder in einem Anhang zur Niederschrift beurkundet werden (§ 285 Absatz 3 Satz 2 AktG).

d) Beschlussmehrheiten

127 Die Frage, welche Beschlussmehrheiten erforderlich sind und ob diese in der Satzung abweichend geregelt werden können, muss auf zwei Ebenen gestellt und beantwortet werden: Mehrheiten, die auf der Ebene der jeweiligen Gesellschaftergruppen (Komplementäre und Kommanditaktionäre) für das Zustandekommen von Beschlüssen erforderlich sind und solche, die auf der Ebene der KGaA erzielt werden müssen. Enthält die Satzung keine abweichenden Regelungen, kommen Beschlüsse auf der Ebene der KGaA, die die Zustimmung der Komplementäre erfordern, durch die Zustimmung aller Komplementäre (Einstimmigkeit) und durch die Zustimmung der Gesamtheit der Kommanditaktionäre zustande, deren Mehrheitserfordernisse sich nach den einzelnen aktienrechtlichen Vorschriften richten.

Abbildung 14: Gesetzliches Leitbild der Beschlussmehrheiten

	Gesetzliches Leitbild der Beschlussmehrheiten	
	Komplementäre	**Kommanditaktionäre in der Hauptversammlung**
Ebene der Gesellschafter	§ 119 HGB Einstimmigkeit	§ 133 Absatz 1 AktG einfache Mehrheit, es sei denn, Gesetz sieht qualifizierte Mehrheit vor, z. B. ¾ Mehrheit in folgenden Fällen: • § 170 Absatz 2 AktG: Satzungsänderung • § 182 Absatz 1 AktG: Kapitalerhöhung • § 193 Absatz 1 AktG: bedingte Kapitalerhöhung • § 202 Absatz 2 AktG: genehmigtes Kapital • § 207 Absatz 2 Satz 1 AktG: Kapitalerhöhung aus bestehenden Mitteln • § 222 Absatz 1 AktG: ordentliche Kapitalherabsetzung • § 229 AktG: vereinfachte Kapitalherabsetzung • § 262 Absatz 1 Nr. 2 AktG: Auflösung durch Beschluss • § 274 Absatz 1 AktG: Fortsetzung einer aufgelösten Gesellschaft • § 293 Absatz 1 AktG: Unternehmensverträge
Ebene der KGaA	Einstimmiger Beschluss	Gesamtheit der Kommanditaktionäre
	Grundlagengeschäfte, außergewöhnliche Geschäftsführungsmaßnahmen, Feststellung JA	

5. Hinweise zur Satzungsgestaltung

Die gesetzliche Ausgestaltung der Kompetenzen der beiden Entscheidungszentren in der KGaA, die Komplementäre und die Hauptversammlung, ist weitgehend satzungsdispositiv (§ 278 Absatz 2 AktG). Von dieser Regelungsfreiheit sollte auch Gebrauch gemacht werden, um die spezifischen Gegebenheiten bei Gesellschaftern und in der Gesellschaft maßgeschneidert abbilden zu können. Die folgenden Regelungsbeispiele zeigen die Bandbreite der Gestaltungsmöglichkeiten:

Vermeidung von Interessenkollisionen: Zur Vermeidung von Interessenkollisionen kann die Satzung den Komplementären generell untersagen, Kommanditaktien zu erwerben oder, wenn sie beiden Gesellschaftergruppen angehören, ihnen das Stimmrecht in den Hauptversammlungen generell entziehen.

Kompetenzverlagerung auf freiwilliges Organ: Die Kompetenz, die Zustimmung zu zustimmungsbedürftigen Hauptversammlungsbeschlüssen zu erteilen, kann in der Satzung auf ein Organ der Komplementäre, also z.B. einem Beirat, übertragen werden.[82]

Annäherung des Komplementärs an Vorstand: Findet sich in einer Familiengesellschaft kein geeigneter Komplementär, kann eine familienfremde Person als Komplementär ohne Sondereinlage aufgenommen werden, die dem Unternehmen ihre Arbeitskraft zur Verfügung stellt und hierfür eine Tätigkeitsvergütung erhält. Am Erfolg des Unternehmens wird ein solcher Komplementär über eine Tantiemen Regelung beteiligt.[83]

---
82 Münch. Hdb. GesR IV / Herfs, § 78, Rz. 67.
83 Ausführlich, *Schütz/Bürgers/Riotte*, § 5, Rz. 106.

132 **Stärkung der Komplementäre:** Unter dem Gedanken der Stärkung der Position der Komplementäre kann die Satzung nicht die Stimmverbote des § 285 AktG abbedingen. Diese Stimmverbote unterliegen der aktienrechtlichen Satzungsstrenge und sind daher nicht dispositiv. Auch nicht möglich ist es, den Komplementären für ihre Sondereinlagen Stimmrechte in der Hauptversammlung zu gewähren.[84]

133 Das Zustimmungsrecht der Hauptversammlung zu außergewöhnlichen Geschäften kann abbedungen werden.[85] Dagegen kann die Zustimmung zu den Grundlagengeschäften nicht eingeschränkt oder gänzlich abbedungen werden, da diese Geschäfte den Kernbereich der Mitgliedschaft berühren und daher auch im Personengesellschaftsrecht nicht dispositiv sind.[86]

134 In der gesetzestypischen KGaA kann den Komplementären das Recht eingeräumt werden, dem Gewinnverwendungsbeschluss der Hauptversammlung zuzustimmen. Für die atypische KGaA wird eine solche Gestaltung überwiegend als nicht zulässig angesehen.[87]

135 **Stärkung der Kommanditaktionäre:** Zusätzlich zu den Zustimmungserfordernissen für außergewöhnliche und Grundlagengeschäfte kann die Satzung auch für bestimmte, gewöhnliche Geschäftsführungsmaßnahmen einen Zustimmungsvorbehalt der Hauptversammlung vorsehen. Der Gesamtheit der Kommanditaktionäre oder einzelnen Kommanditaktionäre können – unter Beachtung der personengesellschaftsrechtlichen Schranken insbesondere der Selbstorganschaft und der Schranken des § 283 AktG – Mitwirkungsrechte an der Geschäftsführung eingeräumt werden. Ferner kann jedenfalls in der typischen KGaA das Zustimmungsrecht der Komplementäre zu außergewöhnlichen Geschäften eingeschränkt werden.

IV. Aufsichtsrat

136 Der Aufsichtsrat ist ein Pflichtorgan der KGaA und wird durch die Hauptversammlung gewählt und abberufen (§ 285 Absatz 1 Nr. 1 AktG). Komplementäre, gleich, ob geschäftsführungsbefugt oder nicht,[88] können nicht Aufsichtsratsmitglieder sein (§ 278 Absatz 3 AktG). Gleiches gilt bei einer atypischen KGaA für Geschäftsführer oder Vorstände der Komplementärgesellschaft. Strittig ist, ob auch natürliche Personen, die beherrschende Gesellschafter der Komplementärgesellschaft sind, ebenfalls nicht Mitglied des Aufsichtsrats sein können.[89] Dies ist wegen der durch die Beherrschung möglichen Einflussnahme auf die Geschäftsführung des Komplementärs zu bejahen. Mit dem Verbot soll verhindert werden, dass potenzielle Interessenkonflikte die Kontrolle durch den Aufsichtsrat beeinträchtigen. Dies bedeutet aber nicht, dass der Aufsichtsrat nur mit Interessenvertretern der Kommanditaktionäre, oder zumindest mit „gegnerfreien" Personen besetzt sein muss. Dagegen spricht schon, dass ab einer bestimmten Größenordnung Arbeitnehmervertreter im Aufsichtsrat vertreten sein müssen.[90]

---

84 Münch. Hdb. GesR IV / *Herfs*, § 78, Rz. 32.
85 Münch. Hdb. GesR IV / *Herfs*, § 78, Rz. 17. Allerdings wird teilweise unter Berufung auf den Beschluss des BGH aus dem Jahr 1997 (BGHZ, 134, S. 392ff) vertreten, dass bei einer atypischen KGaA eine solche Beschneidung der Rechte der Kommanditaktionäre nicht möglich sei.
86 Münch. Hdb. GesR IV / *Herfs*, § 78, Rz. 41.
87 MünchKommAktG / *Perlitt*, § 286, Rz. 80, der von einer solchen Regelung allerdings wegen des wahrscheinlichen Interessengegensatzes in dieser Sache zwischen den Gesellschaftergruppen abrät.
88 BGH, Urteil vom 5.12.2005, NZG, 2006, S. 138; Vorinstanz, OLG München, AG 2004, 151, 153.
89 Offengelassen von BGHZ 165, S. 192 (NZG 2006, S. 138); zum Meinungsstand vgl. MünchKommAktG / *Perlitt*, § 278, Rz 321.
90 So BGH, NZG 2006, 138, 140.

Die Wahl und die Zusammensetzung des Aufsichtsrats richten sich nach Aktienrecht (§ 278 Absatz 3 AktG). Mitglieder des Aufsichtsrats können nur natürliche, unbeschränkt geschäftsfähige Personen sein. Die Mitgliedschaft einer juristischen Person im Aufsichtsrat ist also ausgeschlossen (§ 278 Absatz 3, § 100 Absatz 1 AktG). Der Aufsichtsrat besteht aus drei oder einer höheren, durch drei teilbaren Zahl von Mitgliedern, maximal jedoch aus 21 Mitgliedern, abhängig von der Höhe des Grundkapitals (§ 95 AktG). Mit dieser Maßgabe wird die genaue Zahl der Aufsichtsratsmitglieder durch die Satzung festgelegt. Bei KGaAs mit mehr als 500 und weniger als 2.000 Arbeitnehmern wird überdies die Zusammensetzung des Aufsichtsrats durch das Drittelmitbestimmungsgesetz bestimmt. Das Mitbestimmungsgesetz findet hingegen auf KGaAs mit mehr als 2.000 Arbeitnehmern Anwendung und hat damit Einfluss auf die Besetzung des Aufsichtsrats.[91]

1. Stellung des Aufsichtsrats

Der Aufsichtsrat einer KGaA hat im Vergleich zu dem Aufsichtsrat einer Aktiengesellschaft eine deutlich geringere Kompetenz. Diese ist in der unabhängigen Stellung der Komplementäre begründet, die dem Vorstand einer Aktiengesellschaft nicht verliehen ist. Der Aufsichtsrat der KGaA hat lediglich die Aufgabe zur Überwachung und Prüfung gemäß § 111 Absätze 1 und 2 AktG sowie Informationsrechte des § 90 AktG, wonach der Aufsichtsrat von der Geschäftsführung unter anderem Informationen über die Geschäftspolitik, die Rentabilität, den Umsatz und die Liquidität verlangen kann. Diese Kompetenz besteht nur gegenüber den Komplementären und nicht auch gegenüber anderen Organen, selbst wenn diesen Geschäftsführungsaufgaben übertragen werden, sei es die Hauptversammlung oder ein organschaftlicher Beirat. Die Überwachungsbefugnis ist gesetzlich an das Organ der Komplementäre geknüpft und nicht an die Tätigkeit oder Funktion.[92] Anders als der Aufsichtsrat einer Aktiengesellschaft hat er keine Personalkompetenz, kann also nicht die Geschäftsführung (d. h. die Komplementäre) bestellen und abberufen. Dies ist darin begründet, dass die Komplementäre kraft ihrer Gesellschafterstellung nach Personengesellschaftsrecht zur Geschäftsführung befugt sind. Der Aufsichtsrat hat ferner keine Kompetenz, bestimmte Arten von Geschäften unter den Vorbehalt seiner Zustimmung zu stellen und keine Befugnis, die Geschäftsordnung der Komplementäre zu erlassen, da die Komplementäre persönlich für Fehler in der Geschäftsführung haften und die Verantwortung daher auch bei ihnen liegen soll. Der Aufsichtsrat hat schließlich auch keine Befugnis, den Jahresabschluss festzustellen. Damit ist er nicht an bilanzpolitischen Entscheidungen beteiligt, die die längerfristige Geschäftspolitik beeinflussen. Allerdings hat der Aufsichtsrat die Aufgabe, den Jahresabschluss zu prüfen (§§ 278 Absatz 3, 171 AktG).

Neben diesen Aufsichtsrats-Kompetenzen, die aus der Rechtsform der Aktiengesellschaft bekannt sind – wenngleich hier in geringerer Ausprägung im Wesentlichen auf die Überwachung der Geschäftsführung reduziert – hat der Aufsichtsrat der KGaA noch zwei weitere, der zweigliedrigen Gesellschafterstruktur der KGaA geschuldete Kompetenzen: Zum einen führt der Aufsichtsrat der KGaA die Hauptversammlungsbeschlüsse aus (**Ausführungskompetenz**, § 287 Absatz 1 AktG) und zum anderen vertritt er die Gesamtheit der Kommanditaktionäre (**Vertretungskompetenz**, § 287 Absatz 2 Satz 1 AktG).

---

91 Näheres zur Frage der Mitbestimmung in der KGaA siehe S. 84ff.
92 *Schütz/Bürgers/Riotte*, § 5, Rz. 488ff mit weiteren Nachweisen.

140 Die Ausführungskompetenz des Aufsichtsrats erstreckt sich lediglich auf die Hauptversammlungsbeschlüsse, die das Verhältnis der Kommanditaktionäre zu den Komplementären betreffen, es sei denn, die Satzung regelt hiervon Abweichendes. Beschlüsse über Rechtsverhältnisse der Gesellschaft zu Dritten können dagegen nur von den vertretungsbefugten Komplementären ausgeführt werden.

141 Der Aufsichtsrat vertritt grundsätzlich die Gesamtheit der Kommanditaktionäre bei Rechtsstreitigkeiten gegen die Komplementäre (§ 287 Absatz 2 AktG). Gemäß §§ 278 Absatz 3 i.V.m. § 112 AktG vertritt er auch die Gesellschaft bei Rechtsgeschäften mit den Komplementären.[93] Ferner vertritt der Aufsichtsrat die Gesellschaft gerichtlich bei der Geltendmachung von Ersatzansprüchen gegen die Geschäftsführung (§ 283 Nr. 8 AktG).

142 Soweit der Aufsichtsrat im Rahmen seiner Ausführungs- und Vertretungskompetenz (bei letzterer in Bezug auf die Kommanditaktionäre) tätig wird, ist vielfach vertreten worden, dass er dies als Interessenvertreter der Kommanditaktionäre tut. Bei der Wahrnehmung aller anderen Kompetenzen ist der Aufsichtsrat hingegen als Organ der Gesellschaft tätig. So gesehen hätte der Aufsichtsrat eine Doppelrolle mit unterschiedlicher, und unter Umständen konfligierender Interessenvertretung. Dem ist der BGH zu Recht entgegen getreten: Auch wenn der Aufsichtsrat von seiner Ausführungs- und Vertretungskompetenz Gebrauch macht, tut er dies stets im Interesse der Gesellschaft.[94]

Abbildung 15: Kompetenzen des Aufsichtsrats (AR) in KGaA und AG

Kompetenzen des Aufsichtsrats in KGaA und AG

Kompetenzen im Interesse der Gesellschaft	AR bei KGaA	AR bei AG
Personalkompetenz	-	+
Geschäftsordnungskompetenz	-	+
Überwachung der Geschäftsführung, Informations- und Prüfungsrechte	+	+
Festlegung von zustimmungsbedürftigen Geschäftsführungsmaßnahmen	-	+
Feststellung des Jahresabschlusses	- (nur Prüfung)	+ (zus. mit Vorstand)
Ausführung der Hauptversammlungsbeschlüsse	+	
Vertretung der Gesamtheit der Kommanditaktionäre gegenüber den Komplementären bei Rechtsstreitigkeiten	+	

---

93 Münch. Hdb. GesR IV / *Herfs*, § 78, Rz 56; a.A. *Schütz/Bürgers/Riotte*, § 5, Rz. 497 ff.; BGH, Urteil vom 29.11.2004, NZG 2005, S. 276.
94 BGH Urteil vom 5.12.2005, NZG, 2006, S. 138, 140.

2. Pflichten des Aufsichtsrats und Haftung

Mit den beschriebenen Rechten korrespondieren die Pflichten des Aufsichtsrats. Gemäß §§ 116, 93 Absatz 1 AktG müssen die Mitglieder des Aufsichtsrats ihre Aufgaben gewissenhaft und ordentlich erfüllen. Aufsichtsratsmitglieder einer KGaA haften wie diejenigen einer Aktiengesellschaft für schuldhafte Pflichtverletzungen, also dann, wenn sie die Sorgfalt eines ordentlichen und gewissenhaften Aufsichtsratsmitgliedes nicht haben walten lassen. Sie müssen die geschäftsführenden Komplementäre unter dem Gesichtspunkt der Ordnungsmäßigkeit, Rechtmäßigkeit, Zweckmäßigkeit und Wirtschaftlichkeit überwachen. Ferner ist es ihre Aufgabe, die Komplementäre bei Fragen der Planung und Geschäftsstrategie beratend zu unterstützen. Da der Aufsichtsrat der KGaA nicht die Rechte eines Aufsichtsrats der AG aus § 111 Absatz 4 AktG hat, kann er Geschäftsführungsmaßnahmen der Komplementäre, die aus seiner Sicht falsch sind, nicht verhindern, sondern lediglich seine Bedenken äußern. Fraglich ist, ob der Aufsichtsrat die Hauptversammlung einberufen muss, wenn seine den Komplementären vorgetragenen Bedenken nicht berücksichtigt werden. Dies ist wohl zu bejahen, wenn es sich um außergewöhnliche Geschäftsführungsmaßnahmen handelt, für welche die Satzung die Mitwirkung der Hauptversammlung nicht ausgeschlossen hat.[95] Die Pflicht zur Einberufung der Hauptversammlung ist ferner zu bejahen, wenn die vom Aufsichtsrat beanstandeten Geschäftsführungsmaßnahmen einen satzungsmäßigen Grund zum Ausschluss des oder der betreffenden Komplementäre darstellen. Ansonsten kann der Aufsichtsrat den Rücktritt erklären.[96]

143

Im Hinblick auf die Tätigkeit des Aufsichtsrats als Vertretungs- und Ausführungsorgan für Beschlüsse der Hauptversammlung, hat der Aufsichtsrat zu prüfen, ob der Inhalt des Beschlusses im Gesellschaftsinteresse liegt. Ist er der Auffassung, dass dies nicht der Fall ist, dann hat der Aufsichtsrat dies der Hauptversammlung mitzuteilen und darauf hinzuwirken, dass der Beschluss revidiert wird. Bleibt die Hauptversammlung bei ihrem Beschluss und verweigert der Aufsichtsrat aus vorgenannten Gründen seine Ausführung, kann die Hauptversammlung den Aufsichtsrat abberufen oder für die Vertretung in Rechtsstreiten gegen die Komplementäre einen anderen Vertreter gemäß § 287 Absatz 2 Satz 1 AktG bestimmen.

144

3. Hinweise zur Satzungsgestaltung

Der gesetzliche Überwachungsumfang des Aufsichtsrats kann durch Satzungsgestaltung nicht eingeengt werden. Dagegen können die Gesellschafter in der Satzung die Funktion des Aufsichtsrats ausweiten, indem sie dem Aufsichtsrat Zustimmungsvorbehalte für einzelne Geschäfte einräumen oder ihm die Kompetenz erteilen, selbst **Zustimmungsvorbehalte** festzulegen (§ 111 Absatz 4 Satz 2 AktG). Dem Aufsichtsrat kann in der Satzung auch die Entscheidung über die Bestellung der Komplementäre eingeräumt werden (**Personalkompetenz**).[97] Durch entsprechende Satzungsgestaltung ist es damit in gewissem Umfang möglich, die Funktion des Aufsichtsrats einer KGaA an diejenige einer Aktiengesellschaft anzunähern. Die Grenzen der Gestaltungsfreiheit werden durch § 287 Absatz 3 AktG gezogen, der es zur Vermeidung von Konflikten zwischen Kontrolle und Leitungsmacht untersagt, dem Aufsichtsrat Geschäftsführungs- und Weisungsbefugnisse einzuräumen.[98]

145

---

95 Siehe Münch. Hdb. GesR IV / *Herfs*, § 78, Rz. 58; a.A. MünchKommAktG / *Perlitt*, § 287, Rz. 46, der in jedem Fall eine Verpflichtung des Aufsichtsrats zur Einberufung einer Hauptversammlung bejaht.
96 Münch. Hdb. GesR IV / *Herfs*, § 78, Rz. 58.
97 Münch. Hdb. GesR IV / *Herfs*, § 78, Rz. 57.
98 Ders., ebenda.

146 Bestimmten Aktionären oder Inhabern bestimmter Aktien kann durch die Satzung ein Entsenderecht in den Aufsichtsrat verliehen werden (§§ 278 Absatz 3, 101 Absatz 2 AktG). Dieses Recht kann allerdings Aktionären, die zugleich Komplementäre sind, nicht eingeräumt werden, auch nicht dem sonstigen Personenkreis, dem es aufgrund der Nähe zu dem Komplementär versagt ist, selbst einen Aufsichtsratsposten zu bekleiden.[99] Allerdings kann im Falle einer atypischen KGaA ein an der Komplementärgesellschaft nicht maßgeblich beteiligter Gesellschafter sein in der Namensaktie verbrieftes **Entsenderecht** auf eine von ihm ausgesuchte dritte Person, zu der eine persönliche Verbundenheit besteht, übertragen.[100]

V. Der Beirat als fakultatives Gesellschaftsorgan

1. Der Beirat auf schuldrechtlicher Basis oder als Gesellschaftsorgan

147
- **Fakultative Organe** sind solche, die nach dem Willen der Gesellschafter ausgestattete Rechte und Pflichten übertragen bekommen. Häufige Bezeichnungen sind Beirat, Verwaltungsrat oder Gesellschafterausschuss (wir verwenden nachfolgend den Begriff „Beirat"). Die Bezeichnung selbst lässt nicht erkennen, welche genaue Funktion diesem Gebilde übertragen ist. Es kann sich um einen Beirat handeln, der lediglich **schuldrechtliche Beziehungen** zur Gesellschaft unterhält. In diesem Fall schließt jedes Beiratsmitglied einen Vertrag über seine Rechte und Pflichten mit der Gesellschaft ab. Der Beirat hat keinen Organcharakter, ihm stehen also auch keine gesellschaftsrechtlichen Befugnisse zu.[101] Das bedeutet, dass durch die Bildung eines solchen Beirats die Kompetenzverteilung zwischen den Organen der Gesellschaft unberührt bleibt.[102] Anders verhält es sich, wenn dem Beirat **Organcharakter** beigemessen wird. In diesem Fall übertragen die Gesellschafter kraft Satzungsrechts Teile ihrer organschaftlichen Rechte und Pflichten auf dieses von ihnen geschaffene Gremium. Der organschaftliche Beirat kann entweder als Beirat der Gesellschaft oder als Gruppenorgan ausgestaltet werden. Im letzteren Fall wird er (nur) von einer Gruppe von Gesellschaftern, z.B. den Komplementären oder den Kommanditaktionären bestellt, um deren Interessen zu vertreten.[103]
- Prägendes Merkmal der Aktiengesellschaft ist die gesetzlich geregelte Kompetenzverteilung zwischen den drei **Pflichtorganen** Vorstand, Hauptversammlung und Aufsichtsrat, von der grundsätzlich nicht abgewichen werden darf (**numerus clausus der Organe**). Das bedeutet, dass die Aktionäre organschaftliche Aufgaben nicht auf ein fakultatives Organ übertragen dürfen. Bei einer Aktiengesellschaft kommt also lediglich ein Beirat auf schuldrechtlicher Ebene in Betracht. Hingegen wird es bei der KGaA als zulässig angesehen, einen Beirat auch als Gesellschaftsorgan einzurichten.[104]

---

99 Siehe S. 64.
100 BGH v. 5.12.2005, NZG 2006, S. 138,141, Der BGH führt dazu aus, dass dies nicht eine unzulässige Umgehung, sondern eine zulässige Gestaltung sei.
101 *Martens*, AG 1982, S. 114, mit weiteren Nachweisen.
102 *Schütz/Bürgers/Riotte*, § 5, Rz. 558.
103 *Huber*, GmbHR, 2004, S. 772, 773.
104 *Assmann/Sethe*, FS Lutter (2002), S. 251, 257f; MünchKommAktG / *Perlitt*, § 278, Rz. 242 mit weiteren Nachweisen.

2. Gründe für die Schaffung eines Beirats

Die Gründe für die Bildung eines Beirats sind so vielfältig wie die vorgefundenen Unternehmenskonstellationen. Eine prominente Rolle spielt der Beirat häufig in familiengeführten Unternehmen. Familienunternehmen zeichnen sich dadurch aus, dass Eigentum am Unternehmen und die Unternehmensführung in einer Hand liegen. Die Fähigkeiten und der Charakter der einzelnen Familienmitglieder und -stämme und ihre Fähigkeiten, unternehmerische Entscheidungen gemeinsam als Familie zu treffen, bestimmen maßgeblich das Schicksal des Unternehmens. Die Zusammensetzung des Gesellschafterkreises wird durch das Kräfteverhältnis verschiedener Familienmitglieder oder -stämme bestimmt und verändert sich im Zuge der Entwicklungen in den einzelnen Familien durch Heirat, Scheidung, Kinder und Tod. Gerade wegen dieser Dynamik hat die Familie ein großes Interesse daran, ihren Einfluss auf die Unternehmensführung unabhängig von Änderungen in der Gesellschafterstruktur auf Dauer zu sichern.

Besondere Konstellationen sind bei der KGaA aufgrund der zweigeteilten Gesellschafterstruktur denkbar: Sind beispielsweise nur Vertreter eines Familienstammes in der Komplementärstellung und alle anderen Familienstämme nur als Kommanditaktionäre an der Gesellschaft beteiligt, können letztere zwar auf die Besetzung des Aufsichtsrats Einfluss nehmen. Der Aufsichtsrat ist jedoch in seinen Kompetenzen gegenüber den Komplementären beschränkt. Eine Ausweitung der Kompetenzen des Aufsichtsrats wäre zwar möglich, würde aber bei Erweiterungen des Kommanditaktionärskreises und der damit verbundenen Verwässerung der Anteile der betreffenden Familienstämme keine Sicherung des Einflusses dieser Familienstämme auf Dauer darstellen.[105] In Unternehmen mit einem mitbestimmten Aufsichtsrat würde mit der Ausweitung der Kompetenzen des Aufsichtsrats überdies den Arbeitnehmervertretern ein vermutlich nicht gewollter Einfluss auf die Geschäftsführung eingeräumt werden.[106] In solchen Fällen kann die Bildung eines Beirats mit entsprechender Kompetenz helfen. Häufig hat eine KGaA eine große Zahl von Kommanditaktionären, die alle berechtigt sind, an den Hauptversammlungen teilzunehmen. Viele von ihnen haben keinen ausreichenden Sachverstand, um die von der Hauptversammlung zu entscheidenden unternehmerischen Belange ausreichend überblicken zu können. Auch ist die Einberufung und Abhaltung von Hauptversammlungen zeit- und kostenaufwändig. Daher kann es geboten sein, solche Entscheidungskompetenzen auf ein kleines, sachverständiges und effizient arbeitendes Gremium, einem Beirat zu übertragen.[107]

Einem Beirat können verschiedene Aufgaben und Funktionen übertragen werden. Das Spektrum reicht von repräsentativen Aufgaben bis hin zu Leitungsfunktionen, die dem Beirat die Position eines Machtzentrums in der Gesellschaft verleiht.

Ein Überblick über die Vielfalt der Beiratsfunktionen und Aufgaben:

- **Repräsentativer Beirat**: Ein solcher Beirat wird z. B. eingerichtet, wenn es Familienmitglieder gibt, denen ein repräsentativer Posten verschafft werden soll, welcher der Bedeutung ihrer Person nach ihrer eigenen Wahrnehmung entspricht – die in diesen Fällen objektiv oftmals nicht durch entsprechende Leistungen und Fähigkeiten unterlegt ist. Der Beirat wird dann mit bekannten, „wichtigen", von außen kommenden Personen besetzt, dessen Vorsitz das betreffende Familienmitglied erhält. Ein solcher Beirat kann Ratschläge erteilen, besondere Rechte

---
105 *Assmann/Sethe*, FS Lutter (2002), S. 251, 255.
106 *Assmann/Sethe*, ebenda.
107 *Martens*, AG 1982, S. 113.

hat er nicht. Mit der Schaffung eines Beiratspostens mit Dekor-Charakter mag ein bisheriger Geschäftsführer der Komplementärgesellschaft, von dessen Leistung die Gesellschafter nicht überzeugt sind, dazu bewegt werden können, einem Geschäftsführerwechsel zuzustimmen.[108]

- **Schlichtender Beirat**: Einem solchen Beirat wird die Funktion des Mediators beigegeben. Er soll bei Meinungsverschiedenheiten und Streitigkeiten zwischen Familienstämmen bzw. Gesellschaftergruppen schlichten. Beiratsmitglieder kommen in diesem Fall idealerweise von außen. Sie müssen überzeugen und ausgleichen können und das Vertrauen der Gesellschafter haben, dass sie objektiv handeln und das Wohl der Gesellschaft im Blick haben.

- **Beratender Beirat**: Ein solcher Beirat hat die Aufgabe, die Gesellschaft und/oder die Gesellschafter fachlich zu beraten. Die Beratung kann sich auf Fragen der Unternehmensführung beschränken, sie kann aber auch z.B. wissenschaftliche Begleitung der Forschungs- und Entwicklungstätigkeit des Unternehmens sein. Die Beiratsmitglieder eines beratenden Beirats müssen über eine hohe Fachkompetenz und ein Verständnis für die besonderen Belange des mittelständischen, oft eigentümergeführten Unternehmens und ihrer Gesellschafter verfügen. Ihnen wird regelmäßig das Recht eingeräumt, sich über die Belange des Unternehmens zu informieren, nur so können sie ihre Beratungsaufgabe erfüllen.

- **Beirat mit Informations-, Prüfungs- und Kontrollaufgaben**: Einem beratenden Beirat wird in der Regel nicht nur das Informationsrecht gegeben, sondern sie werden auch mit der Prüfung und Kontrolle der Geschäftsführung betraut. Damit kommt dem Beirat die Rolle eines unternehmensinternen Controllers zu.[109]

- **Beirat als Sonderorgan der Komplementäre**: Im Bereich der Geschäftsführung besteht weitgehende Gestaltungsmöglichkeit, auch im Hinblick auf die Übertragung von Funktionen und Aufgaben auf einen Beirat. Dem Beirat können z.B. Weisungsrechte gegenüber den Komplementären eingeräumt werden, er kann das Recht erhalten, über die Auswahl und Aufnahme weiterer Komplementäre zu entscheiden. Diese Kompetenzverlagerung von dem Aufsichtsrat auf einen Beirat ist insbesondere dann interessant, wenn die Gesellschaft einen mitbestimmten Aufsichtsrat hat. Ist dem Beirat die Aufgabe übertragen, über die Aufnahme von Komplementären zu entscheiden, dann ist damit den Arbeitnehmervertretern die Einflussnahme auf die Auswahl der Geschäftsführung entzogen.[110] Wird ein mit weitreichenden Befugnissen ausgestatteter Beirat von den Komplementären bestellt, dann verlagert sich das Machtzentrum in der Gesellschaft deutlich zugunsten der Komplementäre (**komplementärorientiere KGaA**). Umgekehrt findet eine Verlagerung der Macht hin zur Hauptversammlung statt, wenn diese den Beirat bestellt (**hauptversammlungsorientierte KGaA**).

- **Beirat als Sonderorgan der Kommanditaktionäre**: Die Kommanditaktionäre haben die Möglichkeit, einem Beirat z.B. die Ausführungs- und Vertretungskompetenz, die nach dem Gesetz dem Aufsichtsrat zusteht, zu übertragen. Der Beirat wird in diesem Fall zum Interessenvertreter der Kommanditaktionäre. Die Kommanditaktionäre können aber auch Mitwirkungsrechte der Hauptversammlung bei der Geschäftsführung (Zustimmungsrechte bei außergewöhnlichen Geschäften, § 278 Absatz 2 AktG, § 164 HGB) auf einen Beirat übertragen. Auch über die gesetzlich vorgesehenen zustimmungsbedürftigen Geschäfte können weitere Geschäftsführungsmaßnahmen der Zustimmung des Beirats unterworfen werden (dies geschieht durch einen Katalog zustimmungsbedürftiger Geschäfte). Insbesondere dann, wenn

---

108 *Sigle*, NZG 1998, S. 620.
109 *Schütz/Bürgers/Riotte*, § 5, Rz. 560.
110 Münch. Hdb. GesR IV / *Herfs*, § 78, Rz. 68. Hierbei sind allerdings die Schranken der Verbandssouveränität zu beachten, vgl. S. 43.

die Gesellschaft viele Kommanditaktionäre hat und darunter z.B. Familienangehörige sind, denen das nötige Fachwissen oder auch das Interesse fehlt, an den unternehmerischen Entscheidungen teilzunehmen, ist die Übertragung dieser Kompetenzen auf einen personell klein gehaltenen, mit kundigen Fachleuten besetzten Beirat empfehlenswert. Es werden die zeitaufwändigen und kostspieligen Hauptversammlungen vermieden, die Willensbildung wird vereinfacht und qualitativ verbessert.[111]

3. Gesellschaftsrechtliche Grenzen

Bei der Übertragung von Kompetenzen auf einen Beirat sind allerdings die gesellschaftsrechtlichen Grenzen zu beachten. Möglichkeiten und Grenzen der Übertragung von Kompetenzen auf ein fakultatives Gesellschaftsorgan ergeben sich aus § 278 Absatz 2 AktG, der im Hinblick auf die Rechtsverhältnisse der Komplementäre und Kommanditaktionäre auf das dispositive Personengesellschaftsrecht verweist. Danach können die Komplementäre und die Kommanditaktionäre ihre Rechte auf ein fakultatives Organ übertragen, soweit diese Rechte nicht zwingend den Pflichtorganen zugewiesen sind. Zu beachten sind insbesondere die Grenzen, welche die Vertragsfreiheit im Personengesellschaftsrecht beschränken (Verbandssouveränität, Selbstorganschaft, Abspaltungsverbot, Kernbereichslehre und Bestimmtheitsgrundsatz).[112] Auch dürfen durch die Zuweisung von Kompetenzen auf gewillkürte Organe nicht zwingende aktienrechtliche Organkompetenzen verletzt werden. Bei der Ausgestaltung des Beirats ist ferner darauf zu achten, dass auf ihn nicht Kompetenzen beider Gesellschaftergruppen (Kommanditaktionäre und Komplementäre) übertragen werden, denn dadurch würde die gesetzlich vorgesehene Funktionstrennung dieser beiden Pflichtorgane aufgehoben werden. Überdies darf die gesetzlich austarierte Trennung von Leitungs- und Überwachungsfunktion nicht ausgehebelt werden, indem dem gewillkürten Organ beide Funktionen (wenn auch nur teilweise) übertragen werden.

Wo genau der Grenzverlauf des Erlaubten ist, ist im Einzelnen strittig, es ist also empfehlenswert, sich bei der Satzungsgestaltung etwas von dem Grenzgebiet fernzuhalten. Einige Grenzsteine können jedoch gesetzt werden: Der Bestimmtheitsgrundsatz verlangt, dass die Kompetenzen, welche auf den Beirat übertragen werden, in der Satzung eindeutig benannt werden. Die Verbandssouveränität ist berührt, wenn der Beirat mit gesellschafterfremden Personen besetzt ist und ihm Grundlagen- und Strukturentscheidungen übertragen werden sollen oder er die alleinige Entscheidungshoheit über die Aufnahme von Komplementären erhalten soll. Es besteht die weitgehend einhellige Ansicht, dass diese Funktionsverlagerung auf gesellschafterfremde Beiräte nicht möglich ist.[113] Teilweise wird sie jedoch dann für zulässig erachtet, wenn die Gesellschafter die Beiratsmitglieder abberufen und/oder die Entscheidung des Beirats durch einen Gesellschafterbeschluss jederzeit aus der Welt schaffen können.[114]

Auch die Übertragung von Geschäftsführungs- und Vertretungsbefugnissen auf einen gesellschafterfremden Beirat ist wegen der damit einhergehenden Verletzung des Grundsatzes der Selbstorganschaft nicht möglich. Die Komplementäre dürfen in ihren Kompetenzen nicht so beschnitten werden, dass sie zu einem reinen Ausführungsorgan werden.[115] Teilweise wird es allerdings auch in diesem Fall für ausreichend angesehen, wenn die Komplementäre die Beiratsmitglieder jederzeit abberufen oder überstimmen können.[116] Unproblematisch ist es hingegen, wenn der Beirat nur aus Gesellschaftern besteht.

---

111 Münch. Hdb. GesR IV / *Herfs*, § 78, Rz. 67.
112 Siehe S. 43f.
113 *Assmann/Sethe*, FS Lutter (2002), S. 261.
114 *Assmann/Sethe*, FS Lutter (2002), S. 259.
115 Vgl. *Sigle*, NZG 1998, S. 620.
116 Siehe *Assmann/Sethe*, FS Lutter (2002), S. 259.

155 Die individuellen Rechte der Kommanditaktionäre unterliegen dem weitgehend zwingenden Aktienrecht[117] und können daher nicht auf einen Beirat übertragen werden.

156 Erhält der Beirat Kontroll- und Überwachungsaufgaben übertragen, so kann dies nicht anstelle der Überwachungskompetenzen des Aufsichtsrats geschehen, sondern nur neben diesen. Die Überwachung der Geschäftsführung durch den Aufsichtsrat ist zwingend. Nur auf das Geschäftsführungsorgan selbst bezieht sich die Überwachungstätigkeit des Aufsichtsrats und nicht etwa auch auf den Beirat, wenn diesem z.B. Weisungsrechte gegenüber den Komplementären oder sogar deren Geschäftsführungsaufgaben übertragen wurde. Der Aufsichtsrat hat nur mittelbar über das Informations- und Kontrollrecht gegenüber den Komplementären die Möglichkeit, geschäftsführende Beschlüsse des Beirats zu überwachen.[118] Der Aufsichtsrat hat auch grundsätzlich kein Recht, an den Beiratssitzungen teilzunehmen.[119]

157 Die Hauptversammlung darf nicht die Feststellung des Jahresabschlusses und die Entscheidungen über die Grundlagen der Gesellschaft oder andere strukturverändernde Maßnahmen aus der Hand geben.[120]

158 Bei einer atypischen KGaA sind je nach Rechtsform der Komplementärgesellschaft unterschiedliche Beiratskonstellationen denkbar. Ist die Komplementärin eine Aktiengesellschaft, kann ein organschaftlicher Beirat nur bei der KGaA angesiedelt werden. Hingegen kann ein Beirat sowohl für die Personengesellschaft oder GmbH als Komplementärin als auch für die KGaA eingerichtet werden.[121] In diesem Fall sollte jedoch gesellschaftsvertraglich ein Gleichlauf beider Beiräte sichergestellt werden. Dem Beirat der KGaA kann die Aufgabe übertragen werden, ihre Interessen mit denen der Komplementärgesellschaft abzustimmen.

4. Auswahl und Bestellung der Beiratsmitglieder

159 Beiratsmitglieder sind häufig gesellschaftsfremde Personen, insbesondere, wenn es darum geht der Gesellschaft zusätzliche Kompetenzen zur Seite zu stellen. Beiratsmitglieder können aber auch Gesellschafter oder gesellschafternahe Personen sein. Die Besetzung des Beirats mit gesellschafterfremden Personen oder mit Gesellschaftern und das Mischungsverhältnis, wenn beide Gruppen im Beirat vertreten sind, haben allerdings einen Einfluss auf die Grenzen der Übertragbarkeit von Funktionen.[122]

160 Die Funktion, Aufgaben und Reichweite der Befugnisse des Beirats sind in der Satzung zu regeln. Gleiches gilt für die Bestellung der Beiratsmitglieder. Zu beachten sind eventuell greifende Stimmverbote analog § 285 Absatz 1 AktG die auch für die Bestellung des Beirats gelten können.[123] So dürfen beispielsweise die Komplementäre nicht bei der Bestellung des mit der Interessenvertretung der Kommanditaktionäre betrauten Beirats mitstimmen, wenn die Komplementäre gleichzeitig Kommanditaktionäre sind.

---

117 Vgl. S. 56.
118 *Martens*, AG 1982, S. 113, 118.
119 Ders., aaO, S. 119f.
120 Münch. Hdb. GesR IV / *Herfs*, § 78, Rz. 65a.
121 Im Einzelnen: *Assmann/Sethe*, FS Lutter (2002), S. 266.
122 Siehe S. 71.
123 *Schütz/Bürgers/Riotte*, § 5, Rz. 569f, der Umfang des Stimmverbots im Einzelnen wird in der Literatur unterschiedlich gesehen, vgl. *Assmann/Sethe*, FS Lutter (2002), S. 251, 266.

5. Haftung

Die Mitglieder des organschaftlichen Beirats müssen sich an dem Haftungsmaßstab der §§ 283 Nr. 3, 93, 116 AktG messen lassen. Das bedeutet, dass sie ihre Aufgaben mit der Sorgfalt eines ordentlichen und gewissenhaften Organmitglieds durchzuführen haben. Eine vertragliche Haftungsmilderung wird als zulässig erachtet. Häufig wird die Haftung auf grobe Fahrlässigkeit und Vorsatz beschränkt oder eine Begrenzung der Haftung durch eine Höchsthaftungssumme vereinbart.[124]

C. Kapitalmaßnahmen

Das Gesamtkapital der KGaA besteht aus dem Grundkapital und den Sondereinlagen. Das Grundkapital wird durch die Gesamtheit der Kommanditaktien gebildet, die die Kommanditaktionäre gezeichnet und übernommen haben. Veränderungen des Grundkapitals können nur nach den zwingenden Vorschriften des Aktienrechts vorgenommen werden. Die Komplementäre können Sondereinlagen in das Vermögen der KGaA leisten, müssen dies aber nicht (§ 281 Absatz 2 AktG). Veränderungen der Sondereinlagen (Begründung, Erhöhung oder Verringerung) richten sich nach den personenhandelsgesellschaftlichen Vorschriften.

Keine der beiden Gesellschaftergruppen kann eine Kapitalmaßnahme „ihr" Kapital betreffend ohne Zustimmung der anderen Gesellschaftergruppe durchführen: Das Grundkapital kann nur durch einen Beschluss der Hauptversammlung geändert werden, der durch Zustimmung sämtlicher Komplementäre wirksam wird. Die Erhöhung des Grundkapitals ist eine Satzungsänderung. Die Sondereinlage eines Komplementärs kann ebenfalls nur durch Satzungsänderung geändert werden, wobei diese Satzungsänderung auch des Beschlusses der Hauptversammlung gemäß §§ 179 ff AktG bedarf. Diese gegenseitige Abhängigkeit bei der Durchführung von Kapitalmaßnahmen ist dem Umstand geschuldet, dass die Kommanditaktionäre bei Erhöhung der Sondereinlage und die Komplementäre bei Erhöhung des Grundkapitals jeweils kein gesetzliches Bezugsrecht haben.

Betrachtet man also die Möglichkeiten der Kapitalmaßnahmen in einer KGaA, so ist zwischen diesen beiden Kapitalien und den Rechtsregimen, denen sie unterworfen sind, zu unterscheiden.

I. Kapitalerhöhung

Die Erhöhung des Grundkapitals im Wege einer ordentlichen Kapitalerhöhung (auch **Kapitalerhöhung gegen Einlagen** genannt) richtet sich nach den zwingenden Regeln des Aktienrechts (§§ 182 – 191 AktG). Sie kann als **Bar- oder Sachkapitalerhöhung** durchgeführt werden. Das Aktiengesetz kennt drei weitere Formen der Kapitalerhöhung, (i) die bedingte Kapitalerhöhung (§ 192 AktG), (ii) die Kapitalerhöhung aus genehmigtem Kapital (§ 202 AktG) und (iii) die Kapitalerhöhung aus Gesellschaftsmitteln (§ 207 AktG). Alle Kapitalerhöhungsmaßnahmen sind Satzungsänderungen und erfordern den Beschluss der Hauptversammlung.

---

124 *Lange*, GmbHR, 2006, S. 903f.

1. Barkapitalerhöhung

166 Die Kapitalerhöhung erfolgt in folgenden Schritten:
- Beschlussfassung der Hauptversammlung mit mindestens ¾ Mehrheit des bei der Beschlussfassung vertretenen Grundkapitals und einfacher Stimmenmehrheit (§§ 182 Absatz 1 Satz 1, 133 Absatz 1, 2. Halbsatz AktG)[125], einschließlich Neufassung des Satzungswortlauts,
- Zustimmungsbeschluss der Komplementäre gemäß § 285 Absatz 2 Satz 1 AktG, der in der Niederschrift des Hauptversammlungsbeschlusses oder in einer Anhangsurkunde zu beurkunden ist,
- Anmeldung des Kapitalerhöhungsbeschlusses zur Eintragung in das Handelsregister (wird in der Regel mit der Handelsregisteranmeldung der Durchführung der Kapitalerhöhung verbunden),
- Zeichnung der Aktien,
- Leistung der Mindesteinlagen,
- Anmeldung und Eintragung der Durchführung der Kapitalerhöhung ins Handelsregister,
- Ausgabe der neuen Aktien. Dieser Schritt ist zwingend. Die Kapitalerhöhung darf nicht durch Heraufsetzen der Nennbeträge der bestehenden Aktien durchgeführt werden. Bei Stückaktien muss sich die Zahl der jungen Aktien im selben Verhältnis wie das Grundkapital erhöhen (§ 182 Absatz 1 Satz 5 AktG).

167 Die Kommanditaktionäre haben gemäß §§ 278 Absatz 3, 186 Absatz 1 AktG ein **Bezugsrecht** auf die neu ausgegebenen Kommanditaktien. Das Bezugsrecht sichert jedem Kommanditaktionär seinen Anspruch auf einen seiner bisherigen Beteiligungs- und Stimmrechtsquote entsprechenden Teil der neuen Aktien. Hingegen steht den persönlich haftenden Gesellschaftern bei der Kapitalerhöhung kein gesetzliches Bezugsrecht zu. Das Bezugsrecht der Kommanditaktionäre kann gemäß § 186 Absatz 3 AktG ganz oder teilweise ausgeschlossen werden. Voraussetzung ist, dass der geplante Bezugsrechtsausschluss in der Tagesordnung hinreichend, insbesondere unter Angabe des Umfangs des Bezugsrechtsausschlusses, bekannt gemacht worden ist (§ 186 Absatz 4 Satz 1 AktG). Der **Bezugsrechtsausschluss** muss aber zusammen mit der Kapitalerhöhung ebenfalls mit einer ¾ Mehrheit beschlossen werden und ist damit untrennbarer Bestandteil des Kapitalerhöhungsbeschlusses (§§ 278 Absatz 3, 182 ff, 186 Absatz 3 AktG).[126] Der Kapitalerhöhungsbeschluss der Hauptversammlung wird nur mit der Zustimmung sämtlicher Komplementäre wirksam, § 285 Absatz 2 AktG. Der Bezugsrechtsausschluss darf nicht willkürlich erfolgen, sondern muss sachlich gerechtfertigt sein. Das ist dann der Fall, wenn der Bezugsrechtsausschluss einem Zweck dient, der im Interesse der Gesellschaft liegt, zur Erreichung dieses Zwecks geeignet und erforderlich ist.[127] Stimmen alle betroffenen Aktionäre jedoch dem Bezugsrechtsausschluss zu, bedarf es keines sachlichen Rechtfertigungsgrundes. Die Komplementäre sind verpflichtet, einen schriftlichen Bericht über den Grund des Bezugsrechtsausschlusses anzufertigen. Dieser Bericht hat umfassend zu sein und muss die konkreten Tatsachen enthalten, die für die materielle Rechtfertigung des Bezugsrechtsausschlusses erforderlich sind.[128]

---

125 Enthaltungen und nicht an der Abstimmung teilnehmende Aktien sowie stimmrechtslose Vorzugsaktien werden bei der Berechnung der Kapitalmehrheit nicht berücksichtigt. Vgl. *Hüffer*, AktG, § 182, Rz. 7.
126 Vgl. *Hüffer*, AktG, § 186, Rz. 20.
127 *Hüffer*, AktG, § 186, Rz. 25.
128 BGH Urteil vom 19.04.1982, NJW 1982, S. 2444, 2445.

Nach Beschlussfassung durch die Hauptversammlung und Zustimmung durch die Komplementäre zeichnen die künftigen Kommanditaktionäre die Kommanditaktien. Daraufhin folgt die Anmeldung der Durchführung der Kapitalerhöhung zum zuständigen Handelsregister. Mit der Eintragung der Kapitalerhöhung im Handelsregister wird die Erhöhung des Grundkapitals wirksam (§§ 278 Absatz 3, 189 AktG).

2. Bedingte Kapitalerhöhung

Die Hauptversammlung kann eine Erhöhung des Grundkapitals auch für bestimmte, im Einzelnen abschließend genannte Zwecke beschließen (§§ 278 Absatz 3, 192 AktG). Man spricht in diesem Fall von bedingter Kapitalerhöhung. Sie dient dazu, Dritten Umtausch- oder Bezugsrechte auf Aktien einzuräumen und kann als Bar- oder Sachkapitalerhöhung ausgestaltet werden. Im Falle einer solchen bedingten Kapitalerhöhung haben die Kommanditaktionäre kein Bezugsrecht auf die neu auszugebenden Kommanditaktien. Der Hauptversammlungsbeschluss muss den Zweck der bedingten Kapitalerhöhung feststellen sowie den Kreis der Bezugsberechtigten, den Ausgabebetrag oder zumindest dessen Berechnungsgrundlage sowie bei Mitarbeiterbeteiligungen (Stock Options) die Aufteilung der Bezugsrechte auf Geschäftsführung und Arbeitnehmer, Erfolgsziele, Erwerbs- und Ausübungszeiträume und Wartezeit für die erstmalige Ausübung (§ 278 Absatz 3, 193 AktG). Der satzungsändernde Hauptversammlungsbeschluss über die bedingte Kapitalerhöhung bedarf wiederum zu seiner Wirksamkeit der Zustimmung der Komplementäre (§ 285 Absatz 2 Satz 1 AktG), die in der Verhandlungsniederschrift oder in einem Anhang zur Niederschrift zu beurkunden ist. Die Zustimmung ist zusammen mit dem Beschluss zum Register einzureichen. Der Kapitalerhöhungsbeschluss ist mit der Eintragung im Handelsregister wirksam. Nun dürfen die Bezugs- und Umtauschrechte durch Bezugserklärung und Zeichnungsvertrag begründet werden.[129] Entsprechend der Ausübung der Bezugsrechte werden die Bezugsaktien ausgegeben. Das Grundkapital erhöht sich, in dem Maße wie die Bezugsaktien durch die Komplementäre ausgegeben werden, d.h. die Ausgabe der Bezugsaktien (Verbriefung des Mitgliedsrechts) ist konstitutiv (§§ 278 Absatz 3, 200 AktG). Der Satzungstext wird hinsichtlich des Grundkapitals der Gesellschaft damit unrichtig. Erst innerhalb eines Monats nach Ablauf des Geschäftsjahres müssen die Komplementäre zur Eintragung in das Handelsregister anmelden, in welchem Umfang im abgelaufenen Geschäftsjahr Bezugsaktien ausgegeben worden sind (§§ 278 Absatz 3, 201 AktG).

3. Genehmigtes Kapital

Die Satzung der KGaA kann die Komplementäre ermächtigen, mit Zustimmung des Aufsichtsrats das Grundkapital bis zu einem bestimmten Nennbetrag durch Ausgabe neuer Kommanditaktien gegen Einlagen zu erhöhen. Für eine entsprechende Satzungsänderung ist wiederum in der Hauptversammlung eine ¾ Mehrheit des Kapitals und eine einfache Stimmenmehrheit erforderlich. Die Ermächtigung ist auf höchstens fünf Jahre ab Eintragung des Beschlusses im Handelsregister zu begrenzen. Das genehmigte Kapital darf die Hälfte des zum Zeitpunkt der Ermächtigung bestehenden Grundkapitals nicht übersteigen (§§ 278 Absatz 3, 202 AktG). Der Hauptversammlungsbeschluss unterliegt wiederum der Zustimmung der Komplementäre (§ 285 Absatz 2 Satz 1 AktG) und ist zur Eintragung ins Handelsregister anzumelden. Damit ändert sich das Grundkapital noch nicht. Das genehmigte Kapital ist also entgegen der gesetzlichen Bezeichnung noch gar kein „Kapital", sondern „markiert nur die Grenze, bis zu der eine Kapitalerhöhung ohne weitere Mitwirkung der Haupt-

---

129 MünchKommAktG / *Fuchs*, § 195, Rz. 24.

versammlung vorgenommen werden kann".[130] Die Komplementäre können mit Hilfe des genehmigten Kapitals schnell auf günstige Kapitalmarktsituationen reagieren oder es in Vorbereitung auf Unternehmenszusammenschlüsse verwenden, ohne dann eine aufwendige Hauptversammlung erst durchführen zu müssen. Das genehmigte Kapital wird daher in der Praxis häufig für Zwecke verwendet, zu denen auch ein bedingtes Kapital geschaffen werden könnte. Anders als für das bedingte Kapital muss beim genehmigten Kapital zum Zeitpunkt des Hauptversammlungsbeschlusses der konkrete Zweck noch nicht bekannt sein. Außerdem kann den Komplementären beim genehmigten Kapital die Festsetzung des Ausgabekurses für die neuen Aktien überlassen werden.

171 Beschließt der Komplementär über die Ausgabe neuer Aktien aus dem genehmigten Kapital, muss diesem Beschluss der Aufsichtsrat zustimmen. Danach können die neuen Aktien gezeichnet werden, die Mindesteinlage ist sodann zu leisten und die Durchführung der Kapitalerhöhung zum Handelsregister anzumelden.

172 Die Kommanditaktionäre haben beim genehmigten Kapital grundsätzlich ein Bezugsrecht (§§ 278 Absatz 3, 203 Absatz 1, 186 AktG). Das Bezugsrecht kann bereits im Hauptversammlungsbeschluss ausgeschlossen werden oder die Komplementäre können durch satzungsändernden Hauptversammlungsbeschluss ermächtigt werden, das gesetzliche Bezugsrecht der Kommanditaktionäre auszuschließen. Davon dürfen die Komplementäre nur Gebrauch machen, wenn der Ausschluss des Bezugsrechts sachlich gerechtfertigt[131] und der Ausgabebetrag angemessen ist.

Zweckmäßig ist es, den Aufsichtsrat zu ermächtigen, nach der Durchführung der Kapitalerhöhung aus genehmigtem Kapital durch die Komplementäre, den Satzungswortlaut den neuen Kapitalverhältnissen entsprechend anzupassen (§ 179 Absatz 1 Satz 2 AktG).

4. Kapitalerhöhung aus Gesellschaftsmitteln

173 Das Grundkapital kann durch Umwandlung der Kapitalrücklage oder der Gewinnrücklagen in Grundkapital erhöht werden (§ 207 Absatz 1 AktG). Anders als bei allen zuvor dargestellten Kapitalerhöhungen führt diese so genannte Kapitalerhöhung aus Gesellschaftsmitteln nicht dazu, dass der Gesellschaft neues Kapital zugeführt wird. Es handelt sich vielmehr nur um eine Umschichtung des in der ungebundenen Rücklage befindlichen Kapitals in das gebundene Grundkapital. Eine solche Kapitalerhöhung aus Gesellschaftsmitteln wird insbesondere aus folgenden Gründen durchgeführt: Einmal erreicht man dadurch eine wirtschaftliche Stärkung der Gesellschaft, sie hat außerdem eine Auswirkung auf die Dividendenpolitik, da durch die Erhöhung des dividendenberechtigten Kapitals prozentual die Dividende sinkt.

174 Die Kapitalerhöhung aus Gesellschaftsmitteln wird ebenfalls durch Hauptversammlungsbeschluss mit entsprechender Mehrheit (¾ Mehrheit des anwesenden Kapitals und mindestens einfache Mehrheit der Stimmen) und Zustimmung durch die Komplementäre beschlossen und bedarf als satzungsändernder Beschluss der Eintragung ins Handelsregister.

5. Sachkapitalerhöhung

175 Wird die Einlage auf das Grundkapital nicht als Bareinlage geleistet, sondern durch Übertragung von Gegenständen, spricht man von einer Sachkapitalerhöhung oder Sacheinlage. Bereits bei der Einberufung der Hauptversammlung sind der Gegenstand der Sacheinlage, die Person, die sie

---

130 MünchKommAktG / *Bayer*, § 202, Rz. 31.
131 BGHZ 136, S. 133 – Siemens /Nold.

erbringen soll, sowie der Nennbetrag (bzw. bei Stückaktien die Zahl der zu gewährenden Aktien) bekanntzugeben. Auch im Beschluss selbst sind diese Angaben zu machen. Im Übrigen gelten die Ausführungen zur Sachgründung.[132] Insbesondere hat eine Einlagenprüfung durch einen gerichtlich bestellten Prüfer zu erfolgen (§ 183 Absatz 3 AktG).

II. Erbringung und Erhöhung von Sondereinlagen der Komplementäre

Die Komplementäre sind nicht verpflichtet, eine Sondereinlage (auch Vermögenseinlage oder Kapitaleinlage genannt) zu leisten. Wollen die Komplementäre jedoch eine Sondereinlage erbringen oder diese erhöhen, so ist für die Durchführung einer solchen Kapitalmaßnahme das Personengesellschaftsrecht maßgebend (§ 278 Absatz 2 AktG, §§ 161 Absatz 2, 105 Absatz 3 HGB, §§ 705-707 BGB). Gemäß § 281 Absatz 2 AktG sind Art und Höhe der Vermögenseinlage in der Satzung der KGaA festzulegen.[133] Dabei können die Gesellschafter sich entweder dafür entscheiden, die Erbringung der Sondereinlage als Verpflichtung oder als Recht des Komplementärs auszugestalten. Sondereinlagen können entweder Bareinlagen oder Sacheinlagen (z. B. Sachen, Gebrauchsüberlassungen, Nutzungsrechte) sein. Ebenso wie die bei der Gründung erbrachten Einlagen nicht auf Werthaltigkeit geprüft werden, ist dies bei einer späteren Erbringung oder Erhöhung von Einlagen nicht erforderlich.[134]

176

Jede Veränderung der Sondereinlage stellt mithin eine Satzungsänderung dar, die von der Hauptversammlung mit ¾ Mehrheit beschlossen werden und der die Gesamtheit der Komplementäre zustimmen muss. Der Hauptversammlungsbeschluss muss folgende Festsetzungen enthalten: Den Namen des Komplementärs, der die Sondereinlage erbringt oder erhöht, den Erhöhungsbetrag, die zukünftige Höhe der Sondereinlage und die Art der Einlage (Bareinlage oder Sacheinlage. Bei letzterer muss auch angegeben werden, worin die Sacheinlage besteht).[135]

177

Die Kommanditaktionäre haben hinsichtlich der Erhöhung der Sondereinlage kein gesetzliches Bezugsrecht, denn das Personengesellschaftsrecht sieht für Kommanditisten ein solches nicht vor. Die aktienrechtlichen Vorschriften über das Bezugsrecht können nicht ergänzend angewendet werden, da dadurch die gesetzliche Grundkonzeption der KGaA geändert würde, wonach die kapitalmäßige Beteiligung der Kommanditaktionäre und die Unternehmensleitung durch die Komplementäre getrennt sind.[136] Würde den Kommanditaktionären ein Bezugsrecht auf die Sondereinlagen eingeräumt werden, dann würde gerade diese Trennung entgegen der klaren gesetzlichen Vorgabe aufgehoben werden, die die Schaffung oder Erhöhung von Sondereinlagen der Komplementäre nach Personengesellschaftsrecht vorgibt. Allerdings wird in der Literatur[137] zurecht eingewandt, dass das Zustimmungserfordernis der Hauptversammlung mit (nur) einer Dreiviertelmehrheit in bestimmten Konstellationen die Kommanditaktionäre nicht ausreichend schützt: Wird nämlich die Sondereinlage zu einer zu niedrigen Bewertung angesetzt, dann verschiebt sich zuungunsten der am Grundkapital beteiligten Kommanditaktionäre die Gewinnverteilung, die regelmäßig nach auf Sondereinlagen und Grundkapital gleichermaßen angewandten

---

132 siehe Seite 33.
133 Zur Frage, welche Angaben in der Satzung insbesondere bei der Sachkapitalerhöhung des Komplementäranteils zu machen sind, vgl. *Masuch*, NZG 2003, S. 1048 ff.
134 Siehe S. 39.
135 *Masuch*, NZG 2003, S. 1048, 1049.
136 Münch. Hdb. GesR IV / *Herfs*, § 79, Rz. 4.
137 Münch. Hdb. GesR IV / *Herfs*, § 79, Rz. 5ff.

Regeln erfolgt. Die Gefahr einer solchen Benachteiligung ist insbesondere dann gegeben, wenn die Mehrheit der Kommanditaktien von den Komplementären gehalten wird, da die in der Minderheit befindlichen Kommanditaktionäre den für sie nachteiligen Beschluss über die Sondereinlage in der Hauptversammlung nicht verhindern können. Gelöst wird dieses Problem durch eine analoge Anwendung des § 255 AktG. Danach kann der Beschluss über eine Kapitalerhöhung angefochten werden, wenn der Ausgabe- oder Mindestbetrag, unter dem die neuen Aktien ausgegeben werden, unangemessen niedrig ist und das Bezugsrecht ausgeschlossen wurde. Wenngleich im Falle der Sondereinlage gerade kein Bezugsrecht der Kommanditaktionäre besteht, ist die Interessenlage hinsichtlich der Auswirkungen auf die Gewinnverteilung vergleichbar. Die analoge Anwendung des § 255 AktG auf diese Fälle ist – anders als die Anwendung des § 186 AktG zum Bezugsrecht – auch nicht ausgeschlossen, da die aktienrechtlichen Vorschriften in Ergänzung zu den HGB Vorschriften herangezogen werden können, wenn die aktienrechtlichen Vorschriften nicht den gesetzlichen Grundgedanken der Ausgestaltung der KGaA widersprechen.[138]

178 In der Satzung kann bestimmt werden, dass die Kommanditaktionäre im Falle der Schaffung oder Erhöhung von Sondereinlagen das Recht haben, im selben Verhältnis das Grundkapital zu erhöhen, ohne dass hierfür die Komplementäre zustimmen müssen.

179 Die geleistete Sondereinlage bzw. der Erhöhungsbetrag gehen in das Vermögen der KGaA über.[139] Die Sondereinlagen stellen Eigenkapital der Gesellschaft dar und sind, soweit sie bilanzierungsfähig sind, in der Bilanz der KGaA unter dem Posten „Gezeichnetes Kapital" auszuweisen. Die Sondereinlage wird dem sogenannten Kapitalkonto des betreffenden Komplementärs gutgeschrieben. Das Kapitalkonto stellt eine Rechengröße dar, die Auskunft über das Verhältnis zu den Kapitalkonten der anderen Komplementäre und dem Grundkapital der KGaA gibt.[140]

180 Da die Erbringung bzw. Erhöhung der Sondereinlage des Komplementärs eine Satzungsänderung darstellt, ist sie zum Handelsregister anzumelden. Anmelder sind die Komplementäre in vertretungsberechtigter Zahl. Die Einlage muss zum Zeitpunkt der Anmeldung noch nicht erbracht sein.[141]

III. Umwandlung von Sondereinlagen von Komplementären in Kommanditaktien

181 Es gibt immer wieder Konstellationen, in denen das Bedürfnis entsteht, die Sondereinlagen eines Komplementärs in Kommanditaktien zu wandeln. Durch die Umwandlung von Sondereinlagen in Kommanditaktien kann z.B. die Änderung der Mehrheitsverhältnisse in der Hauptversammlung bezweckt werden. Da die Sondereinlagen der Komplementäre nicht über die Börse veräußert werden können, ist die Umwandlung in Kommanditaktien eine Möglichkeit, das eingelegte Kapital z.B. im Hinblick auf einen geplanten Börsengang fungibel zu machen. Scheidet ein Komplementär aus der Gesellschaft von Todes wegen aus und soll sein Erbe lediglich kapitalmäßig an der Gesellschaft beteiligt sein, nicht aber in der Geschäftsführungsverantwortung eines Komplementärs, bietet sich gleichfalls die Umwandlung der Sondereinlagen in Kommanditaktien an.

---

138 BGH, Urteil vom 29.11.2004, NZG 2005, 276 zur Frage der Anwendbarkeit von § 112 AktG auf die Vertretung der Gesellschaft gegenüber den Komplementären.
139 MünchKommAktG / *Perlitt*; § 281, Rz. 17.
140 Zur Frage der Gründungsprüfung von Sondereinlagen, siehe S. 39.
141 Vgl. *Assmann/Sethe* in Großkomm AktG, § 281, Rz. 20.

Zur Schonung der Liquidität der Gesellschaft kann bei einem anderweitigen Ausscheiden des Komplementärs mit einer Sondereinlage die Umwandlung der Einlage in Kommanditaktien als eine Form der Abfindung sinnvoll oder erforderlich sein.[142]

Die Umwandlung von Komplementäranteilen in Kommanditaktien ist eine Sachkapitalerhöhung, bei der die Forderung des Komplementärs aus seinem Kapitalkonto eingebracht wird. Diese Sachkapitalerhöhung kann als ordentliche Kapitalerhöhung, aber auch durch bedingtes oder genehmigtes Kapital erfolgen.[143] In jedem Fall sind die Anforderungen an eine Sachkapitalerhöhung einzuhalten. Zentrale – und bislang umstrittene - Frage ist es, ob ein Bezugsrechtsausschluss der Kommanditaktionäre möglich ist. Das Bezugsrecht dient als mitgliedschaftliches Grundrecht nicht nur der vermögensmäßigen Teilhabe am Unternehmen, sondern auch der Wahrung des Stimmrechts. Die vermögensmäßige Beteiligung wird regelmäßig durch die Umwandlung von Sondereinlagen in Kommanditaktien nicht geändert, da zumeist die Sondereinlagen mit demselben Gewinn- und Liquidationsanspruch ausgestattet sind, wie die Kommanditaktien. Allerdings tritt durch die Umwandlung die Verwässerung der Stimmrechte ein, da die Sondereinlage den Komplementären kein Stimmrecht in der Hauptversammlung verleiht. Daher sind die von der Rechtsprechung angewandten Maßstäbe für einen Bezugsrechtsausschluss zu beachten.[144] Einzelinteressen einzelner Aktionäre können einen Bezugsrechtsausschluss jedenfalls nicht rechtfertigen.

Die Gesellschafter können jedoch im Rahmen von Stimmbindungsverträgen regeln, zu welchen Themen ein bestimmtes Stimmverhalten ausgeübt werden soll. Diese Stimmbindungsverträge haben jedoch nur schuldrechtliche Wirkung zwischen den Parteien.

IV. Gestaltungshinweise für die Satzung

Die Satzung kann für die ordentliche Kapitalerhöhung eine von der gesetzlich vorgesehenen ¾ Mehrheit gemäß § 182 Absatz 1 Satz 1 AktG abweichende niedrigere (bis zur einfachen Mehrheit) oder höhere (bis zur Einstimmigkeit) Kapitalmehrheit festlegen. Allerdings gilt dies nicht für die Ausgabe von Vorzugsaktien ohne Stimmrecht[145] und auch nicht für den Ausschluss des gesetzlichen Bezugsrechts.[146] Hierfür kann in der Satzung nur eine höhere als die gesetzlich festgelegte Mehrheit vorgesehen werden. Ferner kann die Satzung weitere Erfordernisse aufstellen.

Der Bezugsrechtsausschluss fällt in den Kompetenzbereich der Hauptversammlung und kann daher nicht im Vorhinein in der Satzung erfolgen oder durch Satzung der Entscheidung durch die Komplementäre zugewiesen werden.[147]

Die Satzung kann auch für die Zustimmung der Komplementäre Mehrheitserfordernisse aufstellen oder einzelnen Komplementären (z.B. solchen, die nicht in der Geschäftsführung sind) das Zustimmungsrecht nehmen.[148]

Da die Komplementäre bei der Erhöhung des Grundkapitals kein Bezugsrecht haben, werden ihre Anteile (Sondereinlagen) an der KGaA durch die Kapitalerhöhung wertmäßig verwässert. Um also einen Gleichlauf zwischen dem Grundkapital und den Sondereinlagen zu erreichen, wird in der Satzung regelmäßig den Komplementären das Recht eingeräumt, im Falle einer Erhöhung

---
142 *Schütz/Bürgers/Riotte*, § 7, Rz. 18f.
143 *Krug*, AG 2000, S. 510ff.
144 Siehe hierzu S. 74.
145 Zu stimmrechtslosen Vorzugsaktien siehe S. 38.
146 MünchKommAktG / *Perlitt*, § 278, Rz. 405.
147 *Hüffer*, AktG, § 186, Rz. 20.
148 Vgl. *Hüffer*, AktG, § 285, Rz. 2.

des Grundkapitals durch Erhöhung der Sondereinlagen im selben Verhältnis und zu den gleichen Bedingungen mitzuziehen. Sieht die Satzung ein solches Recht vor, ist darin die antizipierte Zustimmung der Kommanditaktionäre zur Erhöhung der Sondereinlagen zu sehen. Es bedarf diesbezüglich keines gesonderten Zustimmungsbeschlusses der Hauptversammlung.

V. Kapitalherabsetzung

1. Herabsetzung des Grundkapitals

188 Wie die Erhöhung des Grundkapitals, richtet sich auch seine Herabsetzung nach den zwingenden aktienrechtlichen Vorschriften (§§ 278 Absatz 2, 222ff AktG), die abschließend drei Formen der Kapitalherabsetzung vorsehen: Die ordentliche Kapitalherabsetzung, die ohne Einschränkung für genau bezeichnete Zwecke durchgeführt werden kann. Ferner ist unter bestimmten Bedingungen die vereinfachte Kapitalherabsetzung gemäß §§ 278 Absatz 2, 229ff AktG und die Kapitalherabsetzung durch Einziehung von Aktien gemäß §§ 278 Absatz 2, 237ff AktG möglich.

a) Ordentliche Kapitalherabsetzung

189 Folgende Schritte sind für eine Herabsetzung des Grundkapitals durchzuführen:
- Beschlussfassung der Hauptversammlung mit mindestens ¾ Mehrheit des bei der Beschlussfassung vertretenen Grundkapitals und einfacher Stimmenmehrheit (§§ 222 Absatz 1 und 3, 133 Absatz 1, 2. Halbsatz AktG)[149], einschließlich Neufassung des Satzungswortlauts;
- Zustimmungsbeschluss der persönlich haftenden Gesellschafter gemäß § 285 Absatz 2 Satz 1 AktG;
- Anmeldung des Kapitalherabsetzungsbeschlusses durch Komplementäre und Aufsichtsratsvorsitzenden zum Handelsregister (§ 223 AktG);
- Eintragung des Kapitalherabsetzungsbeschlusses im Register (Beschluss wird damit wirksam) und Bekanntmachung. Bekanntmachung muss gemäß §§ 278 Absatz 2, 225 Absatz 1 Satz 2 AktG die Gläubiger der Gesellschaft auf ihre Rechte hinweisen, dass sie Sicherheit verlangen können;
- Erfolgte Durchführung der Kapitalherabsetzung ist von den Komplementären zu Eintragung ins Handelsregister anzumelden. Diese Anmeldung kann mit der Anmeldung des Kapitalherabsetzungsbeschlusses verbunden werden (§§ 278 Absatz 2, 227 Absatz 2 AktG).

190 In dem Hauptversammlungsbeschluss sind drei Regelungsgegenstände zwingend abzuhandeln: Es ist der Betrag anzugeben, um den das Grundkapital herabgesetzt werden soll. Es kann auch ein Höchstbetrag genannt werden, dann muss aber der Beschluss so konkretisiert werden, dass der Herabsetzungsbetrag durch die Komplementäre zumindest bestimmbar ist.[150] Ferner ist der Zweck der Kapitalherabsetzung genau festzusetzen. Drittens ist zu bestimmen, wie die Herabsetzung des Grundkapitals erfolgen soll, ob durch Herabsetzen der Nennbeträge der einzelnen Kommanditaktien oder durch ihre Zusammenlegung. Bei Stückaktien wird lediglich die Grund-

---

149 Enthaltungen und nicht an der Abstimmung teilnehmende Aktien sowie stimmrechtslose Vorzugsaktien werden bei der Berechnung der Kapitalmehrheit nicht berücksichtigt. Vgl. *Hüffer*, AktG, § 182, Rz. 7.
150 *Hüffer*, AktG, § 222, Rz. 12.

kapitalziffer reduziert, es kann aber auch die Zusammenlegung erforderlich sein. Die Zusammenlegung ist immer dann durchzuführen, wenn durch die Kapitalherabsetzung der gesetzliche Mindestnennbetrag von EUR 1,00 unterschritten oder bei Stückaktien der für die jeweilige Kommanditaktie erforderliche anteilige Mindestbetrag von EUR 1,00 nicht erreicht würde.

Die Gläubiger der Gesellschaft haben gemäß § 225 Absatz 1 AktG das Recht, innerhalb von 6 Monaten ab Bekanntmachung der Kapitalherabsetzung Sicherheit zu verlangen, es sei denn, sie können Erfüllung verlangen (insbesondere aufgrund bereits bestehender Fälligkeit der Forderungen) oder ihre Forderungen wären im Falle einer Insolvenz vorzugsweise zu befriedigen (vor allem wegen bestehender Sicherheiten). Die Sicherheit wird für die Gläubiger gemäß §§ 232 ff. BGB, also durch Realsicherheiten (Hinterlegung, Grundsicherheiten etc.) erbracht.[151] Zahlungen an die Kommanditaktionäre aufgrund der Kapitalherabsetzung dürfen erst nach Ablauf der Sechs-Monats-Frist und nach Erbringung der Sicherheitsleistungen an die Gläubiger erfolgen (§ 225 Absatz 2 AktG).

b) Vereinfachte Kapitalherabsetzung

Die vereinfachte Kapitalherabsetzung ist nur zu Sanierungszwecken zulässig und kann daher nur zum Zwecke des Ausgleichs von Wertminderungen, sonstigen Verlusten oder um Beträge in die Kapitalrücklage zu stellen, durchgeführt werden (§§ 278 Absatz 2, 229 Absatz 1 AktG).

Die vereinfachte Kapitalherabsetzung ist nur zulässig, wenn kein Gewinnvortrag mehr besteht, die gesetzlichen Rücklagen und die Kapitalrücklage soweit aufgelöst sind, dass sie nur noch 10 % des nach der Kapitalherabsetzung bestehenden Grundkapitals ausmachen und die Gewinnrücklagen vollständig aufgelöst sind. Dazu gehören auch die satzungsmäßigen Rücklagen, nicht jedoch die Rücklagen für eigene Anteile. Soweit die Gewinnrücklage die gesetzlichen Rücklagen betrifft, sind diese nur in der beschriebenen Höhe aufzulösen.

Abbildung 16: Voraussetzungen für vereinfachte Kapitalherabsetzung	
Passivseite der Bilanz **(Vgl. § 266 Absatz 3 HGB)**	**Voraussetzungen für vereinfachte Kapitalherabsetzung**
A. Eigenkapital:	
I. Gezeichnetes Kapital	
II. Kapitalrücklage	vollständig aufgelöst, bis auf 10 % des Grundkapitals nach Kapitalherabsetzung
III. Gewinnrücklagen	
1. gesetzliche Rücklage	vollständig aufgelöst, bis auf 10 % des Grundkapitals nach Kapitalherabsetzung
2. Rücklage für Anteile an einem herrschenden oder mehrheitlich beteiligten Unternehmen	
3. satzungsmäßige Rücklagen	vollständig aufgelöst
4. andere Gewinnrücklagen	vollständig aufgelöst
IV. Gewinnvortrag/[Verlustvortrag]	vollständig aufgelöst

---

151 *Hüffer*, AktG, § 225, Rz. 13.

c) Kapitalherabsetzung durch Einziehung von Kommanditaktien

193 Die Kapitalherabsetzung durch Einziehung von Kommanditaktien gemäß §§ 278 Absatz 2, 237 AktG ist die dritte Form der Kapitalherabsetzung. Sie steht konkurrierend neben den anderen beiden Formen der Kapitalherabsetzung und kann zu jedem Zweck durchgeführt werden (Sanierung, Rückzahlung an die Aktionäre etc.), aber auch eingesetzt werden, um gezielt Aktionären die Mitgliedsrechte zu entziehen, sie also auszuschließen.[152] § 237 AktG regelt verschiedene Sachverhalte:

aa) Tatbestände der Zwangseinziehung

194 Die Zwangseinziehung ist nur möglich, wenn die durch Handelsregistereintrag wirksam gewordene Satzung sie anordnet oder gestattet (§§ 278 Absatz 2, 237 Absatz 1 Satz 2 AktG).

(i) Durch Satzung **angeordnete Zwangseinziehung**

195 Ordnet die Satzung die Zwangseinziehung an, dann muss sie die Voraussetzungen für die Zwangseinziehung sehr genau festlegen. Die Satzungsregelung darf keinen Entscheidungsspielraum zulassen. Auch der Zeitpunkt oder zumindest ein Zeitraum, innerhalb dessen die Zwangseinziehung durchzuführen ist und das Einziehungsentgelt müssen in der Satzung vorgesehen sein.[153] Ein Hauptversammlungsbeschluss ist nicht erforderlich (§§ 278 Absatz 2, 237 Absatz 6 Satz 1 AktG). Die Komplementäre entscheiden als Geschäftsführungsmaßnahme auf der Basis der Satzungsanordnung über die Zwangseinziehung. Im Übrigen gelten die Vorschriften für die ordentliche Kapitalherabsetzung (§§ 278 Absatz 2, 237 Absatz 2 AktG). Das vereinfachte Verfahren nach §§ 278 Absatz 2, 237 Absätze 3 bis 5 AktG kann jedoch gleichfalls durchgeführt werden, wenn dessen Voraussetzungen vorliegen.

(ii) Durch Satzung **gestattete Zwangseinziehung**

196 Gestattet die Satzung lediglich die Einziehung ohne die Gründe für das Verfahren der Zwangseinziehung festzulegen, liegt eine gestattete Zwangseinziehung vor, wobei die Satzung auch für die gestattete Zwangseinziehung Einzelheiten festlegen kann. Die Entscheidung über die Zwangseinziehung obliegt der Hauptversammlung und der Zustimmung der Komplementäre. Hierbei hat die Hauptversammlung keine unbegrenzte Entscheidungsfreiheit, denn mit der Einziehung von Kommanditaktien werden Mitgliedschaftsrechte vernichtet. Es ist mithin der schwerwiegendste Eingriff in die Gesellschafterrechte. Die Hauptversammlung muss daher grundsätzlich über die Zwangseinziehung ohne Willkür und nach den Maßstäben der Erforderlichkeit und Verhältnismäßigkeit entscheiden.[154]

197 Sowohl im Falle der durch Satzung angeordneten als auch der gestatteten Zwangseinziehung stellt sich die Frage nach der Höhe des Einziehungsentgelts. Die Satzung kann eine niedrigere Abfindung als diejenige des Ertrags- oder Börsenwerts festsetzen, allerdings ist zu differenzieren: Nach vordringender Ansicht ist ein vollständiger Ausschluss der Abfindung unzulässig.[155] Auch eine Abfindung unterhalb des Buchwerts wird als rechtswidrig angesehen, es mag aber Sondersituationen geben, die eine solch niedrige Abfindung rechtfertigen.[156] Die Abfindung zum Nominalwert der Kommanditaktien (Buchwert) wird unterschiedlich gewertet, wenn der Nominalwert unterhalb des Marktwertes der Aktien liegt. Sie soll zulässig sein, wenn es sich um eine mitunter-

---

152 *Hüffer*, AktG, § 237, Rz. 4.
153 *Hüffer*, AktG, § 237, Rz. 10.
154 Münch. Hdb. GesR IV / *Krieger*, § 62, Rz. 10f. Eine besondere sachliche Rechtfertigung ist jedoch nicht erforderlich, wenn die Einziehung zum Zwecke einer Teilliquidation von Gesellschaftsvermögen erfolgt.
155 Münch. Hdb. GesR IV / *Krieger*, § 62, Rz. 13.
156 MünchKommAktG / *Oechsler*, § 237, Rz. 69, mit ausführlicher Begründung.

nehmerisch geprägte Gesellschaft handelt, da hier das Interesse der verbleibenden Gesellschafter überwiege, die die Gesellschaft aus Gründen der fehlenden Mittel im Falle einer höheren Abfindung liquidieren müssten.[157] Anders wird es gesehen, wenn die Gesellschaft eine reine Anlagegesellschaft ist, bei der der Anlegerschutz überwiegt.

bb) Einziehung nach Erwerb durch die Gesellschaft

Die KGaA kann jederzeit eigene Kommanditaktien einziehen, vorausgesetzt, sie ist dinglicher Inhaber der Aktien (§§ 278 Absatz 2, 237 Absatz 1 AktG). Hierfür bedarf es keiner Satzungsbestimmung, aber eines Hauptversammlungsbeschlusses und der Zustimmung der Komplementäre wie bei der gestatteten Zwangseinziehung. 198

cc) Einziehungsverfahren

Die Zwangseinziehung und die Einziehung eigener Kommanditaktien durch die Gesellschaft können entweder im Wege des ordentlichen oder des vereinfachten Einziehungsverfahrens erfolgen. 199

(i) Das **ordentliche Einziehungsverfahren**, §§ 278 Absatz 2, 237 Absatz 1 AktG

Gemäß §§ 278 Absatz 2, 237 Absatz 2 AktG gelten für das ordentliche Einziehungsverfahren die Regeln über die ordentliche Kapitalherabsetzung. Dies betrifft insbesondere den Inhalt des Hauptversammlungsbeschlusses, der bei gestatteter Zwangseinziehung und Einziehung eigener Aktien erforderlich ist, aber auch den Gläubigerschutz gemäß § 225 AktG. Soweit in der Satzung die Einzelheiten über die Durchführung der Zwangseinziehung nicht geregelt sind, müssen diese im Beschluss festgelegt werden (welche Aktien werden eingezogen, Höhe und Berechnung des Einziehungsentgelts etc.). 200

(ii) Das **vereinfachte Einziehungsverfahren**, §§ 278 Absatz 2, 237 Absatz 3 bis 5 AktG

Das vereinfachte Einziehungsverfahren sieht Erleichterungen bei den Erfordernissen für Hauptversammlungsbeschlüsse und dem Gläubigerschutz vor, ist aber nur in den im Gesetz vorgesehenen Fällen zulässig. 201

Folgende Voraussetzungen müssen gemäß § 237 Absatz 3 AktG für das vereinfachte Einziehungsverfahren vorliegen: 202

- Der Ausgabebetrag ist voll einbezahlt; und
- die Kommanditaktien werden der Gesellschaft unentgeltlich zur Verfügung gestellt; oder
- die Kommanditaktien werden zu Lasten des Bilanzgewinns oder einer anderen Gewinnrücklage eingezogen; oder
- es werden Stückaktien eingezogen und der Hauptversammlungsbeschluss sieht vor, dass dadurch der Anteil der übrigen Stückaktien am Grundkapital erhöht wird.

2. Herabsetzung der Sondereinlagen

Die Sondereinlagen der Komplementäre können während des Bestehens der KGaA nicht einfach ganz oder teilweise zurückgefordert werden.[158] Die Komplementäre haben einen solchen Rückgewähranspruch nur, wenn er in der Satzung vorgesehen ist. Die Satzung kann entweder konkret festlegen, unter welchen Umständen eine Sondereinlage zurückgezahlt werden kann oder muss. Sie kann aber auch lediglich den Rahmen vorgeben, innerhalb dessen die Sondereinlage verringert werden kann.[159] 203

---

157 Grundlegend: *Lutter* in Kölner Kommentar Rz. 61ff.; die von der Rechtsprechung für die GmbH entwickelten Grundsätze werden in diesem Fall angewandt (hierzu: BGHZ 65, S. 22, 29).
158 *Masuch*, NZG 2003, S. 1048, LZ 1049.
159 Münch. Hdb. GesR IV / *Herfs*, § 76, Rz. 25.

VI. Gestaltungshinweise für die Satzung

204 Eines gesonderten Zustimmungsbeschlusses der Kommanditaktionäre bedarf es nicht mehr, wenn die Satzung eine Regelung enthält, die es den Komplementären gestattet, innerhalb eines festgelegten Rahmens ihre Sondereinlagen zu erhöhen. Zu diesem Rahmen zählt, dass wie bei der AG der Ermächtigungszeitraum nicht länger als fünf Jahre sein darf und zumindest die Kriterien festgelegt sind, nach denen der Ausgabebetrag im Zeitpunkt der Erhöhung des Komplementärkapitals zu ermitteln ist.[160]

D. Mitbestimmung

205 Die unternehmerische Mitbestimmung der Arbeitnehmer ist an die Entsendung von Arbeitnehmer- und Gewerkschaftsvertretern in den Aufsichtsrat geknüpft. Die Frage, ob ein Unternehmen der Mitbestimmung unterliegt und wie weit diese Mitbestimmung geht, richtet sich nach der Unternehmensform und der Unternehmensgröße, gemessen an der Anzahl der Arbeitnehmer, die das Unternehmen beschäftigt. Auf die KGaA finden die mitbestimmungsrechtlichen Regelungen des Mitbestimmungsgesetzes und des Drittelbeteiligungsgesetzes mit Einschränkungen Anwendung. Nicht anwendbar sind das Montanmitbestimmungsgesetz und das Mitbestimmungsergänzungsgesetz.[161]

I. Umfang der Mitbestimmung

206 Unternehmen mit weniger als 500 Arbeitnehmern sind in der Regel mitbestimmungsfrei. KGaAs mit mehr als 500 und weniger als 2.000 Arbeitnehmern unterliegen gemäß § 1 Ziffer 2 DrittelbG dem Drittelbeteiligungsgesetz[162] und haben daher einen Aufsichtsrat, der zu einem Drittel aus Vertretern der Arbeitnehmer bestehen muss (§ 4 Absatz 1 DrittelbG). KGaAs, die *am* oder *nach* dem 10.8.1994 eingetragen worden sind und weniger als 500 Arbeitnehmer beschäftigen, fallen nicht unter das Drittelbeteiligungsgesetz. Bei KGaAs mit weniger als 500 Arbeitnehmer, die *vor* dem 10.8.1994 gegründet wurden, ist zu unterscheiden: Handelt es sich nicht um eine Familiengesellschaft, dann findet das Drittelbeteiligungsgesetz Anwendung. Dagegen fallen solche KGaAs, die der gesetzlichen Definition einer Familiengesellschaft entsprechen, nicht unter diese Regelung. Als Familiengesellschaften gelten solche, deren Aktionär eine einzelne natürliche Person ist oder deren Aktionäre untereinander und mit den Komplementären verwandt oder verschwägert (gemäß § 15 Abgabenordnung) sind.[163] Ist die Komplementärin eine Kapitalgesellschaft, bezieht sich diese Regelung auf ihre Gesellschafter.[164]

207 Das Mitbestimmungsgesetz gilt gemäß § 1 Absatz 1 MitbestG für KGaAs mit in der Regel mehr als 2.000 Arbeitnehmern. In den Aufsichtsrat sind entsprechend der an der Arbeitnehmerzahl gemessenen Größe der Gesellschaft die Anzahl der Arbeitnehmer- und Gewerkschaftsvertreter in den Aufsichtsrat zu wählen, § 7 MitbestG (siehe Abbildung 17). Der Aufsichtsrat ist paritätisch mit Arbeitnehmervertretern und Vertretern der Anteilseigner zu besetzen. In Pattsituationen hat der von den Anteilseignern zu stellende Aufsichtsratsvorsitzende eine Zweitstimme (§ 29 Absatz

---

160 Diese Grenzen der Gestaltungsfreiheit ergeben sich aus § 281 AktG, hierzu gibt es allerdings keine einhellige Literaturmeinung, vgl. mit weiteren Nachweisen Münch. Hdb. GesR IV / *Herfs*, § 79, Rz. 8.
161 Gesetz zur Ergänzung des Gesetzes über die Mitbestimmung der Arbeitnehmer in den Aufsichtsräten und Vorständen der Unternehmen des Bergbaus und der Eisen und Stahl erzeugenden Industrie.
162 Das Drittelbeteiligungsgesetz hat mit Wirkung vom 1.7.2004 das Betriebsverfassungsgesetz von 1952 ohne größere inhaltliche Änderungen abgelöst.
163 § 1 Ziffer 1 Satz 3 DrittelbG.
164 Münch. Hdb. GesR IV / *Herfs*, § 78, Rz. 60; MünchKommAktG / *Perlitt* vor § 278, Rz. 62.

2 MitbestG). Ein Arbeitsdirektor, der als Mitglied der Geschäftsführung jedenfalls für die wesentlichen Sozial- und Personalfragen zuständig sein muss,[165] ist bei der KGaA nicht zu bestellen (§ 33 Absatz 1 Satz 2 MitbestG).

KGaA	MitbestG	DrittelbG	Montan-mitbestG	Mitbest-ErgG
Abbildung 17: KGaA und Mitbestimmung					
> 2.000 Arbeitnehmer („AN")	+ ≤10.000 AN: 12 AR-Mitglieder: 6 AN, davon 2 Gewerkschaftsvertreter, 6 Anteilseigner; > 10.000 ≤ 20.000 AN: 16 AR-Mitglieder: 8 AN, davon 2 Gewerkschaftsvertreter, 8 Anteilseigner, > 20.000 AN: 20 AR-Mitglieder: 10 AN, davon 3 Gewerkschaftsvertreter, 10 Anteilseigner Keine Pflicht zur Bestellung eines Arbeitsdirektors als Mitglied der Geschäftsführung	-	-	-
> 500 und ≤ 2.000 AN,	-	+ 1/3 AN im AR	-	-
<500 AN, vor 10.8.1994 gegründet und keine Familiengesellschaft	-	+ 1/3 AN im AR	-	-
<500 AN, vor 10.8.1994 gegründet und Familiengesellschaft	-	-	-	-
<500 AN, am / nach 10.8.1994 gegründet	-	-	-	-

---

165 *Wichert* in Heidel, Aktienrecht, § 33 MitbestG, Rz. 3.

208 Die Aufgaben des Aufsichtsrats der KGaA werden durch die Mitbestimmung nicht erweitert. Dies entspricht dem Grundsatz, dass das Mitbestimmungsrecht nicht in das Gesellschaftsrecht eingreifen soll.[166] Daher regelt § 31 Absatz 1 Satz 2 MitbestG, dass der mitbestimmte Aufsichtsrat an der Aufnahme oder dem Ausscheiden von Komplementären nicht mitwirkt. Die Satzung kann hiervon abweichende Bestimmungen treffen.

209 Im Ergebnis entfaltet das Mitbestimmungsgesetz bei der KGaA eine geringere Wirkung, da zwei wesentliche Regelungen, nämlich der Arbeitsdirektor auf Geschäftsleitungsebene und die Personalkompetenz des Aufsichtsrats zur Bestellung und Abberufung der Geschäftsführung auf die KGaA keine Anwendung finden.[167]

II. Mitbestimmung in der atypischen KGaA

210 Für die atypische KGaA wird im Schrifttum[168] verbreitet argumentiert, dass die Reichweite der Mitbestimmung korrigiert werden müsse, da die Einschränkung in der Mitbestimmung[169] ihren Grund in der persönlichen Haftung des Komplementärs habe, die eine Mitbestimmung z.B. in der Personalkompetenz ausschließe. Bei der atypischen KGaA übernehme gerade keine natürliche Person die unbeschränkte Haftung. Es liege daher eine planwidrige Lücke vor, die alternativ durch analoge Anwendung der §§ 4 oder 5 MitbestG geschlossen werden müsse. Personengesellschaften unterliegen wegen der persönlichen Haftung ihrer Gesellschafter nicht der Mitbestimmung. Allerdings sieht § 4 MitbestG für die Kapitalgesellschaft & Co. KG vor, dass die Mitbestimmung für die Komplementärgesellschaft greift, wenn die Mehrheit der Kommanditisten Gesellschafter der Komplementärgesellschaft ist, und damit eine Unternehmenseinheit zwischen der KG und der Komplementärgesellschaft besteht.[170] In diesem Fall werden die Arbeitnehmer der KG den Arbeitnehmern der Komplementär-GmbH zugerechnet. Die zweite Möglichkeit, die für die umfassende Geltung der Mitbestimmung in der atypischen KGaA ins Feld geführt wird, ist die analoge Anwendung des § 5 MitbestG, wonach die Arbeitnehmer abhängiger Unternehmen auch dem herrschenden Unternehmen zugerechnet werden. Die Komplementärgesellschaft könnte als herrschendes, die KGaA als abhängiges Unternehmen betrachtet werden, wenn die Satzung oder die Gesellschafterstruktur der Komplementärgesellschaft ein entsprechendes Gewicht verleiht.[171] Der BGH hat dem Vorstoß zur Erweiterung der Mitbestimmung bei der KGaA eine Absage erteilt und in seiner Entscheidung zur Zulässigkeit der atypischen KGaA[172] zu Recht die Ansicht vertreten, es sei Aufgabe des Gesetzgebers, das Mitbestimmungsgesetz anzupassen, wenn er meinen sollte, dass die KGaA ohne natürliche Person als Komplementär der Mitbestimmung in vollem Umfang unterworfen werden müsse.

---

166 *Joost*, Mitbestimmung in der kapitalistischen KGaA, ZGR 1998, S. 334, 339f.
167 Vgl. BGHZ 134, S. 392, 400.
168 Zum Meinungsstand vgl. MünchKommAktG / *Perlitt*, § 278, Rz. 297 ff.
169 § 31 Absatz 1 Satz 2, § 33 Absatz 1 Satz 2 MitbestG.
170 *Karsten Schmidt* in FS Priester (2007), S. 691, 708f möchte die analoge Anwendung des § 4 MitbestG auf die atypische KGaA bejahen, wenn die gesellschaftsrechtlichen Voraussetzungen vorliegen, also die Kommanditaktionäre an der Komplementärgesellschaft beteiligt sind, wobei er eine mehrheitliche Beteiligung bereits ausreichen lassen möchte. Wegen der aus seiner Sicht missglückten Fassung des § 4 MitbestG zieht er es jedoch vor, § 31 Absatz 1 Satz 2 MitbestG nur für die gesetzestypische KGaA anzuwenden. Wenn die Komplementärgesellschaft jedoch von einer Minderheit der Kommanditaktionäre gesteuert wird, hält er eine analoge Anwendung des § 5 MitbestG für vorzugswürdig, also eine Mitbestimmung im Aufsichtsrat der Komplementär-GmbH.
171 Vgl. *Wichert* in: Heidel, Aktienrecht, § 5 MitbestG, Rz. 13.
172 BGHZ 134, S. 392, 400.

E. Liquidation

Ist eine KGaA nicht mehr werbend tätig und soll sie daher liquidiert werden, wird sie aufgelöst und abgewickelt.

211

I. Gründe für die Auflösung

Die Auflösung tritt mit Zeitablauf ein, wenn die Satzung eine bestimmte Dauer der Gesellschaft vorsieht (§§ 131 Absatz 1 Nr. 1 HGB i. V. m. § 289 Absatz 1 AktG), dies ist allerdings ein eher seltener Fall. Praktisch bedeutsamer ist die Auflösung durch Beschluss der Gesellschafter (§§ 131 Absatz 1 Nr. 2 HGB i. V. m. § 289 Absatz 1 AktG). Gemäß § 289 Absatz 4 AktG bedarf es hierzu eines Hauptversammlungsbeschlusses mit einer zwingenden Mehrheit von drei Viertel des bei der Beschlussfassung vertretenen Grundkapitals. Die Satzung kann gemäß § 289 Absatz 4 Satz 4 AktG eine größere Kapitalmehrheit und weitere Erfordernisse bestimmen. Da die Auflösung der Gesellschaft ein Grundlagengeschäft ist, bedarf es ferner der Zustimmung der persönlich haftenden Gesellschafter (§ 285 Absatz 2 AktG i. V. m. § 164 HGB). Die Satzung kann hierfür eine einfache Mehrheit vorsehen. Die Zustimmung erfolgt gegenüber der Gesamtheit der Kommanditaktionäre und kann direkt in der Hauptversammlung, in welcher der Auflösungsbeschluss durch die Kommanditaktionäre gefasst wird oder gegenüber dem Aufsichtsrat als Vertretungsorgan erklärt werden. Die Zustimmungserklärung ist zu beurkunden (§§ 285 Absatz 3 Satz 1, 289 Absatz 6 Satz 1 AktG).

212

Außer den beiden vorgenannten Auflösungsgründen durch Satzung oder Beschluss bestehen noch weitere, *gesetzliche* Auflösungsgründe: Danach ist eine KGaA aufgelöst

213

1. durch rechtskräftigen Beschluss, der die Eröffnung des Insolvenzverfahrens mangels Masse ablehnt (§ 289 Absatz 2 Nr. 1 AktG);
2. mit Eröffnung des Insolvenzverfahrens über das Vermögen der Gesellschaft (§ 289 Absatz 1 AktG i. V. m. § 131 Absatz 1 Nr. 3 HGB);
3. mit der Rechtskraft einer Verfügung des Registergerichts, das einen Mangel der Satzung (Verstoß gegen zwingende aktienrechtliche Bestimmungen, vgl. § 399 FamFG) festgestellt hat (§ 289 Absatz 2 Nr. 2 AktG);
4. durch die Löschung der Gesellschaft wegen Vermögenslosigkeit (§ 289 Absatz 2 Nr. 4 AktG); oder
5. durch rechtskräftige gerichtliche Entscheidung aufgrund Klage eines Gesellschafters auf Auflösung der Gesellschaft wegen Vorliegens eines wichtigen Grundes (§ 289 Absatz 1 AktG i. V. m. § 131 Absatz 1 Nr. 4 u. § 133 HGB).

Kein Auflösungsgrund ist die Eröffnung des Insolvenzverfahrens über das Vermögen eines Gesellschafters, sein Tod oder seine Kündigung. Diese Ereignisse führen lediglich zum Ausscheiden des betreffenden Gesellschafters, grundsätzlich aber nicht zur Auflösung der Gesellschaft.[173] Erfolgt die Kündigung jedoch durch den einzigen Komplementär der KGaA, dann führt dies zur Auflösung der KGaA.[174] Ein einzelner Kommanditaktionär hat nicht das Recht zu kündigen.[175]

214

---

[173] Früher führten diese Ereignisse zur Auflösung der Gesellschaft. Durch HRefG mit Wirkung vom 1.1.1999 geändert: §§ 289 Absatz 1 AktG, 161 Absatz 2, 131 Absatz 3 HGB. Ausführlich, Münch. Hdb. GesR IV / *Herfs*, § 76, Rz. 28a.
[174] HM., *Hüffer*, AktG, § 289, Rz. 9.
[175] *Hüffer*, AktG, § 289, Rz. 3.

215 Dieses Recht steht aber nach herrschender Meinung der Gesamtheit der Kommanditaktionäre zu (§§ 289 Absatz 1 und 4 AktG, 131 Absatz 3 Nr. 3 HGB).[176] In diesem Fall erlischt die Gesellschaft ohne Liquidation. Die verbleibenden Komplementäre werden Gesamtrechtsnachfolger.[177]

216 Die Auflösung der KGaA ändert ihren Geschäftszweck von einer werbenden Gesellschaft in einen der Abwicklung, mit dem einzigen Ziel der Liquidierung und Verteilung des Restvermögens. Der Liquidationszweck der Gesellschaft ist durch einen Zusatz „in Liquidation" oder abgekürzt „i. L." zu kennzeichnen. Es ist ratsam, diesen Zusatz im Geschäftsverkehr zu verwenden, da das Unterlassen zu einer Haftung der unterzeichnenden Person gemäß § 280 Absatz 1 Satz 1 AktG i. V. m. § 311 Absatz 2 Nr. 1 BGB führen kann.[178]

II. Anmeldung der Auflösung zum Handelsregister

217 Die Auflösung der Gesellschaft ist gemäß § 289 Absatz 6 AktG von allen persönlich haftenden Gesellschaftern zur Eintragung ins Handelsregister anzumelden. Die Eintragung hat nur deklaratorische Wirkung.[179]

III. Abwicklung

218 Mit der Auflösung der Gesellschaft tritt jedoch noch nicht die Vollbeendigung der Gesellschaft ein. Vielmehr bedarf es der Abwicklung, bei der die Gläubiger befriedigt und das Restvermögen an die Gesellschafter verteilt werden. Erst nach Abschluss der Abwicklung ist die Gesellschaft voll beendet (§§ 278 Absatz 3, 264 Absatz 3 AktG). Die Abwicklung der KGaA folgt den aktienrechtlichen Vorschriften der §§ 264ff AktG, da die Abwicklung, wie die in § 278 Absatz 3 AktG aufgeführten Bereiche (Gründung, Kapitalmaßnahmen) schützenswerte Drittinteressen berühren und damit dem zwingenden Aktienrecht unterliegen.[180]

1. Abwickler

219 Gemäß § 290 Absatz 1 AktG fungieren alle Komplementäre und eine oder mehrere von der Hauptversammlung gewählte Personen als Abwickler, wenn die Satzung der Gesellschaft nichts anderes bestimmt. Da alle Komplementäre angesprochen sind, sind also auch diejenigen Abwickler, die vor Auflösung der Gesellschaft nicht geschäfts- und vertretungsbefugt waren. Eines besonderen Bestellungsakts bedarf es nicht. Auch wenn die Komplementäre das Amt des Abwicklers ablehnen können, werden sie in der Regel aufgrund ihrer unbeschränkten, persönlichen Haftung ein ureigenes Interesse daran haben, als Abwickler tätig zu werden.

220 Daneben gibt § 290 Absatz 1 AktG den Kommanditaktionären die Möglichkeit (es handelt sich entgegen des Wortlautes „und" nicht um eine Verpflichtung), neben den Komplementären weitere Personen zu Abwicklern zu bestellen, um die Wahrnehmung der Kommanditaktionärsinteressen in der Abwicklung sicherzustellen. Der Zustimmung der Komplementäre zu diesem Beschluss

---

176 Zum Streitstand: Münch. Hdb. GesR IV / *Herfs* § 76, Rz. 37.
177 BGHZ 113, 132ff zur KG, Münch. Hdb. GesR IV / *Herfs*, § 76, Rz. 37.
178 *Schütz/Bürgers/Riotte*, § 8, Rz. 2.
179 Münch. Hdb. GesR IV / *Herfs*, § 76, Rz. 43.
180 Siehe *Sethe*, Die Satzungsautonomie in Bezug auf die Liquidation einer KGaA, ZIP 1998, S. 1138, 1139.

bedarf es nicht. Die Hauptversammlung kann die von ihr mit einfacher Mehrheit[181] berufenen Abwickler auch wieder durch Beschluss abberufen. Dies gilt jedoch nicht für einzelne oder alle Komplementäre in ihrer Funktion als Abwickler. Hier kommt eine Abberufung nur durch das Gericht bei Vorliegen eines wichtigen Grundes in Betracht (§§ 278 Absatz 2 AktG i. V. m. §§ 161 Absatz 2, 147 2. Halbsatz HGB). Darin unterscheidet sich die KGaA wesentlich von der Aktiengesellschaft: § 265 Absatz 2 AktG ermächtigt die Hauptversammlung, die Vorstände als Abwickler abzuberufen und andere Abwickler zu bestellen.

2. Abwicklungsverfahren

Die Abwicklung der KGaA beinhaltet folgende Maßnahmen:

- Befriedigung der Gläubiger
  - Aufruf an die Gläubiger in den Gesellschaftsblättern, ihre Ansprüche anzumelden (§ 267 AktG);
  - Beendigung der laufenden Geschäfte;
  - Einziehung aller Forderungen, einschließlich Ausgleich eventueller negativer Kapitalkonten der Komplementäre;
  - Befriedigung fälliger Forderungen und Bildung ausreichender Reserven zur Begleichung noch nicht fälliger Forderungen;
  - Umsetzung der Vermögenswerte in Geld;
  - Erstellung der Abwicklungsbilanzen.
- Verteilung eines Liquidationsüberschusses an die Gesellschafter
  - Liquidationsüberschuss wird auf die Gesellschaftergruppen (Komplementäre und Kommanditaktionäre) im Verhältnis ihrer Kapitalanteile, d.h. Grundkapital zur Summe der Sondereinlagen aufgeteilt, § 155 HGB.
  - Der Überschuss wird innerhalb der jeweiligen Gesellschaftergruppen auf die einzelnen Gesellschafter entsprechend ihrer Beteiligung verteilt (§ 155 HGB für die Komplementäre und § 271 AktG für die Kommanditaktionäre).

Bleibt also nach der Befriedigung der Gläubiger noch ein Liquidationsüberschuss, so wird dieser an die Gesellschafter verteilt. Allerdings ist ab dem Aufruf an die Gläubiger das sogenannte **Sperrjahr** abzuwarten, bevor die Verteilung des Liquidationsüberschusses an die Gesellschafter vorgenommen wird. Die Komplementäre erhalten nur dann einen Anteil am Liquidationsüberschuss, wenn sie kapitalmäßig an der Gesellschaft über Sondereinlagen oder an den Reserven der Gesellschaft aufgrund Satzungsbestimmung beteiligt sind. Strittig ist, ob, wie hier angenommen, die Komplementäre schon vor Ablauf des Sperrjahres die Sondereinlagen zurückerhalten dürfen. Nach der hier vertretenen Ansicht, haftet den Gläubigern das gesamte Vermögen der KGaA, mithin haften auch eventuelle Sondereinlagen der Komplementäre.[182] Daher erhalten die Komplementäre nicht schon vor Ablauf des Sperrjahres ihre noch verbliebenen Sondereinlagen zurück.

---

181 MünchKommAktG / *Perlitt*, § 290, Rz. 19.
182 Vgl. hierzu ausführlich *Sethe*, Die Satzungsautonomie in Bezug auf die Liquidation einer KGaA, in ZIP 1998, S. 1138, 1139.

IV. Anmeldung der Vollbeendigung zum Handelsregister

223 Die Vollbeendigung ist ebenfalls zum Handelsregister zur Eintragung anzumelden. Die Gesellschaft wird dann gelöscht (§§ 278 Absatz 3, 273 AktG).

224 Die Eintragung der Löschung ist konstitutiv, d.h. erst die Eintragung bewirkt, dass die Gesellschaft materiell-rechtlich nicht mehr existiert.

V. Gestaltungshinweise

225 Die Satzung der KGaA kann und sollte Regelungen zu ihrer Liquidation enthalten. Der Regelungsgehalt kann allerdings nicht weitere, über die gesetzlich geregelten Auflösungsgründe hinausgehende Auflösungsgründe vorsehen, da diese abschließend sind. Die Satzung kann aber gesetzlich geregelte Auflösungsgründe ausschließen, namentlich Auflösung durch Zeitablauf oder Gesellschafterbeschluss.[183]

226 Die Satzung kann vom Gesetz abweichende Regelungen über die Bestellung der Abwickler und ihre Vertretungsmacht (einzel- oder gesamtvertretungsbefugt) enthalten. Sie kann entweder die Komplementäre oder die Kommanditaktionäre stärken: Ist ersteres gewollt, kann den Komplementären ein Vetorecht bei der Bestellung der Abwickler eingeräumt werden. Die Satzung kann auch die Komplementäre als Abwickler ausschließen oder nur einzelne von ihnen benennen. Das Recht der Hauptversammlung, einen bestellten Abwickler jederzeit abzuberufen (§ 265 Absatz 5 Satz 1 AktG), kann in der Satzung ausgeschlossen werden. Umgekehrt kann zur Stärkung der Position der Kommanditaktionäre das Amt des Abwicklers in der Satzung einem oder mehreren von ihnen zugesprochen werden. Es ist ferner möglich, entweder den Aufsichtsrat zum Abwickler zu bestimmen oder ihm das Recht einzuräumen, den Abwickler zu bestellen.

227 Wenngleich die Verteilung des Liquidationsüberschusses nach § 278 Absatz 3 AktG, § 155 HGB im Verhältnis der Kapitalanteile erfolgt, ist es empfehlenswert hierüber eine klarstellende Regelung in die Satzung aufzunehmen. Davon abweichend kann auch bestimmt werden, dass z.B. ein Komplementär das Recht hat, das Vermögen der KGaA zu erwerben, oder dass das Unternehmen als Ganzes veräußert wird.[184]

---

[183] Münch. Hdb. GesR IV / *Herfs*, § 76, Rz. 29.
[184] *Sethe*, Die Satzungsautonomie in Bezug auf die Liquidation einer KGaA, in ZIP 1998, S. 1138, 1142.

§ 3 Bilanzierung der KGaA

Im Rahmen der Rechnungslegung einer KGaA ist, wie bei jeder anderen Rechtsform, zwischen der Bilanzierung nach den nationalen Rechnungslegungsvorschriften des HGB und den internationalen Bilanzierungsnormen nach den IAS/IFRS zu unterscheiden. Dabei ist zu beachten, dass die beiden Regelungskreise in Abhängigkeit vom Jahres- bzw. Konzernabschluss unterschiedlich anzuwenden sind.

So ist der **Jahresabschluss** einer KGaA weiterhin nach den Vorschriften des HGB aufzustellen und zwar unabhängig davon, ob die KGaA i.S.v. § 264d HGB kapitalmarktorientiert ist oder nicht. Daneben besteht ein Wahlrecht zur Bilanzierung nach IAS/IFRS zu reinen Informationszwecken. Das Wahlrecht für den Einzelabschluss nach § 325 Absatz 2a und 2b HGB basiert somit ausschließlich auf Freiwilligkeit und dient Zwecken der Offenlegung. Gleichwohl haben Unternehmen, die sich zur Offenlegung eines informatorischen IAS/IFRS Abschlusses entscheiden, für gesellschaftsrechtliche und steuerliche Zwecke einen zusätzlichen HGB-Abschluss aufzustellen (§ 325 Absatz 2a Sätze 3 und 4 HGB).

Eine andere Sichtweise ergibt sich für die Aufstellung eines **Konzernabschlusses**, d.h. für den konsolidierten Abschluss einer Unternehmensgruppe. Dies betrifft insbesondere KGaA, die kapitalmarktorientiert sind. Für diese ist die Erstellung eines Konzernabschlusses nach IAS/IFRS-Grundsätzen verpflichtend.[1] Dabei bedeutet die Voraussetzung der Kapitalmarktorientierung nicht zwangsläufig, dass die Kommanditaktien der KGaA an einer Börse gehandelt werden müssen. Auch die Platzierung von Anleihen o.ä. ist ausreichend, um die KGaA als kapitalmarktorientiert einzustufen. Für nicht-kapitalmarktorientierte Unternehmen sieht § 315a Absatz 3 HGB ein Wahlrecht vor, den Konzernabschluss nach HGB oder alternativ nach IAS/IFRS aufzustellen. Zusammenfassend ergibt sich folgendes Bild:

Tabelle 1: Rechtliche Rahmenbedingungen der IAS-Anwendung[2]

	Konzernabschluss	Einzelabschluss
kapitalmarktorientiert	IAS/IFRS Pflicht ab 2007 für US-GAAP-Bilanzierer	HGB Pflicht IAS/IFRS-Wahlrecht nur zu Informationszwecken
nicht kapitalmarktorientiert	HGB-IAS/IFRS Wahlrecht	HGB Pflicht IAS/IFRS-Wahlrecht nur zu Informationszwecken

---

1 Vgl. *Peemöller/Spanier/Weller*, BB 2002, S. 1799.
2 In Anlehnung an *Wendtlandt/Knorr*, KoR 2005, S. 54.

A. Jahresabschluss nach HGB

5 Nach § 242 Absatz 1 Satz 1 HGB sind alle Kaufleute zur Aufstellung eines Jahresabschlusses bestehend aus Bilanz sowie Gewinn- und Verlustrechnung verpflichtet.[3]

6 Nach überwiegender Literaturmeinung hat der HGB-Jahresabschluss mehrere Ziele und Aufgaben parallel zu erfüllen; eine klare Hierarchie zwischen **Zielen bzw. Aufgaben** existiert aber nicht.[4] Zu den Aufgaben des HGB-Abschlusses zählen insbesondere:

- die - unter Berücksichtigung der Grundsätze ordnungsmäßiger Buchführung zu erfüllende - **Informationsfunktion** über die tatsächliche Vermögens-, Finanz- und Ertragslage der KGaA gem. § 264 Absatz 2 HGB,
- die **Gläubigerschutzfunktion**,
- die **Ausschüttungsbemessungsfunktion** (kodifiziert für AG und KGaA in § 58 Absatz 2 AktG),
- die **Steuerbemessungsfunktion**, geregelt durch die Maßgeblichkeit der Handelsbilanz für die Steuerbilanz (§ 5 Absatz 1 EStG) sowie
- die **Funktion der Unternehmenserhaltung** durch handelsrechtliche Vorschriften zur Kapitalerhaltung.

7 Durch das **Bilanzrechtsmodernisierungsgesetz (BilMoG)**[5] kommt es zwar zu einer wesentlichen Stärkung der Informationsfunktion und durch die Aufgabe der umgekehrten Maßgeblichkeit zu einer Abschwächung der Steuerbemessungsfunktion dennoch wird an sämtlichen Funktionen für den Jahresabschluss unverändert festgehalten.[6]

I. Aufstellung, Feststellung und Offenlegung des Jahresabschlusses

8 Die Pflicht zur **Aufstellung** eines Jahresabschlusses als Teil der Geschäftsführung richtet sich bei einer KGaA an die geschäftsführungs- und vertretungsbefugten persönlich haftenden Gesellschafter der KGaA.[7]

9 Die persönlich haftenden Gesellschafter haben gem. § 264 Absatz 1 Satz 2 HGB den Jahresabschluss innerhalb von drei Monaten nach Ablauf des Geschäftsjahrs aufzustellen. Bei der Aufstellung der Abschlüsse haben die geschäftsführenden und vertretungsberechtigten persönlich haftenden Gesellschafter die noch zu erläuternden allgemeinen und speziellen Bilanzierungsgrundsätze sowie die aktienrechtlichen Vorgaben nach §§ 150 ff. AktG zu beachten. Sie können

---

3 § 264 Absatz 1 S. 1 HGB erweitert den Jahresabschluss nach § 242 HGB um einen Anhang und einen Lagebericht, § 264 Absatz 1 S. 2 HGB erweitert die Berichterstattungsinstrumente für kapitalmarktorientierte Unternehmen, die nicht zur Aufstellung eines Konzernabschlusses verpflichtet sind, um eine Kapitalflussrechnung und einen Eigenkapitalspiegel, welche mit den in § 264 Absatz 1 Satz 1 HGB genannten Teilen des Jahresabschlusses eine Einheit bilden.
4 Vgl. *Kirsch*, IRZ 2008, S. 71.
5 Gesetz zur Modernisierung des Bilanzrechts (Bilanzrechtsmodernisierungsgesetz, BilMoG) v. 25.5.2009, BGBl. I 2009, S. 1102.
6 Vgl. *Kirsch*, IRZ 2008, S. 72.
7 § 283 Nr. 9 AktG i.V.m. §§ 242, 264 Absatz 1 HGB.

die Aufstellung des Jahresabschlusses zwar delegieren, bleiben aber stets verantwortlich für die ordnungsgemäße Erstellung.[8] Ebenso gehört es zur Aufstellung eines Jahresabschlusses, dass alle vertretungsbefugten persönlich haftenden Gesellschafter den Abschluss unterzeichnen.

Die KGaA unterliegt mit ihrem Jahresabschluss derselben externen Kontrolle durch **Pflichtprüfung** wie die AG. Nach § 316 Absatz 1 Satz 1 HGB sind Kapitalgesellschaften verpflichtet, ihren Jahresabschluss und ihren Lagebericht durch einen Abschlussprüfer prüfen zu lassen, sofern es sich bei der Gesellschaft nicht um eine kleine Kapitalgesellschaft i.S.d. § 267 Absatz 1 HGB handelt und keine sonstigen Befreiungsregelungen greifen.[9]

Die **Wahl der Abschlussprüfer** erfolgt bei der KGaA durch die Hauptversammlung (§ 285 Absatz 1 AktG). Nach § 285 Absatz 1 Satz 2 Nr. 6 AktG dürfen die persönlich haftenden Gesellschafter auf der Hauptversammlung kein Stimmrecht bei der Wahl des Abschlussprüfers ausüben, was dazu dient, einen Einfluss der persönlich haftenden Gesellschafter, die den Jahresabschluss aufstellen, auf die Wahl der Abschlussprüfer auszuschließen.[10] Das Stimmverbot kann auch nicht durch die Satzung ausgeschlossen werden.[11] Allerdings haben die persönlich haftenden Gesellschafter das Recht, Widerspruch zu erheben und die Ersetzung des Abschlussprüfers durch das Gericht gem. § 318 Absatz 3 HGB zu betreiben.

Wurde der Jahresabschluss der KGaA durch die persönlich haftenden Gesellschafter aufgestellt, ist dieser nicht nur unverzüglich einem Abschlussprüfer (§ 320 Absatz 1 Satz 1 HGB), sondern auch dem **Aufsichtsrat** der KGaA vorzulegen. Bei einer prüfungspflichtigen KGaA ist nach § 170 Absatz 1 Satz 2 AktG ebenfalls der Prüfungsbericht dem Aufsichtsrat zu überreichen. Zudem haben die geschäftsführungsbefugten persönlich haftenden Gesellschafter einen Vorschlag über die Gewinnverwendung zu unterbreiten (§§ 283 Nr. 9, 170 Absatz 2 AktG). Der Aufsichtsrat prüft sowohl Jahresabschluss und Lagebericht als auch den Gewinnverwendungsvorschlag nach § 171 AktG. Hieran anknüpfend erstellt der Aufsichtsrat einen Bericht mit den Ergebnissen seiner Prüfung. Damit wird dem Aufsichtsrat, der von der Erstellung des Jahresabschlusses ausgeschlossen ist, das Recht vorbehalten, den fertigen Jahresabschluss und den Lagebericht zu prüfen (aber eben nicht festzustellen).[12]

§ 286 Absatz 1 AktG sieht vor, dass die Hauptversammlung der KGaA über die **Feststellung** des Jahresabschlusses beschließt. Dabei bedarf der Beschluss der Zustimmung der persönlich haftenden Gesellschafter, so dass Kommanditaktionäre und persönlich haftende Gesellschafter gleichermaßen den Jahresabschluss feststellen. Zwar kann die Satzung das Erfordernis der Zustimmung beider Gruppen nicht abbedingen,[13] gleichwohl kann sie aber die Anforderungen an die Zustimmung der persönlich haftenden Gesellschafter näher regeln und etwa festlegen, dass die persönlich haftenden Gesellschafter mit Mehrheit entscheiden oder, dass nur einzelne oder nur die geschäftsführungsbefugten persönlich haftenden Gesellschafter zustimmen müssen.[14]

---

8   Zwar darf innerhalb der Geschäftsführung ein persönlich haftender Gesellschafter mit dieser Aufgabe betraut werden. Gleichwohl entbindet ein solcher Beschluss die weiteren Mitglieder der Geschäftsführung nicht von ihrer Gesamtverantwortlichkeit (§§ 283 Nr. 3, 93 AktG).
9   Der Prüfungspflicht des § 316 Absatz 1 Satz 1 HGB unterliegen auch IFRS-Einzelabschlüsse gem. § 325 Absatz 2a HGB.
10 Vgl. *Förschle/Heinz*, in Beck'scher Bilanzkommentar, 2010, § 318, Rz. 5.
11 Vgl. bzgl. Stimmrechtsverbot auch S. 61.
12 Vgl. *Ellrott/Hofmann*, in: Beck'scher Bilanzkommentar, 2010, Vor § 325, Rz. 33.
13 Vgl. *Sethe*, DB 1998, S. 1044.
14 In Bezug auf die Feststellung des Jahresabschlusses vgl. auch S. 61f.

14 Der festgestellte Jahresabschluss (Einzelabschluss) bildet die Grundlage für den **Gewinnverwendungsbeschluss**. Der Gewinnverwendungsbeschluss betrifft nur den unter den persönlich haftenden Gesellschaftern zu verteilenden Gewinn. Er wird von der Hauptversammlung gefasst und bedarf nicht der Zustimmung der persönlich haftenden Gesellschafter.[15] Schließlich kann die Hauptversammlung beschließen, vom Bilanzgewinn noch weitere Beträge in die Gewinnrücklagen einzustellen.[16]

15 Der auf die persönlich haftenden Gesellschafter entfallende Gewinn ist im Jahresabschluss der KGaA bereits berücksichtigt, da für diese von der eigentlichen Erstellung des Abschlusses eine **fiktive Ergebnisrechnung** nach Kommanditrecht erstellt werden muss.[17] Dies vorausgeschickt ergibt sich die Frage, ob die KGaA zwei Jahresabschlüsse, einen internen nach KG-Recht, anhand dessen die Gewinnanteile des Komplementärs berechnet werden und einen externen nach den Grundsätzen des Aktienrechts aufzustellen hat. Nach h.M. hat die KGaA insgesamt nach den Grundsätzen für Kapitalgesellschaften zu bilanzieren und somit einen einheitlichen Jahresabschluss aufzustellen. Dieser ist lediglich nach § 286 AktG zu modifizieren.[18]

16 Alle Kapitalgesellschaften (und Personenhandelsgesellschaften) müssen nach § 325 Absatz 1 HGB ihre Gewinnermittlungsunterlagen innerhalb von zwölf Monaten nach Abschluss eines Geschäftsjahrs **offenlegen**. Diese Pflicht gilt seit dem 1.1.2007, wonach folgende Unterlagen beim Betreiber des Elektronischen Bundesanzeigers einzureichen sind und dort elektronisch veröffentlicht werden.

17 Einzureichen sind im Einzelnen:
- die Bilanz,
- der Anhang ohne Angaben zur Gewinn- und Verlustrechnung,
- der Vorschlag über die Verwendung des Jahresergebnisses,
- der Beschluss über die Verwendung des Ergebnisses unter Angabe des Jahresergebnisses sowie
- die Niederschrift über die Hauptversammlung.

18 Für mittelgroße und kleine Gesellschaften ist lediglich die Einreichung einer verkürzten Bilanz vorgeschrieben. Ist nach den Kriterien des § 267 HGB eine kleine Kapitalgesellschaft gegeben, bestehen **Vereinfachungen** hinsichtlich der Offenlegung der Unterlagen.

19 **Nicht einzureichen** sind in diesem Fall nach §§ 326 und 327 HGB:
- Gewinn- und Verlustrechnung,
- Lagebericht sowie
- Bericht des Aufsichtsrats.

20 Wird gegen die Offenlegungsvorschriften **verstoßen** oder werden die Unterlagen nicht rechtzeitig oder unvollständig übermittelt, wird gegen die Mitglieder des vertretungsberechtigten Organs einer Kapitalgesellschaft vom Bundesamt für Justiz ein **Ordnungsgeldverfahren** durchgeführt (§ 335 HGB).

---

15 Die Satzung kann den persönlich haftenden Gesellschaftern aber ein Zustimmungsrecht einräumen.
16 §§ 278 Absatz 3, 58 Absatz 3 Satz 1 AktG.
17 § 278 Absatz 2 AktG.
18 Das Gliederungsschema konkretisiert die Generalnorm des § 264 Absatz 2 Satz 1 HGB. Vgl. *Ellrott/Krämer*, in: Beck'scher Bilanzkommentar, 2010, § 266, Rz. 5.

II. Allgemeine und spezielle Bilanzierungsgrundsätze

Der **Jahresabschluss** der Kapitalgesellschaft besteht aus Bilanz und Gewinn- und Verlustrechnung und ist gemäß § 264 Absatz 1 Satz 1 HGB um einen Anhang zu erweitern. Daneben ist zusätzlich ein Lagebericht aufzustellen.[19]

§ 264 Absatz 2 HGB bestimmt, dass der Jahresabschluss der KGaA unter Berücksichtigung der Grundsätze ordnungsmäßiger Buchführung (§ 243 Absatz 1 HGB) ein den tatsächlichen Verhältnissen entsprechendes Bild der **Vermögens-, Finanz- und Ertragslage** der Gesellschaft wiederzugeben hat. Um dies zu erreichen, sieht das HGB umfangreiche Rechnungslegungskonventionen vor.

Zunächst erfolgt die Bilanzierung bei einer KGaA nach den **Vorschriften** der Grundsätze der §§ 238 bis 263 HGB (erster Abschnitt). Die dort aufgeführten Vorgaben gelten für alle Kaufleute, also für Einzelkaufleute, Personenhandelsgesellschaften und Kapitalgesellschaften (AG, KGaA, GmbH) gleichermaßen.

Im Einzelnen gelten als **allgemeine Bilanzierungsgrundsätze**:

- die Darstellung in deutscher Sprache und in Euro (§ 244 HGB),
- die Unterzeichnung des Jahresabschlusses durch alle persönlich haftenden Gesellschafter und Angabe des Datums (§ 245 HGB),
- das Vollständigkeitsgebot und das Verrechnungsverbot (§ 246 HGB) und
- die Beachtung der Bilanzierungsverbote (§ 248 HGB).

Daneben sind für Kapitalgesellschaften und über § 264a HGB auch für die Kapitalgesellschaft & Co. (insbesondere GmbH & Co. KG) die **Sondervorschriften** der §§ 264 bis 335 HGB (zweiter Abschnitt) anzuwenden.

Da die KGaA bereits in der Überschrift des zweiten Abschnitts explizit als Kapitalgesellschaft aufgeführt ist, finden die dort genannten Spezialnormen bei der Bilanzierung einer KGaA Anwendung. Darüber hinaus sind im Rahmen der Rechnungslegung bei einer KGaA die sich aus dem Aktiengesetz ergebenden weiteren Spezialnormen zu beachten.

Die den §§ 264 bis 289 HGB zu entnehmenden **zusätzlichen Bilanzierungsgrundsätze** für Kapitalgesellschaften sind die Folgenden:

- der allgemeine Umfang des Jahresabschlusses i.S.v. § 242 HGB wird um den Anhang und einen Lagebericht erweitert (§ 264 Absatz 1 Satz 1 HGB),[20]
- die allgemeine Frist über die Aufstellung des Jahresabschlusses „innerhalb der einem ordnungsgemäßen Geschäftsgang entsprechenden Zeit" (§ 243 Absatz 3 HGB) wird verschärft durch die Bestimmung einer Dreimonatsfrist (§ 264 Absatz 1 Satz 2 HGB),
- das allgemeine Gebot, die einzelnen Bilanzierungsgrundsätze so anzuwenden, dass durch sie im Jahresabschluss „ein den tatsächlichen Verhältnissen entsprechendes Bild der Vermögens-, Finanz- und Ertragslage" vermittelt wird (§ 264 Absatz 2 Satz 1 HGB),
- die allgemeine Bestimmung über den Bilanzinhalt nach § 247 HGB wird durch die Bestimmungen der §§ 265 ff. HGB erweitert.

---

19 Gem. § 264 Absatz 1 Satz 4 HGB können kleine Kapitalgesellschaften auf die Erstellung eines Lageberichts verzichten. Zudem haben kapitalmarktorientierte Unternehmen den Lagebericht um eine Kapitalflussrechnung und einen Eigenkapitalspiegel zu erweitern, die mit der Bilanz, Gewinn- und Verlustrechnung und dem Anhang eine Einheit bilden (§ 264 Absatz 1 Satz 2 HGB).
20 Ein darüber hinausgehender Umfang kann sich aus der Pflicht der Aufstellung eines Lageberichts, einer Kapitalflussrechnung, eines Eigenkapitalspiegels bzw. eines Segmentberichts ergeben.

28 Die Rechtsnorm sieht **rechtsformspezifische Besonderheiten** vor, die vor allem auf die Gesellschafterstellung des persönlich haftenden Gesellschafters zurückzuführen sind. Von besonderer Bedeutung und Relevanz erweisen sich im Zusammenhang mit der Bilanzierung bei einer KGaA die Vorgaben nach § 286 AktG.[21]

29 Zusammengefasst sind bei der Bilanzierung der KGaA die folgenden Bilanzierungsnormen zu beachten:

Tabelle 2: Einschlägige Bilanzierungsnormen bei einer KGaA

Allgemeine Bilanzierungsgrundsätze des HGB nach §§ 238 ff. HGB
Zusätzliche Bilanzierungsgrundsätze des HGB nach §§ 264 ff. HGB
Zusätzliche Bilanzierungsgrundsätze des AktG nach § 286 AktG

III. Größenabhängige Erleichterungen

30 Für Kapitalgesellschaften hat der Gesetzgeber – je nach Größe der Gesellschaft – Sonderbestimmungen erlassen, welche die Gliederungstiefe der Bilanz sowie der Gewinn- und Verlustrechnung regeln.

31 Hierzu hat der Gesetzgeber bei der Bestimmung der **Größenklassenmerkmale** die markantesten Merkmale herangezogen, die die wirtschaftliche Größe eines Unternehmens bestimmen. Dies sind:
- die **Bilanzsumme** nach Abzug eines auf der Aktivseite ausgewiesenen Fehlbetrags,
- die **Umsatzerlöse** in den zwölf Monaten vor dem Bilanzstichtag,
- die **Anzahl der Arbeitnehmer**, die am 31.3., 30.6., 30.9. und 31.12. vor dem Abschlussstichtag durchschnittlich beschäftigt waren.

32 Aufgrund der Merkmale werden folgende Größenklassen für Kapitalgesellschaften in § 267 HGB bestimmt, wenn in den vergangenen zwei Jahren mindestens zwei der drei Kriterien erfüllt sind:

Tabelle 3: Umschreibung der Größenklassen nach § 267 HGB

	Kapitalgesellschaften im Jahresabschluss		
	Klein	Mittelgroß	Groß
Bilanzsumme (Mio. EUR)	≤ 4,840	≤ 19,250	> 19,250
Umsatz (Mio. EUR)	≤ 9,680	≤ 38,500	> 38,500
Arbeitnehmer	50	250	250

33 Sämtliche Rechnungslegungsvorschriften gelten lediglich für die sog. **„großen Kapitalgesellschaften"** (§ 267 Absatz 3 HGB) uneingeschränkt. Daneben gibt es für kleine und mittlere Kapitalgesellschaften weitere Erleichterungen. So dürfen kleine KGaA, die unter § 267 Absatz 1 HGB zu subsumieren sind, den Jahresabschluss auch später aufstellen und können auf einen Lagebe-

---

[21] Zu den Besonderheiten insbesondere des § 286 Absatz 2 AktG (Ausweis der Kapitalanteile, Verlustausweis und Einzahlungsverpflichtungen) sei auf die nachstehenden Kapitel verwiesen.

richt gänzlich verzichten. Diese Erleichterung wird indes dadurch begrenzt, dass diese Unterlagen innerhalb von sechs Monaten aufzustellen sind und diese Vorgehensweise einem ordnungsmäßigen Geschäftsgang entsprechen muss.[22]

Nach § 274a HGB sind **kleine Kapitalgesellschaften** von der Anwendung weiterer Vorschriften befreit.[23]

§ 267 Absatz 3 Satz 2 HGB sieht unter Verweis auf § 264d HGB vor, dass **kapitalmarktorientierte Kapitalgesellschaften** stets als große Kapitalgesellschaften einzustufen sind. Gesellschaften i.S.v. § 264d HGB sind nicht nur börsennotierte AG nach § 3 Absatz 2 AktG oder Kapitalgesellschaften mit börsennotierten Wertpapieren, sondern alle Gesellschaften, die einen organisierten Markt durch von ihnen ausgegebene Wertpapiere in Anspruch nehmen oder Zulassung beantragt haben. Dies ist z.B. der Fall, wenn die KGaA Anleihen am Kapitalmarkt verbrieft hat. Als organisierter Markt ist der regulierte Markt zu verstehen, dagegen nicht der Freiverkehr. Börsennotierung oder Inanspruchnahme eines sonstigen organisierten Marktes in einem anderen Mitgliedstaat der EG bzw. des EWR und außerhalb stehen der inländischen Börsennotierung bzw. Inanspruchnahme gleich.

B. Bilanz der KGaA

Die **Gliederung** der Bilanz einer KGaA folgt aus § 266 Absatz 1 Satz 1 HGB. Danach muss die Bilanz in Kontoform aufgestellt werden. Ferner hat die KGaA die Bilanz nach dem Schema des § 266 Absatz 2 und 3 HGB zu gliedern. Dieses Bilanzschema ist für Kapitalgesellschaften und damit auch für die KGaA verpflichtend und ist zur Erleichterung eines Periodenvergleichs stetig anzuwenden.

Das HGB lässt zwar offen, ob Aktiva (Absatz 2) und Passiva (Absatz 3) – so die übliche Praxis bei der Aufstellung in Kontoform – gegenüberzustellen sind. Es ist aber auch als zulässig anzusehen, die Passiva als **Aneinanderreihung** unterhalb der Aktiva aufzuführen.[24]

Das Gliederungsschema nach § 266 Absätze 2 und 3 HGB ist eine **Mindestnorm** für die Vorlage der Bilanz an die Gesellschafter. Es kann durch Satzung oder Gesellschaftsvertrag erweitert, aber nicht eingeschränkt werden.[25]

Die Gliederungsvorschriften sind grundsätzlich zwingend. **Abweichungen** sind nur in gesetzlich geregelten Fällen zulässig oder vorgeschrieben. Die Verletzung der Gliederungsvorschriften wird sanktioniert.[26]

Zum Bilanzschema gehören auch die **Vermerke** in Vorspalten zur Bilanz gem. §§ 266 Absätze 2 und 3, 268 Absätze 2, 4 und 5 HGB, die Vermerke unterhalb der Bilanz gem. §§ 251, 268 Absatz 7 HGB und die Vermerke im Anhang gem. § 285 Nr. 1 und 2 HGB.

---

22 § 264 Absatz 1 Satz 4 HGB.
23 Die Befreiung erstreckt sich auf die Aufstellung eines Anlagengitters (§ 268 Absatz 2 HGB), die Pflicht zur Erläuterung bestimmter Forderungen im Anhang (§ 268 Absatz 4 Satz 2 HGB), die Erläuterung bestimmter Verbindlichkeiten im Anhang (§ 268 Absatz 5 Satz 3 HGB), den Rechnungsabgrenzungsposten nach § 250 Absatz 3 HGB (§ 268 Absatz 6 HGB) sowie die Abgrenzung latenter Steuern (§ 274 HGB).
24 Vgl. *Ellrott/Krämer*, in: Beck'scher Bilanzkommentar, 2010, § 266, Rz. 5.
25 Vgl. *Ellrott/Krämer*, in: Beck'scher Bilanzkommentar, 2010, § 266, Rz. 6. Für die Offenlegung der Bilanz im Elektronischen Bundesanzeiger gelten die größenabhängigen Erleichterungen gemäß §§ 326 und 327 HGB.
26 Als Vergehen könnte ein Verstoß gegen die Gliederungsvorschriften des § 266 HGB durch ein Mitglied eines vertretungsberechtigten Organs oder des Aufsichtsrats einer KGaA mit Freiheitsstrafe oder mit Geldstrafe bestraft werden, wenn dadurch die Verhältnisse im Jahresabschluss unrichtig wiedergegeben oder verschleiert werden (§ 331 Nr. 1 HGB). Zu näheren Einzelheiten vgl. *Kozikowski/Huber*, in: Beck'scher Bilanzkommentar, 2010, § 266, Rz. 265.

41 Gleichwohl unterscheidet sich die KGaA von den anderen Kapitalgesellschaften durch Ergänzungen in der Bilanz.[27] Typischerweise setzt sich das **Eigenkapital** der KGaA aus den Bestandteilen gezeichnetes Kapital, den Kapitalanteilen der persönlich haftenden Gesellschafter[28] und den Rücklagen zusammen.

42 Beim **gezeichneten Kapital** handelt es sich um eine abstrakte und formelle Rechengröße, die keiner selbstständigen Bewertung unterliegt. Sie wird vielmehr lediglich durch den Nennbetrag bzw. rechnerischen Wert der Aktien festgelegt.[29] Von besonderer Komplexität erweisen sich die Kapitalanteile der persönlich haftenden Gesellschafter, auf die nachfolgend näher eingegangen werden soll.

I. Kapitalanteile der persönlich haftenden Gesellschafter

43 Der Begriff des „Kapitalanteils" im Personengesellschaftsrecht und auch im Recht der KGaA (in Bezug auf die Kapitalanteile der persönlich haftenden Gesellschafter) stellt im Allgemeinen eine bilanzielle Rechnungsziffer dar, mit der die jeweilige Beteiligung des Gesellschafters am Gesellschaftsvermögen beschrieben wird, die sich nach Maßgabe der einschlägigen Rechnungslegungsvorschriften und unter Berücksichtigung der Grundsätze ordnungsmäßiger Buchführung (GoB) ergibt.[30]

44 Die Kapitalanteile der persönlich haftenden Gesellschafter gehören nicht zum aktienrechtlichen Grundkapital. Daher schreibt § 286 Absatz 2 Satz 1 AktG vor, dass die Kapitalanteile der persönlich haftenden Gesellschafter auf der **Passivseite** der Bilanz nach dem Posten „Gezeichnetes Kapital" gesondert auszuweisen sind.[31] Dabei ist es nicht zwingend, dass von den persönlich haftenden Gesellschaftern eine Kapitaleinlage geleistet wird. Als „Gezeichnetes Kapital" sind bei AG, SE und KGaA das Grundkapital (§ 152 Absatz 1 Satz 1 AktG) der Kommanditaktionäre in der Bilanz abzubilden. Die gesonderte Bilanzierung dient insbesondere dem Gläubigerschutz.[32]

45 Liegt eine Kapitaleinlage der persönlich haftenden Gesellschafter vor, muss diese nach Art und Höhe in der Satzung festgeschrieben sein.[33] Sofern die persönlich haftenden Gesellschafter keinen Kapitalanteil halten, ist in der Bilanz **kein Leerposten** anzugeben.[34]

46 Aus dem Verhältnis der Kapitalanteile der persönlich haftenden Gesellschafter zueinander folgt die Gewinn- und Verlustverteilung unter ihnen,[35] das Entnahmerecht sowie der Umfang der jeweiligen Beteiligung am Gesellschaftsvermögen.

---

27 § 265 Absatz 5 HGB.
28 Auch Sondereinlage genannt, siehe S. 47, 77ff.
29 Vgl. *Baetge/Kirsch/Thiele*, Bilanzen 2011, S. 419.
30 Vgl. *Hageböke*, KGaA, 2008, S. 50.
31 Der „Sonderposten des Eigenkapitals" ist unterhalb des Postens „Gezeichnetes Kapital" gesondert auszuweisen und umfasst die Kapitaleinlagen der persönlich haftenden Gesellschafter einer KGaA, das Genussscheinkapital und das Kapital stiller Gesellschafter. Vgl. *Winnefeld*, in: Bilanz-Handbuch, 2006, Rz. 1682.
32 Bei der AG/KGaA gilt der besondere Grundsatz der Erhaltung des Grundkapitals. An die Aktionäre dürfen die Einlagen, d.h. das Grundkapital und ein in die Kapitalrücklage eingestelltes Agio, nicht zurückgewährt werden (§ 57 Absatz 1 Satz 1 AktG), da vor Auflösung der AG/KGaA nur der Bilanzgewinn verteilt werden darf (§ 57 Absatz 3 AktG).
33 § 281 Absatz 2 AktG. Weitere Ausführungen finden sich auf S. 77f.
34 Vgl. *Sethe*, DB 1998, S. 1047.
35 § 278 Absatz 2 AktG i.V.m. §§ 167, 120 HGB.

Abbildung 18: Grobstruktur der Bilanz einer KGaA nach § 266 HGB

Aktivseite	Passivseite
A. **Anlagevermögen** I. Immaterielle Vermögensgegenstände II. Sachanlagen III. Finanzanlagen B. **Umlaufvermögen** I. Vorräte II. Forderungen und sonstige Vermögensgegenstände III. Wertpapiere IV. Kassenbestand, Bundesbankguthaben, Guthaben bei Kreditinstituten und Schecks C. **Rechnungsabgrenzungsposten** D. **Aktive latente Steuern** E. **Aktiver Unterschiedsbetrag aus der Vermögensverrechnung**	A. **Eigenkapital** I. Gezeichnetes Kapital II. Kapitalanteile des persönlich haftenden Gesellschafters III. Kapitalrücklage IV. Gewinnrücklagen V. Gewinnvorträge/Verlustvortrag VI. Jahresüberschuss/Jahresfehlbetrag B. **Rückstellungen** C. **Verbindlichkeiten** D. **Rechnungsabgrenzungsposten** E. **Passive latente Steuern**

Die Kapitalanteile der persönlich haftenden Gesellschafter können, soweit sie positiv sind, in einem Bilanzposten zusammengefasst werden. Eine **Zusammenfassung** der Kapitalanteile mit anderen Bilanzposten nach § 265 Absatz 7 HGB ist dagegen unzulässig, da sie in der Bilanz nicht mit arabischen Zahlen auszuweisen sind.

Zu beachten ist, dass sich § 286 Absatz 2 AktG ausschließlich auf die **Kapitalanteile der persönlich haftenden Gesellschafter** bezieht. Sofern sich persönlich haftende Gesellschafter auch durch Aktien an der KGaA beteiligen, ist dies indes nicht gesondert auszuweisen.

Ausstehende Einlagen der persönlich haftenden Gesellschafter fallen nicht unter die aktienrechtlichen Kapitalaufbringungs- und Kapitalerhaltungsvorschriften. Sie werden daher nicht als „Ausstehende Einlagen auf das gezeichnete Kapital", sondern wie ausstehende Einlagen der Personengesellschaft bilanziert.[36]

II. Rücklagen

Die Rücklagen betreffen den kapitalistischen Zweig der KGaA und umfassen insbesondere Kapitalrücklagen und Gewinnrücklagen. In die **Kapitalrücklage** sind in erster Linie Aufgelder einzustellen, die bei der Ausgabe von (Kommandit-)Aktien, Optionsrechten und Wandelschuldverschreibungen über den Nennwert hinaus erzielt werden. Weitere, für die KGaA aber von untergeordneter Bedeutung, Dotierungsverpflichtungen ergeben sich aus § 272 Absatz 2 HGB.

Zudem verlangt § 152 Absatz 2 AktG eine Angabe in der Bilanz oder im Anhang
1. des Betrags, der während des Geschäftsjahrs eingestellt wurde, und
2. des Betrags, der für das Geschäftsjahr entnommen wurde.

---

36 Vgl. *Förschle/Hoffmann*, in: Beck'scher Bilanzkommentar, 2010, § 272, Rz. 325.

52 In die **Gewinnrücklagen** dürfen nur Ergebnisanteile abgeschlossener oder früherer Geschäftsjahre eingestellt werden (§ 272 Absatz 3 Satz 1 HGB).

53 Zu beachten ist, dass aus dem Ergebnis zunächst eine **gesetzliche Rücklage** nach § 150 Absatz 1 AktG zu bilden ist. § 150 Absatz 2 AktG bestimmt eine Dotierung von 5% des Jahresüberschusses (abzüglich eines eventuellen Verlustvortrags), bis eine Höchstgrenze erreicht ist. Diese Höchstgrenze beträgt 10% des Grundkapitals bei Zusammenrechnung von Kapitalrücklage und gesetzlicher Rücklage. Neben den gesetzlichen Rücklagen können noch **weitere Gewinnrücklagen** dotiert werden. Dabei kann es sich um Rücklagen gemäß der Satzung der KGaA oder um sonstige freie Gewinnrücklagen handeln.

54 Für alle diese sonstigen Ergebnisrücklagen bestimmt § 152 Absatz 3 AktG einheitlich, dass jeweils zu den einzelnen Posten folgende Angaben in der Bilanz oder im Anhang zu geben sind:

1. Die Beträge, die die Hauptversammlung aus dem Bilanzgewinn des Vorjahrs eingestellt hat,
2. die Beträge, die aus dem Jahresüberschuss des Geschäftsjahrs eingestellt werden sowie,
3. die Beträge, die für das Geschäftsjahr entnommen werden.

III. Verlustausweis

55 Während Gewinne und Verluste das gezeichnete Kapital der KGaA grundsätzlich nicht berühren, dieses also ein festes Kapitalkonto darstellt, ist der dem **Personengesellschaftsrecht** unterfallende Kapitalanteil der persönlich haftenden Gesellschafter stets variabel.

56 Das variable Kapitalkonto ändert sich in Abhängigkeit von der jeweiligen Ertragssituation der KGaA. Sollten somit auf die Kapitaleinlage des persönlich haftenden Gesellschafters **Verluste** entfallen, sind diese von der Kapitaleinlage zwingend abzuschreiben. Der betragsmäßige Umfang der Abschreibung ist bis zu der Höhe der Kapitalbeteiligung begrenzt.[37]

57 Übersteigt der Verlust den Betrag der Kapitaleinlage, gibt es zwei verschiedene Möglichkeiten, die aus der Ausgestaltung der Satzung resultieren können:

4. Es besteht eine **Einzahlungspflicht** des persönlich haftenden Gesellschafters. Wenn eine derartige Einzahlungsverpflichtung vereinbart wurde, ist der Verlust, der die Kapitaleinlage des persönlich haftenden Gesellschafters überschreitet, in dem Posten „Einzahlungsverpflichtungen persönlich haftender Gesellschafter" unterhalb der Position Forderungen auf der Aktivseite der Bilanz gesondert auszuweisen.[38]
5. Alternativ kann auch **keine Einzahlungspflicht** des persönlich haftenden Gesellschafters vereinbart worden sein. In diesen Fällen sind die negativen Kapitalkonten als „Nicht durch Vermögenseinlagen gedeckter Verlustanteil persönlich haftender Gesellschafter" eigens am Schluss der Bilanz auf der Aktivseite auszuweisen.[39]

58 Liegen positive und negative Kapitalkonten der persönlich haftenden Gesellschafter vor, verbietet das **Saldierungsverbot** einen gemeinsamen Ausweis in der Bilanz.[40] Dagegen können in den einzelnen Bilanzpositionen die Kapitalkonten mehrerer persönlich haftender Gesellschafter zusammengefasst werden.

---

[37] Das Erfordernis der Verlustabschreibung unterscheidet die KGaA von der KG, bei der § 120 Absatz 2 Halbsatz 2 HGB dispositiv ist. Vgl. *Sethe*, DB 1998, S. 1046.
[38] § 286 Absatz 2 Satz 3 AktG.
[39] § 286 Absatz 2 Satz 3 AktG i.V.m. § 286 Absatz 3 HGB.
[40] Vgl. *Förschle/Hoffmann*, in: Beck'scher Bilanzkommentar, 2010, § 272, Rz. 330.

Zu beachten ist ferner, dass sich der aktive **Sonderposten** „Nicht durch Eigenkapital gedeckter Fehlbetrag" bei der KGaA nur auf das (übrige) Eigenkapital der Kommanditaktionäre ohne Einbeziehung ebenfalls negativer Kapitalanteile der persönlich haftenden Gesellschafter bezieht und somit durch die Verlustzuweisung an die persönlich haftenden Gesellschafter nicht beeinflusst wird.

IV. Kredite an persönlich haftende Gesellschafter

Kredite an persönlich haftende Gesellschafter bzw. ihnen nahe stehenden Personen sind zulässig, unterliegen jedoch einer **Prüfung** durch den Aufsichtsrat.[41]

Langfristige Kredite werden unter dem Posten „sonstige Ausleihungen", kurzfristige Kredite unter dem Posten „sonstige Vermögensgegenstände" in der Bilanz der KGaA ausgewiesen und mit dem Vermerk „davon an persönlich haftende Gesellschafter" versehen. Dabei bietet sich ein **Ausweis** zwischen den „Ausleihungen an verbundene Unternehmen" und den „Beteiligungen" an. Eine Aufgliederung nach einzelnen Empfängern ist dabei gesetzlich nicht vorgesehen.[42] Schließlich ist zu beachten, dass alle gewährten Kredite aufgrund von § 285 Nr. 9c HGB im Anhang erläutert werden müssen.

V. Entnahme durch persönlich haftende Gesellschafter

Entnahmen gibt es ausschließlich für persönlich haftende Gesellschafter.[43] Begrifflich wird darunter jede Art von Vermögenszuwendungen seitens der KGaA an ihre persönlich haftenden Gesellschafter verstanden. Entnahmefähig sind alle Vermögensgegenstände wie etwa Bargeld, Bankguthaben oder Sachwerte.

Die Entnahme bei einer KGaA wird, sofern es sich um Sachentnahmen handelt, nach der Satzung und damit innerhalb einer Bandbreite zwischen Buch- und Verkehrswert bewertet.[44] Dies führt wiederum dazu, dass in Höhe der Differenz zwischen Buch- und Verkehrswert eine bilanzielle Erfolgsauswirkung bei der KGaA resultiert.[45]

Die **Entnahmebefugnis** durch persönlich haftende Gesellschafter richtet sich in erster Linie nach der Satzung.[46] Ist in der Satzung nichts anderes vorgeschrieben, gelten die Vorschriften des HGB in Verbindung mit dem AktG,[47] nach denen die persönlich haftenden Gesellschafter berechtigt sind, vier Prozent ihres für das letzte Geschäftsjahr festgestellten Kapitalanteils als „Vorzugsgewinnanteil" zu entnehmen. Dies ist unabhängig davon, ob der Gewinn bei der KGaA tatsächlich erzielt worden ist, oder nicht.

Es gibt indes auch Tatbestände, welche die Entnahme durch persönlich haftende Gesellschafter ausschließen. Nach § 288 Absatz 1 Satz 2 AktG ist dies der Fall, wenn auf den persönlich haftenden Gesellschafter ein Verlust entfällt, der seinen Kapitalanteil übersteigt. Ebenso ist die **Entnahme ausgeschlossen**, wenn die Summe aus Bilanzverlust, Einzahlungsverpflichtungen, Verlustanteilen

---

41 § 283 Nr. 5 AktG i.V.m. § 89 AktG.
42 Vgl. MünchkommAktG / *Perlitt*, § 286, Rz. 90.
43 Für Kommanditaktionäre ist neben der Dividende lediglich eine Abschlagszahlung auf den Bilanzgewinn i.S.d. § 59 AktG zulässig.
44 Vgl. *Förschle/Hoffmann*, in: Beck'scher Bilanzkommentar, 2010, § 247, Rz. 190.
45 Dagegen sind in der Steuerbilanz Entnahmen grundsätzlich mit dem Teilwert (§ 6 Absatz 1 Nr. 4 EStG) zu bewerten.
46 §§ 278 Absatz 2 AktG, 161 Absatz 2, 109 HGB.
47 §§ 168, 121,122 HGB i.V.m. § 278 Absatz 2 AktG.

persönlich haftender Gesellschafter und Forderungen aus Krediten an persönlich haftende Gesellschafter (und deren Angehörige) die Summe aus Gewinnvortrag, Kapital- und Gewinnrücklagen und Kapitalanteile an persönlich haftende Gesellschafter übersteigt.[48]

66 Der persönlich haftende Gesellschafter ist schließlich nicht dazu verpflichtet, seine Entnahmen der KGaA zu erstatten, falls sie nicht durch den Jahresabschluss gedeckt sein sollten. Nicht vom Jahresüberschuss der KGaA abhängige Tätigkeitsvergütungen, etwa in Form fixer Gehälter für die Geschäftsführung, sind im Gegensatz zu gewinnabhängigen Tantiemen oder Vergütungen für die Übernahme des allgemeinen Haftungsrisikos, gem. § 288 Absatz 3 Satz 1 AktG nicht von den **Entnahmeverboten** betroffen.

VI. Pensionszusagen an persönlich haftende Gesellschafter

67 Das HGB enthält in § 249 keine allgemeine **Definition** der Rückstellungen, sondern zählt in Absatz 1 abschließend die Zwecke auf, für die Rückstellungen zu bilden sind. Zu den ungewissen Verbindlichkeiten i.S.v. § 249 Absatz 1 Satz 1 HGB gehören auch die unmittelbaren Pensionsverpflichtungen.

68 Da Pensionsverpflichtungen den ungewissen Verbindlichkeiten zuzuordnen sind, besteht eine **Passivierungspflicht**, wenn der Pensionsberechtigte erstmals nach dem 31.12.1986 einen Rechtsanspruch erworben hat (sog. Neuzusagen).[49] Die Passivierungspflicht gilt im Übrigen auch für Pensionszusagen zugunsten der persönlich haftenden Gesellschafter einer KGaA.

69 Mit Blick auf die allgemeine **Bewertung** von Rückstellungen schreibt der Gesetzgeber für die einzelnen Laufzeiten der Rückstellungen verbindliche Zinssätze vor (monatliche Bekanntgabe durch die Deutsche Bundesbank), von denen der Bilanzierende allein im Fall eines ansonsten falschen Vermögens- und Ertragsausweises abweichen kann (Begründung erforderlich).[50]

70 Die durch das **Bilanzrechtsmodernisierungsgesetz (BilMoG)** veränderte Bewertung der Pensionsrückstellungen (durch die Berücksichtigung von Preis- und Kostensteigerungen sowie regelmäßig geringerer Abzinsungssätze als in der Vergangenheit) führt zu deutlich höheren Wertansätzen und damit zu einer Ergebnisbelastung in der handelsrechtlichen Bilanz.[51]

C. Gewinn- und Verlustrechnung der KGaA

71 Der in der Handelsbilanz ermittelte **Gewinn** folgt aus der Gewinn- und Verlustrechnung und ergibt sich aus der Differenz der beiden Reinvermögen zwischen zwei aufeinanderfolgenden Bilanzstichtagen. Das jeweilige Reinvermögen wird als Überschuss der Aktiva über die Passiva ermittelt.

---

48 § 288 Absatz 1 Satz 2 AktG. Diese Entnahmebeschränkungen liegen im Interesse der Verhinderung einer Kapitalaufzehrung bei der KGaA.
49 Für unmittelbare Pensionszusagen, die vor dem 1.1.1987 erteilt wurden (sog. Altzusagen), sowie für sämtliche mittelbaren und ähnlichen Pensionsverpflichtungen besteht ein Passivierungswahlrecht mit Angabe des Fehlbetrags im Anhang der KGaA.
50 Als Vereinfachung von dem dargelegten Grundsatz dürfen Rückstellungen für Altersversorgungsverpflichtungen oder vergleichbaren langfristig fällige Verpflichtungen pauschal mit dem durchschnittlichen Marktzinssatz abgezinst werden, der sich bei einer angenommenen Restlaufzeit von 15 Jahren ergibt (§ 253 Absatz 2 Satz 2 HGB).
51 Grundsätzlich werden ab 2010 für steuerliche und handelsrechtliche Zwecke eigenständige Bewertungsgutachten notwendig sein. Aufgrund der zu erwartenden Abweichungen zwischen beiden Wertansätzen (in der Handels- und Steuerbilanz) ergeben sich regelmäßig aktive latente Steuern.

C. Gewinn- und Verlustrechnung der KGaA

Für Kaufleute ist die Aufstellung einer Gewinn- und Verlustrechnung in § 242 Absatz 2 HGB vorgeschrieben. Darüber hinaus sind Kapitalgesellschaften verpflichtet, mit der Gewinn- und Verlustrechnung im Rahmen der gesetzlichen Vorschriften ein den tatsächlichen Verhältnissen entsprechendes **Bild der Ertragslage** zu vermitteln (§ 264 Absatz 2 HGB) und die Form der Darstellung, insbesondere die Gliederung i.d.R. beizubehalten (Stetigkeitsgebot, § 265 Absatz 1 HGB).[52]

§ 275 HGB sieht für Kapitalgesellschaften nicht nur vor, dass diese die Gewinn- und Verlustrechnung in Staffelform aufzustellen haben, sondern umfasst auch eine **Gliederungsvorschrift**, wonach Kapitalgesellschaften das Wahlrecht haben, sowohl das Gesamt- als auch das Umsatzkostenverfahren zu verwenden.

Dabei hat die KGaA die Gewinn- und Verlustrechnung um folgende Posten im Anschluss an den Jahresüberschuss/Jahresfehlbetrag in Bezug auf die Gewinnverwendung zu ergänzen:

Abbildung 19: Gewinn- und Verlustrechnung der KGaA nach § 275 HGB

Gewinn- und Verlustrechnung

Jahresüberschuss/Jahresfehlbetrag
1. Gewinnvortrag/Verlustvortrag aus dem Vorjahr
2. Entnahmen aus der Kapitalrücklage
3. Entnahmen aus Gewinnrücklagen
   a) aus der gesetzlichen Rücklage
   b) aus der Rücklage für eigene Aktien
   c) aus satzungsmäßigen Rücklagen
   d) aus anderen Gewinnrücklagen
4. Einstellungen in Gewinnrücklagen
   a) in die gesetzliche Rücklage
   b) in die Rücklage für eigene Aktien
   c) in satzungsmäßige Rücklagen
   d) in andere Gewinnrücklagen

Bilanzgewinn/Bilanzverlust

Wahlweise können diese Angaben auch im Anhang gemacht werden.[53] **Erleichterungen** ergeben sich wie bei der Bilanz für kleine und mittelgroße KGaA. So können im Außenverhältnis die Posten aus § 275 Absatz 2 Nr. 1 bis Nr. 5 HGB (bei Anwendung des Gesamtkostenverfahrens) bzw. die Posten § 275 Absatz 3 Nr. 1 bis Nr. 3 HGB (bei Anwendung des Umsatzkostenverfahrens) zusammengefasst werden. Der zusammengefasste Posten wird dann in der Gewinn- und Verlustrechnung als „Rohergebnis" ausgewiesen.

§ 286 Absatz 3 AktG bestimmt, dass der auf die einzelnen persönlich haftenden Gesellschafter entfallende Gewinn bzw. Verlust nicht ausgewiesen zu werden braucht. Die persönlich haftenden Gesellschafter sind insofern nicht gezwungen, ihre Gewinne und Verluste offenzulegen.

---

52 Vgl. *Budde/Geißler*, in: Beck'scher Bilanzkommentar 2010, § 265 HGB, Rz. 2.
53 § 158 AktG.

76 Bislang ist es jedoch offen, ob die Vergütungen an persönlich haftende Gesellschafter den Gewinn der KGaA mindernde Aufwendungen oder aber das Ergebnis der KGaA nicht beeinflussende Ergebnisverwendungen darstellen. Als unstrittig dürfte sich die ergebniswirksame Behandlung der **Vergütungen** etwa für Geschäftsführungstätigkeiten erweisen, die persönlich haftenden Gesellschaftern aufgrund vertraglicher, d.h. schuldrechtlicher Vereinbarungen geleistet werden. Sie stellen also handelsrechtlichen Aufwand dar, der den verteilungsfähigen Gewinn mindert.

77 Darüber hinaus ist fraglich, ob der eigentliche **Gewinnanteil** der persönlich haftenden Gesellschafter analog zu behandeln ist, da es sich hierbei eben nicht um eine Tätigkeits-, sondern eine Kapitalvergütung handelt. Der hier vertretenen Auffassung einer ergebniswirksamen Behandlung liegt der Gedanke zugrunde, dass die Gewinn- und Verlustrechnung dem Zweck dient, ausschließlich den Kommanditaktionären den ihnen zustehenden Erfolgsanteil zu dokumentieren. Hiernach sind Vergütungen an persönlich haftende Gesellschafter gleich welchen Ursprungs als Aufwand zu berücksichtigen.[54]

78 In der Gewinn- und Verlustrechnung sind durch Zusammenfassung mit anderen Posten nach § 267 HGB die Gewinnanteile der persönlich haftenden Gesellschafter als „Sonstige betriebliche Aufwendungen" und Verlustanteile als „Sonstige betriebliche Erträge" anzugeben.

D. Anhang bei einer KGaA

79 Der gesetzliche Jahresabschluss besteht als **Einheit** aus einer Bilanz, aus einer Gewinn- und Verlustrechnung und einem Anhang (§ 264 Absatz 1 HGB). Der Anhang dient der Erläuterung sowohl der Bilanz als auch der Gewinn- und Verlustrechnung.

80 Welche **Angaben** im Anhang enthalten sein müssen, ist in den §§ 284 ff. HGB geregelt. Zu den wesentlichen Pflichtangaben im Anhang gehören u.a. Angaben zu den Bilanzierungs- und Bewertungsmethoden (§ 284 Absatz 2 Nr. 1 HGB), Angaben und Begründungen zu Abweichungen von Bilanzierungs- und Bewertungsmethoden sowie die Darstellung deren Auswirkung auf die Vermögens-, Finanz- und Ertragslage (§ 284 Absatz 2 Nr. 3 HGB), Angabe der durchschnittlichen Anzahl der Arbeitnehmer im Geschäftsjahr (§ 285 Satz 1 Nr. 7 HGB), Angabe des Material- und Personalaufwands bei Anwendung des Umsatzkostenverfahrens (§ 285 Satz 1 Nr. 8 HGB), planmäßige Abschreibungen auf den Geschäfts- oder Firmenwert (§ 285 Satz 1 Nr. 13 HGB) etc.[55]

81 In der **Praxis** hat der Anhang überwiegend folgendes Bild:
- Allgemeine Angaben,
- Bilanzierungs- und Bewertungsmethoden,
- Erläuterung der Bilanz,
- Erläuterung der Gewinn- und Verlustrechnung,
- Sonstige Angaben,
- Organmitglieder.

82 Bei einer KGaA müssen zudem noch folgende **rechtsformspezifische Angaben** nach § 160 Absatz 1 AktG hinzugefügt werden:

---

[54] Aus diesem Grund findet sich auch keine Ergebnisverwendung für die Komplementäre in Abbildung 19. Vgl. auch *Schütz/Bürgers/Riotte*, § 6, Rz. 34.

[55] Eine detaillierte Auflistung samt zugehöriger Rechtsvorschriften findet sich bei *Ellrot*, in: Beck'scher Bilanzkommentar 2010, § 284, Rz. 40 ff.

D. Anhang bei einer KGaA

1. den Bestand und den Zugang an Aktien, die ein Aktionär für Rechnung der Gesellschaft oder eines abhängigen oder eines im Mehrheitsbesitz der Gesellschaft stehenden Unternehmens oder ein abhängiges oder im Mehrheitsbesitz der Gesellschaft stehendes Unternehmen als Gründer oder Zeichner oder in Ausübung eines bei einer bedingten Kapitalerhöhung eingeräumten Umtausch- oder Bezugsrechts übernommen hat. Sind solche Aktien im Geschäftsjahr verwertet worden, so ist auch über die Verwertung unter Angabe des Erlöses und die Verwendung des Erlöses im Anhang zu berichten;
2. den Bestand an eigenen Aktien der Gesellschaft, die sie, ein abhängiges oder im Mehrheitsbesitz der Gesellschaft stehendes Unternehmen oder ein anderer für Rechnung der Gesellschaft oder eines abhängigen oder eines im Mehrheitsbesitz der Gesellschaft stehenden Unternehmens erworben oder als Pfand genommen hat. Dabei sind die Zahl dieser Aktien und der auf sie entfallende Betrag des Grundkapitals sowie deren Anteil am Grundkapital, für erworbene Aktien ferner der Zeitpunkt des Erwerbs und die Gründe für den Erwerb anzugeben.

   Sind solche Aktien im Geschäftsjahr erworben oder veräußert worden, so ist auch über den Erwerb oder die Veräußerung unter Angabe der Zahl dieser Aktien, des auf sie entfallenden Betrags des Grundkapitals, des Anteils am Grundkapital und des Erwerbs- oder Veräußerungspreises, sowie über die Verwendung des Erlöses zu berichten;
3. die Zahl und bei Nennbetragsaktien den Nennbetrag der Aktien jeder Gattung, sofern sich diese Angaben nicht aus der Bilanz ergeben; davon sind Aktien, die bei einer bedingten Kapitalerhöhung oder einem genehmigten Kapital im Geschäftsjahr gezeichnet wurden, jeweils gesondert anzugeben;
4. das genehmigte Kapital;
5. die Zahl der Bezugsrechte gemäß § 192 Absatz 2 Nr. 3 AktG, der Wandelschuldverschreibungen und vergleichbaren Wertpapiere unter Angabe der Rechte, die sie verbriefen; Genussrechte, Rechte aus Besserungsscheinen und ähnliche Rechte unter Angabe der Art und Zahl der jeweiligen Rechte sowie der im Geschäftsjahr neu entstandenen Rechte;
6. das Bestehen einer wechselseitigen Beteiligung unter Angabe des Unternehmens;
7. das Bestehen einer Beteiligung, die nach § 20 Absatz 1 oder Absatz 4 AktG oder nach § 21 Absatz 1 oder Absatz 1a WpHG mitgeteilt worden ist; dabei ist der nach § 20 Absatz 6 dieses Gesetzes oder der nach § 26 Absatz 1 WpHG veröffentlichte Inhalt der Mitteilung anzugeben.

Neben den vorherstehenden ergänzenden Angaben sei insbesondere auf die **Pflichtangabe** des § 285 Satz 1 Nr. 9 HGB verwiesen. Danach sind die Gesamtbezüge für die Tätigkeit im Geschäftsjahr (Gehälter, Gewinnbeteiligungen) und die Gesamtbezüge (Abfindungen, Ruhegehälter) für die Organmitglieder und deren Hinterbliebenen im Anhang anzugeben.

Eine Klarstellung für die Gesellschaftsform der KGaA erfolgt durch § 286 Absatz 4 AktG. Hier ist geregelt, dass der auf den Kapitalanteil eines persönlich haftenden Gesellschafters entfallende Gewinn nicht angegeben zu werden braucht.

Schließlich brauchen **kleine KGaA** gem. § 276 Satz 2 HGB keine Erläuterungen hinsichtlich der Posten „außerordentliche Erträge" bzw. „außerordentliche Aufwendungen" vorzunehmen.

E. Lagebericht bei einer KGaA

86 Die Pflicht, den Jahresabschluss um einen Lagebericht zu ergänzen, ergibt sich aus § 264 Absatz 1 HGB. **Kleine Kapitalgesellschaften** sind von dieser Pflicht ausgenommen. Der Lagebericht hat ein den tatsächlichen Verhältnissen entsprechendes Bild der Verhältnisse zu vermitteln.[56] Die Informationen, die in den Lagebericht aufgenommen werden müssen, sind dabei weniger formalisiert als beim Anhang.

87 Der Lagebericht hat eine ausgewogene und umfassende **Analyse des Geschäftsverlaufs** und der Lage der KGaA zu enthalten. Hierbei sind alle bedeutsamen finanziellen Leistungsindikatoren in die Analyse einzubeziehen und unter Bezugnahme auf die im Jahresabschluss ausgewiesenen Angaben und Beträge zu erläutern.

88 Eine **große Kapitalgesellschaft** muss auch nichtfinanzielle Leistungsindikatoren, wie Informationen über Umweltbelange und Arbeitnehmerbelange in die Analyse mit einbeziehen, soweit sie für das Verständnis des Geschäftsverlaufs von Bedeutung sind. Auch ist die voraussichtliche Entwicklung des Unternehmens mit allen Chancen und Risiken im Lagebericht zu beurteilen und zu erläutern.

89 Die Vorschriften zum Lagebericht wurden in den letzten Jahren durch verschiedene Gesetzesänderungen und zuletzt durch das **Bilanzrechtsmodernisierungsgesetz (BilMoG)** wesentlich geändert. Sein Inhalt wurde deutlich erweitert und damit die Bedeutung des Lageberichts aufgewertet.

90 Zwischenzeitlich lassen sich die wesentlichen **Inhalte** des Lageberichts in sieben Teile aufgliedern:
- Darstellung des Geschäftsverlaufs, Lage und Analyse der Gesellschaft (§ 289 Absatz 1 Satz 1 bis 3 HGB),
- Beurteilung der voraussichtlichen Entwicklung des Unternehmens mit Chancen und Risiken (§ 289 Absatz 1 Satz 4 HGB),
- Bilanzeid für börsennotierte AG und KGaA (§ 289 Absatz 1 Satz 5 HGB),
- Spezielle Berichterstattung nach § 289 Absatz 2 HGB,
- Zusatzangaben für große Kapitalgesellschaften spezifisch über nichtfinanzielle Leistungsindikatoren (§ 289 Absatz 3 HGB),
- Übernahmerechtliche Angaben für börsennotierte AG und KGaA (§ 289 Absatz 4 HGB).

91 Darüber hinaus soll der Lagebericht gemäß § 289 Absatz 2 HGB mit einer **speziellen Berichterstattung** eingehen auf
- Vorgänge von besonderer Bedeutung, die nach Schluss des Geschäftsjahrs eingetreten sind, Risikomanagementziele und -methoden des Unternehmens,
- Preisänderung, -ausfall und Liquiditätskrisen sowie die Risiken über Zahlungsstromschwankungen,
- den Bereich Forschung und Entwicklung,
- bestehende Zweigniederlassungen der Gesellschaft.

92 Diese „Sollvorschrift" ist dahingehend zu interpretieren, dass der Lagebericht im Regelfall diese Angaben auch enthalten muss. In welchen Fällen eine Abweichung hiervon möglich bzw. gerechtfertigt ist, hat die Unternehmensleitung selbstständig zu entscheiden. Allerdings ist diese Entscheidung nicht willkürlich, sondern nach pflichtgemäßem Ermessen zu treffen. Im Übrigen ist zu berücksichtigen, dass die Berichterstattung im Lagebericht stetig erfolgen muss.

---

56 § 289 Absatz 1 HGB.

Gem. § 312 Absatz 3 Satz 3 AktG muss die KGaA wie eine AG in den Lagebericht die Schlusserklärung aus dem sog. Abhängigkeitsbericht aufnehmen, sofern dies für die Gesellschaft zutrifft. Der **Abhängigkeitsbericht** soll einer effektiven praktischen Umsetzung der Regelungen zum sog. *faktischen Konzern* dienen, die auf den Schutz der abhängigen AG bzw. KGaA sowie ihrer außenstehenden Minderheitsaktionäre und Gläubiger vor Benachteiligungen durch das herrschende Unternehmen zielen.[57] Darin sind sämtliche Rechtsgeschäfte aufzuführen, welche die abhängige Gesellschaft im vergangenen Geschäftsjahr mit dem herrschenden Unternehmen oder einem mit ihm verbundenen Unternehmen oder auf Veranlassung oder im Interesse dieser Unternehmen vorgenommen hat.[58]

Anders als der Jahresabschluss braucht der Lagebericht nicht vom Geschäftsführungsorgan unterzeichnet zu werden.[59]

F. Jahresabschluss einer KGaA nach IAS/IFRS

Für die KGaA stellt sich die Frage der Bilanzierung nach internationalen Rechnungslegungsnormen insbesondere vor dem Hintergrund der Erstellung eines Konzernabschlusses.[60]

Zu der Vielzahl von **Bilanzierungs- und Bewertungsunterschieden** zwischen der Rechnungslegung nach HGB einerseits und IAS/IFRS andererseits sei auf die umfangreiche einschlägige Literatur verwiesen.[61]

Besondere Bedeutung bei der Bilanzierung einer KGaA nach IAS/IFRS kommt der Frage zu, wie die **Einlage** des persönlich haftenden Gesellschafters zu bilanzieren ist. Zur Klassifizierung der Einlage kommt entweder eine Berücksichtigung der Einlage als Eigenkapital (wie bereits im HGB) oder eine Würdigung als Fremdkapital in Betracht.[62]

Dabei ist vor allem zwischen der Rechtslage bis 2008 und der ab 2009 zu unterscheiden. Insbesondere als Reaktion auf die heftige und berechtigte Kritik der bisherigen Umwidmung von Eigen- in Fremdkapital, veröffentlichte im Februar 2008 das IASB eine Änderung des IAS 32. Der überarbeitete IAS 32 wurde im Januar 2009 von der EU in europäisches Recht übernommen und gilt für Geschäftsjahre, die nach dem 31.12.2008 beginnen.

---

57 Vgl. *Förschle/Heinz*, in: Beck'scher Bilanz-Kommentar 2010, § 289, Rz. 200.
58 Für die Berichtspflicht ist es grundsätzlich ohne Bedeutung, ob die abhängige Gesellschaft im Einzelfall tatsächlich benachteiligt wurde.
59 Vgl. *Ellrott*, in: Beck'scher Bilanz-Kommentar 2010, § 289, Rz. 7.
60 Vgl. hierzu S. 91.
61 Vgl. beispielsweise *Baetge/Dörner/Kleekämpfer/Wollmert/Kirsch*, Rechnungslegung nach IFRS oder *Lüdenbach/Hoffmann*, Haufe IFRS Kommentar 2011.
62 In der Vergangenheit hat es hierzu stark konträre Auffassungen gegeben. Vgl. *Mentz*, DStR 2007, S. 453.

Abbildung 20: Einlagen des Komplementärs nach IAS 32

Einlagen des Komplementärs einer KGaA nach IAS/ IFRS

bis einschließlich 2008	ab 2009
Aufgrund des sog. Inhaberkündigungsrechts des persönlich haftenden Gesellschafters nach §§ 131 ff. HGB i.V.m. § 105 HGB i.V.m. § 723 BGB ist das Kapital des Komplementärs als **Fremdkapital** auszuweisen.	**Eigenkapital** unter den folgenden Voraussetzungen: • Proportionale Beteiligung am Liquidationserlös • Nachrangigkeit gegenüber allen Finanzinstrumenten • Identische Ausstattungsmerkmale aller kündbaren Anteile • Fehlen weiterer, über die Abfindungsverpflichtungen hinausgehende Zahlungsverpflichtungen • Substanzielle Beteiligung am Unternehmenserfolg

---

99   Bis 2008 stellten IAS 32.16, 19 und 32.18b auf das jederzeitige sog. Inhaberkündigungsrecht der Gesellschafter der Personengesellschaft ab, was dazu führte, dass Einlagen in deutsche Personengesellschaften oder des persönlich haftenden Gesellschafters einer KGaA regelmäßig als **Fremdkapital** und nicht als Eigenkapital zu klassifizieren war.

100   § 278 Absatz 2 AktG sieht vor, dass sich das Rechtsverhältnis der persönlich haftenden Gesellschafter untereinander und gegenüber der Gesamtheit der Kommanditaktionäre sowie gegenüber Dritten nach den Vorschriften des HGB über das Personengesellschaftsrecht bestimmt. Danach richtet sich die Rechtsstellung der Komplementäre nach §§ 161 ff. HGB sowie für ihr Verhältnis untereinander gemäß § 161 Absatz 2 HGB und §§ 109 ff. HGB.[63] Damit sind auch §§ 723 und 738 BGB auf die persönlich haftenden Gesellschafter anwendbar. D.h., dass den Komplementären einer KGaA **ordentliche und außerordentliche Kündigungsrechte** jeweils mit Abfindungsansprüchen zustehen. Dies führte in der Vergangenheit dazu, dass das Kapital, das auf den bzw. die persönlich haftenden Gesellschafter entfällt, als bilanzielles Fremdkapital auszuweisen war.

101   Durch die Neufassung des IAS 32 gibt es nunmehr wesentliche **Änderungen** in Bezug auf den Ausweis des Eigenkapitals des Komplementärs.

102   Nach **IAS 32.11** sind bestimmte in IAS 32.16 A-D bezeichnete Kapitalteile ausnahmsweise dem **Eigenkapital** zuzuweisen, obwohl sie nach den Grundvoraussetzungen der IFRS eigentlich zum **Fremdkapital** gehören.

103   **Voraussetzung** für eine Zuordnung ist die Erfüllung gewisser Kriterien, wie die Letztrangigkeit bei Liquidation, Gleichheit der finanziellen Ausstattung und Erfolgsabhängigkeit. Nach allgemeiner Meinung trifft diese Ausnahmeregelung für Gesellschaftsanteile an deutschen Personengesellschaften zu, so dass ab 2009 die Kapitalanteile der Komplementäre in der Regel als Eigenkapital auszuweisen sind.[64]

---

63   Ergänzend gelten die §§ 705 ff. BGB i.V.m. § 105 Absatz 2 HGB.
64   Vgl. *Fröschle/Hoffmann*, in: Beck'scher Bilanzkommentar 2010, § 247, Rz. 167; *Baetge/Winkeljohann/Haenelt*, DB 2008, S. 1518.

Mit der Erleichterung durch die genannten Ausnahmeregelungen folgt der IASB in erster Linie einem praktischen Bedürfnis für die in Deutschland weit verbreiteten Personenhandelsgesellschaften, die nicht kapitalmarktrelevant sind. Ob sich diese Grundsätze auf die Kapitalanteile des Komplementärs einer KGaA übertragen lassen bzw. ob diese Ansicht auch dann gilt, wenn die KGaA kapitalmarktorientiert ist, ist noch ungeklärt.

Sofern allerdings ein Ausweis als Fremdkapital notwendig ist, sind die Bewertungsregelungen der IFRS heranzuziehen.

§ 4 Besteuerung der KGaA

Anders als im Rahmen der Rechnungslegung der KGaA unterliegt die KGaA nicht einer einheitlichen Besteuerung als reine Kapitalgesellschaft. Vielmehr entfaltet sie vor dem Hintergrund der Besteuerung ihren **hybriden Charakter** und unterscheidet zwischen der mitunternehmerschaftsähnlichen Komponente, die sich auf den bzw. die persönlich haftenden Gesellschafter bezieht, und der kapitalistischen Komponente, die den Zweig der Kommanditaktionäre umfasst.

Innerhalb des nachstehenden Kapitels werden die Grundsätze und Besonderheiten der Besteuerung der KGaA herausgearbeitet und für den Rechtsanwender anhand praktischer Beispiele vertieft.

A. KGaA als hybrides Besteuerungssubjekt

Zweifelsfrei gehört die Besteuerung der KGaA zu den anspruchsvollen Kapiteln des Ertragsteuerrechts. Vereinigt die KGaA in sich doch typische Besteuerungsaspekte sowohl der Personen- als auch der Kapitalgesellschaft in einer Rechtsform.[1]

Die gesellschaftsrechtliche Unterscheidung zwischen den persönlich haftenden Gesellschaftern und den Kommanditaktionären, mit anderen Worten zwischen Personengesellschafts- und Aktienrecht, hat in ihrer konsequenten Übertragung auf das Steuerrecht zur Folge, dass die Gewinne des persönlich haftenden Gesellschafters und der KGaA bzw. den Kommanditaktionären gesondert zu ermitteln und auch gesondert der Besteuerung zu unterwerfen sind.[2] Damit diese Trennung auch praktisch umgesetzt werden kann, hat der BFH in seiner vielbeachteten *Herstatt*-Entscheidung aus dem Jahr 1989 die sog. **Wurzeltheorie** entwickelt.[3]

Die sich aus der Anwendung der Wurzeltheorie ergebende Frage nach dem jeweiligen Steuerregime (Transparenzprinzip bzw. Trennungsprinzip), das in Bezug auf die persönlich haftenden Gesellschafter und Kommanditaktionäre anzuwenden ist, ist auf Basis der gegenwärtig geltenden gesetzlichen Regelungen für die KGaA nicht eindeutig zu beantworten.[4] Aus diesem Grund kommt der Finanzrechtsprechung ein besonderes Gewicht bei der Auslegung der unzureichenden Gesetzesvorschriften im Zusammenhang mit der KGaA zu. Hierzu kann auf die wesentlichen Aussagen des BFH zum steuerlichen Verhältnis zwischen persönlich haftenden Gesellschaftern und der KGaA zurückgegriffen werden.[5] Die von der Rechtsprechung des BFH entwickelte Wurzeltheorie bedeutet in ihrer praktischen Umsetzung, dass der Gewinnanteil bzw. die Einkommensbesteuerung des persönlich haftenden Gesellschafters „an der Wurzel" von dem körperschaftsteuerlichen Einkommen der KGaA abgespalten und uneingeschränkt dem persönlichen Bereich des persönlich haftenden Gesellschafters als originäre gewerbliche Einkünfte nach § 15 EStG zugewiesen wird.

Ungeachtet des BFH-Urteils zur Wurzeltheorie und weiterer noch vorzustellender Normen und Entscheidungen, sind zahlreiche Rechtsfragen weiterhin von der Rechtsprechung unbeantwortet. Da es auch diesbezüglich keine einheitliche und abgestimmte Auffassung der deutschen Finanzverwaltung gibt, werden in der Praxis zahlreiche Themen bilateral mit dem zuständigen Finanzamt zu thematisieren sein. Gleichwohl, und dies kann durchaus auch als Chance und damit als

---

1 Zu einem historischen Abriss zur steuerlichen Diskussion und Rechtsprechung vgl. *Kessler*, in: FS Korn 2005, S. 315.
2 Gleichwohl kommt es zu keiner gesondert und einheitlichen Gewinnfeststellung nach §§ 180 ff. AO.
3 BFH v. 21.6.1989, BStBl. II 1989, S. 881.
4 Vgl. *Falter*, in: FS Spiegelberger 2008, S. 113.
5 BFH v. 21.6.1989, BStBl. II 1989, S. 881.

Vorteil für die KGaA verstanden werden, nutzt so manches Finanzamt seinen Spielraum, um steuerliche Möglichkeiten für die KGaA zu öffnen und damit auch Einnahmen für die Gemeinde/Region bzw. bestehende Arbeitsplätze bei einer KGaA zu sichern.

B. Transparenz- und Trennungsprinzip

7   Zum Verständnis der Besteuerung einer KGaA ist die Unterscheidung von transparenter und intransparenter Besteuerung grundlegend.

I. Grundsätzliche Unterscheidung der Besteuerungsprinzipien

8   Die Umsetzung des **Transparenzprinzips** findet im Steuerrecht bei Personengesellschaften (steuerlich als Mitunternehmerschaften bezeichnet) Anwendung (vgl. *Abbildung 21*). Danach wird der Gewinn, der auf Ebene der Mitunternehmerschaft ermittelt wird, den einzelnen Mitunternehmern, d.h. den Gesellschaftern, zugewiesen.[6]

9   Die sich anschließende Besteuerung findet entsprechend der individuellen Disposition des einzelnen Mitunternehmers statt (sog. **Einebenenbesteuerung**).[7] Die Besteuerung bei einer Mitunternehmerschaft ist damit der eines Einzelunternehmers angeglichen.

10 **Schuldrechtliche Beziehungen** wie etwa die Überlassung von Darlehen und Wirtschaftsgütern sind genauso zu eliminieren wie sogenannte Sondervergütungen. Letztere sind etwa Vergütungen des Mitunternehmers für seine Dienste bei der bzw. für die Mitunternehmerschaft.

Abbildung 21: Besteuerung nach dem Transparenzprinzip

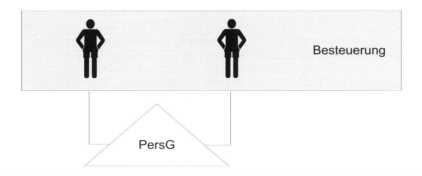

11 Von dem Prinzip der transparenten ist die intransparente Besteuerung abzugrenzen: Bei einer intransparenten Besteuerung wird von einer Besteuerung nach dem **Trennungsprinzip** gesprochen. Die intransparente Besteuerung findet ihre Umsetzung bei der Besteuerung von Kapital-

---

6   Gewerbesteuerliche Besonderheiten seien an dieser Stelle zur besseren Darstellung des Trennungsprinzips ausgeblendet.
7   Vgl. *Schaumburg/Schulte*, Die KGaA, 2000, S. 67.

gesellschaften. Im Einzelnen hat dies zur Folge, dass die Besteuerung zunächst auf der Ebene der Gesellschaft erfolgt. Hiervon unabhängig und somit abgeschirmt von der Gesellschaftsebene findet eine zusätzliche Besteuerung auf der Gesellschafterebene statt (**Zweiebenenbesteuerung**) (vgl. *Abbildung 22*). Die Zweiebenenbesteuerung führt insbesondere dazu, dass individuelle Besteuerungsmerkmale der einzelnen Gesellschafter bei der Besteuerung der Gesellschaft außer Acht bleiben.

Im Zusammenhang mit der Trennung der Besteuerungsebenen von Gesellschaft und Gesellschaftern sind schuldrechtliche **Leistungsbeziehungen** zwischen diesen beiden Personen möglich und grundsätzlich steuerlich auch anerkannt.

Abbildung 22: Besteuerung nach dem Trennungsprinzip (Intransparenzprinzip)

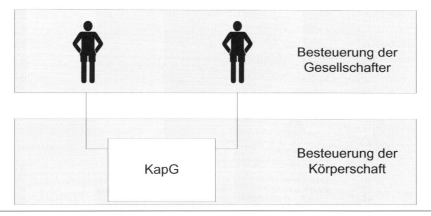

Schließlich sei darauf verwiesen, dass eine Zweiebenenbesteuerung nicht dazu führt, dass sich die Besteuerung verdoppelt. Auch wenn im Rahmen einer angestrebten **Rechtsformneutralität** eine Gleichheit der Besteuerung nicht erreicht wird, so haben sich die Belastungen doch zumindest angenähert. Umgesetzt wird die Vermeidung von Doppelbesteuerungen seit 2009 durch das sog. Teileinkünfteverfahren.

II. Übertragung der Besteuerungsprinzipien auf die KGaA

Als eine sog. hybride Gesellschaft zeigt sich bei der KGaA, dass zum einen das für Kapitalgesellschaften geltende Trennungs- als auch das bei Personengesellschaften geltende Transparenzprinzip gleichermaßen Anwendung finden. Die KGaA vereint somit in sich selbst beide Besteuerungsprinzipien.

Dabei ist für die KGaA (und insbesondere deren persönlich haftenden Gesellschafter) die Reihenfolge der Ermittlung des Einkommens von besonderer Relevanz:

- Auf der ersten Gewinnermittlungsstufe folgt die KGaA den Grundsätzen der intransparenten Besteuerung und damit den Prinzipien einer Kapitalgesellschaft.

- Erst auf einer zweiten Gewinnermittlungsstufe wird der Gewinnanteil des persönlich haftenden Gesellschafters nach § 9 Absatz 1 Nr. 1 KStG ergebniswirksam gekürzt und dem Komplementär zugerechnet, der den auf ihn entfallenden Gewinnanteil nach § 15 Absatz 1 Satz 1 Nr. 3 EStG wie ein Mitunternehmer anschließend versteuert.

16 Kommt es beispielsweise zu einer ergebniswirksamen Auszahlung an den persönlich haftenden Gesellschafter, findet zunächst eine außerbilanzielle Hinzurechnung nach § 8 Absatz 3 Satz 1 KStG statt (**erste Stufe**), bevor es anschließend zu einer Kürzung nach § 9 Absatz 1 Nr. 1 KStG kommt, da es sich bei der Auszahlung um eine (fiktive) Betriebsausgabe handelt (**zweite Stufe**).[8]

17 Soweit die von der Gesellschaft erwirtschafteten Gewinne auf die **Kommanditaktionäre** entfallen, besteht auf Ebene der KGaA eine materielle Körperschaftsteuerpflicht. Die Kommanditaktionäre haben, soweit die Gesellschaft Gewinne an sie ausschüttet, Einkünfte aus Kapitalvermögen gemäß § 20 Absatz 1 Nr. 1 EStG. Entsprechend ihrer individuellen Disposition sind die Ausschüttungen auf Ebene der Kommanditaktionäre zu versteuern und unterliegen entweder der Abgeltungsteuer (Kommanditaktien im Privatvermögen) oder dem Teileinkünfteverfahren nach § 3 Nr. 40 EStG (Kommanditaktien im Betriebsvermögen).[9] Bei einer Kapitalgesellschaft als Kommanditaktionär sind zudem Besonderheiten aufgrund von § 8b Absatz 7 und 8 KStG zu beachten.

18 Dagegen hat der **persönlich haftende Gesellschafter** mit seinen Gewinnanteilen, soweit sie nicht auf mögliche Anteile des persönlich haftenden Gesellschafters am Grundkapital der KGaA entfallen, einkommensteuerpflichtige Einkünfte aus Gewerbebetrieb nach § 15 Absatz 1 Nr. 3 EStG. Handelt es sich bei dem persönlich haftenden Gesellschafter um eine Kapitalgesellschaft, unterliegen die Gewinne auf der Ebene des Gesellschafters nicht der Einkommen-, sondern der Körperschaftsteuer.

C. Besteuerungsebenen der KGaA

19 Wie bereits eingehend dargelegt, enthält die KGaA als hybride Gesellschaftsform neben den Merkmalen einer Kapitalgesellschaft (KGaA selbst und im Verhältnis zu den Kommanditaktionären) auch Merkmale einer Personengesellschaft (Verhältnis zu den persönlich haftenden Gesellschaftern).[10]

20 Dementsprechend sind die folgenden drei **Besteuerungsebenen** voneinander zu trennen. Dies wären im Einzelnen:

- Ebene der KGaA als Kapitalgesellschaft (1)
- Ebene der persönlich haftenden Gesellschafter *wie* Mitunternehmer (2)
- Ebene der Kommanditaktionäre als Gesellschafter einer Kapitalgesellschaft (3)

21 Die Differenzierung nach den drei unterschiedlichen Besteuerungsebenen hat unabhängig davon zu erfolgen, ob es sich um eine gesetzestypische oder um eine atypische KGaA handelt.[11]

22 Zur besseren Veranschaulichung soll folgende typische Ausgangssituation der steuerlichen Würdigung zugrunde gelegt werden:

---

8 Vgl. *Hageböke*, KGaA, 2008, S. 71.
9 Bei Kapitalerträgen aus Betriebsvermögen ist das Halbeinkünfteverfahren ab 2009 durch das Teileinkünfteverfahren ersetzt worden. Es sind dann nur noch 40% der Erträge steuerfrei § 3 Nr. 40 EStG n.F. Betriebsausgaben sind nur noch zu 60% abzugsfähig, § 3c Absatz 2 EStG n.F.
10 Vgl. *Rohrer/Orth*, BB 2007, S. 1596.
11 Vgl. *Schaumburg/Schulte*, Die KGaA, 2000, S. 67.

C. Besteuerungsebenen der KGaA

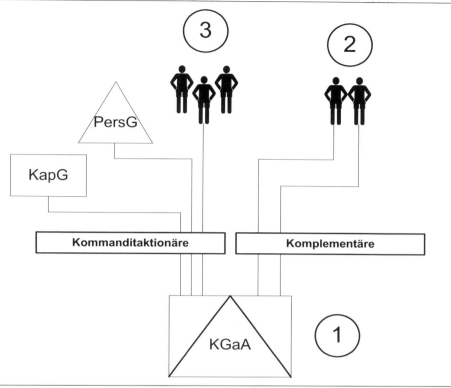

Abbildung 23: Gesetzestypische KGaA-Struktur als Ausgangssachverhalt

Als Komplementäre der KGaA werden im **Ausgangssachverhalt** (*Abbildung 23*) stets natürliche Personen betrachtet, die allesamt in Deutschland der unbeschränkten Steuerpflicht unterliegen.[12] Als Kommanditaktionäre werden neben natürlichen Personen auch Kapital- und Personengesellschaften in die Untersuchung einbezogen, die über keinerlei Auslandsberührung verfügen, so dass vorliegend das rein deutsche Steuerrecht Anwendung findet. Es werden somit auf einer ersten Untersuchungsstufe reine Inlandsfälle betrachtet.

I. Ebene der KGaA

Sofern die KGaA ihren Sitz oder ihre Geschäftsleitung im Inland hat, unterliegt sie gemäß § 1 Absatz 1 Nr. 1 KStG in Deutschland der unbeschränkten **Körperschaftsteuerpflicht**. Die KGaA gilt damit als **Steuersubjekt** und wird nach Maßgabe der allgemeinen Vorschriften des KStG als juristische Person besteuert.[13]

---

12 Nach § 1 Absatz 1 Satz 1 EStG ist eine natürliche Person, die ihren Wohnsitz oder gewöhnlichen Aufenthalt im Inland hat, in Deutschland unbeschränkt mit ihrem Welteinkommen einkommensteuerpflichtig. Für eine Betrachtung bezüglich ausländischer, d.h. beschränkt steuerpflichtiger Komplementäre bzw. Kommanditaktionäre (sog. Inbound-Fall) siehe unter S. 159.
13 So zuletzt BFH v. 19.5.2010, BFH/NV 2010, S. 1919.

25 Damit knüpft das KStG an § 278 Absatz 1 AktG an, wonach die KGaA als eine Gesellschaft mit eigener **Rechtspersönlichkeit** zu qualifizieren ist.[14] In Bezug auf die Qualifizierung der KGaA als eigene Rechtspersönlichkeit bedeutet dies, dass somit zwischen dem AktG und dem KStG ein Gleichlauf besteht.

26 Zudem unterliegt die KGaA als **Gewerbebetrieb** kraft Rechtsform gemäß § 2 Absatz 1 i.V.m. Absatz 2 Satz 1 GewStG der Gewerbesteuer. Im Rahmen der Gewerbesteuer gilt die KGaA sowohl als Gewerbesteuerobjekt als auch -subjekt.[15]

1. Ermittlung des zu versteuernden Einkommens

27 **Steuerobjekt** der Körperschaftsteuer ist das Einkommen der juristischen Person.

28 Dabei bestimmt § 7 Absatz 1 KStG das zu versteuernde Einkommen als **Bemessungsgrundlage** für die Körperschaftsteuer. Dieser entsprechend § 2 Absatz 5 EStG nachgebildete Begriff bildet den Ausgangspunkt der Steuerfestsetzung und leitet die allgemeinen Vorschriften ein, die gemäß §§ 7 ff. KStG das Einkommen der körperschaftsteuerpflichtigen Personen betreffen.

29 Wie jede andere Kapitalgesellschaft auch, erzielt die KGaA als buchführungspflichtiger Formkaufmann (§ 6 Absatz 2 und § 238 HGB) stets **Einkünfte aus Gewerbebetrieb** (§ 8 Absatz 2 KStG). Was im Einzelnen als Einkommen gilt und wie dieses zu ermitteln ist, bestimmt sich nach den einzelnen Vorschriften des EStG und des KStG. § 8 Absatz 3 Satz 1 KStG sieht dabei im Zusammenhang mit der Einkommensermittlung vor, dass eine Einkommensverteilung (Ausschüttung) auszublenden ist.

a) Zweistufige Gewinnermittlung

30 Die steuerliche Gewinnermittlung einer KGaA basiert auf den Grundsätzen des § 4 Absatz 1 Satz 1 EStG und konkretisiert sich in einer zweistufigen Gewinnermittlung,[16] die sich aus dem folgenden Schema ergibt:

---

14 Vgl. in der rechtlichen Darstellung S. 21.
15 Unabhängig von der Art der Tätigkeit verfügt die KGaA kraft Rechtsform stets über einen Gewerbebetrieb.
16 Vgl. *Schaumburg*, Internationales Steuerrecht 2011, S. 980; *Wassermeyer*, IStR 2001, S. 633.

C. Besteuerungsebenen der KGaA

Abbildung 24: Steuerliche Gewinnermittlung nach § 4 Absatz 1 EStG auf Ebene der KGaA

	Zweistufige steuerliche Gewinnermittlung	
	Eigenkapital laut Steuerbilanz der KGaA am Ende des Wirtschaftsjahres	
./.	Eigenkapital laut Steuerbilanz der KGaA am Ende des vorangegangenen Wirtschaftsjahres	
=	**Unterschiedsbetrag (Gewinn/Verlust 1. Stufe)**	
+	Verdeckte Gewinnausschüttungen i.S.v. § 8 Absatz 3 Satz 2 KStG	
./.	Kürzung der Gewinnanteile des persönlich haftenden Gesellschafters nach § 9 Absatz 1 Nr. 1 KStG	
./. +	Weitere außerbilanzielle Korrekturen (z.B. nichtabzugsfähige Betriebsausgaben, steuerfreie Einkünfte etc.)	
./.	Verdeckte Einlagen	
=	**„Gewinn" i.S.v. § 4 Absatz 1 Satz 1 EStG (Gewinn/Verlust 2. Stufe)**	

Auf der **ersten Stufe** wird der sog. Unterschiedsbetrag i.S.v. § 4 Absatz 1 Satz 1 EStG auf der Basis eines Betriebsvermögensvergleichs ermittelt. Dazu wird das Betriebsvermögen am Ende des laufenden Wirtschaftsjahrs um das Betriebsvermögen am Ende des vorangegangenen Wirtschaftsjahrs gemindert. Da das Betriebsvermögen dem Eigenkapital entspricht, stellt der Betriebsvermögensvergleich die Änderung des Eigenkapitals und damit den periodischen Jahresüberschuss bzw. Jahresfehlbetrag dar. Das steuerliche Betriebsvermögen umfasst auch die Kapitalanteile der Komplementäre. 31

Auf der ersten Stufe der Gewinnermittlung findet ausschließlich das **Steuerbilanzrecht** Anwendung. Dabei sind gem. § 5 Absatz 1 Satz 1 EStG die handelsrechtlichen Grundsätze ordnungsmäßiger Buchführung zwingend zu beachten. Maßgebliche Grundlage für die nach § 5 Absatz 1 EStG aufzustellende Steuerbilanz ist die Handelsbilanz (sog. Maßgeblichkeit der Handelsbilanz für die Steuerbilanz).[17] 32

Dabei ist zu beachten, dass eine Kapitalgesellschaft nach der Rechtsprechung des BFH über keine **außerbetriebliche Sphäre** verfügt.[18] Selbst gesellschaftsrechtlich veranlasste Aufwendungen (ausgenommen offene Ausschüttungen) mindern als Betriebsausgaben den Gewinn und eine Gewinnkorrektur kommt nur unter dem Gesichtspunkt einer verdeckten Gewinnausschüttung in Betracht. 33

Für Zwecke der Besteuerung ist das handelsrechtliche Ergebnis der Kapitalgesellschaft auf einer **zweiten Stufe** außerbilanziell zu korrigieren. 34

Bei einer KGaA ist vor allem die **Kürzung der Gewinnanteile** des persönlich haftenden Gesellschafters (§ 9 Absatz 1 Nr. 1 GewStG) von besonderer Relevanz.[19] 35

---

17 Zu den Änderungen durch das Bilanzrechtsmodernisierungsgesetz (BilMoG) v. 28.5.2009 siehe BMF-Schreiben v. 12.3.2010, BStBl. I 2010, S. 650.
18 Vgl. *Birk*, BB 2009, S. 865.
19 Nähere Ausführungen hierzu unter S. 118.

36 Daneben sind aber auch weitere **außerbilanzielle Korrekturen** zu beachten, wie etwa verdeckte Gewinnausschüttungen (§ 8 Absatz 3 Satz 2 KStG) oder nicht abzugsfähige Betriebsausgaben (§ 8 Absatz 1 KStG i.V.m. §§ 3c und 4 Absatz 5 EStG). Hinzuzurechnen sind ferner nicht abzugsfähige Aufwendungen nach § 10 KStG. Steuerfreie Beteiligungserträge sind zu kürzen und verdeckte Einlagen abzuziehen.[20]

37 Für das Verständnis der zweiten Gewinnermittlungsstufe ist wesentlich, dass eine Korrektur nur insoweit vorzunehmen ist, als auf der ersten Stufe z.B. Einlagen, Entnahmen und verdeckte Gewinnausschüttungen erfolgswirksam angesetzt wurden.

38 Das **Endergebnis** der ersten und zweiten Stufe ist der Gewinn i.S.v. § 4 Absatz 1 Satz 1 EStG.

b) Kürzung des Gewinnanteils des Komplementärs

39 Wie im vorstehenden Abschnitt ausgeführt, nimmt § 9 Absatz 1 Nr. 1 KStG im Rahmen der zweistufigen Gewinnermittlung bei einer KGaA eine herausragende Stellung ein. So wird in der Literatur[21] zutreffend davon gesprochen, dass § 9 Absatz 1 Nr. 1 KStG eine **„Ausgliederungs- und Zuordnungsfunktion"** zukommt, die sämtlichen körperschaftsteuerlichen Gewinnermittlungsvorschriften vorgeht und den steuerlichen Gewinnanteil des persönlich haftenden Gesellschafters an der Wurzel abspaltet. Die Norm setzt im Ergebnis somit die „Teiltransparenz" der KGaA um.

40 § 9 KStG konkretisiert in Absatz 1 Nr. 1:

(1) Abziehbare Aufwendungen sind auch:

1. bei Kommanditgesellschaften auf Aktien und bei vergleichbaren Kapitalgesellschaften der Teil des Gewinns, der an persönlich haftende Gesellschafter auf ihre nicht auf das Grundkapital gemachten Einlagen oder als Vergütung (Tantieme) für die Geschäftsführung verteilt wird.

41 Im Zusammenspiel mit § 15 Absatz 1 Nr. 3 EStG verhindert § 9 Absatz 1 Nr. 1 KStG, dass Gewinnanteile des persönlich haftenden Gesellschafters einer KGaA gleichzeitig der Einkommen- und der Körperschaftsteuer unterworfen werden.

42 Hintergrund der Norm ist, dass im Zuge des Betriebsvermögensvergleichs der KGaA (erste Stufe der Gewinnermittlung) die Eigenkapitalveränderung des persönlich haftenden Gesellschafters in der Berechnung stets einbezogen ist. Gleichzeitig wären ohne diese Regelung entsprechende Beträge aufgrund der besonderen Stellung des persönlich haftenden Gesellschafters nicht ohne weiteres auf Ebene der KGaA abzugsfähige Betriebsausgaben. Dennoch hätte es wohl hinsichtlich der Vergütungen für die Hingabe von Darlehen oder für die Überlassung von Wirtschaftsgütern an den persönlich haftenden Gesellschafter keiner ausdrücklichen Regelung im Körperschaftsteuergesetz zum Abzug als Betriebsausgaben bei der KGaA bedurft.

43 Auf der **zweiten Gewinnermittlungsstufe** ist gemäß § 9 Absatz 1 Nr. 1 KStG der Teil des Gewinns, der an die persönlich haftenden Gesellschafter auf ihre Vermögenseinlage (§ 281 Absatz 2 AktG) oder als Geschäftsführervergütung gezahlt wird, steuerlich abzuziehen. Dies steht im Übrigen auch im Einklang mit der Rechtsprechung des BFH, wonach § 9 Absatz 1 Nr. 1 KStG als

---

20 Eine darüber hinausgehende Auflistung weiterer Hinzurechnungen und Kürzungen findet sich in R 29 Absatz 1 Satz 2 Nr. 6 bis 13 KStR 2004.
21 Vgl. *Rödder/Hageböke/Stangl*, DB 2009, S. 1561.

C. Besteuerungsebenen der KGaA

Vorschrift zur Ermittlung des Einkommens der KGaA erst nach der Bilanzgewinnermittlung d.h. auf der zweiten Gewinnermittlungsstufe anzuwenden sei.[22] Damit setzt § 9 Absatz 1 Nr. 1 KStG als spezielle Gewinnverteilungsnorm steuerlich zutreffend die hybride Rechtsstruktur der KGaA um.[23]

Handelsrechtlich liegt bzgl. der Gewinnanteile und der Vergütungen für die Geschäftsführung richtigerweise kein Aufwand vor, sondern eine Gewinnverteilung mit Gewinnvorab für den oder die persönlich haftenden Gesellschafter.

c) Beteiligung an anderen Körperschaften (§ 8b KStG)

Einer der kritischsten Punkte im Hinblick auf die Gewinnermittlung bei einer KGaA ist die steuerliche Würdigung der Behandlung von empfangenen Dividenden. An kaum einer anderen Stelle zeigt sich der inhärente Konflikt der KGaA ausgeprägter, ob die Besteuerung nach dem Trennungsprinzip oder dem Transparenzprinzip zu erfolgen hat.

Durch § 8b KStG werden bei einer KGaA Dividenden von Körperschaften sowie Veräußerungsgewinne aus Beteiligungen an anderen Körperschaften ungeachtet einer Mindestbeteiligungshöhe oder einer Mindestbesitzzeit von der Körperschaftsteuer grundsätzlich freigestellt.[24]

Die nachfolgenden Überlegungen zur Anwendung des § 8b KStG bei einer KGaA gelten für Dividenden und Veräußerungsgewinne von Kapitalgesellschaftsanteilen gleichermaßen und werden nachstehend zur besseren Darstellung nur anhand der von einer KGaA empfangenen Dividenden erläutert.

Im Kern der Auseinandersetzung geht es dabei um die Frage, ob die Steuerbefreiung des § 8b KStG für Dividenden und Veräußerungsgewinne auf den Gewinnanteil der persönlich haftenden Gesellschafter durchschlägt. Seitens der Rechtsprechung und Finanzverwaltung wurde diese Frage noch nicht abschließend geklärt. Grundsätzlich sind zur **Lösung** zwei Möglichkeiten denkbar (*Abbildung 25*):

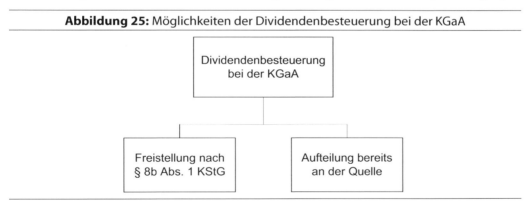

Abbildung 25: Möglichkeiten der Dividendenbesteuerung bei der KGaA

---

22 BFH v. 31.10.1990, BStBl. II 1991, S. 254.
23 Vgl. *Schaumburg*, DStZ 1998, S. 533.
24 Gem. § 8b Absatz 7 Satz 1 KStG sind § 8b Absatz 1 bis 6 KStG nicht auf Anteile anzuwenden, die bei Kreditinstituten und Finanzdienstleistungsinstituten gem. § 1a KWG dem Handelsbuch zuzurechnen sind. Die gleiche Rechtsfolge ordnet § 8b Absatz 7 Satz 2 KStG auch an, wenn Finanzunternehmen i.S.v. § 1 Absatz 3 KWG Anteile mit dem Ziel der kurzfristigen Erzielung eines Eigenhandelserfolgs erworben haben. Darunter fällt nach der Rechtsprechung des BFH auch eine Beteiligungsholding, wenn eine Beteiligung bei Anschaffung dem Umlaufvermögen zuzuordnen war. Dividenden und Veräußerungsgewinne sind dann nicht steuerbefreit. Vgl. *Pohl/Weber*, in Heidel, Aktienrecht, S. 3207.

- Nach der **ersten Möglichkeit (Trennungsprinzip)** sind die Einnahmen nur für die KGaA als solche entsprechend § 8b Absatz 1 KStG steuerfrei. Im Anschluss folgt eine Kürzung nach § 9 Absatz 1 Nr. 1 KStG, die bei der KGaA zu einem steuerrelevanten Abzugsbetrag führt.

  Der Gewinnanteil des persönlich haftenden Gesellschafters aus den „durchgeleiteten" steuerfreien Einnahmen der KGaA wäre dann bei diesem steuerpflichtig.[25] Diese Sichtweise würde ausschließlich den Kommanditaktionären durch eine reduzierte Körperschaftsteuerbelastung und ein dadurch erhöhtes Ausschüttungsvolumen zu Gute kommen.

- Bei der **zweiten Möglichkeit (Transparenzprinzip)** werden bereits an der Quelle, d.h. auf Ebene der KGaA die Einkünfte direkt anteilig dem persönlich haftenden Gesellschafter zugeordnet (partielle Besteuerung als Kapitalgesellschaft und als Mitunternehmerschaft). Die analoge Anwendung des Teileinkünfteverfahrens auf Ebene des Komplementärs findet ihre Rechtfertigung darin, dass § 9 Absatz 1 Nr. 1 KStG gerade bezweckt, die Belastung des Gewinnanteils des persönlich haftenden Gesellschafters mit Körperschaftsteuer zu vermeiden.[26]

49 Rein von der technischen Seite dürfte vieles für die erste Möglichkeit sprechen. Somit würde § 8b KStG in voller Höhe bei der KGaA zur Anwendung gelangen. Hieran knüpft indes die Frage, wie § 9 Nr. 1 KStG konkret greift. Handelt es sich bei dem abzuspaltenden Gewinn um den auf der ersten Gewinnermittlungsstufe, ist im Anschluss auf der persönlichen Ebene des Komplementärs entsprechend der dort einschlägigen Besteuerungsmerkmalen das entsprechende Einkommen zu ermitteln. Wird der Gewinn erst auf der zweiten Gewinnermittlungsstufe abgespalten, hätte dies zur Folge, dass § 9 Absatz 1 Nr. 1 KStG erst Anwendung findet, nachdem die außerbilanziellen Anpassungen – worunter auch die Steuerfreiheit nach § 8b KStG fällt – erfolgten.[27]

> **Folgendes Beispiel soll die Unterscheidung veranschaulichen:**
>
> *Die A-KGaA erzielt – vor dem Abzug des Gewinnanteils des persönlich haftenden Gesellschafters nach § 9 Absatz 1 Nr. 1 KStG – Einkünfte in Höhe von € 500.000. Zur Veranschaulichung bestehen die Einkünfte ausschließlich aus Dividenden einer inländischen Tochterkapitalgesellschaft. Der persönlich haftende Gesellschafter, eine natürliche Person, ist mit 40% an dem Gewinn der KGaA beteiligt.*
>
> *Unter Zugrundelegung der vorstehend aufgeführten Möglichkeiten hat dies zur Folge:*
>
> Möglichkeit 1:
>
> *Nach der ersten Möglichkeit müsste auf Ebene der KGaA auf die volle Gewinnausschüttung, d.h. auf EUR 500.000 § 8b Absatz 1 i.V.m. § 8b Absatz 5 KStG zur Anwendung kommen.*
>
> *Die Auffassung stützt sich auf § 1 Absatz 1 Nr. 1 KStG, wonach die KGaA ohne Einschränkung als KapG zu behandeln ist.*
>
> *Unter Berücksichtigung des § 9 Absatz 1 Nr. 1 KStG ergäbe sich dabei ein zu versteuerndes Einkommen der KGaA i.H.v. EUR - 175.000.*
>
> *Je nachdem, ob man auf der Ebene des persönlich haftenden Gesellschafters die Einkünfte i.S.d. § 15 Absatz 1 Nr. 3 EStG als Einkünfte eigener Art oder als Dividende ansieht, wäre bei diesem entweder der Betrag i.H.v. EUR 200.000 in voller Höhe steuerpflichtig oder zur Hälfte (ab VZ 2009: zu 40%) steuerfrei (Halbeinkünfte- bzw. Teileinkünfteverfahren).*

---

25 Vgl. *Rödder*, Handbuch der AG, S. 1100.
26 Auf diesen Zusammenhang verweisen *Rohrer/Orth*, BB 2007, S. 1596.
27 Für die zweite Variante spricht zusätzlich, dass es keine gesonderte und einheitliche Gewinnfeststellung gibt, wonach beispielsweise der Komplementär aber auch das für ihn zuständige Wohnsitzfinanzamt in die Lage versetzt wird, eine entsprechende steuerliche Würdigung vorzunehmen.

Zu einem systematischen Ergebnis, so Dötsch, würde bei dieser Alternative nur die Lösung führen, wonach auf der Ebene des persönlich haftenden Gesellschafters der Gewinnanteil in voller Höhe steuerpflichtig wäre.[28] *Für eine solche Ungleichbehandlung gegenüber einer mitunternehmerischen Beteiligung könnte § 9 Absatz 1 Nr. 1 KStG i.V.m. § 15 Absatz 1 Nr. 3 EStG sprechen.*

Möglichkeit 2:

Bei dieser Möglichkeit wird im Rahmen der KSt-Veranlagung der KGaA nur auf einen Betrag i.H.v. EUR 300.000 (Gewinn nach Abzug des Gewinnanteils des persönlich haftenden Gesellschafters) § 8b Absatz 1 i.V.m. Absatz 5 KStG angewendet. Auf der Ebene des persönlich haftenden Gesellschafters wird das Halbeinkünfteverfahren (ab VZ 2009: Teileinkünfteverfahren) gewährt.

Rechnerische Gegenüberstellung:

	Möglichkeit 1	**Möglichkeit 2**
Dividende	500.000,00	500.000,00
§ 8b Abs. 1 und 5 KStG	-475.000,00	-285.000,00
§ 9 Nr. 1 KStG	-200.000,00	-200.000,00
zu versteuerndes Einkommen auf Ebene der KGaA	-175.000,00	15.000,00
Einkommen bei dem persönlich haftenden Gesellschafter	200.000,00	200.000,00
Teileinkünfteverfahren		80.000,00

In der Praxis ist die steuerliche Behandlung der KGaA bundesweit (und auch innerhalb der Länder) uneinheitlich, wobei die Bandbreite von der Behandlung als Nur-Kapitalgesellschaft bis hin zur Nur-Mitunternehmerschaft mit allen möglichen Zwischenstufen greift.[29] Dem Vernehmen nach beschäftigt sich die Finanzverwaltung gerade mit grundsätzlichen Fragen der KGaA.[30] Wie sich die Finanzverwaltung hierzu einheitlich entscheiden wird - wenn sie es überhaupt tun wird - ist gegenwärtig vollkommen ungewiss.

d) Nicht abziehbare Betriebsausgaben

Bei der Ermittlung des zu versteuernden Einkommens sind auf Grund steuerlicher Abzugsverbote bestimmte, bei der Feststellung des Jahresüberschusses bzw. -fehlbetrags berücksichtigte Aufwendungen wieder hinzuzurechnen.

Abzugsverbote ergeben sich aus den Vorschriften des EStG u.a. in § 4 Absatz 5 Satz 1 Nr. 1 bis 4 sowie Nr. 7 bis 10 EStG und § 3c Absatz 1 EStG.[31]

---

28 Vgl. *Dötsch*, in: Dötsch/Jost/Pung/Witt, KStG-Kommentar, § 8b, Rz. 240.
29 Vgl. *Dötsch*, in: Dötsch/Jost/Pung/Witt, KStG-Kommentar, § 9, Rz. 19b.
30 Vgl. *Risse*, in: Kessler/Kröner/Köhler, Konzernsteuerrecht, 2008, S. 130.
31 Für weitreichende Informationen sei auf die einschlägige Kommentarliteratur verwiesen wie etwa *Heinicke/Schmidt*, EStG, § 4, Rz. 536 ff.

2. Organschaft (§§ 14 KStG)

53 Unter einer steuerlichen Organschaft wird die steuerrechtliche Eingliederung einer rechtlich selbständigen juristischen Person (wie etwa einer KGaA) in ein anderes (herrschendes) Unternehmen (auch beispielsweise eine KGaA) verstanden.

54 Im Steuerrecht findet sich die Organschaft im KStG, im GewStG sowie im UStG. Dabei laufen die **körperschaftsteuerliche** und die **gewerbesteuerliche Organschaft** synchron.

55 Der **Vorteil** einer ertragsteuerlichen Organschaft besteht neben der Möglichkeit eines einfachen und phasengleichen Gewinntransfers in erster Linie in der Verlustverrechnung zwischen verschiedenen Steuersubjekten.[32] Somit kann das bei der eingegliederten Gesellschaft geltende Trennungsprinzip überwunden werden und es kann eine Einebenenbesteuerung stattfinden.

56 Damit innerhalb der Gruppe eine Verlustverrechnung erfolgen kann, ist zwingend ein **Organschaftsverhältnis** erforderlich, wonach die Organgesellschaft (= Untergesellschaft) in das Unternehmen des Organträgers (= Obergesellschaft) eingegliedert ist. Hierzu sind die nachstehenden Voraussetzungen zu beachten.

a) KGaA als Organträger

57 § 14 Absatz 1 Satz 1 KStG sieht vor, dass als **Organträger** nur ein inländisches gewerbliches Unternehmen in Betracht kommt. Der Rechtsform nach kann es sich dabei um ein Einzelunternehmen, eine gewerblich tätige Personengesellschaft[33] oder eine Kapitalgesellschaft handeln.

58 Im Zusammenhang mit einer KGaA kann diese sowohl mit ihrer quasi-mitunternehmerischen als auch der kapitalistischen Sphäre Organträgerin sein. Für eine natürliche Person als persönlich haftender Gesellschafter kommt die Organträgerschaft gleichwohl nur dann in Betracht, wenn diese *neben* der Beteiligung an der KGaA auch Einkünfte aus einer originär gewerblichen Tätigkeit i.S.v. § 15 Absatz 1 Nr. 1 EStG erzielt.[34]

b) KGaA als Organgesellschaft

59 Hinsichtlich der Möglichkeit sich als **Organgesellschaft** (Untergesellschaft) zu qualifizieren, muss die Gesellschaft eine AG, eine KGaA (§ 14 Absatz 1 Satz 1 KStG) oder eine GmbH (§ 17 KStG) mit Geschäftsleitung und Sitz im Inland sein (doppelter Inlandsbezug).[35] Die Eignung als Organgesellschaft tätig zu sein, beginnt erst zu dem Zeitpunkt, wenn die KGaA Rechtsfähigkeit durch die Eintragung in das Handelsregister erlangt.[36]

60 Nach einem aktuellen BMF-Schreiben akzeptiert die Finanzverwaltung nunmehr auch im EU-/EWR-Staat gegründete Kapitalgesellschaften als Organgesellschaften, sofern diese ihre Geschäftsleitung in Deutschland haben.[37] Somit soll fortan, neben den übrigen Voraussetzungen für eine

---

32 Vgl. *Wittkowski*, Grenzüberschreitende Verlustverrechnung in Deutschland und Europa 2008, S. 55.
33 Personengesellschaften können gem. § 14 Nr. 2 Satz 2 KStG nur Organträger sein, wenn sie eine Tätigkeit i.S.d. § 15 Absatz 1 Nr. 1 EStG ausüben. Eine gewerblich geprägte Personengesellschaft scheidet damit als Organträgerin aus.
34 Vgl. *Dötsch*, in: Dötsch/Jost/Pung/Witt, KStG-Kommentar, § 14, Rz. 82.
35 Dies gilt auch in den Fällen der gewerbesteuerlichen Organschaft.
36 Damit wirkt die Körperschaftsteuerpflicht der Kapitalgesellschaft nicht auf die Vorgründungsgesellschaft zurück. Vgl. *Eversberg*, in: Organschaft, S. 77.
37 BMF v. 28.3.2011, DStR 2011, S. 674.

ertragsteuerlich wirksame Organschaft, bei einer im EU-/EWR-Ausland gegründeten Kapitalgesellschaft lediglich eine Geschäftsleitung im Inland genügen, um sich als Organgesellschaft zu qualifizieren.

Aufgrund ihrer hybriden Struktur der KGaA kann die KGaA nur mit ihrer **kapitalistischen Sphäre** Organgesellschaft sein. Da der Bereich des persönlich haftenden Gesellschafters handels- und steuerrechtlich dem Konzept der Personengesellschaft nachgebildet ist und eine Personengesellschaft nicht Organgesellschaft sein kann, hat die KGaA den auf diesen Teilbereich entfallenden Teil ihres Einkommens nicht dem Organträger zuzurechnen, sondern wird durch den persönlich haftenden Gesellschafter besteuert.[38] In Bezug auf die gewerbesteuerliche Organschaft gilt die Organgesellschaft nach § 2 Absatz 2 Satz 3 GewStG als Betriebsstätte des Organträgers. Insofern stellt sich die Frage, ob die KGaA gewerbesteuerlich ihre Betriebsstättengewinne aufzuteilen hat und der eine Teil dem Organträger zuzurechnen ist und der andere Teil bei der KGaA verbleibt und darauf bei der KGaA selbst Gewerbesteuer zu entrichten ist.

Nach Auffassung von *Dötsch* wäre es sogar möglich, dass eine Organschaft zwischen einer KGaA als Organgesellschaft und ihrem persönlich haftenden Gesellschafter als Organträger begründet werden kann. Dies setze jedoch voraus, dass der persönlich haftende Gesellschafter zusätzlich die Mehrheit der Stimmrechte aus den Kommanditaktien innehabe und zwischen ihm und der KGaA ein wirksamer Gewinnabführungsvertrag bestehe.[39]

Zur Begründung einer Organschaft muss die Organgesellschaft finanziell in das Unternehmen des Organträgers eingegliedert sein und ein Ergebnisabführungsvertrag nach § 291 Absatz 1 AktG vorliegen.[40] Die Organgesellschaft ist dann **finanziell eingegliedert**, wenn dem Organträger die Mehrheit der Stimmrechte aus den Anteilen an der Organgesellschaft zusteht. Mit der Mehrheit sind dabei mehr als 50% der Stimmrechte gemeint.

Ist die Organgesellschaft eine KGaA, kommt es ausschließlich auf die Mehrheit der Stimmrechte an, die aufgrund des Grundkapitals vermittelt wird. Die Einflussrechte der persönlich haftenden Gesellschafter bleiben unberührt, und sie bleiben mit ihrer Rechtsposition bei der Beurteilung der finanziellen Eingliederung außer vor.[41]

c) Ergebnisabführungsvertrag

Was den **Ergebnisabführungsvertrag** als Voraussetzung zur Gründung einer Organschaft angeht, so ist es erforderlich, dass sich die Organgesellschaft vertraglich verpflichtet, ihren ganzen Gewinn an den Organträger abzuführen. Soweit die Organgesellschaft eine KGaA ist, muss es sich um einen Unternehmensvertrag i.S.v. § 291 Absatz 1 AktG handeln. Der Ergebnisabführungsvertrag ist gem. § 14 Absatz 1 Nr. 3 KStG auf mindestens fünf Jahre abzuschließen und während seiner gesamten Geltungsdauer tatsächlich durchzuführen.[42]

---

38 Vgl. *Dötsch*, in: FS Herzig 2010, S. 256.
39 Vgl. *Dötsch*, in: FS Herzig 2010, S. 256. Er weist aber darauf hin, dass noch nicht geklärt sei, ob die Finanzverwaltung der „Aufspaltungstheorie" folgen wird.
40 Bis zum Veranlagungszeitraum 2000 war zusätzlich eine wirtschaftliche und organisatorische Eingliederung erforderlich.
41 Vgl. *Frotscher*, DK 2005, S. 139, 142; *Neumann*, in: Gosch, KStG-Kommentar, § 14, Rz. 134, *Winkelmann*, BB 2003, S. 1650.
42 Eine Kündigung des Ergebnisabführungsvertrags vor Ablauf der steuerlichen Mindestlaufzeit ist nur dann unschädlich, wenn ein wichtiger Grund vorliegt. Ein solcher kann insbesondere in der Veräußerung oder Einbringung der Organbeteiligung durch den Organträger, der Verschmelzung, Spaltung oder Liquidation des Organträgers oder der Organgesellschaft und ebenso in der Eröffnung des Insolvenzverfahrens gesehen werden.

66 Seit 2003 kann der Vertrag steuerlich erst (und nur) im Jahr seiner Eintragung in das **Handelsregister** berücksichtigt werden. Liegt also die Eintragung des Ergebnisabführungsvertrags nicht im Jahr seines Abschlusses, können der handels- und steuerrechtliche Zeitpunkt der rückwirkenden Wirksamkeit auseinanderfallen.[43] Somit kann für die Praxis nur empfohlen werden unbedingt sicherzustellen, dass die Eintragung des Ergebnisabführungsvertrags in das Handelsregister erfolgt ist.[44]

67 Für die **tatsächliche Durchführung** des Ergebnisabführungsvertrags im Rahmen der ertragsteuerlichen Organschaft ist entscheidend, dass die Organgesellschaft ihren ganzen Gewinn abführt. Der Umfang der handelsrechtlichen Gewinnabführung ist jedoch nach § 301 AktG begrenzt. Für die AG/KGaA und die SE als Organgesellschaft ergibt sich dies aus § 291 Absatz 1 AktG.[45] Für die GmbH als Organgesellschaft gilt der Höchstbetrag gem. § 301 AktG nach § 17 Satz 2 KStG entsprechend.

68 Damit die steuerliche Abführung des gesamten Gewinns gewährleistet ist, muss der **Höchstbetrag** des § 301 AktG vorbehaltlich etwaiger Einstellungen in die Gewinnrücklage gem. § 14 Absatz 1 Nr. KStG einerseits voll ausgeschöpft werden, darf aber andererseits auch nicht überschritten werden.[46]

69 Durch das **Bilanzrechtsmodernisierungsgesetz (BilMoG)** wurde § 301 AktG neu gefasst: Der Gewinnabführung unterliegt nach § 301 AktG (wie bisher) höchstens der ohne die Gewinnabführung entstehende Jahresüberschuss, vermindert um den Verlustvortrag aus dem Vorjahr und um den Betrag, der nach § 300 AktG in die gesetzliche Rücklage einzustellen ist, und (neu) vermindert um den nach § 268 Absatz 8 HGB ausschüttungsgesperrten Betrag.[47]

70 Da § 17 Satz 2 Nr. 2 KStG für Organgesellschaften in der Rechtsform einer GmbH ausdrücklich die Vereinbarung einer **Verlustübernahme** entsprechend den Vorschriften des § 302 AktG fordert, ist auch die Einbeziehung des im Jahr 2004 eingefügten § 302 Absatz 4 AktG in die Verlustübernahmeregelung eines GmbH-Ergebnisabführungsvertrags erforderlich. Dabei geht der BFH in seiner ständigen Rechtsprechung davon aus, dass es für die körperschaftsteuerliche Organschaft mit einer GmbH als Organgesellschaft einer ausdrücklichen Vereinbarung zur Verlustübernahme bedarf.[48]

71 Eben diese Bezugnahme auf § 302 AktG hat in der jüngeren Vergangenheit, ausgehend von einer Verfügung der Oberfinanzdirektionen Rheinland und Münster, bei vielen Unternehmen zu **Unsicherheiten** geführt.[49]

72 Zwischenzeitlich hat aber das **Bundesfinanzministerium** zu der Diskussion in einem Schreiben Stellung bezogen.[50] Danach liege eine Bezugnahme auf die Vorschrift des § 302 AktG in ihrer Gesamtheit vor, wenn die Vertragsklausel zunächst insgesamt auf die „Vorschriften des § 302 AktG" verweist. Im Anschluss an einen solchen Verweis erfolgende weitere Ausführungen, z.B. durch Wiedergabe des Wortlauts des § 302 Absatz 1 AktG, stehen einer wirksamen Bezugnahme auf

---

43 Vgl. *Kerssenbrock*, in: Kessler/Kröner/Köhler, 2008, § 3, Rz. 414.
44 Andernfalls hätte dies zur Folge, dass die Behandlung in der Handels- und Steuerbilanz unterschiedlich ist. Bei derartigen Fällen wird auch von einer sog. „verunglückten Organschaft" gesprochen.
45 § 14 Absatz 1 Satz 1 KStG.
46 Vgl. *Witt/Dötsch*, in: Dötsch/Jost/Pung/Witt, KStG-Kommentar, § 14, Rz. 173.
47 § 268 Absatz 8 HGB sperrt die Ausschüttung von Erträgen aus der durch das BilMoG ermöglichten Aktivierung selbst geschaffener immaterieller Vermögensgegenstände des Anlagevermögens, aus der Aufdeckung stiller Reserven bei der Bewertung des Planvermögens und der Aktivierung latenter Steuern.
48 BFH v. 15.9.2010, I B 27/10, BStBl. II 2010, S. 935.
49 Die OFD Rheinland und Münster vertreten in ihrer Verfügung vom 12.8.2009 die Auffassung, dass vertragliche Regelungen, die in einem 1. Halbsatz den Verlustausgleich „entsprechend §302 AktG" vereinbaren und zusätzlich in einem 2. Halbsatz (nur) den Absatz 1 wörtlich wiedergeben, die Voraussetzungen des § 17 Satz 2 Nr. 2 KStG nicht erfüllen und die Organschaft nicht anzuerkennen sei.
50 BMF v. 19.10.2010, BStBl. I 2010, S. 836.

§ 302 AktG in seiner Gesamtheit nur dann entgegen, wenn sie erkennbar darauf gerichtet sind, die umfassende Bezugnahme auf § 302 AktG zu relativieren und bestimmte Absätze der Vorschrift von der Einbeziehung in die Vereinbarung über die Verlustübernahme auszuschließen.

Von einer erkennbar eingeschränkten Vereinbarung ist nur dann auszugehen, wenn der Wortlaut der Vereinbarung die Einschränkung eindeutig vorsieht oder über den Wortlaut hinaus konkrete weitere Anhaltspunkte vorliegen.

3. Verlustabzug bei der KGaA

a) Mindestbesteuerung nach § 10d Absatz 2 EStG

Verluste i.S.v. § 2 Absatz 1 EStG sind grundsätzlich in dem Veranlagungszeitraum des Entstehens mit positiven Einkünften zu verrechnen, soweit dies nicht gesetzlich ausgeschlossen ist. Gemäß § 8 Absatz 1 KStG findet die Regelung des § 10d EStG über den interperiodischen Verlustabzug auch innerhalb des Körperschaftsteuerrechts und damit auch bei einer KGaA Anwendung.[51] § 10d EStG ermöglich damit eine Erweiterung der Abschnittsbesteuerung.[52]

Nach § 10d Absatz 1 S. 1 EStG sind negative Einkünfte, die bei der Ermittlung des Gesamtbetrags der Einkünfte nicht ausgeglichen werden, bis zu einem Betrag von EUR 511.500 vom Gesamtbetrag der Einkünfte des unmittelbar vorangegangenen Veranlagungszeitraums abzuziehen (**Verlustrücktrag**).[53]

Seit dem Veranlagungszeitraum 2004 unterliegt auch die Verrechnung eines Verlustvortrags bestimmten Einschränkungen durch die Einführung einer sog. „**Mindestbesteuerung**".[54] Nicht ausgeglichene negative Einkünfte, die nicht zurückgetragen werden, sind entsprechend § 10d Absatz 2 EStG in den folgenden Veranlagungszeiträumen bis zu einem Gesamtbetrag der Einkünfte von EUR 1 Mio. unbeschränkt, darüber hinaus bis zu 60% des EUR 1 Mio. übersteigenden Gesamtbetrags der Einkünfte abziehbar (**Verlustvortrag**).

Der Gesamtbetrag der Einkünfte wird personenbezogen ermittelt. Deswegen kommen Sockelbetrag und Verrechnungsgrenze nicht nur bei der KGaA, sondern auch bei dem bzw. den persönlich haftenden Gesellschafter(n) zur Anwendung.[55]

Grundsätzlich kommen Sockelbetrag und Verrechnungsgrenze bei einer Organschaft nur einmal, nämlich beim Organträger zur Anwendung, weil ihm die Verluste des gesamten Organkreises zuzurechnen sind.[56]

---

51 Vgl. *Wittkowski*, Grenzüberschreitende Verlustverrechnung in Deutschland und Europa 2008, S. 52.
52 Vgl. *Schmidt/Henicke*, EStG-Kommentar, § 10d, Rz. 1.
53 Die Möglichkeit des Verlustrücktrags ist nur für die Einkommen- bzw. Körperschaftsteuer vorgesehen. § 10a GewStG lässt dagegen nur einen Verlustvortrag und keinen Verlustrücktrag zu.
54 Vgl. *Lang/Englisch*, StuW 2005, S. 80; *Watrin/Wittkowski/Ullmann*, StuW 2008, S. 239.
55 Vgl. *Orth*, in: Kessler/Kröner/Köhler, Konzernsteuerrecht 2008, § 11, Rz. 130.
56 Ist der Organträger eine Personengesellschaft, so kommen der Sockelbetrag und die Verrechnungsgrenze für Zwecke der Einkommen- und Körperschaftsteuer mehrfach zur Anwendung.

b) Verlustuntergang nach § 8c KStG

79 Eine weitere Einschränkung der **interperiodischen Verlustverrechnung** kann sich aufgrund von § 8c KStG ergeben.[57]

80 Ausschlaggebend für den Untergang steuerlicher Verlustvorträge nach § 8c Absatz 1 KStG ist das Kriterium des sog. schädlichen **Anteilserwerbs**. So kommt es zu einem quotalen Untergang festgestellter körper- und gewerbesteuerlicher Verlustvorträge sowie der bis zum Anteilseignerwechsel unterjährig erlittenen Verluste, wenn innerhalb eines Zeitraums von fünf Jahren mehr als 25% und bis zu 50% der Anteile an einen Erwerber bzw. eine ihm nahestehende Person oder an eine Erwerbergemeinschaft übertragen werden.

81 Die **Schädlichkeitsgrenze** kann sowohl durch unmittelbare als auch mittelbare Anteilsübertragungen überschritten werden. Bei Übertragungen von mehr als 50% innerhalb von fünf Jahren kommt es zum vollständigen Untergang körper- und gewerbesteuerlicher Verlustvorträge.

Tabelle 4: Verlustuntergang nach § 8c Absatz 1 KStG

Übertragung der Anteile am gezeichneten Kapital innerhalb von fünf Jahren	Auswirkungen auf den Verlustvortrag
> 25% und ≤ 50%	**Quotaler** Untergang des Verlustabzugs in Höhe der schädlichen Anteilsübertragung
> 50%	**Vollständiger** Untergang des Verlustabzugs

82 Seit der Einführung des § 8c KStG durch das UntStRefG 2008 hat die Vorschrift mehrere Modifikationen erfahren:

- So wurde die Vorschrift in Absatz 1a um eine **Sanierungsklausel** ergänzt,[58]
- In Absatz 1 wurde der **konzerninterne Beteiligungserwerb** aus dem Anwendungsbereich der Regelung ausgenommen und der Verlustabzug zugelassen, soweit die Verluste die **stillen Reserven** nicht übersteigen. Außerdem wurde durch Änderung des § 34 Absatz 7c KStG die zeitliche Beschränkung der Anwendung des Absatzes 1a aufgehoben[59] und
- Lücken in der Regelung des Absatzes 1 geschlossen.[60] So wurden durch Änderung des Satzes 6 stille Reserven in ausländischem, im Inland aber steuerpflichtigen Betriebsvermögen einbezogen. Ein neuer Satz 8 schafft eine besondere Regelung bei **negativem Eigenkapital** bei der Körperschaft.[61]

83 § 8c KStG erfasst bei einer KGaA nur die Übertragung der Kommanditaktien, nicht hingegen den Erwerb einer Beteiligung eines persönlich haftenden Gesellschafters.[62] In der Literatur wird demzufolge die Auffassung vertreten, dass der Erwerb, die Begründung oder die Stärkung einer

---

[57] Vgl. etwa *Beußer*, DB 2007, S. 1549; *Dörfler/Wittkowski*, GmbHR 2007, S. 513; *Dörr*, NWB Fach 4, S. 5181; *Esterer*, in: Herzig u.a. (Hrsg.), Handbuch Unternehmensteuerreform 2008, S. 127; *Hey*, in: Tipke/Lang, Steuerrecht, 2008, § 11, Rz. 58; *Suchanek*, in: Herrmann/Heuer/Raupach, § 8c KStG, Rz. J 07-2.

[58] Bürgerentlastungsgesetz v. 16.7.2009, BStBl. I 2009, 782. Vgl. *Wittkowski/Hielscher*, BRZ 2009, S. 421. Zu beachten ist, dass die Sanierungsklausel für die Vergangenheit beim EuGH wegen eines möglichen Verstoßes gegen das Beihilfeverbot anhängig ist. Bis auf weiteres besteht keine Möglichkeit, sich auf die Sanierungsklausel zu beziehen. Durch das geplante BeitrRLUmsG soll die Sanierungsklausel bis zu einer Entscheidung des EuGH ausgesetzt werden.

[59] Wachstumsbeschleunigungsgesetz v. 22.12.2009, BStBl. I 2010, S. 2. Vgl. auch *Wittkowski/Hielscher*, DB 2010, S. 11.

[60] Jahressteuergesetz 2010 v. 8.12.2010, BStBl. I 2010, S. 1394. Vgl. auch *Wittkowski/Hielscher*, BC 2010, S. 569.

[61] Die Neuregelungen sind mangels einer gesonderten Regelung nach § 34 Absatz 1 KStG ab dem Veranlagungszeitraum 2010 anzuwenden.

[62] Vgl. *Kollruss/Weißert/Ilin*, DStR 2009, S. 88.

KGaA-Komplementärstellung für Zwecke der Verlustabzugsbeschränkung des § 8c KStG unschädlich sei.[63] Körper- und gewerbesteuerliche Verlustvorträge könnten somit fortgeführt werden, was einen deutlichen Vorteil der KGaA gegenüber anderen Körperschaften darstellen würde.

4. Körperschaftssteuerbelastung der KGaA

Der Körperschaftssteuersatz beträgt nach § 23 Absatz 1 KStG 15% des zu versteuernden Einkommens. Zur Körperschaftsteuer wird zudem nach § 1 Absatz 1 SolZG ein Solidaritätszuschlag von 5,5% auf die Körperschaftsteuer erhoben.

84

5. Gewerbesteuer auf Ebene der KGaA

Grundsätzlich unterliegt gem. § 2 Absatz 1 Satz 1 GewStG jeder stehende **Gewerbebetrieb**, soweit er im Inland betrieben wird, der inländischen Gewerbesteuer. Nach § 2 Absatz 2 GewStG gilt die Tätigkeit in Form einer KGaA stets und in vollen Umfang als Gewerbebetrieb („Gewerbebetrieb kraft Rechtsform").

85

Der **Gewerbeertrag** ergibt sich aus § 7 GewStG, wobei bestimmte Hinzurechnungen nach § 8 GewStG bzw. Kürzungen nach § 9 GewStG zu berücksichtigen sind. Dabei scheinen die gewerbesteuerlichen Sonderregelungen eine intransparente Sichtweise auf die KGaA zu stützen. So bedurfte es wohl aus Sicht des Gesetzgebers einer besonderen Hinzurechnungsvorschrift, um den nach § 9 Absatz 1 Nr. 1 KStG abgezogenen Gewinnanteil wieder zu integrieren.[64]

86

Die **Hinzurechnungsvorschrift** des § 8 Nr. 4 GewStG nimmt bei der gewerbesteuerlichen Würdigung einer KGaA eine zentrale Stellung ein. Sie bestimmt, dass die bei der Ermittlung des Gewinns einer KGaA gewinnmindernd abgezogenen Gewinnanteile und Geschäftsführervergütungen (Tantiemen) der persönlich haftenden Gesellschafter Teile des Gewerbeertrags der KGaA sind.

87

Insoweit sind die Beträge, die nach § 9 Absatz 1 Nr. 1 KStG bei der Ermittlung des Gewinns einer KGaA abgezogen worden sind, bei der Ermittlung des Gewerbeertrags der KGaA eben nicht abzuziehen, sondern wieder hinzuzurechnen.[65] Beide Vorschriften stimmen hinsichtlich der Kennzeichnung der abziehbaren bzw. wieder hinzuzurechnenden Gewinnanteile wörtlich überein. § 8 Nr. 4 GewStG kann somit als Spiegelbild des § 9 Absatz 1 Nr. 1 KStG verstanden werden.

88

Als Unternehmer des Gewerbebetriebs ist damit - anders als bei Mitunternehmerschaften - gewerbesteuerlich nur die KGaA selbst anzusehen, nicht jedoch (auch) der Komplementär, weshalb die Berücksichtigung von **Sonderbetriebseinkünften** des Komplementärs bei der Ermittlung des Gewerbeertrags ausgeschlossen sein soll.[66] Somit sind die als Betriebsausgaben bei der KGaA abgezogenen Vergütungen für die Hingabe von Darlehen und/oder für die Überlassung von Wirtschaftsgütern an den persönlich haftenden Gesellschafter nicht durch eine Hinzurechnung mit Gewerbesteuer belastet. Gleichwohl sind aber Zinsen bzw. Mieten entsprechend § 8 Nr. 1 GewStG hinzuzurechnen, soweit die Voraussetzungen dafür erfüllt sind.[67] Rückschlüsse auf die einkommen- bzw. körperschaftsteuerliche Sichtweise können jedoch hieraus **nicht** gezogen werden, da der historische Gesetzgeber die Gewerbesteuer stets als ein getrenntes Rechtsgebiet mit eigenständiger Anknüpfung und unterschiedlicher Zielsetzung auffasste.[68]

89

---

63 Vgl. *Kollruss/Weißert/Ilin*, DStR 2009, S. 89.
64 So zumindest *Kessler*, in: FS Korn 2005, S. 315.
65 Vgl. *Hofmeister*, in: Blümich, § 8 GewStG, Rz. 520.
66 Vgl. u.a. *Hageböke*, KGaA, 2008, S. 82.
67 Absch. 50 Satz 10 GewStR.
68 Vgl. *Kessler*, in: FS Korn 2005, S. 327.

90 Zu den **Gewinnanteilen** gehören auch die das körperschaftsteuerpflichtige Einkommen der KGaA mindernden Aufwendungen für Ruhegehälter der persönlich haftenden Gesellschafter und die Zuführungen zu Pensionsrückstellungen wegen derartiger Ruhegehaltszusagen.[69] Ein Auslagen- und Aufwendungsersatz, den die KGaA gegenüber dem persönlich haftenden Gesellschafter erbringt, ist kein Entgelt für eine Geschäftsführertätigkeit und fällt damit auch nicht unter die Hinzurechnung nach § 8 Nr. 4 GewStG.[70]

91 In den Vorschriften der §§ 8 Nr. 4 und 9 Nr. 2b GewStG werden für die Gewinnanteile, die an persönlich haftende Gesellschafter auf ihre nicht auf das Grundkapital gemachten Einlagen oder als Vergütung (Tantieme) für die Geschäftsführung verteilt werden, die Belastung mit Gewerbesteuer geregelt.

92 Die KGaA muss die körperschaftsteuerlich abzugsfähigen Beträge nach § 8 Nr. 4 GewStG hinzurechnen, während sie der persönlich haftende Gesellschafter nach § 9 Nr. 2b GewStG kürzen darf. Die entsprechenden Erträge werden somit gewerbesteuerlich auf der Ebene der KGaA erfasst. Vergütungen für die Überlassung von Darlehen und Vergütungen für die Überlassung von Wirtschaftsgütern unterliegen nicht den §§ 8 Nr. 4, 9 Nr. 2b GewStG, sondern sind ggf. nach den Hinzurechnungsvorschriften in § 8 Nr. 1 GewStG zu behandeln. Sie unterliegen also über § 7 Satz 1 GewStG grundsätzlich ausschließlich beim persönlich haftenden Gesellschafter der Gewerbesteuer.

93 Im Falle von Schuldzinsen kann es unabhängig von der Laufzeit des Darlehens zu einer (zusätzlichen) Erfassung nach § 8 Nr. 1 Buchst. a) GewStG bei der KGaA kommen. Im Falle von Vergütungen für die Überlassung beweglicher oder unbeweglicher Wirtschaftsgüter kann es nach § 8 Nr. 1 Buchst. d) und e) GewStG ebenfalls zu einer Hinzurechnung der Miet- und Pachtzinsen kommen.

94 Nachfolgend sind noch einmal die relevanten Normen **zusammengefasst**, die im Rahmen der **Gewerbesteuer** bei der KGaA zu beachten sind (*Abbildung 26*). Dabei ist das Ergebnis des Zusammenspiels der einzelnen Normen und damit die Erfassung des Gewinnanteils des Komplementärs bei der KGaA, von besonderer steuerplanerischer Relevanz.

Abbildung 26: Zusammenfassung der gewerbesteuerlich relevanten Normen

Gewerbesteuerlich relevante Normen auf Ebene der KGaA	
§ 9 Nr. 1 KStG	Gewinnanteil des Komplementärs ist auf Ebene der KGaA abzuziehen
§ 8 Nr. 4 GewStG	Gewinnanteil des Komplementärs ist im Rahmen der GewSt auf Ebene der KGaA wieder hinzuzurechnen
§ 9 Nr. 2b GewStG	Abzug des Gewinnanteils beim Komplementär

95 Der Gewerbeertrag ist durch eine **verfahrensrechtlich** selbstständige Gewinnermittlung festzustellen. Der nach dem KStG ermittelte Gewinn hat keine Bindungswirkung für die Gewerbesteuer, sondern ist lediglich als Anhaltspunkt für die Berechnung des Gewerbeertrags zu verstehen.[71]

---

69 R 8.2 S. 3 EStR.
70 BFH v. 31.10.1990, BStBl. II 1991, S. 253.
71 Vgl. aber § 35b GewStG bei Änderung oder Aufhebung eines Körperschaftsteuerbescheids.

C. Besteuerungsebenen der KGaA

Der Steuermessbetrag als Bemessungsgrundlage der Gewerbesteuer bei einer KGaA ergibt sich nach § 11 GewStG aus der Anwendung des Hundertsatzes, d.h. der sog. Steuermesszahl in Höhe von 3,5% auf den vorstehend erläuterten Gewerbeertrag. Ein Freibetrag in Höhe von maximal EUR 24.500 kommt nur bei einer natürlichen Person und einer Personengesellschaft zur Anwendung. Bei einer KGaA als Kapitalgesellschaft greift daher der Freibetrag nicht.

II. Ebene des persönlich haftenden Gesellschafters

Persönlich haftende Gesellschafter einer KGaA verfügen über eine Quasi-Mitunternehmerstellung, da sie nur *wie* ein Mitunternehmer zu behandeln sind. Zu dieser Auffassung gelangt der BFH, da die persönlich haftenden Gesellschafter - anders als die persönlich haftenden Gesellschafter einer KG - im Gesetz nicht als Mitunternehmer bezeichnet, eben nur *wie* Mitunternehmer zu behandeln sind.[72]

So weist er ebenfalls in ständiger Rechtsprechung darauf hin, dass zwischen der KGaA und den persönlich haftenden Gesellschaftern eben keine Mitunternehmerschaft besteht.[73] Dass ein persönlich haftender Gesellschafter *wie* ein Mitunternehmer zu behandeln ist, bedeutet ebenfalls nicht, dass eine Mitunternehmerschaft mit einem zweiten Mitunternehmer besteht, sondern dass der persönlich haftende Gesellschafter allein aufgrund seiner handelsrechtlichen Stellung wie ein Mitunternehmer zu behandeln ist.[74]

1. Besteuerung wie ein Mitunternehmer

Hinsichtlich der Einkommensermittlung stellt der BFH in seiner Rechtsprechung darauf ab, dass persönlich haftende Gesellschafter, sofern diese nicht auch Kommanditaktionäre sind, an der Wurzel von der Körperschaftsteuer abzuspalten und nach § 15 Absatz 1 Nr. 3 EStG uneingeschränkt dessen Einkommensbesteuerung zuzuweisen sei (sog. „Wurzeltheorie").[75] Damit erzielt der persönlich haftende Gesellschafter originäre gewerbliche Einkünfte und **keine** umqualifizierten Einkünfte aus Kapitalvermögen.[76]

§ 15 Absatz 1 Nr. 3 EStG bildet somit den **Ausgangspunkt** der nachstehenden Überlegungen zur steuerlichen Behandlung des persönlich haftenden Gesellschafters:

§ 15 Absatz 1 Nr. 3 EStG sieht im Einzelnen vor:

> *(1) Einkünfte aus Gewerbebetrieb sind:*
>
> > *3. die Gewinnanteile der persönlich haftenden Gesellschafter einer Kommanditgesellschaft auf Aktien, soweit sie nicht auf Anteile am Grundkapital entfallen, und die Vergütungen, die der persönlich haftende Gesellschafter von der Gesellschaft für seine Tätigkeit im Dienst der Gesellschaft oder für die Hingabe von Darlehen oder für die Überlassung von Wirtschaftsgütern bezogen hat.*

Damit umfasst § 15 Absatz 1 Nr. 3 EStG vier Einkunftskomponenten des persönlich haftenden Gesellschafters:

---

[72] BFH v. 21.6.1989, X R 14/88, BStBl. II 1989, S. 881.
[73] BFH v. 28.1.2007, X R 6/05, DStRE 2008, S. 339.
[74] Vgl. *Rohrer/Orth*, BB 2007, S 1596.
[75] BFH v. 21.6.1989, X R 14/88, BStBl. II 1989, S. 881.
[76] Somit kann es im Verhältnis zum persönlich haftenden Gesellschafter auch zu keiner verdeckten Gewinnausschüttung kommen.

Abbildung 27: Einkunftskomponenten des persönlich haftenden Gesellschafters

- Gewinnanteile, soweit sie nicht auf Anteile am Grundkapital entfallen
- Tätigkeitsvergütungen
- Sondervergütungen für die Hingabe von Darlehen
- Sondervergütungen für die Überlassung sonstiger Wirschaftsgüter

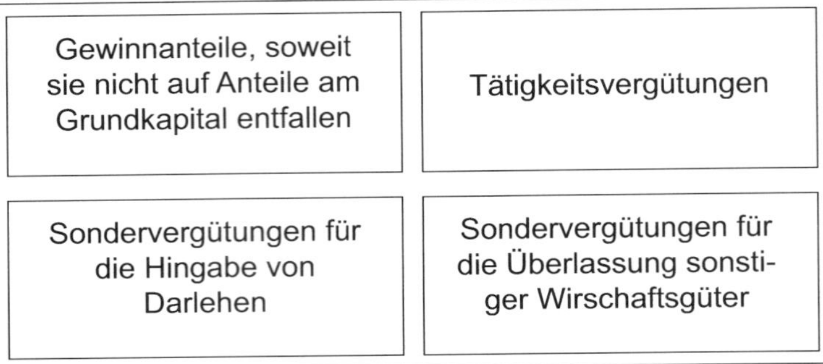

103 Der BFH hat in seinem Urteil vom 21.6.1989 die sich aus der Quasi-Mitunternehmerstellung der persönlich haftenden Gesellschafter der KGaA ergebenden Aspekte wie folgt zusammengefasst:[77]

- Der persönlich haftende Gesellschafter ist gem. § 15 Absatz 1 Satz 1 Nr. 3 EStG in jeder Beziehung als Gewerbetreibender zu behandeln. Es besteht bei der KGaA **kein** Gesamthandsvermögen, da die KGaA eine Kapitalgesellschaft und keine Gesamthandsgemeinschaft ist. Der persönlich haftende Gesellschafter kann aber eine Stellung haben wie ein (echter) Mitunternehmer oder z.B. ein atypisch stiller Gesellschafter.
- Der Gewinnanteil des persönlich haftenden Gesellschafters nach § 15 Absatz 1 Nr. 3 EStG ermittelt sich durch Betriebsvermögensvergleich einschließlich seiner Sondervergütungen bzw. Sonderbetriebseinnahmen. Das Wirtschaftsjahr des persönlich haftenden Gesellschafters stimmt mit dem Wirtschaftsjahr der KGaA überein.

104 Bemerkenswert ist die Tatsache, dass die h.M. die Gleichstellung des Komplementärs mit einem Mitunternehmer unabhängig von der Prüfung von Mitunternehmerinitiative und Mitunternehmerrisiko allein aufgrund der gesellschaftsrechtlichen Komplementärstellung vornimmt.[78]

a) Laufende Besteuerung

105 Im Rahmen der laufenden Besteuerung ist auf der Ebene des persönlich haftenden Gesellschafters § 15 Absatz 1 Nr. 3 EStG anzuwenden. Der Gewinn des persönlich haftenden Gesellschafters ist durch **Betriebsvermögensvergleich** bei der KGaA zu ermitteln, ungeachtet des Umstands, dass in deren Steuerbilanz der Gewinnanteil als nicht abziehbare Betriebsausgabe qualifiziert wird. Somit kommt es nicht auf einen Zufluss beim Komplementär an.

106 Auf der Ebene der KGaA sind Leistungen an den persönlich haftenden Gesellschafter, insbesondere Zinsen, Mieten und Pachten, entweder gem. § 4 Absatz 4 EStG i.V.m. § 8 Absatz 1 KStG als Betriebsausgaben und im Übrigen, insbesondere, soweit es sich um unangemessen hohe Leistungen handelt, nach § 9 Absatz 1 Nr. 1 KStG abziehbar.[79]

---

77 BFH v. 21.6.1989, X R 14/88, BStBl. II 1989, S. 881.
78 Vgl. *Risse*, in: Kessler/Kröner/Köhler, Konzernsteuerrecht, 2008, S. 130. BFH v. 23.10.1984, I R 11/80, BStBl. II 1984, S. 381; BFH v. 23.10.1985, I R 235/81, BStBl. II 1986, S. 72; BFH v. 21.6.1989, X R 14/88, BStBl. II 1989, S. 881. A.A. *Reiß*, in: Kirchhof, EStG-Kommentar, § 15, Rz. 405.
79 Vgl. u.a. *Schmidt/Wacker*, EStG-Kommentar, § 15, Rz. 890.

Entsprechend den Grundsätzen zur Gewinnermittlung bei Mitunternehmerschaften haben persönlich haftende Gesellschafter Wirtschaftsgüter, die dem Betrieb der KGaA (un)mittelbar dienen, in **Sonderbilanzen** zu erfassen.[80]

Zum **notwendigen Sonderbetriebsvermögen** des Komplementärs gehören wie bei einem „echten" Mitunternehmer die der KGaA gewährten Darlehen bzw. zur Nutzung überlassenen sonstigen Wirtschaftsgüter. Die hierfür gezahlten Vergütungen (Zinsen, Mieten, Pachten) sind Sonderbetriebseinnahmen, die unter § 15 Absatz 1 Satz 1 Nr. 3 EStG fallen, jedoch nicht unter § 9 Absatz 1 Nr. 1 KStG und damit auch nicht unter § 8 Nr. 4 GewStG. Bei einer mittelbaren Beteiligung über eine Personenhandelsgesellschaft (z.B. GmbH & Co. KG) als persönlich haftenden Gesellschafter ist § 15 Absatz 1 Satz 1 Nr. 2 EStG auf die Mitunternehmer der Personengesellschaft anwendbar.

Kein Sonderbetriebsvermögen sind die Anteile am Grundkapital (Kommanditaktien) die von den persönlich haftenden Gesellschaftern gehalten werden.[81] Sie sind nicht geeignet, die Einflussmöglichkeiten des Komplementärs zu stärken. Ausschüttungen auf diese Anteile sind Einkünfte aus Kapitalvermögen gem. § 20 Absatz 1 Nr. 1 EStG und mit Zufluss zu versteuern.

Offen ist, ob bei einem persönlich haftenden Gesellschafter unter denselben Voraussetzungen wie bei einer OHG oder KG die Aufstellung einer **Ergänzungsbilanz** in Betracht kommt.[82] So wird einerseits die Auffassung vertreten, der Komplementär könne über keine Ergänzungsbilanz verfügen, da die KGaA über kein Gesamthandsvermögen verfügt.[83] Dies ist zwar richtig, dennoch stellt sich die Frage, wie die Aufdeckung stiller Reserven etwa bei einem Wechsel des persönlich haftenden Gesellschafters, Einbringungsvorgängen gegen Gesellschaftsrechte sowie nach § 24 UmwStG ohne Ergänzungsbilanzen zutreffend abgebildet werden kann.[84]

Das zu versteuernde Einkommen des persönlich haftenden Gesellschafters unterliegt entweder, sofern er persönlich der Einkommensteuer unterliegt, dem in § 32a Absatz 1 EStG geregelten **progressiven Einkommensteuertarif** mit einem Spitzensteuersatz von 42% sowie für zu versteuernde Einkommen ab EUR 250.000 einem Spitzensteuersatz von 45% (sog. Reichensteuer). Ist der persönlich haftende Gesellschafter eine Körperschaft, unterliegen die Einkünfte dort dem einheitlichen **Körperschaftsteuersatz** von 15%. In beiden Fällen sind noch die Belastungen durch den **Solidaritätszuschlag** zu beachten.[85]

Zusammengefasst ergibt sich für die laufende Besteuerung des Komplementärs die Gewinnermittlung nach dem folgenden Schaubild:

---

80 Pensionszusagen an persönlich haftende Gesellschafter sind korrespondierend zur Steuerbilanz der KGaA ebenfalls in Sonderbilanzen zu erfassen.
81 BFH v. 21.6.1989, X R 14/88, BStBl. II 1989, S. 881.
82 Dies bejahend *Reiß*, in: Kirchhof, EStG-Kommentar, § 15, Rz. 407.
83 FG München, GmbHR 2003, S. 597. Vgl. *Lambrecht*, in: Gosch, KStG-Kommentar, § 9, Rz. 21.
84 Zu den Schwierigkeiten im Rahmen der Einbringung nach § 24 UmwStG vgl. die Diskussion auf S. 201.
85 Vgl. zu einer umfassenden Diskussion der Steuertarife *Lang*, in: Tipke/Lang, Steuerrecht 2010, § 9, Rz. 800.

Abbildung 28: Betriebsvermögensvergleich des Komplementärs nach § 4 Absatz 1 EStG[86]

	Betriebsvermögensvergleich des Komplementärs nach § 4 Absatz 1 EStG
	Kapitalkonto des Komplementärs in der Steuerbilanz der KGaA (einschließlich Ergänzungsbilanz) am Ende des Wirtschaftsjahres
./.	Kapitalkonto des Komplementärs in der Steuerbilanz der KGaA (einschließlich Ergänzungsbilanz) am Ende des vorangegangenen Wirtschaftsjahres
=	**Unterschiedsbetrag (Gewinn/Verlust 1. Stufe)**
+	Entnahmen
+	Einlagen
./. +	Weitere außerbilanzielle Korrekturen (z.B. nichtabzugsfähige Betriebsausgaben, steuerfreie Einkünfte etc.)
./. +	Sonderbetriebsergebnis (aus Sonderbilanz) des Komplementärs
=	**„Gewinn" i.S.v. § 4 Absatz 1 Satz 1 EStG (Gewinn/Verlust 2. Stufe)**

b) Anteilsveräußerung

113 Nach § 16 Absatz 1 Satz 1 Nr. 3 EStG sind Gewinne, die aus der Veräußerung (oder Aufgabe) des Anteils eines Komplementärs einer KGaA erzielt werden, den Gewinnen aus der Veräußerung eines ganzen Gewerbebetriebs (Teilbetriebs oder Mitunternehmeranteils) gleichgestellt.[87] Die vom persönlich haftenden Gesellschafter als Aktionär evtl. zusätzlich gehaltenen Kommanditaktien fallen nicht in den Anwendungsbereich des § 16 EStG.[88]

114 Der Anteil des persönlich haftenden Gesellschafters an der KGaA wird in der Vorschrift - wie auch in § 15 Absatz 1 EStG - gesondert aufgeführt, weil der persönlich haftende Gesellschafter nicht Mitunternehmer der KGaA ist. Insofern war es die ausdrückliche Absicht des Gesetzgebers, persönlich haftende Gesellschafter explizit von § 16 EStG und den damit verbundenen Begünstigungen zu erfassen.

115 Der **Veräußerungsgewinn bzw. -verlust** nach § 16 Absatz 2 Satz 1 EStG ist der Betrag, um den der Veräußerungspreis abzüglich der Veräußerungskosten den Buchwert des veräußerten Betriebsvermögens bzw. - bei einer Anteilsveräußerung - den Buchwert des entsprechenden Anteils am Betriebsvermögen übersteigt bzw. unterschreitet.

116 Nach § 16 Absatz 4 EStG wird der Veräußerungsgewinn auf Antrag einmal im Leben zur Einkommensteuer nur herangezogen, soweit er EUR 45.000 Euro übersteigt, der Steuerpflichtige das 55. Lebensjahr vollendet hat oder er im sozialversicherungsrechtlichen Sinne dauernd berufsunfähig ist. Der **Freibetrag** ermäßigt sich um den Betrag, um den der Veräußerungsgewinn EUR 136.000 übersteigt.

---

86 In Anlehnung an *Hageböke*, KGaA, 2008, S. 94.
87 Vgl. *Schmidt/Wacker*, EStG-Kommentar, 2011, § 16 Rz. 570.
88 Die Kommanditaktien stellen auch selbst dann kein Sonderbetriebsvermögen dar, wenn die Zeichnung des Kapitalanteils Voraussetzung für die Übernahme der Stellung als persönlich haftender Gesellschafter gewesen sein sollte. Vgl. *Kauffmann*, in: Frotscher, EStG-Kommentar, § 16, Rz. 134.

Veräußerungsgewinne nach § 16 EStG gehören zu den außerordentlichen Einkünften des § 34 EStG. Sie können deshalb nach § 34 Absatz 1 EStG (Fünftelregelung) begünstigt oder bei Vorliegen der Voraussetzungen des § 16 Absatz 4 EStG wahlweise nach § 34 Absatz 3 EStG mit einem ermäßigten Steuersatz besteuert werden.

2. Gewerbesteuer

Ein Ansatz der Gewinnanteile nach § 15 Absatz 1 Nr. 3 EStG begründet bei einer natürlichen Person grundsätzlich keine **Gewerbesteuerpflicht**, da der persönlich haftende Gesellschafter über keinen Gewerbebetrieb verfügt und auch nur *wie* ein Mitunternehmer zu behandeln ist. Mit anderen Worten ist der Komplementär nicht bereits kraft seiner Komplementär-Stellung gewerbesteuerpflichtig.[89]

Indes kommen die gewerbesteuerlichen Wirkungen auf Ebene des persönlich haftenden Gesellschafters dort zum Tragen, wo der Kapitalanteil einem **Betriebsvermögen** zuzurechnen ist, etwa dem Betriebsvermögen einer GmbH im typischen Fall der GmbH & Co. KGaA. In derartigen Fällen liegt somit eine Gewerbesteuerpflicht beim persönlich haftenden Gesellschafter vor.

a) Ermittlung des Gewerbeertrags

Ist der persönlich haftende Gesellschafter der KGaA z.B. eine GmbH oder eine GmbH & Co. KG, die kraft Rechtsform selbst der Gewerbesteuer unterliegen, führt die Hinzurechnung des Gewinnanteils und der Geschäftsführungsvergütungen gem. § 8 Nr. 4 GewStG im Ergebnis zu einer **gewerbesteuerlichen Doppelerfassung**. Dieses kollidiert mit dem Prinzip der Einmalbesteuerung.[90]

Zur Vermeidung einer Doppelerfassung bei einer inländischen Kapitalgesellschaft als persönlich haftenden Gesellschafter einer KGaA sieht § 9 Nr. 2b GewStG eine Eliminierung dieses Effekts in Form einer sog. **gewerbesteuerlichen Kürzung** vor.

§ 9 Nr. 2b GewStG sieht daher eine entsprechende Korrektur vor:

"*Die Summe des Gewinns und der Hinzurechnungen wird gekürzt um*

    2b. die nach § 8 Nr. 4 dem Gewerbeertrag einer Kommanditgesellschaft auf Aktien hinzugerechneten Gewinnanteile, wenn sie bei der Ermittlung des Gewinns (§ 7) angesetzt worden sind;"

Es sei darauf hingewiesen, dass **nicht sämtliche Beziehungen** von der Kürzung des § 9 Nr. 2b GewStG erfasst sind. Insbesondere die Hinzurechnungen nach § 8 Nr. 1 GewStG für Zins-, Miet- und Pachtzahlungen für bewegliche und unbewegliche Wirtschaftsgüter, Leasingraten und insbesondere Lizenzgebühren werden beim Gewerbeertrag des persönlich haftenden Gesellschafters nicht gekürzt. So werden etwa die bei der KGaA angefallenen Schuldzinsen zu einem Viertel hinzugerechnet und unterliegen dann uneingeschränkt beim persönlich haftenden Gesellschafter der Gewerbesteuer.[91]

---

89 Vgl. bezüglich der gewerbesteuerlichen Behandlung auf Ebene der KGaA die Ausführungen auf S. 127.
90 Vgl. *Schaumburg/Schulte*, Die KGaA, 2000, Rz. 127.
91 Vgl. *Derlien/Wittkowski*, DB 2008, S. 835; *Schaumburg/Schulte*, Die KGaA, 2000, Rz. 127.

b) Ermittlung der Gewerbesteuer

124 Auf den verbleibenden Gewerbeertrag ist die in einem Hundertsatz ausgedrückte Steuermesszahl anzuwenden. Die Steuermesszahl beträgt ab dem Erhebungszeitraum 2008 für alle Gewerbebetriebe, unabhängig von der Rechtsform, einheitlich 3,5% (§ 11 Absatz 2 GewStG).

125 Das örtlich zuständige Betriebsfinanzamt erlässt zur Festsetzung des Steuermessbetrags einen **Gewerbesteuermessbescheid** (vgl. § 184 AO).

126 Die anschließende Festsetzung der Gewerbesteuer erfolgt gem. § 16 GewStG durch die Anwendung eines von der Gemeinde festgelegten **Hebesatzes** (Hundertsatz) auf den Gewerbesteuermessbetrag oder auf den der Gemeinde zustehenden Anteil aus der Zerlegung des Gewerbesteuermessbetrags. Zumeist erfolgt die Festsetzung des Hebesatzes durch die Haushaltssatzung der Gemeinde. Zulässig ist auch eine besondere Satzung für den Hebesatz.[92]

c) Gewerbesteueranrechnung nach § 35 EStG

127 Mit der Steuerermäßigung gem. § 35 EStG soll die Sonderbelastung der Gewerbetreibenden mit Gewerbesteuer und Einkommensteuer beseitigt oder jedenfalls spürbar gemindert werden. Die **Kompensation** der Gewerbesteuer erfolgt über eine pauschale Anrechnung der Gewerbesteuer auf die Einkommensteuer in Höhe des 3,8fachen des Gewerbesteuermessbetrags. Durch diese einfache und grobe Form der Entlastung wird nicht an die tatsächlich gezahlte Gewerbesteuer angeknüpft. Dennoch besteht eine Begrenzung der Anrechnung auf die tatsächliche zu zahlende Gewerbesteuer.

128 Der Gewerbesteuermessbetrag ergibt sich aus der Multiplikation des Gewerbeertrags mit der Steuermesszahl von 3,5% (§ 11 Absatz 1 und 2 GewStG). Bei einem Gewerbeertrag von 100 beträgt der Gewerbesteuermessbetrag somit 3,5% und die Anrechnung der Gewerbesteuer auf die Einkommensteuer 13,3%.

129 Angerechnet wird damit maximal die Gewerbesteuer, die sich bei einem Gewerbesteuerhebesatz von 380% ergeben würde. Eine vollständige Gewerbesteuerkompensation wird allerdings bei einem Gewerbesteuerhebesatz von 400% erreicht. Dies beruht auf dem **Solidaritätszuschlagseffekt**, für den in § 3 Absatz 2 SolZG eine eigene Regelung eingefügt wurde. Da die Gewerbesteueranrechnung nicht nur die tarifliche Einkommensteuer, sondern auch die Bemessungsgrundlage für den Solidaritätszuschlag mindert, kommt es zu einer Minderung der Gewerbesteuerbelastung in Höhe des Solidaritätszuschlags auf die angerechnete Gewerbesteuer.

130 Rechnerisch lässt sich die vollständige Kompensation bei einem Gewerbesteuerhebesatz von 400% wie folgt nachweisen: Unter Verwendung des 3,8fachen Gewerbesteuermessbetrages von 3,5% ergibt sich ein Anrechnungsbetrag in Höhe von 13,3%. Da die Gewerbesteueranrechnung auch die Bemessungsgrundlage des Solidaritätszuschlags mindert, ergibt sich noch eine Entlastung der Gesamtbelastung um 0,7%, d.h. um 5,5% von 13,3%. Damit ergibt sich eine Gesamtentlastung von 14%, was im Ergebnis der Gewerbesteuer bei einem Gewerbesteuerhebesatz von 400% entspricht (Gewerbeertrag 100 x Messzahl 3,5% x Hebesatz 400% = Gewerbesteuer 14).

---

[92] Es gilt nach § 16 Absatz 4 Satz 2 GewStG ein Mindesthebesatz von 200%.

Insoweit kommt es bei einem Gewerbesteuerhebesatz von 400% zur vollständigen Kompensation der Gewerbesteuer, während es bei Gewerbesteuerhebesätzen unter 400% zu einer geringfügigen Überkompensation in Höhe des Solidaritätszuschlages auf die Gewerbesteueranrechnung kommt. Bei Gewerbesteuerhebesätzen über 400% kommt es dagegen zur Unterkompensation. Dies gilt sowohl für den Einkommensteuersatz von 42% als auch für den von 45%.

§ 35 EStG ist hingegen nicht auf die **Kirchensteuer** anwendbar, § 51a Absatz 2 Satz 3 EStG.

Die Einkommensteuerermäßigung setzt voraus, dass überhaupt Einkommensteuer geschuldet wird. Die Entlastung von der Gewerbesteuer scheitert deshalb dann, wenn aufgrund des Verlustausgleiches die Einkommensteuer auf EUR 0 festzusetzen ist. Ein **Anrechnungsüberhang** wird nicht gestattet. Ebenso gibt es keinen Vor- oder Rücktrag von nicht ausgeschöpften Ermäßigungsbeträgen.

Die Vorschrift ist auf gewerbliche Einkünfte unbeschränkt oder beschränkt steuerpflichtiger natürlicher Personen anzuwenden, die dem Grunde nach einkommensteuerpflichtig sind.[93] Damit werden im Wesentlichen die Einkünfte aus Gewerbebetrieb gem. § 15 EStG erfasst, die der Gewerbesteuer unterlegen haben. Das Gesetz setzt damit eine gewerbesteuerliche Vorbelastung der Gewinne voraus. Nur in diesem Fall soll die Doppelbelastung mit Gewerbesteuer und Einkommensteuer, wenn auch nicht im vollen Umfang, so doch im Wesentlichen beseitigt werden.

Anwendung für den persönlich haftenden Gesellschafter der KGaA

Für den Komplementär bestimmt § 15 Absatz 1 Nr. 3 EStG, dass Gewinnanteile und Sondervergütungen, die der Komplementär von der KGaA bezieht, gewerbliche Einkünfte darstellen. Er wird somit einkommensteuerlich wie ein Mitunternehmer behandelt. In § 35 EStG wird der Komplementär auch begrifflich den Mitunternehmern gleichgestellt.

Gem. § 35 Absatz 1 Satz 1 Nr. 2 EStG ermäßigt sich die Einkommensteuer eines persönlich haftenden Gesellschafters einer KGaA um das 3,8fache des auf ihn entfallenden Gewerbesteuermessbetrags, höchstens jedoch um die anteilige von der KGaA tatsächlich zu zahlende Gewerbesteuer (§ 35 Absatz 1 Satz 5 EStG).

Gewerbesteuerlich ist die KGaA vollumfänglich Gewerbesteuersubjekt. Der Gewinnanteil, der auf den persönlich haftenden Gesellschafter entfällt, einschließlich dessen Sondervergütungen für die Überlassung von Darlehen oder Wirtschaftsgütern, wird gem. § 8 Nr. 4 GewStG dem Gewerbeertrag der KGaA hinzugerechnet. Bei dem gewerblichen persönlich haftenden Gesellschafter wird dieser Betrag entsprechend über § 9 Nr. 2b GewStG gekürzt (faktisch nur einschlägig, sofern der Gewinnanteil in einem der Gewerbesteuer unterliegenden Betriebsvermögen vereinnahmt wird), steht jedoch nicht der Anwendung von § 35 EStG entgegen.

Damit werden gewerbliche Geschäftsführer oder bei einer geschäftsführenden Personengesellschaft deren Gesellschafter im gleichen Maße entlastet wie der keine originär gewerblichen Einkünfte erzielende persönlich haftende Gesellschafter.

Obgleich die KGaA als Körperschaft die Gewerbesteuer schuldet, kann sich der persönlich haftende Gesellschafter diese auf seine Einkommensteuerschuld anrechnen lassen. Dieses Verhältnis erscheint vor dem Grundsatz der **Sphärentrennung** zwischen der Kapitalgesellschaft und des Gesellschafters befremdlich, ist aber aufgrund der hybriden Rechtsnatur der KGaA und der faktischen Behandlung des Komplementärs wie ein Mitunternehmer konsequent.

---

[93] Kapitalgesellschaften als persönlich haftende Gesellschafter der KGaA sind folglich nicht begünstigt. Vgl. *Schmidt/Wacker*, EStG-Kommentar, § 35, Rz. 10.

140 Höhe der Anrechnung

Nur der auf den persönlich haftenden Gesellschafter entfallende Anteil des **Gewerbesteuermessbetrages** führt bei diesem zu einer Steuerermäßigung.

141 Dieser Anteil ist daher nach dem allgemeinen Gewinnverteilungsschlüssel von dem für die KGaA festgesetzten Gewerbesteuermessbetrag abzuspalten und auf den oder die Komplementäre zu verteilen. Für die **Verteilung** aufgrund des allgemeinen Gewinnverteilungsschlüssels ist grundsätzlich die handelsrechtliche Gewinnverteilung maßgeblich. Diese ergibt sich entweder aus den gesetzlichen Regelungen des HGB oder aus abweichenden gesellschaftsvertraglichen Vereinbarungen. Dabei ist nur der Anteil am Gewerbesteuermessbetrag festzustellen, der zu den abziehbaren Aufwendungen gem. § 9 Absatz 1 Nr. 1 KStG gehört. Bei der Ermittlung des Aufteilungsmaßstabs sind Vorabgewinnanteile, Sondervergütungen und Ergebnisse aus Sonder- und Ergänzungsbilanzen nicht zu berücksichtigen.[94]

142 Für den Komplementär ist demnach das Verhältnis seines allgemeinen Gewinnanspruchs an der KGaA zum Gesamtgewinn der KGaA maßgeblich. Dabei werden gewinnunabhängige **Sondervergütungen** ebenso wie ein Gewinnanteil aufgrund möglicher Anteile am Grundkapital (Kommanditaktien) bei der Ermittlung des Aufteilungsschlüssels nicht berücksichtigt.

143 Das Anknüpfen an den allgemeinen Gewinnverteilungsschlüssel führt im Regelfall zu dem Ergebnis, dass bei dem persönlich haftenden Gesellschafter eine Anrechnung nach § 35 EStG entfällt, da dieser i.d.R. nur eine gewinnunabhängige Tätigkeitsvergütung (Sondervergütung) neben Ausschüttungen auf seine Anteile am Grundkapital erhält.

144 Zudem ist der persönlich haftende Gesellschafter der KGaA im Fall des Bezugs von Sondervergütungen benachteiligt, da diese Einkünfte aus § 15 Absatz 1 Satz 1 Nr. 3 EStG mangels eines Gewerbebetriebes nicht der Gewerbesteuer unterliegen, jedoch bei der KGaA über § 8 Nr. 1 Buchst. a) bis e) GewStG zu einer gewerbesteuerlichen Belastung führen.

145 **Steuerermäßigung und Ermäßigungshöchstbetrag**

Der Ermäßigungshöchstbetrag ist nach der in § 35 Absatz 1 Satz 2 EStG definierten Formel zu berechnen:

$$\frac{\text{Summe der positiven gewerblichen Einkünfte}}{\text{Summe aller positiven Einkünfte}} \times \text{geminderte tarifliche ESt} = \text{Ermäßigungshöchstbetrag}$$

146 Durch diese Formel ist insoweit im Zähler der horizontale Verlustausgleich (Saldierung der positiven mit den negativen Einkünften innerhalb der gleichen Einkunftsart) und im Nenner der vertikale Verlustausgleich (Saldierung zwischen den Einkunftsarten) ausgeblendet.

> **Beispiel:**
>
> A erzielt folgende Einkünfte (alle Angabe in EUR):
>
> | | |
> |---|---:|
> | Einzelunternehmen, § 15 Absatz 1 Nr. 1 EStG: | -20.000 |
> | Mitunternehmerschaft, § 15 Absatz 1 Nr. 2 EStG: | -30.000 |
> | Persönlich haftender Gesellschafter einer KGaA, § 15 Absatz 1 Nr. 3 EStG: | +100.000 |
> | Einkünfte, § 18 EStG: | +40.000 |
> | Einkünfte, § 21 EStG, Objekt 1: | -50.000 |
> | Einkünfte, § 21 EStG, Objekt 2: | +10.000 |
> | Summe der Einkünfte: | +50.000 |

---

[94] BMF v. 24.2.2009, BStBl. I 2009, S. 440, Rz. 29 i.V.m. 20 und 22.

Das zu versteuernde Einkommen soll 45.000 und die tarifliche Einkommensteuer nach Grundtabelle 6.784 betragen.

Die Summe der positiven gewerblichen Einkünfte beträgt 100.000; ein Verlustausgleich erfolgt nicht. Die Summe aller positiven Einkünfte beträgt 150.000 (100.000 + 40.000 + 10.000). Die festgesetzte Einkommensteuer entfällt zu 100/150 auf gewerbliche Einkünfte. Multipliziert mit der tariflichen Einkommensteuer ergibt sich ein Ermäßigungshöchstbetrag von 4.522.

Der zutreffend festgesetzte Gewerbesteuermessbetrag für die auf A entfallenden Einkünfte aus der KGaA betragen 3.500, aufgrund des Hebesatzes von 400 % ergibt sich eine zu zahlende Gewerbesteuer von 14.000 (Anrechnungsvolumen 3.500 x 3,8 = 13.300, die tatsächlich zu zahlende Gewerbesteuer übersteigt diesen Betrag).

Aufgrund des Ermäßigungshöchstbetrages von 4.522 kann das Anrechnungsvolumen von 13.300 damit nicht vollständig in Anspruch genommen werden.

Soweit das Anrechnungsvolumen aufgrund der Höchstbetragsrechnung nicht berücksichtigt werden kann, sieht das Gesetz auch keine Übertragung des nicht ausgenutzten Betrages in einen anderen Veranlagungszeitraum vor. Das **Anrechnungsvolumen** ist damit endgültig verloren. Solche Anrechnungsüberhänge können sich insbesondere ergeben: 147

- Aufgrund der unterschiedlichen Bemessungsgrundlage für Einkommensteuer und Gewerbesteuer (Gewinn bzw. Gewerbeertrag);
- Aufgrund unterschiedlicher Verrechnung von Verlusten nach § 10d EStG bzw. § 10a GewStG;
- Aufgrund des horizontalen und vertikalen Verlustausgleichs bei der Ermittlung der Einkünfte.

KGaA als Organträger 148

Liegen die Voraussetzungen einer körperschaftsteuerlichen und gewerbesteuerlichen Organschaft vor, wird das Einkommen der Organgesellschaft gem. § 14 Absatz 1 Satz 1 KStG der KGaA als Organträger zugerechnet.[95]

Die Organgesellschaft gilt gem. § 2 Absatz 2 Satz 2 GewStG als **Betriebsstätte** des Organträgers. Der getrennt zu ermittelnde Gewerbeertrag der Organgesellschaft wird dem Organträger zur Berechnung seines Gewerbesteuermessbetrages zugerechnet. Die KGaA als Organträger hat somit die Gewerbesteuer zu tragen, die aus dem Gewerbeertrag der Organgesellschaft resultiert. Der so ermittelte Gewerbeertrag ist Maßstab für die Anwendung von § 35 EStG und der Gewerbesteuermessbetrag wird an den persönlich haftenden Gesellschafter weitergereicht. 149

Wegen der Durchlässigkeit der Organgesellschaft sollte auch ein anteiliger Gewerbesteuermessbetrag, der auf die Organgesellschaft infolge ihrer Beteiligung an einer gewerblich tätigen Personengesellschaft entfällt, weiterzureichen sein. Nach anderer Auffassung vermittelt der Gewerbesteuermessbetrag der Personengesellschaft dem Komplementär keine Steuerermäßigung nach § 35 EStG, da der Gewerbeertrag der Organgesellschaft um den Gewinnanteil aus der Beteiligung an der Personengesellschaft gem. § 9 Nr. 2 GewStG zu kürzen ist. 150

Daneben soll die Organgesellschaft als Kapitalgesellschaft eine **Abschirmwirkung** entfalten und somit soll die an einer Personengesellschaft beteiligte Organgesellschaft Schlussgesellschafter sein, womit ein Durchreichen nicht möglich sein soll. Diese Auffassung widerspricht unseres Erachtens nicht nur der Einkommenszurechnung beim Organträger sondern auch der Systematik des § 35 EStG und der Absicht des Gesetzgebers eine Entlastung der einkommensteuerpflichtigen Person von der Gewerbesteuer zu erreichen.[96] 151

---

95 Vgl. zu den Voraussetzungen einer Organschaft im Einzelnen S. 122-125.
96 Derzeit sind drei Urteile beim BFH anhängig. Die Finanzgerichte haben bei Organschaften die Transparenz der Organgesellschaft anerkannt FG Hamburg v. 26.8.2009 – 6 K 65/09, EFG 2010, 145 – Rev. IV R 42/09, FG Düsseldorf v. 29.10.2009 – 16 K 1567/09 F, DStZ 2010, 264 – Rev. IV R 3/10; v. 22.1.2009 – 16 K 1267/07 F, EFG 2009, 756 – Rev. IV R 8/09.

152 **Sonderfall: GmbH & Co. KG als Komplementärin der KGaA**

Auch eine GmbH & Co. KG kann persönlich haftender Gesellschafter einer KGaA sein. Eine GmbH & Co. KG unterhält kraft **Rechtsform** selbst einen Gewerbebetrieb (§ 15 Absatz 3 Nr. 1 EStG) und unterliegt mit diesem eigenständig der Gewerbesteuer.

153 Die in den Gewinn der GmbH & Co. KG eingehenden **Gewinnanteile** aus der KGaA gem. § 15 Absatz 1 Satz 1 Nr. 3 EStG werden jedoch durch die Kürzung nach § 9 Nr. 2b GewStG insoweit bei der Gewerbesteuerfestsetzung der GmbH & Co. KG ausgespart und durch die Hinzurechnung nach § 8 Nr. 4 GewStG bei der KGaA berücksichtigt.

154 Der Mitunternehmer der GmbH & Co. KG kann das **Anrechnungsvolumen** sowohl aus dem originären Gewerbesteuermessbetrag der GmbH & Co. KG als auch über den zuzurechnenden anteiligen Gewerbesteuermessbetrag der KGaA beanspruchen.

155 Ähnlich wie bei doppelstöckigen Mitunternehmerschaften setzt die Steuerermäßigung gem. § 35 EStG für den Mitunternehmer der GmbH & Co. KG voraus, dass der auf die GmbH & Co. KG als persönlich haftenden Gesellschafter entfallende Anteil am Gewerbesteuermessbetrag der KGaA dem maßgebenden Gewerbesteuermessbetrag der GmbH & Co. KG zugerechnet wird.

156 Dies ist gewährleistet, da § 35 Absatz 2 Satz 5 EStG unseres Erachtens auch auf die Beteiligung an einer KGaA als Komplementär anzuwenden ist.

157 Die festgesetzten Gewerbesteuermessbeträge werden dem letztlich beteiligten Mitunternehmer der GmbH & Co. KG für Zwecke des § 35 EStG auch dann ungemindert zugerechnet, wenn eine der Gesellschaften (GmbH & Co. KG oder KGaA) negative Einkünfte erzielt.[97] Allerdings mindern diese negativen Einkünfte insgesamt die vom Mitunternehmer der GmbH & Co. KG zu versteuernden gewerblichen Einkünfte, so dass sich hieraus eine Beschränkung der Steuerermäßigung ergeben kann.

158 Ist die KGaA ihrerseits noch an einer Personengesellschaft (Untergesellschaft) beteiligt, entfällt der festgestellte Gewerbesteuermessbetrag dieser Untergesellschaft im Verhältnis des Gewinns auf die Vermögenseinlage der Komplementär-GmbH & Co. KG (Obergesellschaft) zum Gesamtgewinn der KGaA auf die Obergesellschaft. Der auf die Obergesellschaft entfallende anteilige Gewerbesteuermessbetrag aus der Untergesellschaft wird den Gesellschaftern der Obergesellschaft (natürliche Personen) gem. § 35 Absatz 2 Satz 5 EStG zugerechnet.

---

[97] BMF v. 25.11.2010, BStBl. I 2010, S. 1312.

C. Besteuerungsebenen der KGaA

Abbildung 29: KGaA als Mitunternehmerin einer inländischen Personengesellschaft

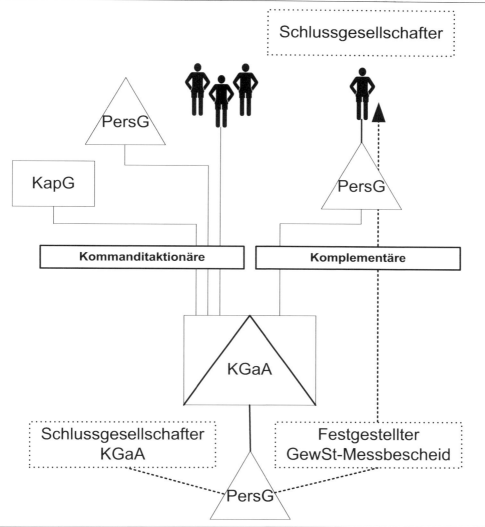

Gestaltungshinweis

Die Zwischenschaltung einer GmbH & Co. KG als persönlich haftenden Gesellschafter der KGaA bietet den Vorteil von Einflussnahme auf die KGaA mit vollumfänglicher Haftungsbegrenzung und gleichzeitiger Anrechnung des Gewerbesteuermessbetrages.

Feststellung

Der Betrag des Gewerbesteuermessbetrages, die tatsächlich zu zahlende Gewerbesteuer der KGaA und der auf den persönlich haftenden Gesellschafter entfallende Anteil sind gesondert und einheitlich festzustellen (§ 35 Absatz 2 Satz 1 EStG). Erforderlich ist auch die Feststellung einer anteiligen tatsächlichen zu zahlenden Gewerbesteuer für den Komplementär aus der Gewerbesteuerschuld der KGaA (§ 35 Absatz 4 EStG).

161 Diese Feststellungen stellen Grundlagenbescheide für die Ermittlung der Steuerermäßigung dar und sind insoweit bindend. Bei der Änderung der Festsetzung des Gewerbesteuermessbetrags ist die Einkommensteuerfestsetzung des Komplementärs nach § 175 Absatz 1 Nr. 1 AO zu berichtigen.

162 Zuständig ist das für die Feststellung der Einkünfte zuständige Finanzamt (Betriebsfinanzamt), § 35 Absatz 3 EStG. Die Angabe der tatsächlich zu zahlenden Gewerbesteuer benötigt das über die Steuerermäßigung entscheidende Finanzamt wegen der Höchstbetragsbegrenzung.

163 In dieser Vorschrift hat der Gesetzgeber mit Blick auf die persönliche Besteuerung des persönlich haftenden Gesellschafters in einem Teilbereich eine einheitliche und gesonderte Feststellung von Besteuerungsgrundlagen im Zusammenhang mit der KGaA ausdrücklich anerkannt und festgeschrieben.[98]

III. Ebene der Kommanditaktionäre

164 Für die Kommanditaktionäre einer KGaA gelten dieselben Besteuerungsgrundsätze wie bei Aktionären einer Aktiengesellschaft oder den Gesellschaftern jeder anderen Kapitalgesellschaft. Es empfiehlt sich eine Untersuchung der Besteuerungsfolgen im Hinblick auf die laufende Besteuerung des Kommanditaktionärs sowie auf die Veräußerung seiner Kommanditaktien.

165 Hierzu ist insbesondere von Bedeutung, ob es sich bei dem Kommanditaktionär um eine natürliche Person oder eine Körperschaft handelt. Sofern es sich bei dem Kommanditaktionär um eine natürliche Person handelt, ist es wiederum relevant, ob die Kommanditaktien im Privat- oder Betriebsvermögen gehalten werden.

1. Laufende Besteuerung

166 Bei den Kommanditaktionären kommen als laufende Einkünfte insbesondere Dividenden in Betracht. Auch kann es im Verhältnis zu Kommanditaktionären zu verdeckten Gewinnausschüttungen kommen. Dies gilt auch im Verhältnis zum persönlich haftenden Gesellschafter, soweit dieser auch Kommanditaktionär der KGaA ist.

a) Kommanditaktien im Privatvermögen

167 Natürliche Personen als Kommanditaktionäre halten, soweit ihre Anteile am Grundkapital der KGaA nicht zu einem anderen Betriebsvermögen zählen, ihre Kommanditaktien im Privatvermögen.

168 Für die Kommanditaktionäre hat dies im Wesentlichen drei Folgen in Bezug auf die Besteuerung:
- Gewinnanteile werden erst in dem **Zeitpunkt** der Ausschüttung als Einkünfte aus Kapitalvermögen gem. § 20 Absatz 1 Nr. 1 EStG erfasst. Als Ausfluss des Trennungsprinzips unterliegen die weiteren gewährten Vergütungen je nach Charakter als Einkünfte aus unselbständiger Arbeit, Vermietung und Verpachtung o.Ä. im Zuflusszeitpunkt der Besteuerung.[99]

---

98 Zu der hiervon abweichenden einheitlichen und gesonderten Gewinnfeststellung bei der KGaA vgl. die Ausführungen auf S. 167.
99 Vgl. *Risse*, in: Kessler/Kröner/Köhler, Konzernsteuerrecht 2008, S. 129.

- Die Einkünfte der Kommanditaktionäre fallen nicht unter § 15 Absatz 1 Satz 1 Nr. 3 EStG. Halten die Kommanditaktionäre ihre Anteile im Privatvermögen, erzielen sie **Einkünfte aus Kapitalvermögen** gem. § 20 Absatz 1 Nr. 1 EStG (Dividenden bzw. verdeckte Gewinnausschüttungen).
- Schließlich ist ab dem Veranlagungszeitraum 2009 das Halbeinkünfteverfahren für Dividenden nicht mehr anwendbar. Stattdessen gilt für (alle) Einkünfte aus Kapitalvermögen die sog. Abgeltungsteuer. Danach unterliegen Dividenden in vollem Umfang dem 25%igen **Abgeltungsteuersatz** zzgl. Solidaritätszuschlag.[100] Zudem ist zu beachten, dass bei Anwendung der Abgeltungsteuer auch keine Möglichkeit des Werbungskostenabzugs besteht.[101]

Alternativ zur Abgeltungsteuer hat der Steuerpflichtige nach § 32d Absatz 6 Satz 1 EStG die Möglichkeit zu wählen, die empfangenen Dividenden den allgemeinen einkommensteuerrechtlichen Regelungen zur Ermittlung der tariflichen Einkommensteuer zu unterwerfen (**Veranlagung**). Dabei bleibt es indes beim Nichtabzug der tatsächlichen Werbungskosten nach § 20 Absatz 9 Satz 1 Halbsatz 2 EStG.[102] Mit dieser Möglichkeit können Kommanditaktionäre, deren persönlicher Steuersatz niedriger als der Abgeltungsteuersatz ist, ihre Einkünfte aus Kapitalvermögen diesem niedrigeren Steuersatz unterwerfen. Günstiger ist die Einbeziehung in die Veranlagung dann, wenn die sich daraus ergebende Einkommensteuer niedriger ist als die Summe aus Abgeltungsteuer und Einkommensteuer ohne Kapitaleinkünfte.

Bei Kommanditaktionären, die ihre Beteiligung **fremdfinanziert** haben, besteht ein gesteigertes Interesse daran, dass die Einkünfte nicht der Abgeltungsteuer unterworfen werden, damit Zinsaufwendungen und sonstige Werbungskosten zumindest teilweise geltend gemacht werden können. Auf **Antrag** ist nämlich nach § 32d Absatz 2 Nr. 3 EStG die Veranlagung zum regulären Einkommensteuersatz möglich, wenn ein Kommanditaktionär unmittelbar oder mittelbar zu wenigstens 25% beteiligt ist oder wenn er zu wenigstens 1% beteiligt ist und beruflich für die KGaA tätig ist.[103]

b) Kommanditaktien im Betriebsvermögen

Werden die Kommanditaktien in einem Betriebsvermögen einer **einkommensteuerpflichtigen Person** gehalten, unterliegen die Dividenden dort der Besteuerung. Die Abgeltungsteuer findet nach § 20 Absatz 8 EStG bei Einkünften aus Gewerbebetrieb **keine** Anwendung.

Ab dem Veranlagungszeitraum 2009 gilt nicht mehr die 50%ige Steuerfreiheit von Dividenden im Betriebsvermögen, sondern nach § 3 Nr. 40 Satz 1 Buchst. a) EStG nur noch eine 40%ige Steuerfreiheit. Im Ergebnis sind daher im Betriebsvermögen erzielte Dividenden zu 60% steuerpflichtig. Die im wirtschaftlichen Zusammenhang mit den Dividenden stehenden Betriebsausgaben sind korrespondierend zu 60% abziehbar.[104]

Werden die Anteile im Betriebsvermögen einer **Kapitalgesellschaft** gehalten, sind die Vorschriften nach § 8b Absatz 1 und 5 KStG zu beachten. Nach § 8b Absatz 1 KStG bleiben insbesondere Gewinnanteile (wie Dividenden oder verdeckte Gewinnausschüttungen) aus einer KGaA i.S.v.

---

100 § 32d Absatz 1 EStG.
101 Vgl. *Schmidt/Weber-Grellet*, EStG-Kommentar, § 20, Rz. 2.
102 Vgl. *Schmidt/Weber-Grellet*, EStG-Kommentar, § 32d, Rz. 21.
103 Die mit der Abgeltungsteuer verbundenen Beschränkungen sind nicht anzuwenden.
104 § 3c Absatz 2 Satz 1 EStG.

§ 20 Absatz 1 Nr. 1 EStG bei der empfangenden Kapitalgesellschaft außer Ansatz.[105] Daneben ist aber zu beachten, dass nach § 8b Absatz 5 KStG 5% der Dividenden außerbilanziell als nichtabziehbare Betriebsausgaben hinzuzurechnen sind. Damit verbleibt im Ergebnis lediglich eine 95%ige Steuerfreiheit der Dividenden.[106]

174 Die **gewerbesteuerliche Behandlung** gilt unabhängig davon, ob es sich um Dividenden im Betriebsvermögen einer Personen- oder Kapitalgesellschaft handelt. Gewerbesteuerlich erfolgt die Vermeidung einer latenten gewerbesteuerlichen Doppelbelastung durch Kürzung im Rahmen des § 9 Nr. 2a GewStG („**Gewerbesteuerliches Schachtelprivileg**"). Dies ist stets der Fall, wenn die Beteiligung des Kommanditaktionärs an der ausschüttenden KGaA mindestens 15% des Grundkapitals beträgt, diese Beteiligungen zu Beginn des Erhebungszeitraums bestanden und die Gewinnanteile bei der Ermittlung des Gewinns nach § 7 GewStG angesetzt worden sind. Bei den Beteiligungen, die nicht unter ein gewerbesteuerliches Schachtelprivileg nach § 9 Nr. 2a GewStG fallen, ergibt sich allerdings infolge der Hinzurechnungen gem. § 8 Nr. 5 GewStG eine volle und nicht nur eine anteilige Gewerbesteuerpflicht auf Dividenden.

2. Anteilsveräußerung

a) Kommanditaktien im Privatvermögen

175 Mit Einführung der Abgeltungsteuer 2009 ist zu beachten, dass der Gewinn aus der Veräußerung von im Privatvermögen gehaltenen Anteilen an Kapitalgesellschaften und anderen **Veräußerungsgewinnen** im Zusammenhang mit Kapitalvermögen als Einkünfte aus Kapitalvermögen zu versteuern sind.[107]

176 Sofern der Kommanditaktionär somit nicht zu mehr als einem Prozent an der Gesellschaft beteiligt ist oder dies zu einem Zeitpunkt innerhalb der letzten fünf Jahre war, erzielt er aus der Veräußerung seiner Kommanditaktien Einkünfte aus Kapitalvermögen i.S.v. § 20 Absatz 2 Satz 1 Nr. 1 EStG, die wiederum der Abgeltungsteuer unterliegen.

177 Damit werden ohne Rücksicht auf Haltefristen neben den Dividenden auch realisierte **Wertzuwächse** im Privatvermögen, die dem Steuerpflichtigen durch die Veräußerung der Kapitalanlagen zufließen, der 25%igen Abgeltungsteuer unterworfen, sofern sie nicht nach § 17 EStG der Besteuerung unterliegen.[108] Die von der Abgeltungsteuer erfassten Einkünfte sind grundsätzlich nicht mehr Gegenstand der Einkommensveranlagung.

---

105 Nicht in die Steuerfreistellung gem. § 8b Absatz 1 KStG einbezogen sind Rückzahlungen aus dem steuerlichen Einlagekonto (§ 27 KStG) einer unbeschränkt steuerpflichtigen KGaA. § 20 Absatz 1 Nr. 1 Satz 3 EStG belässt keinen tragfähigen Zweifel daran, dass die betreffenden Bezüge nicht solche i.s.v. § 20 Absatz 1 Nr. 1 EStG und damit auch des § 8b Absatz 1 KStG sind. Vgl. hierzu *Gosch*, in: Gosch, KStG-Kommentar, § 8b, Rz. 106. Dies deckt sich auch mit der aktuellen Auffassung des BFH. Dieser urteilte, dass eine Einlagenrückgewähr steuerneutral sei, solange die rückgewährte Einlage gegen die Buchwerte der gehaltenen Anteile verrechnet werden kann. Vgl. BFH v. 28.10.2009, I R 116/08, DB 2010, S. 256.
106 In diesem Zusammenhang sei auf die Ausnahmevorschrift des § 8b Absatz 7 KStG verwiesen, wonach die Absatz 1 bis 6 keine Anwendung finden, wenn die Kommanditaktien Kreditinstituten, Finanzdienstleistungsinstituten oder Finanzunternehmen i.S.d. KWG zuzurechnen sind.
107 § 20 Absatz 2 Nr. 1 bis 8 EStG. Vgl. *Schmidt/Weber-Grellet*, EStG-Kommentar, § 20, Rz. 127.
108 Dabei ist zu beachten, dass § 20 Absatz 2 Nr. 1 EStG erstmals auf die Veräußerung von Anteilen (insbesondere Kommanditaktien) anzuwenden ist, die nach dem 31.12.2008 erworben wurden. Dies folgt aus § 52a Absatz 10 Satz 1 EStG.

Aus dem Anwendungsbereich der Abgeltungsteuer fallen jedoch Gewinne aus der Veräußerung von im Privatvermögen des Steuerpflichtigen gehaltenen **wesentliche Anteilen** nach § 17 EStG heraus. Wenn nach § 17 EStG der Anleger innerhalb der letzten fünf Jahre am Grundkapital einer KGaA unmittelbar oder mittelbar zu mindestens einem Prozent beteiligt war, werden die Gewinne aus der Veräußerung als Einkünfte aus Gewerbebetrieb behandelt.

Nach §§ 17 i.V.m. 3 Nr. 40 Buchst. c) EStG sind die Einkünfte nach dem Teileinkünfteverfahren zu 60% zu versteuern.

b) Kommanditaktien im Betriebsvermögen

Sofern sich die Anteile im Betriebsvermögen einer **einkommensteuerpflichtigen Person** befinden gilt nach § 3 Nr. 40 Buchst. a) EStG ab dem Veranlagungszeitraum 2009 auch hinsichtlich der Veräußerung von Kommanditaktien nicht mehr die 50%ige, sondern im Rahmen des Teileinkünfteverfahrens nur noch eine 40%ige Steuerfreiheit. Im Ergebnis sind im Betriebsvermögen erzielte Veräußerungsgewinne zu 60% der Einkommensteuer zu unterwerfen. Die im wirtschaftlichen Zusammenhang mit den Dividenden stehenden Betriebsausgaben sind korrespondierend ebenfalls zu 60% abziehbar.

Handelt es sich bei dem Kommanditaktionär um eine **Kapitalgesellschaft**, unterliegen die Einkünfte aus der Veräußerung der Kommanditaktien lediglich einer 5%igen Besteuerung nach § 8b Absatz 2 und 3 KStG. Die Steuerfreistellung gem. § 8b Absatz 2 KStG beschränkt sich nicht auf Veräußerungsgewinne, sie bezieht gem. § 8b Absatz 2 Satz 3 KStG auch Gewinne aus der Auflösung oder der Herabsetzung von Nennkapital oder aus Wertaufholungen infolge rückgängig gemachter Teilwertabschreibungen gem. § 6 Absatz 1 Nr. 2 Satz 3 EStG mit ein.

Während die im Privatvermögen entstehenden Veräußerungsgewinne nach § 17 EStG nicht unter die **Gewerbesteuer** fallen, ist bei gewerblichen Gestaltungen im Übrigen immer zu prüfen, ob es nicht zur Besteuerung mit Gewerbesteuer kommt.[109]

Veräußerungsgewinne sind dagegen unabhängig von einer Mindestbeteiligungshöhe grundsätzlich auch für Zwecke der Gewerbesteuer zu 95% (Kommanditaktionär ist Kapitalgesellschaft) bzw. zu 40% (Kommanditaktionär ist natürliche Person) steuerbefreit.

3. Zusammenfassung Ebene der Kommanditaktionäre

Nachstehende Grafik veranschaulicht die Besteuerungswirkungen in Abhängigkeit von der Tatsache, ob die Kommanditaktien im Privat- oder Betriebsvermögen gehalten werden.

Besonderheiten bei einer Kapitalgesellschaft als Gesellschafter aufgrund von § 8b Absatz 7 KStG, wonach die Steuerfreiheit der Veräußerungsgewinne suspendiert wird, werden an dieser Stelle nicht näher vertieft.[110]

---

109 Vgl. *Haarmann*, in: FS Herzig 2010, S. 426.
110 Vgl. etwa *Gosch*, in: Gosch, KStG-Kommentar, § 8b, Rz. 560.

Abbildung 30: Zusammenfassung Besteuerung auf Ebene der Kommanditaktionäre

	Anteile im Privatvermögen	Anteile im Betriebsvermögen
Dividenden	Abgeltungsteuer bzw. Option zum Teileinkünfteverfahren	Besteuerung nach dem Teileinkünfteverfahren bzw. bei KapGes als Gesellschafter grds. 5%ige Besteuerung nach § 8b Abs. 1 und 5 KStG
Veräußerungsgewinne	Abgeltungsteuer bzw. Teileinkünfteverfahren bei wesentlichen Beteiligungen nach § 17 EStG	Besteuerung nach dem Teileinkünfteverfahren bzw. bei KapGes als Gesellschafter grds. 5%ige Besteuerung nach § 8b Abs. 2 und 3 KStG

D. Zinsschranke

186 Grundsätzlich steht es jedem Kaufmann (und damit auch einer KGaA) frei, in welchem Umfang er seinen Betrieb mit Eigen- bzw. Fremdkapital finanziert (Finanzierungsfreiheit).[111] Aufgrund der Tatsache, dass auf Unternehmensebene Vergütungen für Eigenkapital (Dividenden) steuerlich nicht abzugsfähig sind, Vergütungen für Fremdkapital (Zinsen) dagegen abzugsfähigen Aufwand darstellen, kommt der Finanzierungsfrage auch eine steueroptimierende Bedeutung zu.

Erste Versuche, die vorstehend benannten allgemeinen Grundsätze durch gesetzliche Regelungen „auszuhebeln", wurden bereits im Rahmen des § 8a KStG a.F. unternommen. Darüber hinaus umfasste bereits das bisher geltende Recht Fallgruppen, bei denen der Schuldzinsenabzug generell versagt wurde.

187 Durch die Unternehmensteuerreform 2008 wurde der § 4h EStG neu ins Einkommensteuergesetz aufgenommen.[112] Die Regelungen des § 4h EStG, die sog. Zinsschranke, ersetzen die bisherigen Regelungen zur Gesellschafterfremdfinanzierung des § 8a KStG a.F. Laut der Gesetzesbegrün-

---

111 BFH v. 20.6.2000, VIII R 57/98, DB 2000, S. 2098. Vgl. hierzu auch *Eilers/Ottermann*, in: Lüdike/Sistermann, Unternehmenssteuerrecht 2008, § 8, Rz. 36 m.w.N.
112 Ergänzende Vorschriften für Kapitalgesellschaften ergeben sich aus § 8a KStG n.F.

dung zu § 4h EStG soll die Zinsschranke dabei zur Sicherung des inländischen Steuersubstrats beitragen, indem einerseits Anreize zu einer Gewinnverlagerung ins Inland geschaffen werden und andererseits eine Verlagerung von Zinsaufwand nach Deutschland (sog. *profit shifting*) verhindert werden soll. Die Regelungen zur Zinsschranke repräsentieren damit die auch in anderen Staaten bekannten *thin capitalization rules*.

Eine wesentliche Komponente im Rahmen der Finanzierung einer KGaA stellt der Aspekt der Darlehensgewährung durch einen persönlich haftenden Gesellschafter einer KGaA an eben diese dar. Die steuerliche Behandlung der Zinserträge wurde unter den Stichworten Sonderbetriebsvermögen bzw. Sonderbetriebserträge bereits behandelt.[113] Die Auswirkungen in Bezug auf die Zinsschranke werden nachstehend beschrieben.

§ 4h EStG, der die Konzeption der Zinsschranke im Wesentlichen umsetzt, reglementiert grundsätzlich die steuerliche Berücksichtigung betrieblich veranlasster Zinsaufwendungen.[114] Die Zinsschranke greift auf Ebene des Fremdkapitalnehmers für Personenunternehmen und Kapitalgesellschaften gleichermaßen (§ 4h Absatz 1 Satz 1 EStG bzw. § 8a KStG). Auf Ebene der Fremdkapitalgeber fallen grundsätzlich alle Gesellschafter, die ihnen nahe stehenden Personen und fremde Dritte in den Anwendungsbereich. Die Zinsschranke erfasst Inbound-Finanzierungen genauso wie Outbound-Finanzierungen und die Fremdfinanzierung inländischer Gesellschaften durch ausländische Finanzierungsgesellschaften.

1. Konzeption einer Zinsschranke

Die Zinsschranke verfügt über allgemeine und speziell für Kapitalgesellschaften anzuwendende Regelungen. Zunächst greift die Vorschrift (**persönlicher Anwendungsbereich**) des § 4h EStG für sämtliche Unternehmen (Betriebe). Darüber hinaus sehen die Vorschriften des § 8a KStG weitergehende Beschränkungen für Körperschaften vor.

Der **sachliche Anwendungsbereich** erfasst die Zinsaufwendungen, die Vergütungen für Fremdkapital darstellen und den maßgeblichen Gewinn gemindert haben, sowie Zinserträge, die Erträge aus Kapitalforderungen jeder Art darstellen und den maßgeblichen Gewinn erhöht haben (§ 4h Absatz 3 EStG).

Die **Grundregel** der Zinsschranke in § 4h Absatz 1 EStG besagt, dass Zinsaufwendungen eines Betriebs zunächst in Höhe des Zinsertrags steuerlich abzugsfähig sind. Darüber hinaus besagt die modifizierte Zinsschranke, dass über den Zinsertrag hinaus Zinsaufwendungen nur bis zur Höhe von 30% des Gewinns vor Steuern, Abschreibungen und Zinsen (steuerlicher EBITDA = *earnings before interest, tax, depreciation and amortization*) abzugsfähig sind.

Die Zinsschrankenregelung greift allerdings nicht, wenn einer der folgenden **Ausnahmetatbestände** vorliegt:

- **Freigrenze:** Die Nettozinsaufwendungen, also der Saldo der Zinsaufwendungen und Zinserträge, betragen weniger als drei Millionen Euro (§ 4h Absatz 3 EStG) oder
- **Konzernklausel:** Der Betrieb als Schuldner der Zinsaufwendungen gehört nicht oder nur anteilsmäßig zu einem Konzern (§ 4h Absatz 2 Satz 1 Buchst. b) EStG) oder

---

[113] Vgl. hierzu die Ausführungen auf S. 131.
[114] Vgl. statt vieler *Frotscher*, in: Frotscher, KStG-Kommentar, Rz. 454 ff.; *Hey*, in: Tipke/Lang, Steuerrecht 2010, § 11 Rz. 49 ff.; *Herzig/Bohn*, DB 2007, S. 1ff; *Kessler/Köhler/Knörzer*, IStR 2007, S. 418; *Watrin/Wittkowski/ Strohm*, GmbHR 2007, S. 785 ff.

- **Escapeklausel:** Der Betrieb als Schuldner der Zinsaufwendungen gehört zu einem Konzern, die Freigrenze wird überschritten und die Eigenkapitalquote ist am Schluss des vorangegangenen Abschlussstichtags gleich hoch oder höher als die des Konzerns (§ 4h Absatz 2 Buchst. c) EStG i.V.m. § 8a Absatz 3 KStG).

194 **Körperschaften** können von der Konzern- und Escapeklausel indes nur profitieren, wenn keine schädliche Gesellschafterfremdfinanzierung nach § 8a Absatz 2 und 3 KStG vorliegt. Ist keiner der Ausnahmetatbestände erfüllt, führt die Zinsschranke zu einer Beschränkung der Abzugsfähigkeit der Zinsaufwendungen im laufenden Wirtschaftsjahr.

195 Der **nichtabzugsfähige Zinsaufwand** ist nach § 4h Absatz 1 Satz 5 EStG in die folgenden Wirtschaftsjahre vorzutragen (**Zinsvortrag**), erhöht aber nicht den für den Zinsabzug maßgeblichen Gewinn.

196 § 4h Absatz 1 Satz 3 EStG sieht in Fällen, in denen der Betrieb mit seinen Zinsaufwendungen den Abzugsrahmen der Zinsschranke nicht ausschöpft, die Möglichkeit vor, den nicht ausgeschöpften Teil des Abzugsrahmens in die folgenden fünf Wirtschaftjahre vorzutragen (**EBITDA-Vortrag**). Dieser EBITDA-Vortrag erhöht in den folgenden Wirtschaftsjahren die Abzugsmöglichkeit für Zinsaufwendungen.[115]

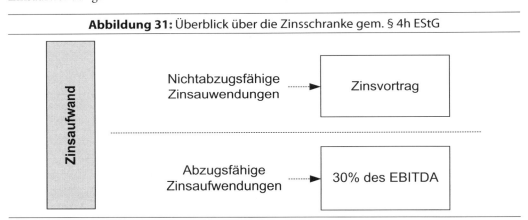

Abbildung 31: Überblick über die Zinsschranke gem. § 4h EStG

197 Durch die Zinsschranke wird der Abzug von Zinsaufwendungen bereits auf Ebene der Kapitalgesellschaft vermindert. Da der **Empfänger** der Zinsen diese als Erträge voll zu versteuern hat, folgt aufgrund der Nichtabziehbarkeit der Zinsaufwendungen eine Doppelbesteuerung.[116]

2. Zinsschranke bei der KGaA

198 Zunächst stellt die nicht auf das Grundkapital der KGaA geleistete **Vermögenseinlage** (Bareinlage) des persönlich haftenden Gesellschafters i.S.v. § 281 Absatz 2 AktG gemäß § 286 Absatz 2 Satz 1 AktG Eigenkapital der KGaA dar.[117] Dies wiederum bedeutet, dass der Gewinnanteil auf die Vermögenseinlage des persönlich haftenden Gesellschafters nicht von der Zinsschranke erfasst wird, da keine Fremdkapitalvergütung i.S.d. § 4h Absatz 3 Satz 2 EStG vorliegt.

---

115 Allerdings entsteht kein EBITDA-Vortrag in den Wirtschaftsjahren, in denen § 4h Absatz 2 EStG (sog. Zinsschrankenescape) die Anwendung der Zinsschranke ausschließt. Folglich erhöht sich der EBITDA-Vortrag nicht in den Wirtschaftsjahren, in denen die Freigrenze unterschritten wird (§ 4h Absatz 2 Satz 1 Buchst. a) EStG), der Betrieb nicht zu einem Konzern gehört (§ 4h Absatz 2 Satz 1 Buchst. b) EStG) oder die Escape-Klausel Anwendung findet (§ 4h Absatz 2 Satz 1 Buchst. c) EStG).
116 Vgl. *Watrin/Wittkowski/Strohm*, GmbHR 2007, S. 785 ff.
117 Vgl. *Kollruss*, DStR 2009, S. 91.

D. Zinsschranke

Nebenbei sei darauf verwiesen, dass bei reinen Inlandsfällen durch die Beteiligung des persönlich haftenden Gesellschafters die Anwendung der Zinsschranke vermieden werden kann. Damit gehen außerdem bestimmte gewerbesteuerliche Vorteile einher, da der Gewinnanteil des persönlich haftenden Gesellschafters nur einer einfachen Belastung mit Gewerbesteuer unterliegt, Darlehenszinsen hingegen der Gewerbesteuer zu 125% unterworfen werden.[118]

199

Auch in Bezug auf die **Anwendung** der Zinsschranke ist offen, wie bei einer KGaA zu verfahren ist.

200

Obwohl die KGaA als eine Kapitalgesellschaft gilt und der auf den persönlich haftenden Gesellschafter entfallende Gewinn gem. § 9 Absatz 1 Nr. 1 KStG als abziehbare Aufwendung der KGaA gilt, wird die Auffassung vertreten, dass im Zusammenhang mit der Zinsschranke die KGaA wie eine **Mitunternehmerschaft** zu behandeln sei.[119] Auch bei Mitunternehmerschaften findet die Ermittlung des EBITDA auf Ebene der Gesellschaft selbst und nicht anteilig bei den Mitunternehmern statt.[120] Zudem, so wird argumentiert, sei § 9 Absatz 1 Nr. 1 KStG vom Gesetz nicht eigens von der Bestimmung des maßgeblichen Einkommens der KGaA ausgenommen (vgl. § 8a Absatz 1 Satz 2 KStG). Diese Auffassung wird von der Finanzverwaltung in ihrem Schreiben zur Zinsschranke vom 4.7.2008 vertreten.[121]

201

Auf der anderen Seite gehen Teile des Schrifttums entsprechend der vom BFH vertretenen „**Wurzeltheorie**" von einer grundsätzlichen Aufteilung des „steuerlichen" EBITDA und der Zinsaufwendungen der KGaA auf die „kapitalistische" Besteuerungssphäre und die des persönlich haftenden Gesellschafters nach Maßgabe des Gewinnverteilungsschlüssels aus. Danach unterhielte der persönlich haftende Gesellschafter einen eigenständigen Betrieb im Sinne der Zinsschranke.[122]

202

Zutreffend geht die deutsche Zinsschrankenregelung von einer Betriebsbezogenheit aus. Vor diesem Hintergrund ist die KGaA als ein **Betrieb** im Sinne der Zinsschranke anzuerkennen, bei dem auch der Teil des auf den persönlich haftenden Gesellschafter entfallenden Gewinns dem verrechenbaren EBITDA der KGaA zuzurechnen ist.[123] Das gilt nach Auffassung von Vertretern der Finanzverwaltung auch für Sondervergütungen, die gem. § 15 Absatz 1 Satz 1 Nr. 3 EStG Einkünfte des persönlich haftenden Gesellschafters aus dem Gewerbebetrieb der KGaA sind.[124] Folglich ist zur Ermittlung des maßgeblichen Einkommens der KGaA § 9 Absatz 1 Nr. 1 KStG nicht anzuwenden und eine Aufteilung des „steuerlichen" EBITDA der KGaA auf die „kapitalistische" Besteuerungssphäre der KGaA nicht vorzunehmen. Eine Einbeziehung der „personalistischen" (transparenten) Besteuerungssphäre des persönlich haftenden Gesellschafters soll nicht erfolgen. Im Ergebnis kann es somit zu keiner Versagung des § 9 Absatz 1 Nr. 1 KStG kommen, da andernfalls dem persönlich haftenden Gesellschafter mangels EBITDA gar keine Abzugsfähigkeit mehr zustehen würde.

203

---

118 Hintergrund ist die Hinzurechnung der Schuldzinsen nach § 8 Nr. 1 Buchst. a) GewStG.
119 Vgl. *Möhlenbrock*, in: Personengesellschaften im Internationalen Steuerrecht, 2010, 18.55. So wohl auch die Ansicht der Finanzverwaltung. Vgl. BMF v. 4.7.2008, BStBl. I 2008, S. 718, Rz. 44.
120 Vgl. BMF v. 4.7.2008, BStBl. I 2008, S. 718, Rz. 50.
121 Vgl. BMF v. 4.7.2008, BStBl. I 2008, S. 718, Rz. 44.
122 Vgl. *Stangl/Hageböke*, in: Schaumburg/Rödder, Unternehmensteuerreform 2008, 2008, S. 456 oder *Frotscher*, in: Frotscher/Maas, KStG-Kommentar, § 8a, Rz. 25.
123 Vgl. BMF v. 4.7.2008, BStBl. I 2008, S. 718, Rz. 8.
124 Vgl. *Möhlenbrock*, in: Personengesellschaften im Internationalen Steuerrecht, 2010, Rz. 18.55.

E. KGaA im Abkommensrecht

204 Nach deutschem Steuerrecht ist die KGaA als eine Kapitalgesellschaft i.S.v. § 1 Absatz 1 Nr. 1 KStG zu beurteilen. Als solche ist sie eine **abkommensrechtliche Person** i.S.v. Art. 3 Absatz 1 Buchst. b) OECD-MA. Sofern die KGaA über Sitz oder Geschäftsleitung im Inland verfügt, ist sie hier unbeschränkt körperschaftsteuerpflichtig und damit i.S.v. Art. 4 Absatz 1 OECD-MA im Inland ansässig.[125]

205 Wird im deutschen Steuerrecht in **Übereinstimmung** mit der Vorgehensweise im Ausland ein Wirtschaftsgebilde als eigenständiges Steuersubjekt qualifiziert, so stellt es auf Abkommensebene für beide Vertragsstaaten eine abkommensberechtigte Person dar. Als solche ist die Auslandsgesellschaft berechtigt, den Schutz sämtlicher DBA des Sitzstaates in Anspruch zu nehmen.[126]

206 Bei hybriden Konstruktionen wie denen einer KGaA stellt sich aber die Frage, ob es hier zu abkommensrechtlichen **Qualifikationskonflikten** kommen kann, die zwar einerseits Risiken einer Doppelbesteuerung, andererseits aber auch Chancen einer gewissen Steueroptimierung in sich tragen.

207 In Übereinstimmung mit der Auffassung des BMF können Personengesellschaften zwar Personen i.S.d. Art. 3 Absatz 1 Buchst. a) OECD-MA sein, jedoch mangels eigener Einkommen- bzw. Körperschaftsteuerpflicht keine ansässigen Personen nach Art. 4 Absatz 1 OECD-MA. Als ansässige und damit abkommensberechtigte Personen sind die Gesellschafter anzusehen, soweit sie nicht selbst Personengesellschaften sind (OECD-MK Nummer 6.4 zu Art. 1).[127]

208 Im Zuge der abkommensrechtlichen Prüfung bedeutet dies, dass für die jeweils zugerechneten Gewinnanteile des persönlich haftenden Gesellschafters nicht auf die Abkommensberechtigung der KGaA, sondern auf die des einzelnen Komplementärs abzustellen ist.[128] Damit qualifiziert sich nicht nur die KGaA selbst, sondern auch der Komplementär als abkommensberechtigte Person.

209 Diskutiert wird gegenwärtig insbesondere die Frage, ob dem einzelnen persönlich haftenden Gesellschafter die Tatbestandsverwirklichung[129] durch die KGaA anteilig zugerechnet werden kann oder nicht. So wird in der Literatur zwar festgestellt, dass es an einer Rechtsgrundlage für einen entsprechenden Durchgriff fehle, dies aber „logischerweise" für einen persönlich haftenden Gesellschafter einer KGaA gelten müsse.[130]

210 Daraus ergibt sich aus der Sicht des einzelnen persönlich haftenden Gesellschafters und für den ihm zuzurechnenden Gewinnanteil bzw. für die ihm zuzurechnenden Sondervergütungen eine parallele Prüfung, ob und wie ein bestimmtes Abkommen anzuwenden ist.

211 So folgt aus den Regelungen des § 15 Absatz 1 Nr. 3 EStG und § 9 Nr. 1 KStG die abkommensrechtliche Problematik, dass einerseits die KGaA und andererseits der oder die persönlich haftenden Gesellschafter der KGaA jeweils für sich unter den Personenbegriff des Art. 3 Absatz 1 Buchst. a) OECD-MA fallen. Möglich wäre, dass die Komplementäre in einem der beiden Vertragsstaaten ansässig sind. Auch könnten sie in einem ganz anderen Staat als die KGaA ansässig

---

125 *Wassermeyer*, in: Debatin/Wassermeyer, DBA-Kommentar, Art. 7 MA, Rz. 151.
126 Vgl. *Jacobs*, Internationale Unternehmensbesteuerung 2011, S. 428.
127 Vgl. BMF v. 16.4.2010, BStBl. I 2010, S. 354, Rz. 2.1.1.
128 *Wassermeyer*, in: Debatin/Wassermeyer, DBA-Kommentar, Art. 7 MA, Rz. 151.
129 *Wassermeyer* spricht hier etwa von dem Bezug von Dividenden, das Halten einer Schachtelbeteiligung, die Erzielung von ausländischen Betriebsstätteneinkünften etc. Vgl. *Wassermeyer*, in: Debatin/Wassermeyer, DBA-Kommentar, Art. 7 MA, Rz. 152.
130 *Wassermeyer*, in: Debatin/Wassermeyer, DBA-Kommentar, Art. 7 MA, Rz. 152.

sein, woraus sich gegebenenfalls ableiten ließe, dass diese ein Abkommen in Anspruch nehmen können, welches die KGaA selbst nicht in Anspruch nehmen kann. Der umgekehrte Fall wäre ebenfalls denkbar.

Nach den nationalen deutschen Steuervorschriften werden bei einer KGaA die Gewinnanteile der persönlich haftenden Gesellschafter sowie deren sog. **Sondervergütungen** nach § 15 Absatz 1 Nr. 3 EStG den Einkünften aus einem eigenen Gewerbebetrieb zugerechnet. Was hieraus für Investitionen einer KGaA im Ausland bzw. für einen ausländischen Investor in eine deutsche KGaA folgt, wird nachfolgend zu untersuchen sein.

F. Investitionen einer inländischen KGaA im Ausland (Outbound)

Von Interesse sind die Auswirkungen, die sich ergeben, wenn sich die KGaA direkt an einer ausländischen Kapital- bzw. Personengesellschaft beteiligt bzw. eine ausländische Betriebsstätte unterhält. In derartigen Fällen spricht man von sog. Outbound-Investitionen.

I. Ausländische Tochterkapitalgesellschaft

Die Kapitalgesellschaft ist zweifelsfrei die am häufigsten gewählte Rechtsform für **Auslandsinvestitionen**. Die meisten Staaten für Auslandsinvestitionen kennen neben den beiden Grundformen der Kapitalgesellschaft (AG und GmbH) - mit Ausnahme des angloamerikanischen Rechts - im Übrigen auch die Rechtsform der KGaA.[131]

Wie die folgende Abbildung 32 verdeutlicht, kommt es vor dem Hintergrund steuerplanerischer Überlegungen insbesondere darauf an, ob die ausländische Tochterkapitalgesellschaft mit Eigen- oder Fremdkapital ausgestattet wird. Von der Finanzierungs- und Ausschüttungspolitik hängt es insbesondere ab, in welchem Staat Besteuerungsansprüche entstehen.

---

131 Vgl. *Jacobs*, Internationale Unternehmensbesteuerung 2011, S. 428.

Abbildung 32: Grenzüberschreitende Geschäftstätigkeiten bei Outbound-Investitionen

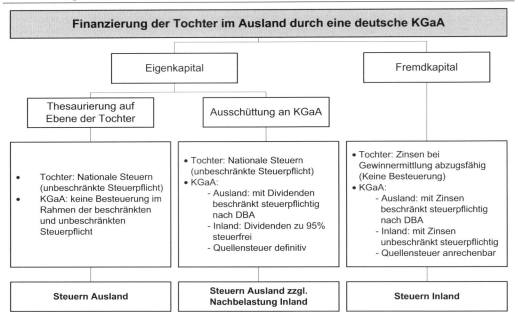

216 Kommt es zu einer durch Eigenkapital finanzierten Beteiligung, besteht der Rückfluss der Erträge der ausländischen Tochterkapitalgesellschaft in Form von Dividenden. Alternativ bietet sich die Möglichkeit, die ausländische Einheit durch Fremdkapital zu finanzieren. Dabei stellt sich in beiden Fällen die steuerplanerische Frage, wie Dividenden bzw. Zinsen zum einen in ihrem Quellenstaat (Ansässigkeitsstaat der Tochtergesellschaft) und zum anderen im Ansässigkeitsstaat der KGaA (als Muttergesellschaft) steuerlich zu behandeln sind.

217 Insgesamt sind derartige Überlegungen regelmäßig von der Frage geleitet, wie bei einer ausländischen Kapitalgesellschaft Gewinne steuerneutral aus dem Ausland ins Inland repatriiert werden können.

218 Im Falle von Outbound-Investitionen werden ebenfalls drei verschiedene Ebenen in die Untersuchung einbezogen: Diese sind neben

- der ausländischen Tochterkapitalgesellschaft selbst (1),
- die deutsche KGaA als Muttergesellschaft (2),
- sowie die deutschen Komplementäre (3).

219 Grafisch veranschaulicht ergibt sich daraus das folgende Bild:

Abbildung 33: Ausschüttung einer ausländischen Kapitalgesellschaft an eine inländische KGaA

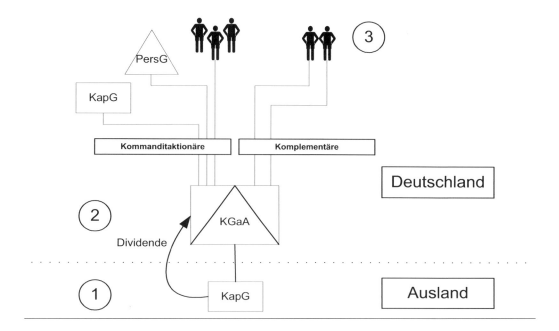

1. Ebene ausländische Tochterkapitalgesellschaft

Die Tochterkapitalgesellschaft ist in dem Land, in dem sie Sitz oder Geschäftsleitung hat i.d.R. mit ihrem **Welteinkommen** unbeschränkt steuerpflichtig. Die Höhe der Steuerbelastung auf Ebene der Gesellschaft ist anhand der jeweiligen nationalen Vorschriften zu ermitteln.[132] Mögliche DBA können das Besteuerungsrecht des ausländischen Staates einschränken.[133]

220

Die Gewinne der ausländischen Tochtergesellschaft werden im Wege der Gewinnausschüttung an die inländische KGaA transferiert. Dabei ist vor allem der Frage nachzugehen, ob und inwieweit im Ausland von der dort ansässigen Tochtergesellschaft eine **Quellensteuer** auf die Dividendenzahlung einzubehalten ist. Der Quellensteuer fällt bei einer Kapitalgesellschaft als Gesellschafter eine besondere Bedeutung zu, da ihr aufgrund der Steuerfreistellung der Dividenden in Deutschland nach § 8b KStG ein Definitivcharakter zukommt.[134] Insofern geht es stets auch darum, ausländische Quellensteuern zu vermeiden bzw. diese zumindest stark zu reduzieren.

221

---

132 Dabei ist zu erkunden, welche Steuerarten erhoben werden, wie hoch die Steuersätze sind und wie die Steuerbemessungsgrundlage zu ermitteln ist.
133 Bei internationalen Rechts- und Leistungsbeziehungen zwischen der ausländischen Tochtergesellschaft und mit ihr verbundenen Unternehmen sind die jeweils einschlägigen steuerlichen Korrekturvorschriften zu beachten, die der internationalen Gewinnverlagerung zwischen verbundenen Unternehmen entgegenwirken.
134 Innerhalb europäischer Konzerne können Gewinne ohne Behinderung durch steuerliche Barrieren transferiert werden und der Aufbau größerer Beteiligungsketten ist – zumindest durch Freistellungsländer – hindurch ohne zusätzliche Belastung mit Quellensteuern möglich.

222 Die europäische **Mutter-Tochter/Richtlinie**[135] kommt für Dividendenzahlungen innerhalb eines Unternehmensverbunds in Betracht, sofern sich die Unternehmen innerhalb der EU befinden, da der Steueranspruch im Sitzstaat der Tochtergesellschaft auf deren Gewinn begrenzt ist. Der Mitgliedstaat der Tochtergesellschaft muss dazu jede Form der Quellenbesteuerung abschaffen, während der Mitgliedstaat der Muttergesellschaft (hier der KGaA) zur Vermeidung der Doppelbesteuerung verpflichtet ist.

223 Der **subjektive Anwendungsbereich** der Richtlinie (Art. 2) erfasst neben unbeschränkt steuerpflichtigen Kapitalgesellschaften auch weitere Gesellschaften, deren Rechtsformen im Anhang zur Richtlinie für jeden Mitgliedstaat einzeln aufgeführt sind. In Deutschland fallen die Aktiengesellschaft, die **Kommanditgesellschaft auf Aktien**, die Gesellschaft mit beschränkter Haftung, Versicherungsvereine auf Gegenseitigkeit, Erwerbs- und Wirtschaftsgenossenschaften sowie Betriebe gewerblicher Art von juristischen Personen des öffentlichen Rechts unter diese Regelung. Somit wird auch im Quellensteuerstaat unabhängig von der Gesellschaftersituation bei der KGaA die Quellensteuerbefreiung umgesetzt.

224 Die Quellensteuerbefreiung im Ansässigkeitsstaat der Tochtergesellschaft gilt in allen Mitgliedstaaten. An die Höhe der **Mindestbeteiligungsquote** werden jedoch unterschiedliche Anforderungen gestellt (zwischen 0% und 10% mit Ausnahme der Slowakischen Republik, obwohl die Höchstgrenzen bis 2009 auf 10% abgesenkt hätten werden müssen).

225 Zudem sind steuerliche **Mindesthaltefristen** zu beachten, die aber in den einzelnen ausländischen Staaten jeweils unterschiedlich ausgestaltet sein können.[136]

226 Zusammenfassend ist festzuhalten, dass durch die faktische Abschaffung der Quellensteuer auf **Schachteldividenden** und die Sicherstellung der Einmalbelastung von Gewinnen die Mutter-Tochter/Richtlinie gewichtige Kostenentlastungen für europaweit operierende Konzerne mit sich bringt.

227 Kommt die Mutter-Tochter/Richtlinie nicht zur Anwendung, da beispielsweise die Tochtergesellschaft außerhalb des Anwendungsbereichs der Richtlinie ansässig ist, ist die Prüfung einer möglichen Reduzierung der Quellensteuer im Quellenstaat aufgrund eines einschlägigen **Doppelbesteuerungsabkommens** vorzunehmen. Die meisten DBA sehen entsprechend Art. 10 Absatz 2 OECD-MA eine Reduzierung der Quellensteuer in Abhängigkeit von der Höhe der Beteiligung (regelmäßig mindestens 25%) auf 5% vor.

2. Ebene KGaA

228 Auf der **zweiten Untersuchungsebene**, der Ebene der KGaA ist insbesondere die Frage relevant, wie die ausländischen Dividenden bei der empfangenden KGaA steuerlich zu würdigen sind.

229 Genau mit dieser Frage hat sich kürzlich der BFH in einem Urteil auseinandergesetzt, das für die Behandlung der Dividenden bei der KGaA als wegweisend angesehen werden kann.[137] Der Fall sei kurz skizziert. Er kommt dem in Abbildung 32 skizzierten Grundfall sehr nahe:

---

135 Richtlinie (EWG) Nr. 90/435 über das gemeinsame Steuersystem der Mutter- und Tochtergesellschaften verschiedener Mitgliedstaaten, zuletzt geändert durch Art. 1 ÄndRL 2006/98/EG v. 20.11.2006, ABl. Nr. L 363, S. 129.
136 Nach dem - im Übrigen gegen Deutschland ergangenen - *Denkavit-Urteil* des EuGH v. 17.10.1996 sind Regelungen unzulässig, die die Quellensteuerreduktion nur unter der Voraussetzung gewähren, dass die Mindestbeteiligungsfrist bereits im Ausschüttungszeitpunkt erfüllt ist.
137 BFH v. 19.5.2010, I R 62/09, IStR 2010, S. 661.

Eine KG war als Komplementärin an einer im Inland ansässigen KGaA beteiligt. Die KGaA erzielte aus ihren Beteiligungen an zwei (französischen) Kapitalgesellschaften (Beteiligungen von 99% bzw. 100%) Dividendeneinkünfte. In dem Urteil des BFH vom 19.5.2010 ging es um den Anwendungsbereich des abkommensrechtlichen Schachtelprivilegs nach dem DBA-Frankreich (Art. 20 Absatz 1 Buchst. a) Satz 1 i.V.m. Buchst. b) Doppelbuchst. aa) Satz 1) in Abhängigkeit der Gesellschafterstruktur einer KGaA.[138] Das Finanzamt folgte hinsichtlich der Anwendung des **abkommensrechtlichen Schachtelprivilegs** nur in Bezug auf die Kommanditaktionäre und nicht auf die (personalistische) Komplementäraktionärin.

230

Nach dem Wortlaut des Art. 20 Absatz 1 Buchst. a) Satz 1 i.V.m. Buchst. b) Doppelbuchst. aa) Satz 1 DBA-Frankreich kommt es für die Anwendung des Schachtelprivilegs darauf an, dass die Dividenden von einer in Frankreich ansässigen Kapitalgesellschaft an eine in Deutschland ansässige Kapitalgesellschaft gezahlt werden, soweit die Mindestbeteiligungsquote von 10% eingehalten ist.

231

Zwar sei, so die BFH-Richter, die Komplementärin einer KGaA, sofern es sich dabei um eine Personengesellschaft handelt, an sich **nicht abkommensberechtigt**. Insbesondere stünden ihr auch nicht die DBA-Vorteile zu. Bei dem sog. Schachtelprivileg ist dies nach Ansicht des BFH aber anders. Hier werde allein auf die **Qualifikation einer Kapitalgesellschaft** abgestellt, und dass es sich bei einer KGaA unbeschadet ihres „hybriden" Charakters um eine Kapitalgesellschaft handele, stehe außer Frage.

232

Im Ergebnis sei es der KGaA damit möglich, das DBA-Schachtelprivileg als Empfängerin des Dividendenzuflusses insgesamt und nicht nur quotal auf die kapitalistischen Kommanditaktionäre in Anspruch zu nehmen.

233

Gleichwohl sei darauf verwiesen, dass für die Frage der abkommensrechtlichen Behandlung der KGaA und ihres persönlich haftenden Gesellschafters die Wurzeltheorie, nach der der Komplementär originäre gewerbliche Einkünfte und keine umqualifizierten Dividenden erzielt, keine Rolle spielt. Die innerstaatliche hybride Besteuerungssystematik der KGaA und ihres persönlich haftenden Gesellschafters und damit die Wurzeltheorie bleiben von der Anwendung des DBA-Schachtelprivilegs unberührt und wurden vom BFH auch nicht in Frage gestellt.[139]

234

Schließlich sind auch etwaige Folgen aufgrund der Anwendung der Regelungen der **Hinzurechnungsbesteuerung** zu beachten. Durch die in den §§ 7 bis 14 AStG geregelte Hinzurechnungsbesteuerung wird die Abschirmwirkung der ausländischen Tochtergesellschaft aufgehoben.[140] Dies hat zur Folge, dass zumindest Teile des Einkommens der inländischen Besteuerung der Muttergesellschaft (KGaA) unterliegen, ohne dass eine Gewinnausschüttung stattgefunden hat.[141] Ausländische Tochterkapitalgesellschaften, die der Hinzurechnungsbesteuerung unterliegen, werden als Zweckgesellschaften, die der Hinzurechnungsbesteuerung unterliegenden Einkünfte als Zwischeneinkünfte bezeichnet.

235

Beteiligt sich eine inländische KGaA an einer ausländischen **Zwischengesellschaft**, so ist für die Frage, ob unbeschränkt Steuerpflichtige zu mehr als 50% an dieser Gesellschaft i.S.v. § 7 Absatz 1 AStG beteiligt sind, aufgrund der dualen Struktur wie folgt zu unterscheiden: Hinsichtlich des Anteils, der prozentual auf das Grundkapital entfällt, ist auf die unbeschränkte Steuerpflicht der KGaA selbst abzustellen. Soweit die Beteiligung an der Zwischengesellschaft prozentual auf die Vermögenseinlage der Komplementäre entfällt, ist auf deren Steuerpflicht abzustellen.[142]

236

---

138 BFH v. 19.5.2010, I R 62/09, IStR 2010, S. 661.
139 So auch *Wassermeyer*, Ubg 2011, S. 48.
140 Voraussetzungen zur Anwendung der Hinzurechnungsbesteuerung sind neben einer niedrigen Besteuerung und einer Beteiligung von mehr als der Hälfte insbesondere das Vorliegen passiver Einkünfte nach § 8 AStG.
141 Zweck der Hinzurechnungsbesteuerung ist die Vermeidung von Gewinnverlagerungen von durch in Deutschland ansässigen Gesellschaften beherrschten Gesellschaften in das niedrig besteuerte Ausland.
142 Soweit eine Personengesellschaft als Komplementärin an der Zwischengesellschaft beteiligt ist, ist auf die dahinter stehenden Gesellschafter abzustellen.

3. Ebene persönlich haftender Gesellschafter

237 Die steuerliche Würdigung auf Ebene des Komplementärs knüpft an die vorstehende steuerliche Würdigung auf Ebene der KGaA an. Wenn bereits die KGaA als Kapitalgesellschaft das **abkommensrechtliche Schachtelprivileg** zugesprochen bekommt, dann dürfte davon auch der Komplementär ungeachtet seiner eigenen Abkommensberechtigung profitieren.[143] D.h. wiederum, dass der persönlich haftende Gesellschafter von den Vergünstigungen des DBA-Schachtelprivilegs profitiert, auch wenn er diese Vergünstigung selbst nicht erhalten würde. Dies trifft zumindest dann zu, wenn der persönlich haftende Gesellschafter keine Kapitalgesellschaft ist.

238 Dies deckt sich mit der Ansicht des BFH. Dieser hat mit Urteil vom 19.5.2010 entschieden, dass das Schachtelprivileg nach dem DBA Deutschland-Frankreich unter den bekannten Beteiligungsvoraussetzungen nur den Bezug einer Dividende durch eine inländische Kapitalgesellschaft von einer französischen Kapitalgesellschaft voraussetze.[144] Folglich schlage die Steuerbefreiung auf alle persönlich haftenden Gesellschafter durch. Nach Ansicht der Richter sogar unabhängig davon, ob die Komplementäre unbeschränkt oder gar nur beschränkt steuerpflichtig sind.[145]

Ähnliche Überlegungen dürften auch für die Anwendung der Mutter-Tochter/Richtlinie gelten. Auch bei der **Mutter-Tochter/Richtlinie** ist die KGaA explizit als eine von der Richtlinie erfasste Rechtsform aufgeführt.

239 Findet weder die Mutter-Tochter/Richtlinie noch das DBA-Schachtelprivileg Anwendung, etwa weil die Mindestbeteiligungshöhe nicht erreicht wird, kommt es auf Ebene des Komplementärs nach den Vorgaben des **Teileinkünfteverfahrens** (§ 3 Nr. 40 EStG) zu einer 60%igen Besteuerung, sofern es sich um eine natürliche Person handelt bzw. der grundsätzlichen 95%igen **Freistellung** nach § 8b Absatz 1 und 5 KStG, sofern der Komplementär eine Kapitalgesellschaft ist.

II. Ausländische Personengesellschaft/Betriebsstätte

240 Die KGaA kann neben Investitionen in ausländische Kapitalgesellschaften auch in im Ausland belegene Personengesellschaften oder Betriebsstätten investieren.

241 Dabei werden nach deutscher Lesart **transparente Personengesellschaften** wie Betriebsstätten behandelt. Die **Betriebsstätte** ist ein steuerrechtlicher Begriff, der in § 12 AO für Zwecke des deutschen innerstaatlichen Rechts und in Art. 5 OECD-MA für Abkommenszwecke definiert ist. Jede Betriebsstätte ist Teil eines Betriebs, wobei jeder Betrieb aus nur einer einzigen (Geschäftsleitungs-) Betriebsstätte bestehen kann.[146] In derartigen Fällen sind „Betrieb" und „Betriebsstätte" deckungsgleich. Zu beachten ist, dass jeder Betrieb über eine Geschäftsleitungbetriebsstätte verfügen muss. Diese wird regelmäßig als Stammhaus bezeichnet.

242 Die grenzüberschreitende **Untersuchung** folgt dem folgenden Aufbau:

---

143 Es ist strittig, ob die Schachtelbefreiung nur insoweit durchschlägt, als die Mitunternehmer unbeschränkt steuerpflichtig und in diesem Sinne selbst abkommensberechtigt sind. In dem entsprechenden Urteil des BFH vom 19.5.2010 war eine KG an der KGaA beteiligt, an der wiederum nur Mitunternehmer beteiligt waren, die in Deutschland lediglich beschränkt steuerpflichtig waren. Zu der Diskussion hierzu vgl. *Wassermeyer*, Ubg 2011, S. 48.
144 BFH v. 19.5.2010, I R 62/09, IStR 2010, S. 661.
145 Kritisch hierzu *Wassermeyer*, Ubg 2011, S. 48.
146 Vgl. *Wassermeyer*, in: Wassermeyer/Richter/Schnittker, Personengesellschaften im Internationalen Steuerrecht 2010, S. 68.

F. Investitionen einer inländischen KGaA im Ausland (Outbound)

Abbildung 34: Ergebniszurechnung einer ausländischen Personengesellschaft/Betriebsstätte

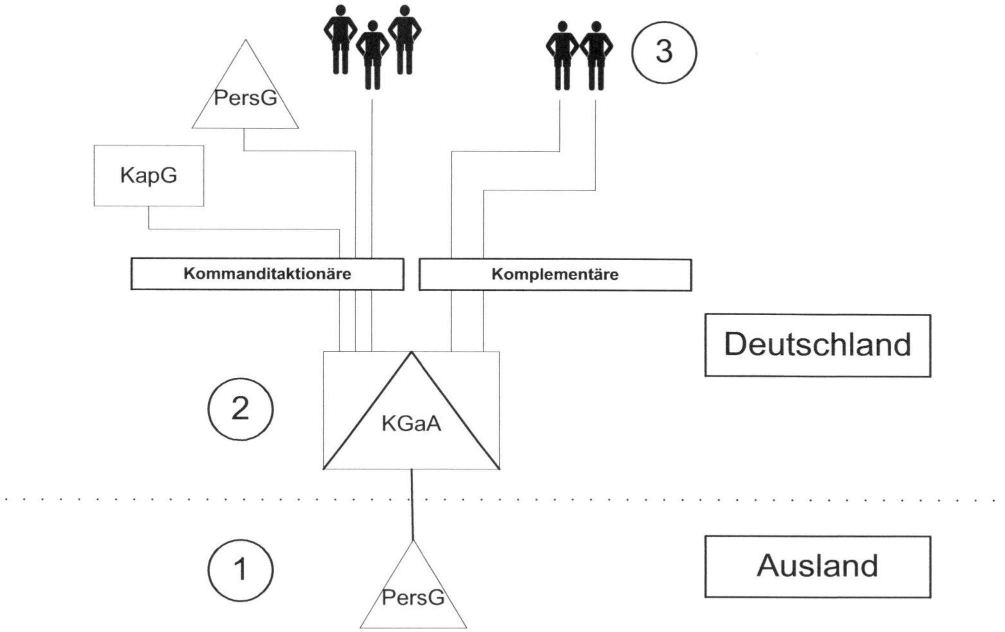

1. Ebene ausländische Personengesellschaft/Betriebsstätte

Als **Betriebsstätte** bezeichnet man die Form der unternehmerischen Auslandsbeteiligung, bei der eine feste Geschäftseinrichtung im Ausland besteht (Direktinvestition), die allerdings nicht mit einer rechtlichen Selbstständigkeit ausgestattet ist.[147]

Realisiert das inländische **Stammhausunternehmen**, also die inländische KGaA, in einem ausländischen Staat einen Sachverhalt, der als Betriebsstätte zu qualifizieren ist, wird das Stammhaus im Ausland mit dem dieser Betriebsstätte zuzurechnenden Erfolg und Vermögen (sofern im Ausland eine Vermögensbesteuerung existiert) beschränkt steuerpflichtig.

Die KGaA bzw. die Gesellschafter erzielen Unternehmensgewinne nach Art. 7 OECD-MA, für die das abkommensrechtliche **Betriebsstättenprinzip** gilt. Nach Art. 7 Absatz 1 Satz 1 Halbsatz 1 OECD-MA werden Betriebsstättengewinne nur von dem ausländischen Betriebsstättenstaat besteuert.

Ebenso werden Gewinne aus der **Veräußerung** ausländischen Betriebsstättenvermögens nach Art. 13 Absatz 2 OECD-MA grundsätzlich nur vom ausländischen Betriebsstättenstaat besteuert.[148]

Besteht ein DBA zwischen Betriebsstättenstaat und Sitzstaat der KGaA bzw. des Komplementärs, wird nach deutscher Abkommenspraxis die durch die Kollision von Quellen- und Wohnsitzbesteuerung drohende Doppelbesteuerung grundsätzlich durch die **Freistellung** des Betriebsstät-

---
147 Vgl. *Jacobs*, Internationale Unternehmensbesteuerung 2011, S. 428.
148 Vgl. zur deutschen Abkommenspraxis *Schaumburg/Schulte*, Die KGaA 2000, S. 103

tenerfolgs im Sitzstaat (Deutschland) vermieden.[149] In diesem Zusammenhang wird auch von dem bereits erwähnten sog. Betriebsstättenprinzip gesprochen. Danach hat der Quellenstaat das ausschließliche Besteuerungsrecht, wenn eine gewerbliche Tätigkeit durch eine dort belegene Betriebsstätte ausgeübt wird.

248 Allerdings wird dieses Betriebsstättenprinzip in deutschen DBA zunehmend nur bei Betriebsstätten mit begünstigtem Sachziel angewandt (sog. **Aktivitätsvorbehalt**). Für passive Betriebsstätteneinkünfte bleibt dann nur noch der Rückgriff auf die Anrechnungsmethode, die auch aufgrund abkommensrechtlicher *switch-over*-Klauseln (vgl. Art. 23 A Absatz 4 OECD-MA) zur Anwendung gelangen kann.

249 Schwierigkeiten ergeben sich in den Fällen, wenn der Betriebsstättenstaat (anders als Deutschland als Ansässigkeitsstaat) keine **Sondervergütungen** kennt. Da die Steuerrechtsordnungen anderer Staaten nicht selten Personengesellschaften kapitalistisch besteuern und somit auch keine Sondervergütungen kennen, verwundert es auch nicht weiter, dass auch Art. 7 OECD-MA keine ausdrückliche Vorschrift über die abkommensrechtliche Behandlung von Sondervergütungen vorsieht.[150]

250 Um derartige Sachverhalte zu lösen, ist bei Outbound-Fällen grundsätzlich zwischen der Sicht der Finanzverwaltung einerseits und der Finanzrechtsprechung andererseits zu unterscheiden. Aus deutscher Sicht gewährt die **Finanzverwaltung** für Unternehmensgewinne grundsätzlich die Freistellung (unter Progressionsvorbehalt), da das Besteuerungsrecht (unter Beachtung der einschlägigen Voraussetzungen) dem Betriebsstättenstaat zusteht. Die Freistellung wird dann aber nicht gewährt, wenn das Ausland, wie häufig der Fall, die Sondervergütungen den speziellen Verteilungsartikeln des jeweiligen DBA zuordnet und dadurch sein Besteuerungsrecht nicht oder nur eingeschränkt aufrechterhalten kann (sog. negativer Qualifikationskonflikt). Mit anderen Worten wird der Sachverhalt nicht über Art. 7 OECD-MA gelöst, sondern beispielsweise bei Zinsen über Art. 11 OECD-MA.

251 In diesen Fällen ordnen bereits die **subject-to-tax-Klauseln** der DBA und im Übrigen der mit dem JStG 2007 eingeführte, rückwirkend anwendbare § 50d Absatz 9 Satz 1 Nr. 1 EStG Ausnahmen von der Freistellung in Deutschland als Ansässigkeitsstaat an.

252 Die **Rechtsprechung** des DBA nähert sich der Auseinandersetzung von einer anderen Seite. Der BFH stellt auf den Abkommenszusammenhang ab, trennt somit die Sondervergütungen von den Unternehmensgewinnen ab und ordnet sie den speziellen Verteilungsartikeln zu, was damit in Outbound-Fällen aber regelmäßig zu demselben Ergebnis führt. Im Fall der vorgenannten Zinsen erhält somit Deutschland nicht über § 50d Absatz 9 Nr. 1 EStG, sondern über Art. 11 Absatz 1 OECD-MA das Recht der Besteuerung.

2. Ebene KGaA

253 Im Ausland erwirtschaftete Einkünfte sind bei einer in Deutschland unbeschränkt steuerpflichtigen KGaA nach dem in § 2 Absatz 1 EStG verankerten **Welteinkommensprinzip** grundsätzlich im Inland steuerpflichtig.

---

[149] Art. 7 i.V.m. Art. 23 A Absatz 1 OECD-MA.
[150] Ausnahmen hier Art. 7 Absatz 7 S. 2 DBA Deutschland-Österreich und Art. 7 Absatz 7 S. 2 DBA Deutschland-Schweiz. Vgl. hierzu ausführlich *Kempermann*, in: Wassermeyer/Richter/Schnittker, Personengesellschaften im Internationalen Steuerrecht 2010, S. 100.

Das der Bundesrepublik Deutschland aufgrund des Welteinkommensprinzips zustehende Besteuerungsrecht kann aber aufgrund eines nach § 2 AO vorrangigen **DBA** entfallen oder eingeschränkt werden. Hierbei ist zu beachten, dass der BFH entsprechend der Aufgabe der DBA bereits mehrmals entschieden hat, dass ein DBA keine materielle Steuerpflicht begründen kann, sondern ausschließlich eine sog. „Schrankenfunktion" ausübe.[151]

Handelt es sich bei den von der Personengesellschaft bzw. der Betriebsstätte erzielten Einkünften um gewerbliche (bzw. abkommensrechtlich um unternehmerische) Einkünfte, die einer Betriebsstätte zuzurechnen sind, sind diese nach dem im vorstehenden Abschnitt 2.1 erläuterten **Betriebsstättenprinzip** im Betriebsstättenstaat zu besteuern. Andernfalls, d.h. liegt keine Betriebsstätte im Ausland vor, kommt es zu einer Besteuerung im Sitzstaat der KGaA.

Eine Doppelbesteuerung wird aus der Sicht des Ansässigkeitsstaats durch Anwendung des **Methodenartikels** nach Art. 23 OECD-MA vermieden. Der Methodenartikel richtet sich an den Ansässigkeitsstaat und bestimmt, ob die Doppelbesteuerung ausländischer Betriebsstättengewinne durch die Freistellungsmethode (Art. 23 A OECD-MA) oder alternativ durch die Anrechnungsmethode (Art. 23 B OECD-MA) zu vermeiden ist. Die von Deutschland geschlossenen Abkommen gehen überwiegend von der Anwendung der Freistellungsmethode aus, sodass die Anrechnungsmethode weiterhin die Ausnahme bildet. Zu beachten sind dabei Besonderheiten etwa aufgrund des in den DBA verankerten Aktivitätsvorbehalts.

Folgen aufgrund eines **Progressionsvorbehalts** können in diesem Fall außer Acht gelassen werden, da sich ein derartiger Progressionsvorbehalt nur bei Personen auswirken kann, die der Einkommensteuer unterliegen. Nach h.M. greift bei Kapitalgesellschaften der (negative) Progressionsvorbehalt aufgrund des linearen Körperschaftsteuersatzes nicht.[152]

3. Ebene persönlich haftender Gesellschafter

Aus der Sicht des deutschen Steuerrechts sind die Einkünfte der ausländischen Personengesellschaft bzw. Betriebsstätte aufgrund der teilweisen **Transparenz** der KGaA bis zum Komplementär der KGaA durchzureichen.

In Anwendung des § 15 Absatz 1 Satz 1 Nr. 2 Satz 2 EStG dürfte die Vorgabe, dass ein mittelbar über eine oder mehrere Personengesellschaft beteiligter Gesellschafter einem unmittelbar beteiligten Gesellschafter gleichsteht, auch auf den persönlichen haftenden Gesellschafter zu übertragen sein, da dieser nach § 15 Absatz 1 Satz 1 Nr. 3 EStG wie ein Mitunternehmer zu behandeln ist. Somit sind infolge des Welteinkommensprinzips auch die Einkünfte aus der ausländischen Betriebsstätte dem Komplementär nach **Abtrennung** aufgrund von § 9 Nr. 1 KStG („Wurzeltheorie") zuzurechnen.

Unter einer deutschen Betrachtungsweise ist zum einen der persönlich haftende Gesellschafter der KGaA eine **abkommensberechtigte Person** in Bezug auf den an ihn entfallenden Gewinnanteil und zum anderen muss es sich bei der ausländischen Betriebsstätte um eine abkommensrechtliche Betriebsstätte handeln.

---

151 Vgl. z.B. BFH v. 14.3.1989, I R 39/85, BStBl II 1989, S. 599.
152 Vgl. *Jacobs*, Internationale Unternehmensbesteuerung, 2007, S. 453; *Probst*, in: Herrmann/Heuer/Raupach, § 32b EStG, Rz. 18 m.w.N.; a.A. *Tillmann/Mössner*, in: Mössner u.a., Steuerrecht international tätiger Unternehmen, 2005, B 484.

261 Unterhält die inländische KGaA eine ausländische Betriebsstätte, unterliegen **beschränkt steuerpflichtige Komplementäre** mit ihren anteiligen Betriebsstätteneinkünften nicht der beschränkten Steuerpflicht in Deutschland.

262 Bei einer ausländischen Personengesellschaft ist es von besonderem Interesse, ob diese auch nach deutschem steuerlichen Verständnis einer Personengesellschaft entspricht. Das BMF hat erst kürzlich wiederum darauf hingewiesen, dass eine Einordnung nach dem Zivil- oder Steuerrecht des ausländischen Staats nicht maßgeblich ist.[153] Ob es sich bei der ausländischen Personengesellschaft auch um eine Mitunternehmerschaft nach deutscher Lesart handelt, bestimmt sich nach den Vorgaben des deutschen Steuerrechts. Dabei gelten die allgemeinen Grundsätze des **Rechtstypenvergleichs**.[154]

263 Die Betrachtungsebene des persönlich haftenden Gesellschafters kann dazu geeignet sein, abkommensrechtliche **Qualifikationskonflikte** zu provozieren. Zum einen kann ein Qualifikationskonflikt daher rühren, dass der Betriebsstättenstaat in der KGaA eine abkommensrechtliche Person erkennt und keine Differenzierung zwischen kapitalistischem und mitunternehmerschaftsähnlichem Besteuerungsstrang. Dies dürfte sich aber in der Regel als unproblematisch erweisen, da dem Betriebsstättenstaat grundsätzlich das Besteuerungsrecht (unter den genannten Voraussetzungen) zusteht und zwar unabhängig davon, ob nun die KGaA oder der persönlich haftende Gesellschafter die abkommensberechtigte Person im Ansässigkeitsstaat ist.

264 Ein weitreichender Qualifikationskonflikt kann entstehen, wenn im Falle einer ausländischen Personengesellschaft der ausländische Staat die Gesellschaft als Kapitalgesellschaft und damit intransparent besteuert. Möglich ist auch, dass das ausländische Besteuerungsregime ein Wahlrecht vorsieht, wonach zwischen einer Besteuerung nach dem Transparenz- oder Trennungsprinzip entschieden werden kann.[155]

265 In diesen Fällen besteht die Gefahr, dass aufgrund des Qualifikationskonflikts eine Besteuerung für Sondervergütungen und Einkünfte aus dem Sondervermögen nach § 50d Absatz 9 Nr. 1 EStG besteuert werden.[156] Dies ist zumindest dann der Fall, wenn das entsprechende DBA die ausländischen Betriebsstätteneinkünfte nach Art. 23 A Absatz 1 OECD-MA von der Besteuerung auf Ebene des Komplementärs im Inland ausnimmt.

266 Kommt es bei der Einkunftsermittlung des persönlich haftenden Gesellschafters zur Anwendung der **Freistellungsmethode**, ist dennoch die Wirkung eines Progressionsvorbehalts zu beachten.[157] Die Möglichkeit eines Progressionsvorbehalts zu Gunsten des Ansässigkeitsstaats sehen mittlerweile sämtliche von Deutschland geschlossenen DBA vor.[158]

267 Zur Vermeidung der Doppelbesteuerung kommt die nach nationalem Recht ausgestaltete **Anrechnungsmethode** zur Anwendung, da entweder kein DBA besteht, der Methodenartikel des einschlägigen DBA die Anrechnung vorsieht, oder weil die Freistellungsmethode aufgrund des nichterfüllten Aktivitätsvorbehalts nicht greift. Somit gehen die ausländischen Einkünfte in die

---

153 BMF v. 16.4.2010, BStBl. I 2010, S. 354, Rz. 1.2.
154 BMF v. 19.3.2004, BStBl. I 2004, S. 411 sowie BFH v. 20.8.2008, BStBl. II 2009, S. 263. Das BMF-Schreiben vom 24.12.1999 (Betriebsstätten-Verwaltungsgrundsätze) enthält in Anhang I, Tabellen 1 und 2 Hinweise für die Einordnung ausgewählter ausländischer Gesellschaftsformen. Vgl. BMF v. 24.12.1999, BStBl. I 1999, S. 1076.
155 So z.B. in den USA im Rahmen des *Check-the-Box-Verfahrens*. Auch in Frankreich besteht ein Optionsrechts zur Besteuerung einer Personengesellschaft nach Kapitalgesellschaftsgrundsätzen.
156 Bezüglich der abweichenden Auffassungen von Finanzverwaltung und Rechtsprechung sei auf das vorstehende Kapitel auf S. 156.
157 Vgl. ausführlich *Wittkowski/Lindscheid*, IStR 2009, S. 225.
158 Vgl. *Schmidt/Heinicke*, EStG-Kommentar, 2011, § 32b, Rz. 13, *Schmidt/Blöchle*, in: Strunk/Kaminski/Köhler, AStG/DBA-Kommentar, 2004, Art. 23A/B OECD/MA, Rz. 232.

deutsche Besteuerung voll umfänglich ein. Erst daran anschließend wird die ausländische Steuer auf die inländische angerechnet. Soweit inländische Komplementäre als natürliche Person an einer KGaA beteiligt sind und Einkünfte i.S.d. § 34d EStG erzielen, kann eine Doppelbesteuerung nach nationalem Recht durch eine Steueranrechnung gem. § 34c EStG vermieden werden. Eine direkte Steueranrechnung ist nach § 26 Absatz 1 KStG auch für Komplementäre in der Rechtsform einer inländischen Kapitalgesellschaft möglich.

G. Investitionen aus dem Ausland in eine inländische KGaA (Inbound)

Im Fall der Investition in eine deutsche KGaA ist zu unterscheiden, ob der ausländische Gesellschafter bei der KGaA die Position des persönlich haftenden Gesellschafters oder die des Kommanditaktionärs einnimmt.

268

Unabhängig davon löst jede Beteiligung eine mögliche beschränkte Steuerpflicht des Gesellschafters in Deutschland aus.

269

Davon unabhängig kann die KGaA auch als Konzernspitze oder Konzerngesellschaft eingesetzt werden. Insbesondere für ausländische Investoren (Inbound-Investitionen) kann die KGaA im Hinblick auf eine Komplementärbeteiligung eine interessante Variante zur Strukturierung einer Zwischenholding oder eines Joint-Venture-Portals darstellen.[159] Auch als deutsche oder europäische Dachgesellschaft oder Akquisitionsvehikel kann die KGaA Vorzüge gegenüber den Kapitalgesellschaften und Personengesellschaften bieten.

270

Abbildung 35: Investition ausländischer Gesellschafter in eine deutsche KGaA

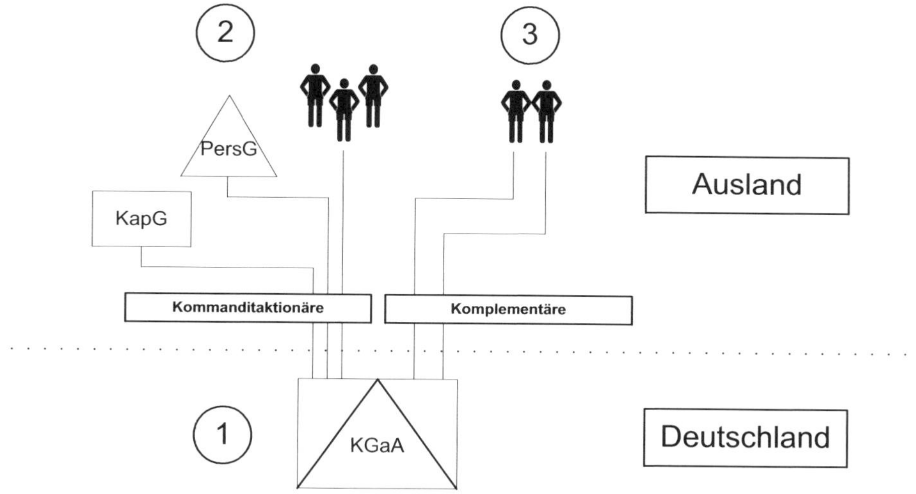

---

[159] Vgl. *Risse*, in: Kessler/Kröner/Köhler, Konzernsteuerrecht 2008, S. 268.

I. Ebene inländische KGaA

271 Unabhängig davon, ob Komplementär und/oder Kommanditaktionär im Ausland ansässig sind, ist die KGaA im Inland gem. § 1 Absatz 1 KStG unbeschränkt körperschaftsteuerpflichtig, wenn Sitz (§ 11 AO) oder Ort der Geschäftsleitung (§ 10 AO) im Inland belegen ist. Sie erzielt ausschließlich Einkünfte aus Gewerbebetrieb (§ 8 Absatz 2 KStG). Folglich ist gem. § 9 Absatz 1 Nr. 1 KStG auch der Teil des Gewinns auf Ebene der KGaA als abzugsfähige Betriebsausgabe zu behandeln, der an den Komplementär für seine nicht auf das Grundkapital gemachte Einlage oder als Vergütung für die Geschäftsführung verteilt wird; unabhängig davon ob der Komplementär im Inland oder Ausland ansässig ist. Die dem Komplementär zugerechneten Einkünfte müssen bei der Ermittlung des Gewerbeertrags der KGaA wieder hinzugerechnet werden (§ 8 Nr. 4 GewStG). Insoweit ergeben sich keine Besonderheiten.

II. Ebene ausländischer Kommanditaktionär

272 Steuerpflichtige Subjekte, die weder Wohnsitz noch gewöhnlichen Aufenthalt bzw. weder ihre Geschäftsleitung noch ihren Sitz im Inland haben, sind gem. § 1 Absatz 4 EStG bzw. § 2 Nr. 1 KStG mit ihren inländischen Einkünften beschränkt einkommen- bzw. körperschaftsteuerpflichtig. Da das System der **beschränkten Steuerpflicht** unabhängig davon greift, ob der Kommanditaktionär eine natürliche Person oder eine Kapitalgesellschaft ist, entsprechen die Folgen bei der Körperschaftsteuer weitestgehend denen bei der Einkommensteuer.[160]

273 Zur Bestimmung der beschränkten Steuerpflicht sei auf den Katalog der beschränkt steuerpflichtigen **Einkünfte** nach § 49 EStG verwiesen. Danach bezieht ein ausländischer Kommanditaktionär grundsätzlich Einkünfte aus Kapitalvermögen i.S.v. § 49 Absatz 1 Nr. 5 Buchst. a) EStG.

274 Für die ausschüttende KGaA bedeutet dies, dass sie für Dividenden und sonstige Bezüge (und damit auch für verdeckte Gewinnausschüttungen) i.S.v. § 20 Absatz 1 Nr. 1 EStG **Kapitalertragsteuer** nach § 43a Absatz 1 Nr. 1 EStG einzubehalten und abzuführen hat.

275 § 43 Absatz 5 Satz 1 EStG enthält die zentrale Vorschrift der **Abgeltungsteuer** für Kapitalerträge. Für Kapitalerträge, soweit sie tatsächlich der Kapitalertragsteuer unterlegen haben, ist die Einkommensteuer abgegolten.[161] D.h., die Erträge sind bei der Veranlagung nicht mehr zu erfassen, die Kapitalertragsteuer wird demgemäß nicht mehr angerechnet.

276 Von dem **Grundsatz** des Einbehalts einer 25%igen Quellensteuer im Rahmen der Abgeltungsteuer gibt es zwei Ausnahmen: Entweder die Reduzierung oder der gänzliche Verzicht auf die Abführung von Quellensteuer. Derartige Anpassungen können sich entweder aus einem von Deutschland geschlossenen DBA oder der Anwendung der Mutter-Tochter/Richtlinie ergeben.

277 Im Fall von **Streubesitzbeteiligungen** ist der Quellensteuersatz nach Art. 10 Absatz 2 Buchst. b) OECD-MA auf 15% begrenzt. Bei einer Kapitalgesellschaft als Anteilseignerin, die zu mindestens 10, 20 bzw. 25% (deutsche DBA) beteiligt ist, liegt eine **Schachtelbeteiligung** vor. In diesem Fall bestimmt Art. 10 Absatz 2 Buchst. a) OECD-MA regelmäßig eine Reduzierung des Quellensteuersatzes auf 5%.[162]

---

[160] Probleme können sich bei der Qualifikation der Körperschaft nach ausländischem Recht ergeben. Die jeweiligen ausländischen Rechtsformen müssen denen des Inlands weitestgehend entsprechen.
[161] Diese Selbstverständlichkeit ist durch das JStG 2010 noch einmal ausdrücklich in das Gesetz eingefügt worden.
[162] Vgl. *Jacobs*, Internationale Unternehmensbesteuerung, 2011, S. 355.

G. Investitionen aus dem Ausland in eine inländische KGaA (Inbound)

Ebenfalls wird unter Bezug auf die **Mutter-Tochter/Richtlinie** keine Quellensteuer zwischen zwei in unterschiedlichen EU-Staaten ansässigen Gesellschaften erhoben, sofern die Voraussetzungen nach § 43b Absatz 1 EStG vorliegen. § 43b Absatz 1 EStG sieht folgende Voraussetzungen vor: 278

- Die ausländische Muttergesellschaft muss für die Ermäßigung bzw. Befreiung eine **bestimmte Rechtsform** haben.[163]
- Die EU-Muttergesellschaft muss seit **mindestens zwölf Monaten** ununterbrochen zu **mindestens 10%** an der inländischen Tochtergesellschaft **beteiligt** sein.[164]

Für die Herabsetzung der Quellensteuer sind verfahrenstechnisch zwei **Wege** möglich: Deutschland präferiert die unmittelbare Herabsetzung der Quellensteuer bei Zahlung der Entgelte (**Freistellungsverfahren**) nach § 50d Absatz 2 und Absatz 6 i.V.m. Absatz 5 EStG, sofern der Dividendenempfänger eine (Teil-)Freistellungsbescheinigung beantragt hat; in Ausnahmefällen erfolgt jedoch nach voller Besteuerung die antragsgebundene Erstattung der zu viel erhobenen Steuer (**Erstattungsverfahren**) nach § 50d Absatz 1 EStG. 279

Ist der Kommanditaktionär eine ausländische Kapitalgesellschaft kann sie sich zwei Fünftel der Kapitalertragsteuer (2/5 von 25%) erstatten lassen, so dass die tatsächliche Belastung 15 % beträgt, was dann wiederum dem deutschen Körperschaftsteuersatz entspricht. 280

Ist der Kommanditaktionär eine **ausländische Gesellschaft** kann sie die Befreiung oder Ermäßigung der deutschen Kapitalertragsteuer nur unter den Voraussetzungen des § 50d Absatz 3 EStG in Anspruch nehmen. Danach werden ihr die Vergünstigungen nicht zugestanden, sofern Personen an ihr beteiligt sind, die diese Vergünstigungen (Ermäßigung oder Entlastung von der deutschen Kapitalertragsteuer) bei einer direkten Beteiligung an der KGaA als Kommanditaktionär nicht bekommen hätten und 281

1. für die Zwischenschaltung der ausländischen Gesellschaft **wirtschaftliche Gründe** fehlen oder
2. die ausländische Gesellschaft nicht mehr als 10% ihrer Erträge aus **eigener wirtschaftlicher Tätigkeit** erzielt oder
3. die ausländische Gesellschaft nicht über einen für ihren Geschäftszweck **angemessen eingerichteten Geschäftsbetrieb** verfügt (u.a. qualifiziertes Personal, Geschäftsräume).

Damit werden sogenannte „*treaty oder directive shopping*"-Gestaltungen unterbunden, durch die Investoren aus dem außereuropäischen Ausland, mit dem Deutschland kein oder ein ungünstiges DBA vereinbart hat, durch Zwischenschaltung bspw. einer niederländischen B.V. versuchen, in den Genuss der Befreiung von der deutschen Kapitalertragsteuer zu kommen und die Dividenden der KGaA steuerfrei zu vereinnahmen. 282

Gewinne aus der **Veräußerung der Kommanditaktien** sind grundsätzlich gem. §§ 17 und 20 Absatz 2 Nr. 1 EStG für natürliche Personen bzw. gem. § 8b Absatz 2 und 3 KStG für Körperschaften als Aktionäre der Besteuerung zu unterwerfen. Ist der Kommanditaktionär im Ausland ansässig ist zu untersuchen, ob eine Beteiligung i.S.v. § 17 EStG vorliegt, d.h. eine Beteiligung von **mindestens einem Prozent** im Privatvermögen. In diesem Fall wird der Gewinn gem. § 49 Absatz 1 Nr. 2 Buchst. e) i.V.m. § 17 EStG besteuert, unabhängig davon, ob die Anteile im ausländischen 283

---

[163] Der Katalog der hierunter fallenden Gesellschaften wurde im Rahmen der Änderungsrichtlinie erweitert und erfasst nunmehr neben Kapitalgesellschaften auch die nach dem Recht des jeweiligen Mitgliedstaates gegründeten Personengesellschaften, Personenvereinigungen und anderen Gesellschaften, die dort ohne Wahlmöglichkeit der Körperschaftsteuer unterliegen, die entsprechenden Gesellschaftsformen der zwölf neuen EU-Mitgliedstaaten sowie die Europäische Gesellschaft (SE) und die Europäische Genossenschaft (SCE). Vgl. Vgl. *Jacobs*, Internationale Unternehmensbesteuerung, 2011, S. 356.
[164] § 43b Abs. 2 EStG und Art. 3 der Mutter-Tochter/Richtlinie.

Betriebs- oder Privatvermögen gehalten werden. Es gilt für natürliche Personen das Teileinkünfteverfahren gem. § 3 Nr. 40 Buchst. c) EStG und bei Kapitalgesellschaften die 95%ige Steuerbefreiung gem. § 8b Absatz 2 und 3 KStG.

284 Werden Gewinne aus Veräußerungen von im Privatvermögen gehaltenen Anteilen erzielt, bei denen die Beteiligung geringer als ein Prozent ist, ist die beschränkte Steuerpflicht auf **Schaltergeschäfte** beschränkt (§ 49 Absatz 1 Nr. 5 Buchst. d) EStG).

285 Ist der Kommanditaktionär in einem DBA-Staat ansässig, wird das **Besteuerungsrecht** regelmäßig dem Ansässigkeitsstaat zugewiesen (Art. 13 Absatz 5 OECD-MA), so dass Deutschland kein Besteuerungsrecht hat. Nur in wenigen DBA (z.B. Tschechien, Slowakei, Zypern, Mexiko, Indien, China) wird das Besteuerungsrecht dem Ansässigkeitsstaat der KGaA zugewiesen. Weitere Besonderheiten können sich ergeben, wenn die KGaA überwiegend unbewegliches Vermögen besitzt.

III. Ebene ausländischer persönlich haftender Gesellschafter

286 Die nationalen deutschen Vorschriften sehen für ausländische Komplementäre an einer inländischen KGaA eine beschränkte Steuerpflicht gem. § 49 Absatz 1 Nr. 2 Buchst. a) EStG vor, sofern im Inland eine inländische Betriebsstätte i.S.v. § 12 AO besteht bzw. ein ständiger Vertreter nach § 13 AO bestellt ist und die Betriebsstätte bzw. der ständige Vertreter dem beschränkt Steuerpflichtigen aufgrund seiner Beteiligung anteilig zuzurechnen ist.[165] Von dem Vorhandensein einer Betriebsstätte bei der KGaA dürfte stets ausgegangen werden. Damit ist auf der nationalen Ebene ein Besteuerungsrecht auf deutscher Ebene begründet worden.

287 Art. 7 Absatz 1 Satz 1 OECD-MA sieht folgendes vor:

Gewinne eines Unternehmens eines Vertragsstaats können nur in diesem Staat besteuert werden, es sei denn, das Unternehmen übt seine Geschäftstätigkeit im anderen Vertragsstaat durch eine dort gelegene Betriebsstätte aus.

288 Da die KGaA regelmäßig in Deutschland eine feste Geschäftseinrichtung und damit eine Betriebsstätte unterhält, ist es unerheblich, ob Deutschland den auf den beschränkt Steuerpflichtigen entfallenden Unternehmensgewinn nach Art. 7 Absatz 1 Satz 1 Halbsatz 1 oder 2 OECD-MA vollumfänglich besteuert.

289 In diesem Zusammenhang ist aber - nach wie vor – ein zentraler Aspekt weitgehend ungeklärt: Die Behandlung von Sondervergütungen im Abkommensrecht. Bekanntlich laufen die Vorstellungen der **Finanzverwaltung** und des BFH zur Behandlung von Sondervergütungen im Abkommensrecht seit dem grundlegenden Urteil des BFH v. 27.2.1991[166] auseinander:

290 Die Finanzverwaltung möchte Sondervergütungen – entsprechend dem innerstaatlichen deutschen Steuerrecht – abkommensrechtlich als Teil der von der Personengesellschaft vermittelten Unternehmensgewinne nach Art. 7 Absatz 1 OECD-MA betrachten und sie ferner auch der durch die Personengesellschaft vermittelten Betriebsstätte zuordnen. Demgegenüber trennt der BFH die Sondervergütungen von den Unternehmensgewinnen ab und ordnet sie den speziellen Verteilungsartikeln zu.

---

165 Zum Betriebsstättenbegriff nach nationalem Recht vgl. Rz. 1.1 des BMF-Schreibens v. 24.12.1999, BStBl. I 1999, S. 1076, unter Berücksichtigung der Änderungen durch die BMF-Schreiben v. 20.11.2000, BStBl. I 2000, S. 1509, und v. 29.9.2004, BStBl. I 2004, S. 917.
166 BFH v. 27.2.1991, I R 15/89, BStBl. II 1991, S. 444.

G. Investitionen aus dem Ausland in eine inländische KGaA (Inbound)

Während im Outbound-Fall etwa Zinsen oder Lizenzgebühren an die ausländische Personengesellschaft beim inländischen Gesellschafter nach beiden Vorstellungen mit entsprechend unterschiedlichen Begründungen grundsätzlich steuerpflichtig sind,[167] ist dies im hier vorliegenden Inbound-Fall anders. Der BFH hat für einen solchen Fall im Urteil vom 17.10.2007[168] seine ständige Rechtsprechung bestätigt.[169]

§ 50d Absatz 10 EStG wurde mit dem Jahressteuergesetz 2009 ins Einkommensteuergesetz mit dem Ziel aufgenommen, diese missliebige Rechtsprechung zu beseitigen.[170] Im Ergebnis sollte damit das Besteuerungsrecht für Sondervergütungen – sowohl im Outbound-Fall wie im Inbound-Fall und damit asymmetrisch – Deutschland zugewiesen werden.[171] Dies sollte nach § 7 Satz 6 i.V.m. § 36 Absatz 5 Satz 2 GewStG auch für die Gewerbesteuer gelten. Das BMF-Schreiben vom 16.4.2010 zur Anwendung der DBA auf Personengesellschaften stellt deshalb auch auf diese Rechtsgrundlage ab.[172]

§ 50d Absatz 10 EStG bestimmt aber nur, dass in den Fällen, in denen das Abkommen keine ausdrückliche Regelung für Sondervergütungen i.S.v. § 15 Absatz 1 Satz 1 Nr. 2 Halbsatz 2 EStG enthält, „diese Vergütungen für Zwecke der Anwendung des Abkommens ausschließlich als Unternehmensgewinne [gelten]".

Diese **abkommensrechtliche Zuordnung** zu den **Unternehmensgewinnen** bedeutet damit noch nicht, dass der **Betriebsstättenstaat** (hier Deutschland) ein Besteuerungsrecht hat. Hierzu müssten die Sondervergütungen in einer weiteren gesetzlichen Fiktion auch der Betriebsstätte der Mitunternehmerschaft zuzurechnen sein (Art. 7 Absatz 1 Satz 2 OECD-MA). Dies sieht die Vorschrift des § 50d Absatz 10 EStG aber nicht vor.

Im Ergebnis bedeutet dies, dass die Regelung für die steuerliche Erfassung der Sondervergütungen in Deutschland **leerläuft**.[173] Nun hat auch der BFH mit Urteil vom 8.9.2010[174] entschieden, dass § 50d Absatz 10 EStG nicht ausreicht, um ins Ausland abfließende Sondervergütungen der inländischen Personengesellschaft (d.h. einer inländischen Betriebsstätte des ausländischen Gesellschafters) zuzuordnen.

Davon ausgehend, dass nach der Verteilungsnorm des Art. 7 Absatz 1 Satz 1 OECD-MA Deutschland das **Besteuerungsrecht** zugerechnet wird, sieht der Methodenartikel des Art. 23 OECD-MA für den ausländischen Komplementär zur Vermeidung der Doppelbesteuerung entweder die Freistellungs- oder Anrechnungsmethode vor.[175]

---

167 Vgl. hierzu z.B. *Schmidt*, IStR 2010, S. 290; *Salzmann*, IWB 2009, F. 3 Gr. 3. S. 1540.
168 BFH v. 17.10.2007, I R 5/06, BStBl. II 2009, S. 356.
169 Erstmals BFH v. 27.2.1991, I R 15/89, BStBl. II 1991, S. 444
170 Vgl. *Salzmann*, IWB 2009, F. 3 Gr. 3, S. 1540; *Schmidt/Loschelder*, EStG-Kommentar 2010, § 50d, Rz. 60
171 Die Regelung sollte gemäß § 52 Abs. 59a S. 8 EStG rückwirkend auf alle noch offenen Verfahren angewendet werden.
172 BStBl. I 2010, S. 354, Rz. 5.1; vgl. hierzu auch *Schmidt*, IStR 2010, S. 429.
173 Vgl. *Boller/Eilinghoff/Schmidt*, IStR 2009, S. 110; *Dörfler/Rautenstrauch/Adrian*, BB 2009, S. 583; *Günkel/Lieber*, Ubg 2009, S. 304; *Hils*, DStR 2009, S. 890; *Korn*, IStR 2009, S. 642; *Lange*, GmbH-StB 2009, S. 132; *Meretzki*, IStR 2009, S. 219; *Lohbeck/Wagner*, DB 2009, S. 426; *Salzmann*, IWB 2009, F 3, Gr. 3, S. 1552; *Prinz*, DB 2009, S. 812; *Holthaus*, in: Lippross, EStG-Kommentar, § 50d, Rz. 37. Andere Auffassung lediglich *Frotscher*, IStR 2009, S. 593 ff.; hiergegen *Boller/Schmidt*, IStR 2009, S. 852 ff.
174 BFH v. 8.9.2010, I R 74/09, DStR 2010, S. 2450.
175 Für den Komplementär kann es von Bedeutung sein, ob Deutschland das Besteuerungsrecht entweder aufgrund von Art. 7 Absatz 1 Satz 1 Halbsatz 1 oder 2 OECD-MA zugewiesen wird. Für ihn kann die Frage im Rahmen der Anwendung der Freistellungsmethode bedeutsam sein, ob ein abkommensrechtlicher Aktivitäts- oder Progressionsvorbehalt einschlägig ist.

297 Im nationalen deutschen Recht sind Gewinne, die bei der **Veräußerung** des gesamten Anteils eines Komplementärs einer KGaA erzielt werden, gem. § 16 Absatz 1 Satz 1 Nr. 3 EStG den Gewinnen aus der Veräußerung des ganzen Gewerbebetriebs gleichgestellt. Ist der Komplementär im Ausland ansässig, wird er mit dem Gewinn aus der Veräußerung seines Komplementäranteils gem. § 49 Absatz 1 Nr. 2 Buchst. a) EStG beschränkt steuerpflichtig.

298 Es ist fraglich, ob der Veräußerungsgewinn des Kommanditanteils unter Art. 13 Absatz 2 oder Absatz 5 OECD-MA fällt. Nach dem Wortlaut des Art. 13 Absatz 2 OECD-MA fallen hierunter auch die Gewinne, die bei der Veräußerung einer Betriebsstätte erzielt werden. Der Argumentation für die Gewinnanteile folgend betreibt der im Ausland ansässige Komplementär auch dort ein Unternehmen und hat durch die Beteiligung im Inland eine Betriebsstätte. Wird der Komplementäranteil nun veräußert, sollte dieses der Veräußerung der Betriebsstätte insgesamt gleichstehen. Folglich würde der BRD das Besteuerungsrecht als Betriebsstättenstaat zugewiesen.

IV. KGaA als Inboundvehikel

299 Die KGaA kann als Vehikel zur **Akquisition** inländischer Kapitalgesellschaften und als Holding für deutsche und europäische Gruppengesellschaften fungieren. Dabei kann die KGaA in dieser Funktion einerseits Vorteile im Hinblick auf die Gewinnrepatriierung gegenüber der GmbH und der AG bieten. Andererseits genießt die KGaA als Kapitalgesellschaft Berechtigungen sowohl aus den DBA als auch aus der EU-Mutter-Tochter/Richtlinie und der EU-Zins- und Lizenzrichtlinie und bietet somit Vorteile gegenüber Personengesellschaften.

300 Werden Dividenden an den im Ausland ansässigen Kommanditaktionär ausgeschüttet, muss dieser die Voraussetzungen des § 50d Absatz 3 EStG erfüllen, damit es zur Reduzierung oder Vermeidung von inländischer Quellensteuer auf die Dividenden kommt. Gleiches gilt, wenn Lizenzgebühren gezahlt werden.

301 Die Gewinnrepatriierung aus deutschen Tochterkapitalgesellschaften lässt sich durch die Nutzung einer atypisch ausgestalteten KGaA als Holdinggesellschaft optimieren. Eine atypisch ausgestaltete KGaA liegt vor, wenn der Komplementär mit einer Vermögenseinlage in erheblichem Umfang an der KGaA beteiligt ist, wohingegen der Kommanditaktionärsbereich nur mit dem Mindestkapital ausgestattet wird.

302 Im Rahmen einer steueroptimierten Struktur beteiligt sich eine ausländische Kapitalgesellschaft mit dem Mindestgrundkapital von EUR 50.000 und tritt gleichzeitig als Komplementär mit einer vergleichsweise hohen Vermögenseinlage, die nicht dem Grundkapital, sondern dem Kapitalkonto gutgeschrieben wird, ein (atypische Einmann-KGaA).

303 Bestehende inländische Beteiligungen der ausländischen Kapitalgesellschaft können gegebenenfalls unter Nutzung von ausländischen Veräußerungsgewinnbefreiungen i.V.m. Art. 13 Absatz 5 OECD-MA steuerneutral gegen Gewährung einer Vermögenseinlage an die KGaA übertragen werden. Die inländischen Tochtergesellschaften werden durch eine Organschaft an die KGaA angebunden.

304 Unabhängig von der atypischen Ausgestaltung der KGaA ist diese Organträger kraft Rechtsform (§ 1 Absatz 1 Nr. 1 KStG, § 2 Absatz 2 Satz 2 GewStG i.V.m. § 14 Absatz 1 Nr. 2 KStG).

305 Der Gewinn der operativen deutschen Tochtergesellschaften wird über die Organschaft auf die Ebene der KGaA geleitet und unterliegt bei dieser der Besteuerung mit Gewerbesteuer (§ 9 Absatz 1 Nr. 1 KStG i.V.m. § 8 Nr. 4 GewStG). Für Zwecke der Körperschaftsteuer wird der Gewinn gem.

§ 9 Absatz 1 Nr. 1. KStG im Verhältnis der Vermögenseinlage zum Grundkapital auf den Komplementär und die KGaA aufgeteilt. Der Komplementär (ausländische Kapitalgesellschaft) wird mit seinem Gewinnanteil im Inland beschränkt körperschaftsteuerpflichtig (§ 2 Nr. 1 KStG i.V.m. §§ 49 Absatz 1 Nr. 2 Buchst. a), 15 Absatz 1 Nr. 3 EStG).

Abkommensrechtlich fällt der Gewinnanteil des Komplementärs unter die Unternehmensgewinne (Art. 7 OECD-MA). Damit resultiert die gleiche Ertragsteuerbelastung, als wenn der Gewinn auf Ebene der KGaA angefallen wäre.

306

Transferiert der Komplementär den auf ihn entfallenden und von ihm versteuerten Gewinnanteil in das Ausland, liegt eine nicht steuerbare Entnahme und keine Dividende vor. Insofern fällt keine Kapitalertragsteuer im Inland an. Die Voraussetzungen des § 50d Absatz 3 EStG brauchen nicht erfüllt zu werden.

307

Im Ausland kann der Komplementär den Gewinnanteil aus der KGaA regelmäßig steuerneutral vereinnahmen (Anrechnung oder Freistellung).

308

Beteiligt sich die ausländische Gesellschaft (TopCo) nicht direkt als Komplementär, sondern schaltet noch eine weitere ausländische Gesellschaft (ForCo) ein, die die Rolle des Komplementärs übernimmt und dazu von TopCo ein Darlehen erhält, können die Fremdfinanzierungsaufwendungen als Sonderbetriebsausgaben auf Ebene des Komplementärs im Inland abgezogen werden. Gegebenenfalls können die Zinsen auch auf Ebene der ForCo im Ausland abgezogen werden („double-dip"). Gleichzeitig schirmt ForCo die Vollhaftung aus der Komplementärstellung gegenüber der TopCo ab.

309

Zusätzlich kann die TopCo ein Darlehen an die KGaA ausreichen und durch die Zinsaufwendungen den Gewinn der KGaA mindern. Die Regelungen der Zinsschranke bezogen auf die KGaA sind zu beachten.

310

Abbildung 36: Steuerplanung durch eine KGaA als Vehikel für Investitionen im Inland (Inbound)

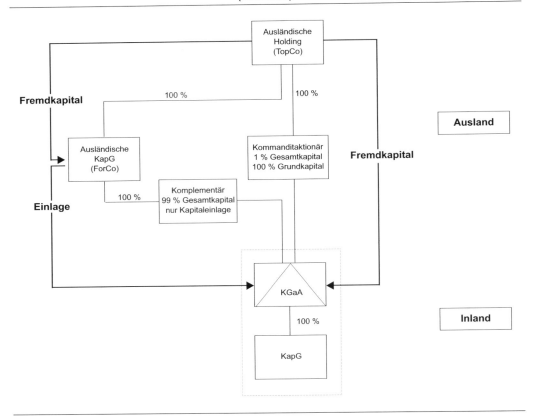

311 Die Vermeidung der Besteuerung der Ausschüttungen in das Ausland können auch unter Einschaltung einer deutschen Personengesellschaft erreicht werden. Allerdings ist - im Gegensatz zur KGaA als Organträger - für die Organträgereigenschaft bei einer Personengesellschaft eine eigene gewerbliche Tätigkeit notwendig. Darüber hinaus müssen Beteiligungen in einem gewissen **funktionalen Zusammenhang** zu der Tätigkeit der Personengesellschaft stehen, damit die Beteiligungen dieser zugeordnet werden und nicht bspw. der ausländischen Holding zuzuordnen wären. Die Problematik der Zuordnung stellt sich bei Kapitalgesellschaften wie der KGaA nicht, denen grundsätzlich Wirtschaftsgüter auch ohne funktionalen Zusammenhang zugeordnet werden können.

312 Sollten auch Tochtergesellschaften in anderen Ländern durch die KGaA gehalten werden, hat die atypische KGaA gegenüber Personengesellschaften den Vorteil, dass sie sowohl die DBA als auch die EU-Mutter-Tochter-Richtlinie und EU-Zins- bzw. die Lizenzrichtlinie direkt in Anspruch nehmen kann.

H. Gestaltungshinweis Wegzugsbesteuerung

Die atypische KGaA bietet sich auch an, um die Wegzugsbesteuerung gem. § 6 AStG zu vermeiden. Hält ein Gesellschafter einer AG oder GmbH mehr als 1% der Anteile und wird er durch Wegzug im Ausland ansässig, wird grundsätzlich nach § 6 AStG fingiert, dass er seine Anteile zum gemeinen Wert veräußert und die stillen Reserven besteuern muss. Der Grund liegt im Verlust des Besteuerungsrechts Deutschlands an den in den Anteilen ruhenden stillen Reserven.

Da für den Komplementäranteil im Fall der Veräußerung Art. 13 Absatz 2 OECD-MA Anwendung findet, verliert Deutschland durch den Wegzug **nicht** das Besteuerungsrecht für den Komplementäranteil. Somit kommt es zu keiner Entstrickung.[176]

Das Besteuerungsrecht für die Kommanditaktien geht allerdings aufgrund Art. 13 Absatz 5 OECD-MA verloren und demnach kommt es zu den Rechtsfolgen des § 6 AStG. Dieser Anteil sollte daher so gering wie möglich gehalten werden.

Folglich wird eine **Entstrickung** der Anteile einer atypisch ausgestalteten KGaA in sehr großem Umfang vermieden.

Zieht ein Komplementär in das Ausland, hat Deutschland weiterhin das Besteuerungsrecht für die stillen Reserven, die in seinem Komplementäranteil ruhen. Eine Wegzugsbesteuerung bleibt aus. Allerdings besteht eine Vollhaftung, die ggf. durch Einbringung des Komplementäranteils in eine ausländische Gesellschaft nach Wegzug wieder vermieden werden kann.

I. Besteuerungsverfahren

In der Praxis haben sich in der Vergangenheit vielfach **Unsicherheiten** im Hinblick auf das Besteuerungsverfahren gezeigt. Das ist insbesondere darauf zurückzuführen, dass aufgrund der hybriden Gesellschaftsform immer mehrere Finanzämter in das Besteuerungsverfahren einzubeziehen sind. So ist regelmäßig nicht nur das Betriebsstättenfinanzamt für die KGaA, sondern es sind auch die Wohnsitzfinanzämter für die persönlich haftenden Gesellschafter involviert.

In diesem Zusammenhang ist festzustellen, dass die **Wohnsitzfinanzämter** von den Steuererklärungen der persönlich haftenden Gesellschafter, die auf die Ergebnisse des Rechnungswesens bei der KGaA angewiesen sind, voneinander abweichen können.[177] Dies ist insbesondere darauf zurückzuführen, dass es im Bereich des Verfahrensrechts im Zusammenhang mit der KGaA und ihrem persönlich haftenden Gesellschafter keine einheitliche und gefestigte Meinung gibt.

Es ist seit längerem umstritten und bis heute nicht abschließend geklärt, ob eine **gesonderte und einheitliche Feststellung** nach §§ 179 ff. AO, die zu einem einheitlichen Grundlagenbescheid führt, im Zusammenhang mit der KGaA durchgeführt werden kann oder muss. Erst ganz aktuell hat das Finanzgericht Schleswig-Holstein zu dieser Frage erneut Stellung bezogen und eine gesonderte und einheitliche Gewinnfeststellung abgelehnt.[178]

---

[176] Vgl. *Loose/Wittkowski*, IStR 2011, S. 68. Unter dem Begriff Entstrickung wird ein Vorgang verstanden, bei dem in Wirtschaftsgütern eines Betriebsvermögens enthaltene stille Reserven der deutschen Besteuerung entzogen werden. Die Entstrickung ist einer Entnahme bzw. Veräußerung gleichgestellt.
[177] Feststellung nach *Falter*, in: FS Spiegelberger, 113. In diesem Zusammenhang erwähnt *Falter* einen Fall, bei dem ein und derselbe Sachverhalt bei einem Wohnsitzfinanzamt in verschiedenen Veranlagungsstellen von zwei persönlich haftenden Gesellschaftern derselben KGaA unterschiedlich entschieden wurde.
[178] Vgl. FG Schleswig-Holstein v. 12.4.2011, 5 K 136/07.

321 Eine **einheitlich und gesonderte Feststellung der Besteuerungsgrundlagen** erfolgt stets dann, wenn mehrere Personen/Gesellschaften an einer Einkommensquelle beteiligt sind. Alle Einnahmen und Aufwendungen, die mit dieser Einkunftsquelle im Zusammenhang stehen, können daher nicht bei der persönlichen Steuererklärung geltend gemacht werden. Sie werden vielmehr in einem gesonderten Feststellungsverfahren erklärt und vom Finanzamt, für die persönliche Steuerfestsetzung bindend, festgestellt.

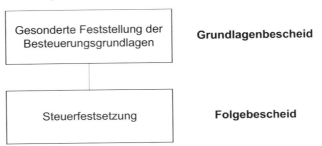

322 Die Verfahrensvorschriften für die gesonderte Feststellung finden sich in § 181 AO. Insbesondere die Bindungswirkung des Grundlagenbescheids ist hier normiert.

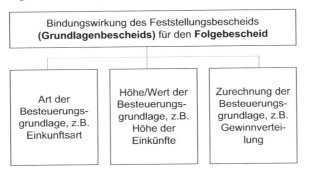

323 Die **ständige Rechtsprechung** der Finanzgerichte und die wohl herrschende Meinung lehnen, ausgehend von einer Entscheidung des Reichsfinanzhofes (RFH) aus dem Jahr 1929,[179] eine einheitliche und gesonderte Feststellung für die persönlich haftenden Gesellschafter der KGaA ab.[180] Dies gelte selbst, so die Rechtsprechung, in den Fällen, in denen mehrere persönlich haftende Gesellschafter vorhanden sind.[181]

---

[179] Vgl. RFH-Urteil v. 4.12.1929 VI A 1843/29, RStBl. 1930, S. 345.
[180] Vgl. FG Hamburg v. 14.11.2002 V 231/99, EFG 2003, S. 711; FG München v. 16.1.2003 7 K 5340/01, EFG 2003, S. 670; FG Düsseldorf v. 7.12.2010 13 K 1214/06 E; *Klein/Ratschow*, AO-Kommentar, § 180 Rz. 6; *Schmidt/Wacker*, EStG-Kommentar, § 15 Rz. 891; *Rätke*, in: Herrmann/Heuer/Raupach, EStG-Kommentar, § 15, Rz. 115; *Gosch/Heger*, KStG-Kommentar, § 9, Rz. 21; *Leib*, in: Mössner/Seeger, KStG-Kommentar, § 9, Rz. 69; *Mahlow*, DB 2003, S. 1540; offen gelassen vom BFH im Urteil v. 21.6.1989 X R 14/88, BFHE 157, S. 382, BStBl. II 1989, S. 881; a.A. *Söhn*, in: Hübschmann/Hepp/Spitaler, AO-Kommentar, § 180, Rz. 176; *Mathiak*, DStR 1989, S. 661; *Falter*, in: FS Spiegelberger 2009, S. 113; *Glanegger*, DStR 2004, S. 1686.
[181] Vgl. FG Schleswig-Holstein v. 12.4.2011, 5 K 136/07 m.w.N.

Zumindest bislang wird eine einheitliche und gesonderte Gewinnfeststellung mit der Begründung abgelehnt, dass der Betrieb der KGaA von der juristischen Person geführt wird und somit eine Mitunternehmerschaft im eigentlichen Sinn nicht vorliege.[182]

Voraussetzung für eine einheitliche und gesonderte Gewinnfeststellung sei, dass an den Einkünften „mehrere beteiligt" sind. Der Gewinnanteil des Komplementärs wird aber bei der KGaA als Betriebsausgabe nach § 9 Absatz 1 Nr. 1 KStG behandelt. Daraus folgt, dass Kommanditaktionäre und persönlich haftende Gesellschafter nicht gemeinschaftlich an dem Gewinn der KGaA beteiligt sind; der Gewinn der KGaA ist durch die Vergütung für den/die persönlich haftenden Gesellschafter gemindert.[183]

Zudem, so das FG Schleswig-Holstein, seien die persönlich haftenden Gesellschafter einer KGaA auch keine Mitunternehmer i.S.d. § 15 EStG. Sie sind als solche nicht wie „tatsächliche" Mitunternehmer einer Personengesellschaft direkt am Betriebsergebnis eines gemeinschaftlichen Unternehmens beteiligt.[184]

Der Umstand, dass der von der KGaA nach § 9 Absatz 1 Nr. 1 KStG abzuziehende Aufwandsbetrag betragsmäßig den von dem bzw. den persönlich haftenden Gesellschafter(n) nach § 15 Absatz 1 Nr. 3 EStG zu versteuernden Einkünften aus Gewerbebetrieb entspricht, stelle keinen ausreichenden Grund für eine gesonderte und einheitliche Feststellung dar. § 180 Absatz 1 Nr. 2 Buchst. a) AO diene nicht dem Zweck, die steuerliche Erfassung von Einkünften sicherzustellen, die bei einem anderen Steuerpflichtigen abgesetzt worden sind.[185]

Für den persönlich haftenden Gesellschafter hat dies im Rahmen des Veranlagungsverfahrens wiederum zur **Folge**, dass er alle zur Besteuerung erforderlichen Unterlagen direkt in seiner persönlichen Steuererklärung anzugeben und seinem Wohnsitzfinanzamt zu übermitteln hat. Sind nun mehrere persönlich haftende Gesellschafter an der KGaA beteiligt, kann dies unter Umständen weiterhin dazu führen, dass es eben zu keiner einheitlichen Besteuerung bzw. Beurteilung steuerlicher Merkmale bei den unterschiedlichen persönlich haftenden Gesellschaftern kommt.

J. KGaA und Erbschaftsteuer

In vielen Fällen wird die Entscheidung für die ideale Rechtsform eines Unternehmens überwiegend steuerlich motiviert sein. Eine besondere Rolle spielt gerade bei Familienunternehmen die Erbschaftssteuer. Ähnliche Überlegungen gelten auch für die Schenkungssteuer.

I. Grundlegende Aspekte

Dabei erweist sich die KGaA auch unter **erbschaftsteuerlichen Gesichtspunkten** als eine hybride Rechtsform. Während der Anteil des persönlich haftenden Gesellschafters an der KGaA entsprechend einem Anteil an einer Personengesellschaft zu behandeln ist, sind die Kommanditaktien klar als Anteile an Kapitalgesellschaften zu qualifizieren.

---

182 Vgl. *Frotscher/Maas*, KStG-Kommentar, § 9 Rz. 10b; BFH v. 21.6.1989, X R 14/88, BStBl II 1989, S. 881; FG Hamburg v. 14.11.2002, V 231/99, EFG 2003, S. 711; FG München v. 16.1.2003, 7 K 5340/01, EFG 2003, S. 670.
183 Vgl. *Frotscher*, in: Schwarz, AO-Kommentar, § 180, Rz. 32.
184 Vgl. FG Schleswig-Holstein v. 12.4.2011, 5 K 136/07.
185 Vgl. FG Hamburg v. 14.11.2002 V 231/99, EFG 2003, S. 711.

331 Vor der **Erbschaftsteuerreform 2009** war die Personengesellschaft (und damit auch eine Beteiligung an der KGaA als persönlich haftender Gesellschafter) vor allem aus erbschaftsteuerlicher Sicht attraktiv, da aufgrund der unterschiedlichen Bewertungsansätze stille Reserven erbschaftsteuerlich praktisch nicht erfasst wurden.

332 Nach Angleichung der **Bewertungsregelungen** besteht insoweit zwischen der Personen- und Kapitalgesellschaft praktisch kein Unterschied mehr. Grundsätzlich ergeben sich die nachstehenden aufgeführten erbschaftsteuerlichen Folgen beim Kommanditaktionär bzw. persönlich haftenden Gesellschafter:

Abbildung 37: Erbschaftsteuerliche Behandlung von Kommanditaktionär und Komplementär

Kommanditaktionär	Komplementär
• Wie bei einer Aktiengesellschaft • Kurswert der Aktien (§ 12 Absatz 1 ErbStG i.V.m. § 11 Absatz 1 BewG) • Verschonungsabschlag gem. § 13a ErbStG nur bei Beteiligungen > 25 % oder bei Pooling	• Grundsätzlich Verkehrswert des Komplementäranteils (§ 12 Absatz 5 ErbStG i.V.m. §§ 151, 95 ff., 109, 11 Absatz 2 BewG) • Ist ein Komplementär eine GmbH & Co.KG oder eine GmbH, gilt ab 1.1.2009 dasselbe Bewertungsverfahren • Der Anteil des Komplementärs an der KGaA gehört gem. § 13b Absatz 1 Nr. 2 ErbStG zum Betriebsvermögen und unterliegt daher ggf. einem Verschonungsabschlag von 85% oder sogar von 100%

II. Verschonungstatbestände

333 Die erbschaftsteuerlichen Vergünstigungen für **Betriebsvermögen** gem. § 13a ErbStG können für Beteiligungen an Kapitalgesellschaften nur dann genutzt werden, wenn der Erblasser (oder Schenker) am Nennkapital der Kapitalgesellschaft zu mehr als 25% unmittelbar beteiligt war. Beteiligungen an gewerblichen Personengesellschaften (damit ist auch die Beteiligung des persönlich haftenden Gesellschafters an einer KGaA erfasst) gehören hingegen ohne Rücksicht auf den Beteiligungsumfang stets zum begünstigten Betriebsvermögen (§ 13b Absatz 1 Nr. 2 ErbStG).

334 Die Bewertung des Betriebsvermögens sieht auf der ersten Stufe eine Bewertung zu gemeinen Werten vor. Verschonungen von Vermögen sind zielorientiert auf der zweiten Stufe möglich. Das System der Verschonungsregelung beim Betriebsvermögen ist in § 13a ErbStG enthalten und wie folgt ausgestaltet:

J. KGaA und Erbschaftsteuer

Abbildung 38: System des Verschonungsabschlags[186]

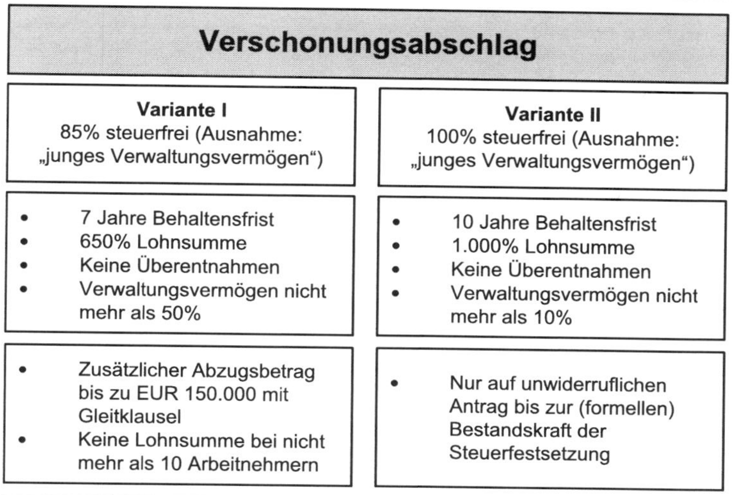

Verschonungsabschlag

Variante I
85% steuerfrei (Ausnahme: „junges Verwaltungsvermögen")
- 7 Jahre Behaltensfrist
- 650% Lohnsumme
- Keine Überentnahmen
- Verwaltungsvermögen nicht mehr als 50%
- Zusätzlicher Abzugsbetrag bis zu EUR 150.000 mit Gleitklausel
- Keine Lohnsumme bei nicht mehr als 10 Arbeitnehmern

Variante II
100% steuerfrei (Ausnahme: „junges Verwaltungsvermögen")
- 10 Jahre Behaltensfrist
- 1.000% Lohnsumme
- Keine Überentnahmen
- Verwaltungsvermögen nicht mehr als 10%
- Nur auf unwiderruflichen Antrag bis zur (formellen) Bestandskraft der Steuerfestsetzung

Die **Variante I** kommt gleichwohl nur dann in Betracht, wenn zum Übergabezeitpunkt das sog. Verwaltungsvermögen i.S.v. § 13b Absatz 2 Satz 2 ErbStG nicht mehr als 50% (§ 13b Absatz 2 Satz 1 ErbStG), bei der **Variante II** nicht mehr als 10% (§ 13a Absatz 8 Nr. 3 ErbStG) ausmacht. 335

Die Auslegung des Begriffs „**Verwaltungsvermögen**" dürfte die Finanzgerichtsbarkeit aber noch über Jahre beschäftigen. Weiter ist von der Verschonungsregel generell das sog. junge Verwaltungsvermögen - d.h. Vermögen, das innerhalb der beiden letzten Jahre eingelegt wurde - nicht erfasst (§ 13b Absatz 2 Satz 3 ErbStG). 336

Hier ist Folgendes in der Beratungspraxis zu beachten: 337

- Das „junge Verwaltungsvermögen" ist bei der Ermittlung der 50%- bzw. 10%-Grenze zu berücksichtigen.
- Bei sich abzeichnenden Vermögensübertragungen ist auf die Zwei-Jahres-Frist besonders zu achten, d. h. es ist eine rechtzeitige Zuführung zum Betriebsvermögen herbeizuführen (insbesondere als gewillkürtes Betriebsvermögen).

Nichtsdestotrotz ergeben sich durchaus gestalterische Vorteile in Bezug auf die Einschaltung einer KGaA. So kann sich eine vorteilhafte Einsatzmöglichkeit der GmbH & Co. KGaA im Bereich des **Generationenwechsels** auch im Hinblick auf die Abfederung des Konflikts zwischen unternehmerisch interessierten und nur kapitalistisch beteiligten Abkömmlingen ergeben. 338

---

[186] In Anlehnung an *Brey/Merz/Neufang*, BB 2009, S. 692.

III. Gestaltungsbeispiel

339

> Folgendes Beispiel soll einen derartigen Sachverhalt veranschaulichen:[187]
> Unternehmer X hat einen Sohn (S) und eine Tochter (T). Nur T ist an der unternehmerischen Nachfolge und damit an der Fortführung des Unternehmens interessiert. X möchte ihr das Unternehmen übertragen, zugleich aber sichergestellt wissen, dass sein Vermögen möglichst wertgleich auf seine Kinder übergeht, ohne dass hiermit eine unverhältnismäßig hohe Liquiditätsbelastung für das Unternehmen verbunden ist.

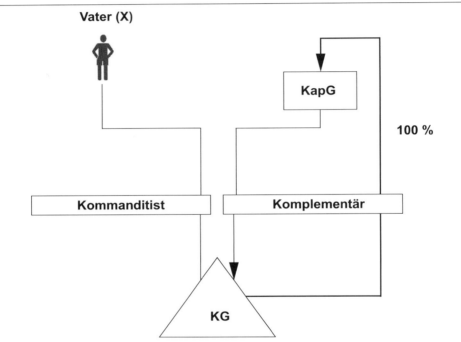

Abbildung 39: Ausgangsstruktur: Einheits-GmbH & Co. KG mit Unternehmer X als Kommanditist

340 Durch die gesellschaftsrechtliche Einschaltung einer GmbH & Co. KGaA kann erreicht werden, dass

- die Geschäftsführung von den nur kapitalistisch beteiligten Familienmitgliedern (im vorliegenden Beispiel also der Sohn) abgekoppelt wird,
- Eigenkapitalgeber über die Börse aufgenommen werden können, ohne dass die Freiräume der Tochter in Bezug auf die Unternehmensführung eingeschränkt werden,
- der kapitalistisch beteiligte Sohn sich von seinem Anteil durch Verkauf trennen kann, ohne dass dies die Liquidität der Gesellschaft berührt.

341 Zusammengefasst führt dies zu der folgenden grafischen Darstellung:

---

187 Vgl. *Niedner/Kusterer*, DB 1997, S. 2010 sowie *Lorz/Kirchdörfer*, Unternehmensnachfolge 2011, Rz. 31.

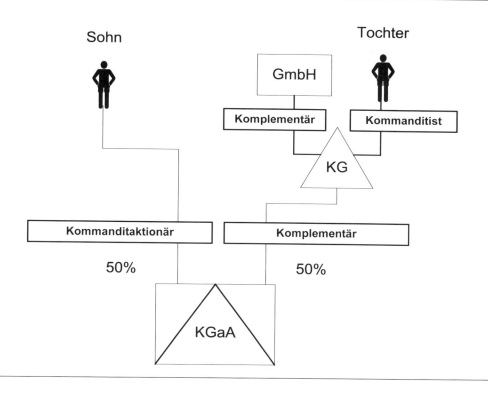

Abbildung 40: Zielstruktur

IV. Fazit

Vor dem Hintergrund der erbschaftsteuerlichen Änderungen der jüngeren Vergangenheit bleibt festzuhalten, dass sich insbesondere für die Beteiligung des persönlich haftenden Gesellschafters die Rahmenbedingungen in Bezug auf die Erbschaftsteuer verschlechtert haben. Die steuerlichen Vergünstigungen bestehen so nicht mehr fort.

Ungeachtet dessen ergeben sich aber weiterhin erbschaftsteuerliche Vorteile, zumindest dann, wenn die Komplementärbeteiligung nach dem Erbfall entsprechend lange gehalten wird. Der Gesetzgeber hat nämlich steuerliche Vergünstigungen an Bedingungen geknüpft, die darauf gerichtet sind, den gewerblichen Betrieb fortzuführen und damit langfristig Arbeitsplätze zu sichern.

Aufschlussreich ist die nachfolgende Zusammenstellung von *Brey/Merz/Neufang* hinsichtlich der Begünstigungen im Rahmen der erbschaftsteuerlichen Verschonungswege:

Abbildung 41: Zusammenfassende Darstellung der Begünstigungen nach §§ 13a und 13b ErbStG[188]

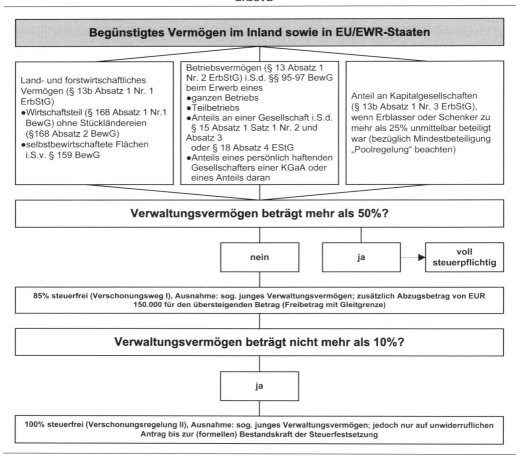

345 Schließlich haben die vorstehenden Ausführungen gezeigt, dass die KGaA darüber hinaus Möglichkeiten anbietet, die Nachfolge in einer Form zu regeln, dass bestimmte Nachkömmlinge in die Position der Kommanditaktionäre wechseln, während andere die umfassenden Verantwortungen eines Komplementärs übernehmen. Damit kann dem häufig anzutreffenden Umstand entgegengetreten werden, dass die Beschlussfassungen aufwendig sind und womöglich kurzfristiges unternehmerisches Handeln nicht mehr möglich ist.

---

[188] In Anlehnung an die übersichtliche Betrachtung von *Brey/Merz/Neufang*, BB 2009, S. 699.

§ 5 Umwandlung in eine KGaA als Zielgesellschaft

Änderungen wirtschaftlicher Rahmenbedingungen bei den Gesellschaftern eines Unternehmens oder im Unternehmen selbst erfordern gegebenenfalls eine Anpassung der Rechtsform.

Das Umwandlungsgesetz führt in § 1 UmwG die vier Umstrukturierungsvorgänge auf, die nach den Regeln dieses Gesetzes durchgeführt werden können: Verschmelzung, Spaltung, Vermögensübertragung und Formwechsel. Soweit bei diesen Umwandlungsvorgängen ein Vermögensübergang stattfindet, ordnet das Umwandlungsgesetz Gesamtrechtsnachfolge an und erleichtert damit den Umwandlungsvorgang, da eine einzelne Übertragung der jeweilgen Vermögensgegenstände des übertragenden Rechtsträgers entfällt.

Daneben – und außerhalb des Umwandlungsgesetzes gibt es noch weitere Umstrukturierungsmöglichkeiten, darunter fallen insbesondere Eingliederungen (§§ 319 ff. AktG), die Anwachsung und die Sacheinlage von Einzelwirtschaftsgütern und Gesellschaftsanteilen.

Neben dem Umwandlungsgesetz und den sondergesetzlich geregelten sonstigen Umstrukturierungen ist das Umwandlungssteuergesetz zu beachten. Der Regelungsbereich des Umwandlungssteuerrechts ist nicht deckungsgleich mit dem des Umwandlungsgesetzes:

Abbildung 42: Überschneidungen des UmwG mit dem UmwStG

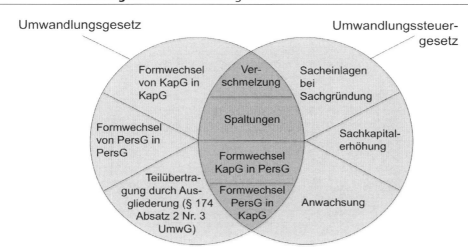

A. Verschmelzung

I. Rechtliche Aspekte

Gemäß § 2 UmwG wird eine Verschmelzung auf zwei Arten durchgeführt: Entweder wird das gesamte Vermögen eines Rechtsträgers im Wege der Gesamtrechtsnachfolge auf einen anderen, bestehenden Rechtsträger übertragen (**Verschmelzung zur Aufnahme**) oder mindestens zwei

Rechtsträger übertragen, gleichfalls im Wege der Gesamtrechtsnachfolge, ihr Vermögen auf einen zu diesem Zwecke neu geschaffenen Rechtsträger (**Verschmelzung zur Neugründung**). In beiden Fällen geschieht die Verschmelzung unter Auflösung der übertragenden Rechtsträger ohne Abwicklung, wobei die Anteilsinhaber dieser übertragenden Rechtsträger im Wege des Anteilstauschs Anteile an dem übernehmenden bzw. neu gegründeten Rechtsträger erhalten.

6 Nach dem Umwandlungsgesetz kommen Personenhandelsgesellschaften, Kapitalgesellschaften, Vereine und Genossenschaften als übertragende, übernehmende oder neue Rechtsträger in Betracht. Die KGaA kann an einer Verschmelzung als übertragender, übernehmender oder als neuer Rechtsträger beteiligt sein (vgl. § 3 Absatz 1 Ziffer 2 UmwG). Wir betrachten lediglich die Verschmelzung, bei der die KGaA Zielgesellschaft ist.

7 Die Durchführung einer Verschmelzung bedarf einer gründlichen Vorbereitung und eines straff geführten Zeitmanagements. Dabei sind drei Phasen zu unterscheiden:

8 **Vorbereitungsphase**:
- Schlussbilanz des übertragenden Rechtsträgers;
- Unternehmensbewertung der beteiligten Rechtsträger;
- Verschmelzungsvertrag;
- Verschmelzungsbericht;
- Unterrichtung des Betriebsrats durch Übersendung des Verschmelzungsvertrags;
- Prüfung des Verschmelzungsvertrags und des Verschmelzungsberichts;
- Evtl. Entwurf Kapitalerhöhung beim übernehmenden Rechtsträger;
- Ladung der Anteilseigner zur Gesellschafterversammlung/Hauptversammlung.

9 **Beschlussphase:**
- Zustimmung der Anteilsinhaber aller beteiligten Rechtsträger;
- Zustimmung der Inhaber von Sonderrechten;
- Falls Anteilseigner nicht mit dem Umtauschverhältnis einverstanden sind, Spruchverfahren;
- Evtl. Kapitalerhöhungsbeschluss.

10 **Vollzugsphase:**
- Anmeldung des Verschmelzungsbeschlusses zur Eintragung in die Handelsregister der beteiligten Rechtsträger;
- Eintragung in den Handelsregistern und damit Wirksamwerden der Verschmelzung.

11 Auf die Verschmelzung unter Beteiligung einer KGaA (sei es als aufnehmender oder übertragender Rechtsträger) finden die Regelungen des allgemeinen Teils zum Verschmelzungsrecht in den §§ 2 – 38 UmwG Anwendung. Alle für die KGaA geltenden besonderen Regelungen ergeben sich aus § 78 UmwG, der in Satz 1 und 2 für die KGaA auf die für die Verschmelzung von Aktiengesellschaften anwendbaren Vorschriften gemäß §§ 60 – 77 UmwG verweist.

12 Hat der aufnehmende Rechtsträger eine andere Rechtsform als der übertragende, wie z.B. im Falle der Verschmelzung einer GmbH auf eine KGaA, so spricht man von einer **Mischverschmelzung**. Widerspricht in diesem Fall ein Gesellschafter des übertragenden Rechtsträgers der Verschmelzung, so sieht § 29 UmwG für diesen Gesellschafter ein Austrittsrecht vor. Ihm ist eine angemessene Barabfindung anzubieten (§ 29 Absatz 1 Satz 1 UmwG). Keine unterschiedlichen Rechts-

formen sind gemäß § 78 Satz 4 UmwG Aktiengesellschaften und Kommanditgesellschaften auf Aktien. D.h. wird eine AG auf eine KGaA verschmolzen oder umgekehrt, dann besteht wegen der „anderen Rechtsform" kein Austrittsrecht.

Da die KGaA zwei verschiedene Gesellschafterkreise hat, ist bei der Verschmelzung auf eine KGaA zu entscheiden, ob die Anteilseigner der zu verschmelzenden Gesellschaft die Rechtsstellung eines Kommanditaktionärs oder eines Komplementärs erhalten oder beide Rechtsstellungen einnehmen. Soll ein Anteilseigner die Stellung des persönlich haftenden Gesellschafters in der KGaA einnehmen, ist ferner zu klären, ob er seine bisherige Beteiligung an der zu verschmelzenden Gesellschaft als Sondereinlage in die KGaA einbringen kann.

1. Vorbereitung

Bei der Planung und Durchführung der Verschmelzung sind etliche Fristen zu beachten und zwingende Regelungen des Umwandlungsrechts im Übrigen.

Zwei Vorschriften bilden den zeitlichen Rahmen, innerhalb dessen die Umwandlung erfolgen muss: Zum einen darf die Verschmelzung in das Handelsregister nur eingetragen werden, wenn die Bilanz des übertragenden Rechtsträgers (sog. Schlussbilanz) auf einen höchstens acht Monate vor der Handelsregisteranmeldung liegenden Stichtag aufgestellt worden ist (§ 17 Absatz 2 Satz 4 UmwG). Zum anderen regelt § 63 Absatz 1 Ziffer 3 UmwG, dass in den Geschäftsräumen der KGaA von der Einberufung der Hauptversammlung an, die ebenfalls vorzulegende letzte Bilanz sich nicht auf einen Stichtag beziehen darf, der älter als sechs Monate ist, gerechnet von dem Abschluss des Verschmelzungsvertrags oder der Aufstellung des Entwurfs. Sollte die letzte Bilanz also auf einen weiter zurückliegenden Zeitpunkt aufgestellt sein, dann bestimmt § 63 Absatz 1 Ziffer 3 UmwG, dass eine Zwischenbilanz aufzustellen ist, deren Stichtag nicht vor dem ersten Tag des dritten Monats liegen darf, der dem Abschluss des Verschmelzungsvertrags oder der Aufstellung des Entwurfs vorausgeht. Das am 22. Oktober 2011 in Kraft getretene Dritte Gesetz zur Änderung des Umwandlungsgesetzes hat eine Erleichterung für börsennotierte Gesellschaften insofern eingeführt, als eine Zwischenbilanz dann entbehrlich ist, wenn die Gesellschaft einen Halbjahresfinanzbericht gemäß § 37w WpHG veröffentlicht hat (§ 63 Absatz 2 Satz 5 UmwG). Wenngleich das Umwandlungsgesetz in den beiden vorgenannten Fällen nur die Aufstellung einer Bilanz und nicht des Jahresabschlusses (Bilanz, Gewinn- und Verlustrechnung mit Anhang sowie Lagebericht, vgl. § 242 Absatz 3 i.V.m. § 264 Absatz 1 HGB) verlangt, ist die Bilanz doch nach den allgemeinen handelsrechtlichen Vorschriften für die Bilanzerstellung und für die Bilanzprüfung zu erstellen und zu prüfen. Um den damit verbundenen zeitlichen Aufwand und die Kosten zu vermeiden, wird in der Praxis darauf geachtet, die Schlussbilanz der übertragenden Gesellschaft auf den Stichtag des letzten Jahresabschlusses zu legen und den Verschmelzungsvertrag zumindest als Entwurf innerhalb von sechs Monaten ab dem Stichtag der Schlussbilanz zu verabschieden.

In die Vorbereitungsphase fallen ferner die Unternehmensbewertung der beteiligten Rechtsträger und bei einer Verschmelzung zur Neugründung auch die Vorbereitung der gesellschaftsrechtlichen Unterlagen für den neu zu gründenden Rechtsträger. Ferner müssen der Verschmelzungsvertrag und der Verschmelzungsbericht entworfen werden. Der Verschmelzungsvertrag ist vor der Einberufung zur Hauptversammlung zum Handelsregister einzureichen (§§ 78, 61 UmwG). Der Verschmelzungsbericht wird von den Vertretungsorganen jedes der an der Verschmelzung beteiligten Rechtsträger erstattet (§ 8 Absatz 1 UmwG) und enthält detaillierte Ausführungen zur Verschmelzung und zum Verschmelzungsvertrag, zum Umtauschverhältnis der Anteile und die Angaben über die Mitgliedschaft bei dem übernehmenden Rechtsträger sowie die Höhe einer anzubietenden Barabfindung für die widersprechenden Gesellschafter.

17 Jeweils mindestens einen Monat vor der jeweiligen Versammlung der Anteilseigner der beteiligten Rechtsträger, in der die Zustimmung zum Verschmelzungsvertrag beschlossen werden soll, ist gemäß § 5 Absatz 3 UmwG der Entwurf des Verschmelzungsvertrags oder der bereits beurkundete Verschmelzungsvertrag dem zuständigen Betriebsrat zuzuleiten.

18 Sofern nicht alle Anteilsinhaber aller beteiligten Rechtsträger in notariell beurkundeter Form darauf verzichten, ist der Verschmelzungsvertrag durch einen Verschmelzungsprüfer zu prüfen (§§ 9, 8 Absatz 3, 60, 78 UmwG). Gegenstand der Verschmelzungsprüfung ist insbesondere die Angemessenheit des beabsichtigten Umtauschverhältnisses der Anteile und, falls ein Gesellschafter aus einer zu verschmelzenden Gesellschaft ausscheidet, dessen Barabfindung sowie die Mitgliedschaft in der übernehmenden Gesellschaft.

19 Ist zur Durchführung der Verschmelzung bei dem aufnehmenden Rechtsträger KGaA eine Kapitalerhöhung geplant, muss diese frühzeitig vorbereitet werden, da sie vor der Verschmelzung in das Handelsregister eingetragen sein muss (§§ 69, 66 UmwG).

20 Schließlich sind die Anteilseigner aller beteiligten Rechtsträger zur Gesellschafterversammlung/ Hauptversammlung zu laden. Je nach beteiligter Rechtsform sind besondere Informationspflichten in der Ladung bzw. Auslegung von Jahresabschlüssen der beteiligten Rechtsträger sowie des Verschmelzungsvertrags in den Geschäftsräumen des betreffenden Rechtsträgers zu beachten (z.B. für die GmbH: § 49 UmwG, für Personengesellschaften § 47 UmwG, für AG/KGaA § 61 UmwG).

2. Beschlussfassung

21 Es bedarf der jeweiligen Beschlussfassung über den Verschmelzungsvertrag der Anteilseigner aller beteiligten Rechtsträger (§ 13 Absatz 1 UmwG). Für die Beschlussfassung sieht das Umwandlungsgesetz eine Mindestmehrheit von ¾ der abgegebenen Stimmen bzw. des vertretenen Grundkapitals vor. Die persönlich haftenden Gesellschafter der KGaA müssen in jedem Fall dem Verschmelzungsbeschluss der Kommanditaktionäre zustimmen (§ 78 Satz 3 i.V.m. § 65 UmwG). Der Verschmelzungsvertrag ist notariell zu beurkunden, wie auch jeder Verschmelzungsbeschluss (§§ 6, 13 Absatz 3 UmwG).

3. Vollzug

22 Die Vertretungsorgane des übertragenden und des übernehmenden Rechtsträgers haben die Verschmelzung in das jeweilige Handelsregister anzumelden. Bei der Anmeldung müssen die Vertretungsorgane gemäß § 16 Absatz 2 UmwG erklären, dass eine Klage gegen die Wirksamkeit des Verschmelzungsbeschlusses nicht oder nicht fristgemäß erhoben oder eine solche Klage rechtskräftig abgewiesen oder zurückgenommen worden ist. Liegt die Erklärung nicht vor, so darf die Verschmelzung nicht eingetragen werden (sog. **Registersperre**), es sei denn, dass die klageberechtigten Anteilsinhaber durch notariell beurkundete Verzichtserklärung auf die Klage gegen die Wirksamkeit des Verschmelzungsbeschlusses verzichten.

Die Verschmelzung wird wirksam, wenn sie in die Handelsregister aller beteiligten Rechtsträger – zunächst im Register des übertragenden, dann im Register des übernehmenden Rechtsträgers – eingetragen ist (§ 19 Absatz 1 UmwG). Die Parteien des Verschmelzungsvertrags können jedoch im Innenverhältnis bestimmen, ab welchem Zeitpunkt die Verschmelzung schuldrechtlich wirken soll (**Verschmelzungsstichtag**, § 5 Absatz 1 Nr. 6 UmwG).

Die Handelsregistereintragung hat insbesondere die Wirkung, dass das Vermögen des/der übertragenden Rechtsträger einschließlich der Verbindlichkeiten auf den übernehmenden Rechtsträger übergeht, der/die übertragende(n) Rechtsträger erlöschen und die Anteilsinhaber der übertragenden Rechtsträger Anteilsinhaber des übernehmenden Rechtsträgers werden (§ 20 Absatz 1 UmwG).

Da eine Verschmelzung die Lage der Gläubiger der beteiligten Rechtsträger unter Umständen erheblich verschlechtern kann, sieht § 22 UmwG vor, dass die Gläubiger binnen 6 Monaten nach dem Tag, an dem die Eintragung der Verschmelzung in das Register des Sitzes desjenigen Rechtsträgers, dessen Gläubiger sie sind, bekannt gemacht worden ist, ihren Anspruch nach Grund und Höhe schriftlich anmelden und hierfür Sicherheitsleistung verlangen, soweit sie nicht Befriedigung verlangen können (**Gläubigerschutz**). Voraussetzung ist allerdings, dass die Gläubiger glaubhaft machen können, dass die Erfüllung ihrer Forderung durch die Verschmelzung gefährdet ist.

II. Steuerliche Aspekte der Verschmelzung einer GmbH auf eine KGaA

Das **Umwandlungssteuergesetz** (UmwStG) beabsichtigt Steuerbelastungen bei einer Umwandlung zu reduzieren, indem es unter bestimmten Voraussetzungen eine steuerneutrale Übertragung ermöglicht.[1]

Die Regelungen des UmwStG sind nicht losgelöst vom **UmwG** zu betrachten, denn § 1 Absatz 1 UmwStG bestimmt, dass der Zweite bis Fünfte Teil (§§ 3 bis 19) des UmwStG ausschließlich für Umwandlungen i.S.d. UmwG gelten. Mit Ausnahme der in den §§ 20 ff. UmwStG geregelten Umwandlungen bildet somit das UmwG die rechtliche Grundlage für Umstrukturierungen i.S.d. UmwStG.[2]

Das UmwStG enthält zwar keine besonderen Vorschriften für die **Umwandlung einer KGaA**, gleichwohl muss eine Anwendung des UmwStG auch für die KGaA als umwandlungsrechtlich begünstigter verschmelzungs- und formwechselfähiger Rechtsträger in Frage kommen.[3] Dennoch, und das ist unter praktischen Gesichtspunkten durchaus von Relevanz, gibt es, zumindest bislang hierzu keine bundeseinheitlich abgestimmte Verwaltungsauffassung.[4]

Die **Besonderheiten** einer derartigen Umwandlung unter Einbeziehung einer KGaA sind insbesondere darauf zurückzuführen, dass die KGaA einerseits nach § 3 Absatz 1 Nr. 2 UmwG eine Kapitalgesellschaft und damit nach § 1 Nr. 1 KStG körperschaftsteuerpflichtig ist, andererseits

---
1 Das UmwStG wurde durch das SEStEG neu gefasst. Die Neufassung des UmwStG enthält Regelungen zum Abbau steuerlicher Hemmnisse bei grenzüberschreitenden Umwandlungen.
2 Vgl. *Brähler*, Umwandlungssteuerrecht 2009, S. 18. Zu den §§ 20 ff. UmwStG vgl. ausführlich Kapitel § 5. A. III.
3 Vgl. *Dötsch/Jost/Pung/Witt*, § 24 UmwStG (SEStEG), Rz. 37; *Schaumburg*, DStZ 1998, S. 525.
4 Vgl. *Dötsch/Jost/Pung/Witt*, Vor §§ 11 – 13 (SEStEG), Rz. 25.

sich die Rechtsstellung des persönlich haftenden Gesellschafters gesellschaftrechtlich (§ 278 Absatz 2 AktG) nach dem Recht der KG richtet und dieser steuerlich wie ein Mitunternehmer zu behandeln ist.[5]

30 Nach der überwiegend h.M. zeigt sich, dass bei einer Verschmelzung einer Kapitalgesellschaft (etwa einer GmbH) auf eine KGaA, sofern an die Gesellschafter der übertragenden Kapitalgesellschaft eine **Komplementär-Beteiligung** gewährt wird, die **Grundsätze** nach §§ 3 bis 10 UmwStG und, sofern **Kommanditaktien** gewährt werden, die Vorgaben der §§ 11 bis 13 UmwStG anzuwenden sind. Der erste Fall entspricht somit der Verschmelzung einer Kapital- auf eine Personengesellschaft, der zweite der Verschmelzung einer Kapitalgesellschaft auf eine andere Kapitalgesellschaft.

Abbildung 43: Steuerliche Einordnung der Verschmelzung einer GmbH auf eine KGaA

31 Wird mindestens ein Altgesellschafter der GmbH Kommanditaktionär und mindestens ein Altgesellschafter der GmbH persönlich haftender Gesellschafter, spricht man in diesem Zusammenhang auch von einer **Mischumwandlung**. Eine derartige Mischumwandlung führt wiederum dazu, dass wie oben bereits angedeutet, neben den Vorschriften der §§ 3 bis 10 UmwStG auch die §§ 11 bis 13 UmwStG unabhängig voneinander anzuwenden sind.

32 Dass bei einer Umwandlung unter Beteiligung einer KGaA teils nach den für Kapitalgesellschaften und teils nach den für Mitunternehmerschaften geltenden umwandlungssteuerlichen Vorschriften zu verfahren ist, wird von *Dötsch*, als Vertreter der Finanzverwaltung geteilt.[6] Gleichwohl empfiehlt es sich, derartige Umstrukturierungen zumindest ab einer gewissen Größenordnung durch einen Antrag auf verbindliche Auskunft bei der zuständigen Finanzbehörde abzusichern und damit für künftige Außenprüfungen Rechtssicherheit zu erlangen.[7]

---

5 BFH v. 21.6.1989, X R 14/88, BStBl. II 1989, S. 881.
6 Vgl. *Dötsch/Jost/Pung/Witt*, Vor §§ 11 – 13 (SEStEG), Rz. 25.
7 § 89 Absatz 2 AO.

A. Verschmelzung

1. GmbH-Gesellschafter wird Komplementär

Wird der Gesellschafter einer GmbH durch die Verschmelzung auf die KGaA persönlich haftender Gesellschafter, tauscht er seine Beteiligung als Gesellschafter an einer Kapitalgesellschaft gegen einen Mitunternehmeranteil. Zum besseren Verständnis der einsetzenden steuerlichen Wirkungen sei darauf verwiesen, dass eine solche Umwandlung insbesondere einen Wechsel des Besteuerungssystems vom Trennungsprinzip zum Transparenzprinzip zur Folge hat, welches einem Wechsel zwischen zwei grundsätzlich verschiedenen Besteuerungsregimen gleichkommt.[8]

Die steuerlichen Folgen eines solchen Wechsels zwischen den Besteuerungsregimen sollen durch das nachfolgende **Beispiel** (*Abbildung 44*) veranschaulicht und erläutert werden: An einer inländischen GmbH ist zur Vereinfachung lediglich ein Gesellschafter beteiligt, der über sämtliche Anteile an der GmbH verfügt. Im Zuge der Verschmelzung der GmbH auf die KGaA wird er bei der KGaA die Position eines persönlich haftenden Gesellschafters einnehmen.

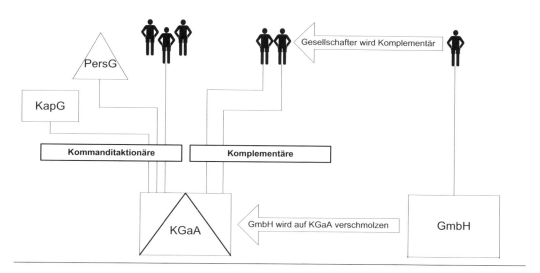

Abbildung 44: GmbH-Gesellschafter wird Komplementär der KGaA

Derartige Fälle sind grundsätzlich nach den Vorschriften der §§ 3 bis 10 UmwStG zu lösen, soweit der persönlich haftende Gesellschafter am Vermögen der KGaA beteiligt ist. Diese sehen im Einzelnen vor:

---

8 Zur Erläuterung von Trennungs- und Transparenzprinzip vgl. die umfangreichen Ausführungen in Kapitel § 4. B.

§ 5 Umwandlung in eine KGaA als Zielgesellschaft

Abbildung 45: Einzelvorschriften des Zweiten Teils des UmwStG

Zweiter Teil des UmwStG: Vermögensübergang bei der Verschmelzung einer Kapital- auf eine Personengesellschaft
§ 3 UmwstG: Wertansätze in der steuerlichen Schlussbilanz der übertragenden Körperschaft
§ 4 UmwstG: Auswirkungen auf den Gewinn des übernehmenden Rechtsträgers
§ 5 UmwstG: Besteuerung der Anteilseigner der übertragenden Körperschaft
§ 6 UmwstG: Gewinnerhöhung durch Vereinigung von Forderungen und Verbindlichkeiten
§ 7 UmwstG: Besteuerung offener Rücklagen (Ausschüttungsfiktion)
§ 8 UmwstG: Vermögensübergang auf einen Rechtsträger ohne Betriebsvermögen
§ 9 UmwstG: Formwechsel in eine Personengesellschaft
§ 10 UmwstG: (weggefallen)

36 Die Vorschriften des UmwStG finden stets Anwendung, wenn eine nach dem UmwG zulässige und **gesellschaftsrechtlich wirksame Umwandlung** vorliegt (sog. Maßgeblichkeit des Gesellschaftsrechts).

37 Voraussetzung für das UmwStG ist zudem, dass der **sachliche Anwendungsbereich** nach § 1 Absatz 1 UmwStG und der **persönliche Anwendungsbereich** nach § 1 Absatz 2 UmwStG eröffnet sind. Der sachliche und der persönliche Anwendungsbereich des UmwStG werden durch die in den jeweiligen Einzelsteuergesetzen geregelten Steuerpflichten begrenzt. § 1 Absatz 1 und 2 UmwStG setzt u.a. voraus, dass die übertragende Kapitalgesellschaft (hier die GmbH) und die übernehmende Personengesellschaft (hier für steuerliche Zwecke die KGaA) nach den Rechtsvorschriften eines EU-Mitgliedstaats bzw. eines EWR-Staats gegründet wurden und im Hoheitsgebiet der EU bzw. des EWR ansässig sind. Der Ort der Geschäftsleitung einer an einem Umwandlungsvorgang beteiligten Körperschaft muss sich im Zeitpunkt der Umwandlung ebenfalls innerhalb der EU oder des EWR befinden.

38 § 20 UmwG bestimmt, dass die Verschmelzung erst mit der Eintragung in das **Handelsregister** wirksam wird. Ohne weitere Sonderregelungen müsste der Gewinn der GmbH (als übertragende Kapitalgesellschaft) bis zu diesem Zeitpunkt bei ihr erfasst und besteuert werden. Folglich müsste die KGaA auf den Tag der Eintragung im Handelsregister eine steuerliche Eröffnungsbilanz und

die GmbH eine steuerliche Schlussbilanz aufstellen. Um dies zu vereinfachen, hat der Gesetzgeber vorgesehen, dass die Vertragsparteien einen Zeitpunkt bestimmen können, von dem an die Handlungen der übertragenden Kapitalgesellschaft als für Rechnung der übernehmenden Personengesellschaft vorgenommen gelten. Dieser Zeitpunkt wird als **handelsrechtlicher Verschmelzungsstichtag** bezeichnet (§ 5 Absatz 1 Nr. 6 UmwG).

Ferner ist zu beachten, dass der **steuerliche Übertragungsstichtag** nicht mit dem handelsrechtlichen Verschmelzungsstichtag übereinstimmt, da der steuerliche Übertragungsstichtag der Tag ist, zu dem der übertragende Rechtsträger gem. § 3 UmwStG die steuerliche Schlussbilanz aufzustellen hat. Dies ist wiederum der Zeitpunkt, auf den gem. § 17 Absatz 2 UmwG die handelsrechtliche Schlussbilanz aufzustellen ist. Der steuerliche Übertragungsstichtag liegt somit genau einen Tag vor dem handelsrechtlichen Verschmelzungsstichtag.

In diesem Zusammenhang sei darauf verwiesen, dass in § 2 Absatz 1 UmwStG auch eine **steuerliche Rückwirkungsfiktion** kodifiziert ist. Nach § 17 Absatz 2 UmwG darf das Registergericht die Verschmelzung nur dann in das Handelsregister eintragen, wenn sie auf einen höchstens acht Monate vor der Anmeldung der Eintragung liegenden Stichtag zurückbezogen wird.[9]

Auch steuerlich werden grundsätzlich die Geschäfte des Rückwirkungszeitraums bereits dem übernehmenden Rechtsträger, d.h. hier der KGaA zugerechnet. Indessen ist der steuerliche Übertragungsstichtag i.S.d. § 2 Absatz 1 UmwStG mit dem handelsrechtlichen Umwandlungsstichtag nicht deckungsgleich, sondern, wie bereits dargelegt, einen Tag zurückversetzt.[10] Grafisch zusammengefasst ergibt sich der folgende Zusammenhang:

Abbildung 46: Wirkung des steuerlichen Übertragungsstichtags

Wirkung des steuerlichen Übertragungsstichtags

Rückbeziehung der Umwandlung höchstens acht Monate (am Beispiel einer Umwandlung 2012; KapG hat Wirtschaftsjahr = Kalenderjahr)

Handelsrechtlicher Umwandlungsstichtag: **2.1.2012**	Handelsrechtlicher Umwandlungsstichtag: **1.1.2012**
Steuerlicher Übertragungsstichtag: **1.1.2012** und damit steuerlich in **2012**	Steuerlicher Übertragungsstichtag: **31.12.2011** und damit steuerlich in **2011**
Anmeldung zur Eintragung ins Handelsregister spätestens am 1.9.2012	Anmeldung zur Eintragung ins Handelsregister spätestens am 31.8.2012

---

9 Rz. 02.04 UmwSt-Erlass vom 25.3.1998, BStBl. I 1998, S. 268, bzw. Rz. 02. 03 UmwSt-Erlass 2011.
10 Die Rückbeziehung gilt jedoch nicht für die Umsatzsteuer, die Grunderwerbsteuer sowie die Erbschaftsteuer. Vgl. auch § 2 Absatz 4 UmwStG i.d.F. des JStG 2009 zur Anwendung des § 8c KStG (keine Rückbeziehung zur Vermeidung des § 8c KStG).

a) Übertragende Kapitalgesellschaft

42 Gem. § 3 UmwStG hat bei einer Verschmelzung einer GmbH auf eine KGaA die GmbH als übertragender Rechtsträger eine **steuerliche Schlussbilanz** zu erstellen. Gesetzlich wurde dabei die Bindung an die Handelsbilanz aufgegeben. Die Bewertung erfolgt im Grundsatz mit dem gemeinen Wert (einschließlich Firmenwert und sonstige selbst geschaffene immaterielle Wirtschaftsgüter). Für die Bewertung von Pensionsrückstellungen gilt § 6a EStG (Teilwert).

43 Eine Buchwertfortführung kann **auf Antrag** (entscheidend ist die Einreichung der steuerlichen Schlussbilanz!) erfolgen, wenn das deutsche Besteuerungsrecht sichergestellt bzw. nicht eingeschränkt ist; in diesen Fällen ist auch ein Zwischenwertansatz möglich.

44 Ein Ansatz über den Buchwerten und damit eine Aufdeckung stiller Reserven löst eine **laufende Besteuerung** (Körperschaft- und Gewerbesteuer) auf Ebene der übertragenden Kapitalgesellschaft aus und kann allenfalls durch einen Verlustvortrag unter Beachtung der Vorgaben der Mindestbesteuerung nach § 10d Absatz 2 EStG gemindert werden.

45 Die Umwandlung einer Körperschaft in bzw. auf eine Personengesellschaft ist zwar auf **Ebene** des übertragenden Rechtsträgers grundsätzlich steuerneutral, d.h. zu Buchwerten möglich; für den Gesellschafter dürfte sich ein solches Ergebnis in aller Regel aber wohl nicht einstellen. Dies ergibt sich daraus, dass mit der Umwandlung eine Besteuerungsebene wegfällt (von der intransparenten zur transparenten Besteuerung). Das gilt unabhängig davon, ob die Anteile an der Gesellschaft steuerverstrickt sind oder nicht.[11] Diese Reduzierung um eine Besteuerungsebene wird vor allem durch die sog. Ausschüttungsfiktion nach § 7 UmwStG umgesetzt.

46 Um eine Anpassung an die Einebenen-Besteuerung bei einer Mitunternehmerschaft herzustellen, sind zunächst die **Gewinnrücklagen** der Körperschaft den Rechtsfolgen zu unterwerfen, als ob sie ausgeschüttet worden wären („Ausschüttungsfiktion"). Nach § 7 UmwStG sind die offenen Rücklagen (offene Reserven) der GmbH (ohne steuerliches Einlagekonto) beim Anteilseigner der GmbH als Ausschüttungen i.S.v. § 20 Absatz 1 Nr. 1 EStG und damit grundsätzlich der Abgeltungsteuer zu unterwerfen.[12] Das gilt unabhängig davon, ob der Anteilseigner eine Beteiligung i.S.v. § 17 EStG hält (mindestens 1% am Stammkapital) und deshalb für ihn auch noch zusätzlich ein Übernahmeergebnis nach § 4 Absatz 4 UmwStG n.F. zu ermitteln ist.

47 Nur bei Anteilseignern, die die GmbH-Anteile von weniger als 1% im Privatvermögen halten, findet im Rahmen von § 7 UmwStG eine Besteuerung durch die **Abgeltungsteuer** statt. Die offenen Rücklagen gelten nach § 7 UmwStG als an die Anteilseigner ausgeschüttet und unterliegen auf Ebene der GmbH dem Kapitalertragsteuereinbehalt nach § 43 Absatz 1 Nr. 1 EStG.

48 Bei Anteilseignern, für die sich ein (noch zu erläuterndes) Übernahmeergebnis ergibt, mindern die Bezüge i.S.v. § 20 Absatz 1 Nr. 1 EStG einen Übernahmegewinn oder erhöhen einen Übernahmeverlust, der bei natürlichen Personen nach § 4 Absatz 6 UmwStG n.F. zu 60% mit diesen Bezügen verrechenbar ist.

---

11 Vgl. *van Lieshaut*, in: Rödder/Herlinghaus/ van Lieshaut, UmwStG, 2007, § 4, Rz. 74.
12 Zu weiteren Hinweisen in Bezug auf die Anwendung der Abgeltungsteuer sei auf die Ausführungen auf S. 140 verwiesen.

A. Verschmelzung

Abbildung 47: 1. Schritt: Besteuerung offener Rücklagen (§ 7 UmwStG)

Eigenkapital laut Steuerbilanz
./. Nennkapital
./. Steuerliches Einlagekonto
= offene Rücklagen
x Höhe der Beteiligung (Anteil)
= Bezüge nach § 20 Absatz 1 Nr. 1 EStG

b) Übernehmende KGaA (mitunternehmerschaftsähnlicher Zweig)

Nachdem die Gewinnrücklagen der übertragenden Kapitalgesellschaft von deren Anteilseignern als Kapitaleinkünfte versteuert wurden, ist im folgenden Schritt das **Übernahmeergebnis** beim übernehmenden Rechtsträger zu ermitteln.

Der übernehmende Rechtsträger, d.h. die KGaA, hat die auf ihn übergegangenen Wirtschaftsgüter mit dem in der steuerlichen Schlussbilanz der GmbH (übertragenden Körperschaft) enthaltenen Wert zu übernehmen. Dies folgt aus § 4 Absatz 1 Satz 1 UmwStG. Hält die übernehmende KGaA selbst Anteile an der übertragenden Kapitalgesellschaft, fallen diese mit Zugang der Wirtschaftsgüter weg.

Die steuerlichen Folgen werden im sog. steuerlichen Übernahmeergebnis gem. § 4 Absatz 4 und 5 UmwStG ermittelt. Das steuerliche Übernahmeergebnis erfasst neben den bilanzwirksam übergehenden Wirtschaftsgütern und der untergehenden Beteiligung noch weitere Positionen, die keinen bilanziellen Einfluss haben und deshalb außerhalb der Bilanz zu erfassen sind. Aufgrund dieser Positionen weicht das steuerliche Übernahmeergebnis regelmäßig vom bilanziellen ab.

Abbildung 48: 2. Schritt: Besteuerung des Übernahmeergebnisses

Wert, mit dem die Wirtschaftsgüter nach § 4 Absatz 1 UmwStG zu übernehmen sind
./. Kosten des Vermögensübergangs
./. Buchwert der Anteile an der übertragenden Körperschaft
+ Umbewertungen nach § 4 Absatz 4 Satz 2 UmwStG
= Übernahmegewinn/-verlust (1. Stufe)
+ Sperrbetrag nach § 50c EStG a.F.
./. Kapitalerträge nach § 7 UmwStG
= Übernahmegewinn/-verlust (2. Stufe)

Hieraus folgt für einen Übernahmeverlust bzw. Übernahmegewinn:

Abbildung 49: Steuerliche Behandlung des Übernahmeergebnisses

Übernahmeergebnis	Anzuwendende Rechtsvorschrift
Übernahmeverlust	§ 4 Absatz 6 UmwStG
Übernahmegewinn	§ 4 Absatz 7 UmwStG

53 Ein Übernahmeverlust bleibt grundsätzlich außer Ansatz. Dies gilt nicht, soweit die als ausgeschüttet geltenden offenen Rücklagen beim Anteilseigner (natürliche Person) als Einkünfte i.S.d. § 7 UmwStG steuerlich erfasst werden. Sie können durch einen entsprechenden Übernahmeverlust ausgeglichen werden. Zur Verhinderung von Missbräuchen bleibt ein Übernahmeverlust nach § 4 Absatz 6 UmwStG allerdings außer Ansatz, soweit der übernehmende Rechtsträger die Anteile an der übertragenden Körperschaft innerhalb der letzten fünf Jahre vor dem steuerlichen Übertragungsstichtag erworben hat.

54 Für den Übernahmegewinn gelten nach § 4 Absatz 7 UmwStG die Regelungen des Teileinkünfteverfahrens (ab 2009) für Veräußerungsgewinne aus Beteiligungen. Die §§ 8b KStG, 3 Nr. 40 und 3c EStG sind unmittelbar anzuwenden. Die dort enthaltenen Sonderregelungen sind zu beachten, z.B. zum Betriebsausgabenabzugsverbot nach § 8b Absatz 3 KStG, wonach der Übernahmegewinn im Ergebnis zu 5% körperschaftsteuerpflichtig ist oder für bestimmte Anteilseigner (z.B. «Finanzunternehmen», Lebens- und Krankenversicherungsunternehmen, § 8b Absätze 7 und 8 KStG).

55 Bei der Ermittlung des Übernahmeergebnisses ist zu beachten, dass der **Buchwert der Anteile** um steuerwirksam vorgenommene Teilwertabschreibungen aus den vorangegangenen Jahren und um Abzüge nach § 6b EStG gewinnwirksam zu erhöhen ist. Die Beträge erhöhen den laufenden Gewinn des übernehmenden Rechtsträgers und sind nach § 8b Absatz 2 Satz 4 und 5 KStG, § 3 Nr. 40 Satz 1 Buchst. a) Satz 2 und 3 EStG voll steuerpflichtig.

56 Im Übernahmeergebnis werden auch **stille Reserven** im Betriebsvermögen des übertragenden Rechtsträgers erfasst, die nicht der deutschen Besteuerung unterliegen, sich aber bei einer Veräußerung der Beteiligung an dem Rechtsträger auf den Veräußerungsgewinn auswirken würden. Das sind z.B. stille Reserven im Vermögen einer ausländischen Betriebsstätte des übertragenden Rechtsträgers, die durch ein Doppelbesteuerungsabkommen von der deutschen Besteuerung freigestellt ist. Allerdings erhöhen diese stillen Reserven nur den Übernahmegewinn (bzw. mindern einen Übernahmeverlust), nicht aber die als ausgeschüttet geltenden offenen Rücklagen.

57 Ein wesentliches Problem der Verschmelzung einer Körperschaft auf eine Personengesellschaft liegt im Untergang der ursprünglichen **Anschaffungskosten** der Anteile an der Körperschaft. Dies ist dann bedeutsam, wenn die Anschaffungskosten in der Vergangenheit beträchtlich waren. Durch die Verschmelzung auf den mitunternehmerschaftsähnlichen Zweig der KGaA können sich Anschaffungskosten bis zur Höhe der Wirtschaftsgüter nach § 4 Absatz 1 UmwStG auswirken. Die Bewertung der Wirtschaftsgüter erfolgt in der Schlussbilanz der GmbH und kann dort bei Aufdeckung stiller Reserven zu einem laufenden Gewinn führen. Die Gefahr besteht nun darin, dass die Anschaffungskosten als Umwandlungsverlust untergehen und nicht mehr berücksichtigt werden können.

2. GmbH-Gesellschafter wird Kommanditaktionär

58 Die Verschmelzung einer Kapitalgesellschaft auf eine KGaA, wobei die Gesellschafter Kommanditaktien an der aufnehmenden KGaA erhalten, folgt nach den Vorschriften der §§ 11 ff. UmwStG.[13] Unter dem Gesichtspunkt des UmwStG wird dieser Fall somit als eine Verschmelzung zweier Kapitalgesellschaften gewürdigt.

---

13 In Bezug auf die Gewerbesteuer ist die Verschmelzung zweier Kapitalgesellschaften in § 19 UmwStG geregelt.

Das diesem Sachverhalt zugrundliegende Beispiel sieht wiederum eine GmbH mit einem Alleingesellschafter vor, der „seine" GmbH mit der bereits bestehenden KGaA verschmelzen und bei der KGaA die Stellung eines Kommanditaktionärs einnehmen möchte. Zur vereinfachten Darstellung wird lediglich eine „Verschmelzung zur Aufnahme" betrachtet.

Abbildung 50: GmbH-Gesellschafter wird Kommanditaktionär

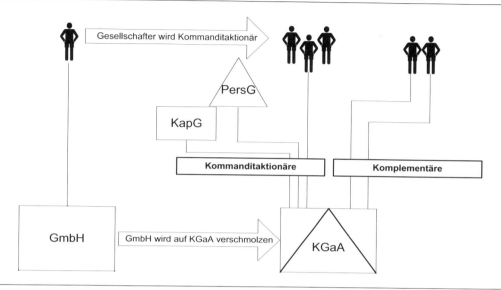

Die Vorschriften zur Verschmelzung einer Kapitalgesellschaft auf eine weitere Kapitalgesellschaft gliedern sich unter dem Blickwinkel des UmwStG in die folgenden unterschiedlichen Ebenen:

- Ebene **der übertragenden Körperschaft**, d.h. hier der GmbH nach § 11 UmwStG,
- Auswirkungen auf den Gewinn **der übernehmenden Körperschaft**, d.h. hier der KGaA nach § 12 UmwStG und
- Besteuerung der **Anteilseigner** der übertragenden Kapitalgesellschaft nach § 13 UmwStG.

a) Übertragende Kapitalgesellschaft

Durch die gesetzlichen Änderungen infolge des SEStEG[14] folgt eine gravierende Änderung dahingehend, dass in der Vergangenheit der Buchwertansatz die Regel und ein höherer Ansatz (Zwischenwert bzw. Teilwert) die Ausnahme war. Dieses Verhältnis hat sich nunmehr umgekehrt. Auch ist zu beachten, dass der nationale Teilwertbegriff durch den international üblichen Verkehrswertmaßstab (gemeiner Wert) abgelöst wurde.

Die Steuerneutralität der Verschmelzung durch Ansatz der **Buchwerte** ist in der steuerlichen Schlussbilanz nur noch auf **Antrag** insoweit möglich,[15] als

---

14 Gesetz über steuerliche Begleitmaßnahmen zur Einführung der Europäischen Gesellschaft und zur Änderung weiterer steuerrechtlicher Vorschriften v. 7.12.2006, BGBl. I 2006, S. 2782.
15 Der Antrag auf Buchwertfortführung ist gem. § 11 Absatz 3 UmwStG spätestens bis zur erstmaligen Abgabe der steuerlichen Schlussbilanz bei dem zuständigen Körperschaftsteuer-Finanzamt zu stellen.

- sichergestellt ist, dass die in dem übergegangenen Vermögen enthaltenen stillen Reserven bei der übernehmenden Körperschaft der Körperschaftsteuer unterliegen, und
- das Recht der Bundesrepublik Deutschland hinsichtlich der Besteuerung des Gewinns aus der Veräußerung der übertragenen Wirtschaftsgüter bei der übernehmenden Körperschaft nicht ausgeschlossen oder beschränkt wird, und
- eine Gegenleistung nicht gewährt wird oder in Gesellschaftsrechten besteht.

63 Der Ansatz der Wirtschaftsgüter zu Zwischenwerten bzw. gemeinen Werten (sog. *step-up*) ermöglicht zumindest eine eingeschränkte **Verlustverrechnung** unter Beachtung der Mindestbesteuerung nach § 10d Absatz 2 EStG.

b) Übernehmende KGaA (kapitalistischer Zweig)

64 § 12 UmwStG regelt die Auswirkungen des Vermögensübergangs bei der übernehmenden Körperschaft, d.h. hier der KGaA bzw. genauer dem kapitalistischen Zweig der KGaA.

Nach dem steuerlichen **Wertverknüpfungszwang** bilanziert die KGaA die übergehenden Wirtschaftsgüter mit den Werten, mit denen diese in der Schlussbilanz der übertragenden Gesellschaft (GmbH) angesetzt wurden.

65 Ein steuerlicher **Beteiligungskorrekturgewinn** ergibt sich in den Fällen der Wertaufholung von aufwandswirksamen Teilwertabschreibungen und z.B. § 6b EStG-Abzügen. Gleichwohl wird die Korrektur derartiger steuerwirksamer Abschreibungen bzw. Abzüge nach §§ 12 Absatz 1 Satz 2 i.V.m. 4 Absatz 1 Satz 2 EStG auf die Höhe des gemeinen Werts beschränkt.[16]

66 Ein Übernahmeergebnis ergibt sich nach § 12 UmwStG als Differenz aus dem Buchwert der Anteile an der übertragenden Körperschaft und dem Wert, mit dem die übergegangenen Wirtschaftsgüter zu übernehmen sind. Ein entstehender Übernahmegewinn oder Übernahmeverlust bleibt bei der Ermittlung des Einkommens außer Ansatz. Entsprechend dem Grundsatz des § 8b Absatz 3 KStG gelten aber 5% des Übernahmegewinns als nichtabziehbare Betriebsausgabe.

67 Schließlich tritt die KGaA unabhängig von der Frage, ob die Wirtschaftsgüter beim **übertragenden Rechtsträger** zum gemeinen Wert, zum Buchwert oder zu einem Zwischenwert angesetzt wurden in seine steuerliche Rechtsstellung ein. Dies betrifft regelmäßig die folgenden Aspekte:[17]
- Absetzung für Abnutzung,
- Erhöhte Absetzungen,
- Sonderabschreibungen und Bewertungsfreiheiten,
- Inanspruchnahme eines Bewertungsabschlags,
- Steuerlich zu berücksichtigende Rücklagen.

68 Ein verbleibender **Verlustvortrag** geht nicht (mehr) auf den übernehmenden Rechtsträger über. § 12 Absatz 3 Satz 2 UmwStG wurde gestrichen.[18]

---

16 Der sich aus der Werterhöhung ergebende Differenzbetrag ist als laufender Gewinn nach § 8b Absatz 2 Sätze 4 und 5 KStG zu versteuern.
17 Vgl. *Pfaar/Schimmele*, in: Kessler/Kröner/Köhler, Konzernsteuerrecht 2008, Rz. 310.
18 Vorhandene Verlustvorträge können bei der übertragenden Gesellschaft im Rahmen des vorgesehenen Ansatzes von Zwischenwerten bzw. gemeinen Werten für das übertragene Vermögen verrechnet werden. Vgl. *Wittkowski*, Grenzüberschreitende Verlustverrechnung in Deutschland und Europa 2008, S. 63.

c) Gesellschafter an der übertragenden Kapitalgesellschaft

In § 13 UmwStG ist die **Besteuerung der Anteilseigner** an der übertragenden Körperschaft, d.h. im vorliegenden Beispiel an der GmbH, geregelt und gilt für unbeschränkt und beschränkt steuerpflichtige Anteilseigner unabhängig davon, ob auf Ebene der übertragenden Körperschaft (GmbH) § 11 UmwStG und auf Ebene der übernehmenden Körperschaft (KGaA) § 12 UmwStG angewendet worden sind.

Nach § 13 Absatz 1 UmwStG gelten die Anteile an dem übertragenden Rechtsträger grundsätzlich als zum **gemeinen Wert** veräußert.[19]

Auf **Antrag** können auch hier die Anteile an der übernehmenden Körperschaft mit dem Buchwert der Anteile an der übertragenden Körperschaft angesetzt werden, wenn das Recht Deutschlands hinsichtlich der Besteuerung der Anteile an der übernehmenden Körperschaft nicht eingeschränkt wird oder die EU-Mitgliedstaaten die Steuerneutralität der Verschmelzung nach Art. 8 der Fusions-Richtlinie zu gewähren haben.

3. Zusammenfassung

Insbesondere in Hinblick auf den Übernahmegewinn erweisen sich die beiden Alternativen (Verschmelzung einer GmbH auf eine KapG bzw PersG) als nicht gleichwertig. Dies gilt zumindest im Zeitpunkt der Verschmelzung. Folgende Grafik soll den Zusammenhang noch einmal veranschaulichen:

Abbildung 51: Steuerliche Unterschiede bei Verschmelzungen einer KapG auf eine KGaA[20]

	Verschmelzung KapG auf PersG	Verschmelzung KapG auf KapG
Übertragungsgewinn	Steuerpflichtig, da Übertragungsgewinn = Buchgewinn, der durch die Aufdeckung stiller Reserven entsteht **Fiktive Veräußerung der übertragenen Wirtschaftsgüter**	
Übernahmegewinn	Zu 40 % steuerfrei, da Übernahmegewinn (indirekt über § 7 UmwStG) durch die fiktive Ausschüttung der Gewinnrücklage an natürliche Personen ensteht	Zu 95 % steuerfrei, da Übernahmegewinn durch die fiktive Ausschüttung der Gewinnrücklagen an juristische Personen entsteht.

---

19 Soweit die Anteile zum gemeinen Wert angesetzt werden, richtet sich die Besteuerung des Anteilseigners nach den allgemeinen Grundsätzen, d.h. Steuerpflicht für Anteile im Betriebsvermögen, Anteile i.S.v. § 17 EStG und ab 2009 nach §§ 20 Absatz 2 Satz 1 Nr. 1, 32d EStG/Abgeltungsteuer.
20 Abbildung in Anlehnung an *Brähler*, Umwandlungssteuerrecht 2009, S. 196.

III. Steuerliche Aspekte der Verschmelzung einer GmbH & Co. KG auf eine KGaA

73 Bei einer Verschmelzung einer GmbH & Co. KG auf eine KGaA ist besonders, und damit abweichend zu den vorstehenden Fällen, dass es sich bei dem übertragenden Rechtsträger um eine Personengesellschaft handelt.

74 Aufgrund des **hybriden Charakters** einer KGaA ist bei der Verschmelzung einer GmbH & Co. KG auf eine KGaA zu unterscheiden, ob bei der Verschmelzung der Mitunternehmer der KG die Position des persönlich haftenden Gesellschafters oder die eines Kommanditaktionärs einnimmt. Somit ergeben sich bei einem derartigen Verschmelzungsfall unterschiedliche steuerliche Würdigungen.

75 Bei Übertragungen durch Gesamtrechtsnachfolge fallen die Verschmelzung, die Auf- und Abspaltung einer Personengesellschaft auf eine Kapitalgesellschaft oder Genossenschaft nach § 123 Absatz 1 und 2 UmwG sowie die Ausgliederung von Vermögensteilen nach § 123 Absatz 3 UmwG bzw. vergleichbare ausländische Vorgänge in den Anwendungsbereich der Regelungen zur **Einbringung**. Die Vorschriften zur Einbringung im Sechsten und Siebten Teil des UmwStG haben keinen direkten Anknüpfungspunkt im UmwG. Der Begriff der Einbringung stellt vielmehr einen rein steuerlichen Begriff dar.[21]

76 Steuerlich führt die **Verschmelzung** einer GmbH & Co. KG dazu, dass bei der Umwandlung einer Personenhandelsgesellschaft in eine KGaA die Vorschriften der §§ 20 ff. UmwStG zur Anwendung kommen, sofern die Mitunternehmer der übertragenden Mitunternehmerschaft Kommanditaktionäre der KGaA werden.[22] Wird der Mitunternehmer der übertragenden Personengesellschaft persönlich haftender Gesellschafter der KGaA, liegt ein Fall des § 24 UmwStG, d.h. die Einbringung eines Mitunternehmeranteils in eine Mitunternehmerschaft vor.[23]

77 Wird unabhängig von dem vorliegenden Verschmelzungstatbestand eine Sacheinlage im Rahmen der Gründung oder **Kapitalerhöhung** in das Grundkapital der KGaA erbracht und erhält der Einbringende dafür Aktien (Kommanditaktionär), liegt die Gewährung „neuer Anteile an der Gesellschaft" i.S.d. § 20 Absatz 1 UmwStG vor.[24]

78 Folgende Darstellung fasst die Möglichkeiten bei der Verschmelzung einer Mitunternehmerschaft (Personengesellschaft) zusammen:

---

21 Vgl. *Brähler*, Umwandlungssteuerrecht 2009, S. 437.
22 Vgl. *Rödder*, in: Rödder/Herlinghaus/van Lieshaut, UmwStG-Kommentar 2007, Einf. Rz. 49.
23 Vgl. *Widmann*, in: Widmann/Mayer, § 24 UmwStG, Rz. 113.1; *Rödder*, in: Rödder/Herlinghaus/van Lieshaut, UmwStG-Kommentar 2007, Einf. Rz. 49.
24 Vgl. *Dötsch/Jost/Pung/Witt*, § 20 UmwStG, Rz. 185.

Abbildung 52: Steuerliche Einordnung der Verschmelzung einer GmbH & Co. KG auf eine KGaA

Werden für die Einbringung eines (Teil-)Betriebs oder eines Mitunternehmeranteils in eine KGaA dem bisherigen KG-Gesellschafter sowohl Kommanditaktien als auch eine Stellung als persönlich haftender Gesellschafter gewährt, ist zu prüfen, ob sowohl die Voraussetzungen des § 20 UmwStG als auch des § 24 UmwStG vorliegen, um eine derartigen Einbringung **steuerneutral** umzusetzen. Es ist somit eine Prüfung unabhängig voneinander vorzunehmen.

Beide Sacheinlagevorschriften erfordern die Übertragung einer **Sachgesamtheit**.[25] Aus steuerlicher Sicht müsste daher bei Mischumwandlungen sowohl nach § 20 UmwStG als auch nach § 24 UmwStG jeweils die Voraussetzung der Übertragung eines Betriebs bzw. Teilbetrieb erfüllt sein. Bei Verschmelzungen werden Mitunternehmeranteile an der KG übertragen, so dass in diesen Fällen die Situation abweichen kann, sofern der Mitunternehmeranteil aufgespalten werden kann.[26]

1. Mitunternehmer wird Komplementär

Die Verschmelzung von Personengesellschaften untereinander vollzieht sich steuerlich als Einbringung in das Vermögen des übernehmenden Rechtsträgers. Anzuwenden ist bei derartigen Verschmelzungen die Regelung des § 24 UmwStG.[27]

Bei der Verschmelzung der KG auf die KGaA, was als **Grundbeispiel** für die nachstehenden Ausführungen herangezogen wird, und bei Eintritt in die Position eines persönlich haftenden Gesellschafters dürfte von einer Einbringung eines Betriebs in eine Personengesellschaft auszugehen sein. Damit ist § 24 UmwStG bei dem vorliegenden Beispiel einschlägig.[28]

---

25 Vgl. *Dötsch/Jost/Pung/Witt*, § 20 UmwStG, Rz. 186.
26 Vgl. *Huber*, Die Einbringung in der steuerlichen Beratungspraxis, Wiesbaden 2009, S. 48.
27 Nicht in den Anwendungsbereich des § 24 UmwStG fällt die Anwachsung. Zum einen wird die Anwachsung nach § 1 Abs. 3 UmwStG nicht ausdrücklich ausgeführt. Zum anderen fehlt es bei der Anwachsung an einer für die Anwendung des § 24 UmwStG erforderlichen Gegenleistung in Form der Einräumung eines Mitunternehmeranteils. Vgl. *Schlösser*, in: Sagasser/Bula/Brünger, Umwandlungen, § 11, Rz. 669.
28 Vgl. *Huber*, Die Einbringung in der steuerlichen Beratungspraxis, Wiesbaden 2009, S. 124.

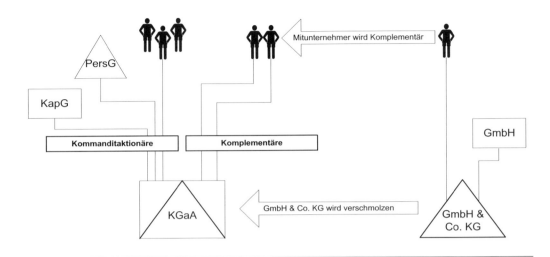

Abbildung 53: Mitunternehmer wird persönlich haftender Gesellschafter

83 Die Einbringung eines Betriebs i.S.v. § 24 Absatz 1 UmwStG ist nur dann gegeben, wenn **sämtliche wesentlichen Betriebsgrundlagen** in das Betriebsvermögen der KGaA gelangen. Zur Abgrenzung der wesentlichen Betriebsgrundlagen ist eine funktionale Betrachtungsweise anzulegen.[29]

84 Zu den wesentlichen Betriebsgrundlagen können auch Wirtschaftsgüter des **Sonderbetriebsvermögens** gehören. Dieses Sonderbetriebsvermögen muss zur Anwendung des § 24 UmwStG zwingend gleichzeitig mit der Verschmelzung übertragen werden.[30]

85 Für die Anwendung des § 24 UmwStG ist ebenfalls Voraussetzung, dass der Einbringende bei der aufnehmenden Gesellschaft Mitunternehmer wird. Die Mitunternehmerstellung muss dem Einbringenden als **Gegenleistung** für die Einbringung des Betriebs bzw. hier des Mitunternehmeranteils eingeräumt werden.

a) Übernehmende KGaA (mitunternehmerschaftsähnlicher Zweig)

86 Die übernehmende KGaA hat das eingebrachte Betriebsvermögen grundsätzlich mit dessen **gemeinem Wert** anzusetzen und kann unter bestimmten weiteren Voraussetzungen auf Antrag dessen Buchwert oder einen Wert zwischen dem gemeinen Wert und dem Buchwert (sog. **Zwischenwert**) ansetzen.

87 Ein Wahlrecht, das eingebrachte Betriebsvermögen mit dem Buchwert oder einem Zwischenwert anzusetzen, besteht nach § 24 Absatz 2 Satz 2 UmwStG nur, soweit das deutsche **Besteuerungsrecht** an dem eingebrachten Betriebsvermögen durch die Einbringung nicht ausgeschlossen oder beschränkt wird. Soweit inländische Unternehmensteile in Personengesellschaften eingebracht werden und dadurch eine inländische Betriebsstätte der Personengesellschaft neu entsteht oder erweitert wird, wird diese Voraussetzung regelmäßig als erfüllt anzusehen sein.

---

[29] Vgl. *Rasche*, in: Rödder/Herlinghaus/van Lieshaut, UmwStG-Kommentar 2007, § 24, Rz. 35.
[30] Trotz Zurückbehaltung von Wirtschaftsgütern des Sonderbetriebsvermögens bleibt § 24 UmwStG anwendbar, wenn es sich nicht um funktional wesentliche Betriebsgrundlagen handelt.

Dabei bestimmt sich der steuerliche Wertansatz für das eingebrachte Betriebsvermögen nicht nur nach dem Wertansatz in der **Gesamthandsbilanz** der Mitunternehmerschaft. Darüber hinaus sind nach § 24 Absatz 2 Satz 1 UmwStG auch die für den einzelnen Mitunternehmer gebildeten **Ergänzungsbilanzen** zu berücksichtigen. Damit besteht beispielsweise die Möglichkeit, das eingebrachte Vermögen in der Gesamthandsbilanz mit dessen gemeinem Wert anzusetzen, gleichzeitig aber durch eine negative Ergänzungsbilanz für den einbringenden Mitunternehmer die Aufdeckung der stillen Reserven zu vermeiden.

b) Übertragender Mitunternehmer

Handelt es sich beim Einbringenden um eine natürliche Person und hat die übernehmende Personengesellschaft das eingebrachte Betriebsvermögen mit dem gemeinen Wert angesetzt, kann der **Einbringungsgewinn** nach §§ 16 bzw. 34 EStG unter den ansonsten für die Anwendung dieser Regelungen geltenden Voraussetzungen steuerbegünstigt sein. Dies gilt allerdings nicht, wenn nur ein Teil eines Mitunternehmeranteils eingebracht wurde. Auch gelten die Steuerbegünstigungen auch insoweit nicht, als der Einbringende nach der Einbringung an der übernehmenden Personengesellschaft beteiligt ist.

Erfolgt die Verschmelzung des Betriebs nicht gegen die Gewährung von Gesellschaftsrechten, sondern gegen Gewährung eines **Entgelts** wie z.B. Geld, ist § 24 UmwStG **nicht** anwendbar. Es gelten vielmehr die allgemeinen Grundsätze im Hinblick auf die Gewinnrealisierung. Dabei erweisen sich die Sachverhalte möglicherweise als problematisch, in denen die steuerliche Einbringung des Mitunternehmeranteils sowohl gegen Gewährung von Gesellschaftsrechten als auch gegen Ausgleichszahlungen erfolgt. In diesen Fällen kommt es zu einer Aufteilung des Übertragungsvorgangs in eine Einbringung nach § 24 UmwStG und eine Veräußerung eines ideellen Anteils an den übertragenen Wirtschaftsgütern.

Die Konsequenzen bei der KGaA aufgrund der Verschmelzung werden in § 24 Absatz 4 UmwStG durch Verweis auf § 23 UmwStG geregelt.

2. Mitunternehmer wird Kommanditaktionär

Um eine Vermögensübertragung auf eine Kapitalgesellschaft (d.h. auch auf den kapitalistischen Zweig der KGaA) **steuerneutral** im Wege der Einbringung zu erreichen, sind folgende in § 20 Absatz 1 Satz 1 UmwStG formulierten Voraussetzungen zu erfüllen:

- Einbringung von Sachgesamtheiten in Form eines Betriebs, Teilbetriebs oder Mitunternehmeranteils und
- Gegenleistung in Form von neuen Kapitalgesellschaftsanteilen.

Wenn eine Personengesellschaft in einer Kapitalgesellschaft aufgeht und im Zuge dessen neue Anteile entstehen, ist dies umwandlungssteuerrechtlich als **Einbringung** eines Betriebs nach § 20 UmwStG einzuordnen, da ein Betrieb bzw. Mitunternehmeranteil durch bzw. an einer Personengesellschaft in eine Kapitalgesellschaft eingebracht wird.[31] Im Rahmen einer Verschmelzung einer

---

31 Strittig ist, ob bei einer Einbringung des gesamten Betriebs ohne Fortbestehen der Mitunternehmerschaft, wie es bei der Verschmelzung einer Personen- auf eine Kapitalgesellschaft der Fall ist, um die Einbringung von Mitunternehmeranteilen durch die einzelnen Gesellschafter oder die Einbringung eines Betriebs handelt. Vgl. hierzu *Schlösser*, in: Sagasser/Bula/Brünger, Umwandlungen, § 11, Rz. 484.

GmbH & Co. KG auf eine KGaA ist davon stets auszugehen, wenn die Gesellschafter der KG Kommanditaktionäre werden und daher im Rahmen der Einbringung als Gegenleistung Aktien an der KGaA erhalten.

94 Damit stellt die steuerneutrale Einbringung eine Ausnahme zu der einkommensteuerlichen Einschätzung dar, wonach in der Form der Verschmelzung auf eine Kapitalgesellschaft ein **tauschähnlicher Veräußerungsvorgang** gesehen werden kann, der nach den allgemeine Grundsätzen zu einem Veräußerungsgewinn nach § 16 EStG führen würde.[32]

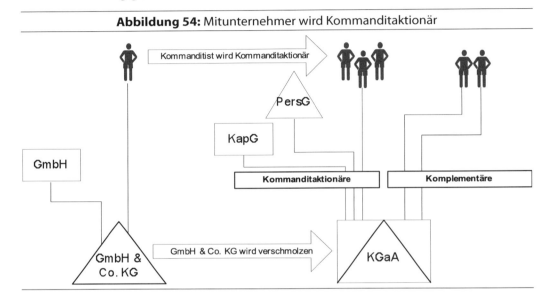

Abbildung 54: Mitunternehmer wird Kommanditaktionär

a) Einbringungsgegenstand und Einbringungsumfang

95 Im Rahmen der Verschmelzung einer Personen- auf eine Kapitalgesellschaft ist unter steuerlichen Gesichtspunkten klärungsbedürftig, ob das Betriebsvermögen der Personengesellschaft selbst oder die Mitunternehmeranteile durch deren Gesellschafter eingebracht werden (**Einbringungsgegenstand**). In Übereinstimmung mit der Rechtsprechung[33] und der Auffassung der Finanzverwaltung[34] wird an dieser Stelle die Auffassung vertreten, dass eine Einbringung der Mitunternehmeranteile der Gesellschafter vorliegt.[35]

96 Zum eingebrachten **Betrieb** gehören alle wesentlichen Betriebsgrundlagen im Eigentum der Personengesellschaft und das sog. Sonderbetriebsvermögen I der Gesellschafter (**Einbringungsumfang**). Eine Zurückbehaltung von Sonderbetriebsvermögen II ist für die Anwendbarkeit des § 20 UmwStG unschädlich.[36] Ob dabei auch die Anteile an der Komplementär-GmbH mit auf die KGaA übergehen ist streitig.[37]

---

32 Vgl. *Brähler*, Umwandlungssteuerrecht 2009, S. 453.
33 BFH v. 16.2.1996, I R 183/94, BStBl. II 1996, S. 342.
34 UmwSt-Erlass, Rz. 20.05. (gilt auch nach dem UmwStG-Erlass 2011).
35 A.A. *Schlösser*, in: Sagasser/Bula/Brünger, Umwandlungen, § 11, Rz. 484.
36 Vgl. *Brähler*, Umwandlungssteuerrecht 2009, S. 453.
37 Vgl. *Frotscher*, UmwStG-Kommentar, § 20, Rz. 82. Eine ausführliche Auseinandersetzung mit diesem Thema findet sich in dem sich anschließenden Kapitel 3.2.

Wesentliche Betriebsgrundlagen sind Wirtschaftsgüter des Betriebsvermögens, die zur Erreichung des Betriebszwecks erforderlich und für den Betriebsverlauf unerlässlich sind.[38] Nur wenn **sämtliche** wesentlichen Betriebsgrundlagen auf die KGaA übertragen werden, wird der Betrieb als Ganzes eingebracht.

Die steuerliche Behandlung der zurückbehaltenen, nicht wesentlichen Wirtschaftsgüter hängt davon ab, ob sie im Betriebsvermögen verbleiben. Ist dies der Fall, kommt es nicht zu einer Realisierung stiller Reserven in den zurückbehaltenen Wirtschaftsgütern, da eine steuerliche **Verstrickung** sichergestellt ist und eine spätere Veräußerung der Steuerpflicht unterliegen würde.

b) Übernehmende KGaA (kapitalistischer Zweig)

Grundsätzlich hat die KGaA gem. § 20 Absatz 2 Satz 1 UmwStG das eingebrachte Vermögen mit dem **gemeinen Wert** anzusetzen.[39] Auf **Antrag** kann sie das eingebrachte Betriebsvermögen allerdings dann einheitlich mit dem Buchwert oder einem Zwischenwert ansetzen, wenn die in § 20 Absatz 2 Satz 2 bis 4 UmwStG genannten Voraussetzungen erfüllt sind.

Im Rahmen der Einbringung von Betriebsvermögen in eine Kapitalgesellschaft muss, wie eingangs dargelegt, eine Gegenleistung in Form von **neuen Anteilen** an der übernehmenden Kapitalgesellschaft und somit an der KGaA erfolgen. Nur durch neue Anteile können die im eingebrachten Betriebsvermögen enthaltenen stillen Reserven repräsentiert werden.[40] Die ausschließliche Gewährung bereits bestehender Anteile reicht für die Anwendung des § 20 UmwStG nicht aus.

Hingegen ist es für eine steuerneutrale Einbringung nicht erforderlich, dass als **Gegenleistung** für die Einbringung ausschließlich neue Kommanditaktien an der KGaA ausgegeben werden. Insofern ist es für die Anwendung des § 20 UmwStG unschädlich, wenn zusätzlich zu neuen Anteilen andere Wirtschaftsgüter gewährt werden. In Betracht kommen etwa der Ausweis eines Gesellschafterdarlehens, die Übernahme eines Gesellschafterdarlehens oder die Einräumung einer stillen Beteiligung oder von Genussrechten.[41] Soweit deren gemeiner Wert den Buchwert des eingebrachten Betriebsvermögens übersteigt, hat die KGaA nach § 20 Absatz 2 Satz 4 UmwStG das eingebrachte Betriebsvermögen mindestens mit dem gemeinen Wert der anderen Wirtschaftsgüter anzusetzen.

Die übernehmende KGaA tritt, mit Ausnahme der steuerlichen Verlustvorträge[42] etc., in die **Rechtsstellung** des Einbringenden ein, wenn das eingebrachte Betriebsvermögen mit einem Buchwert oder Zwischenwert oder in Fällen der Gesamtrechtsnachfolge mit dem gemeinen Wert angesetzt wird (§ 23 Absatz 1, Absatz 3 und Absatz 4 UmwStG). Setzt die übernehmende Kapitalgesellschaft das eingebrachte Vermögen mit dem gemeinen Wert an, gelten im Fall der Einbringung durch Einzelrechtsnachfolge die eingebrachten Wirtschaftsgüter als zum Einbringungszeitpunkt von der Kapitalgesellschaft angeschafft (§ 23 Absatz 4 UmwStG).

Schließlich kann ein **Einbringungsfolgegewinn** nach § 23 Absatz 6 UmwStG entstehen. Dieser kann auf die Vereinigung (Konfusion) von Forderungen und Verbindlichkeiten sowie im Fall der durch den Vermögensübergang begründeten Auflösung von Rückstellungen zurückgehen. Der

---

38 Dieser Interpretation liegt eine funktionale Betrachtungsweise zugrunde.
39 Ausgenommen ist die Bewertung von Pensionsrückstellungen; hier gilt § 6a EStG.
40 Indes besteht die Möglichkeit, anstelle der Gewährung von neuen Anteilen eine Gutschrift auf die Kapitalrücklage nach § 272 Abs. 2 Nr. 4 HGB vorzunehmen, ohne dass dies schädlich für die Anwendung der §§ 20 ff. UmwStG ist. Vgl. *Brähler*, Umwandlungssteuerrecht 2009, S. 470.
41 *Schlösser*, in: Sagasser/Bula/Brünger, Umwandlungen, § 11, Rz. 495.
42 Ein gewerbesteuerlicher Verlustvortrag des Einbringenden i.S.v. § 10a GewStG kürzt nach § 23 Abs. 5 UmwStG nicht den Gewerbeertrag der übernehmenden Gesellschaft.

Einbringungsfolgewinn entsteht mit Ablauf des steuerlichen Übertragungsstichtags eine logische Sekunde nach der Vermögensübertragung und der dadurch ausgelösten Konfusion von Verbindlichkeiten und Forderungen.

c) Übertragender Mitunternehmer

104 Die steuerlichen Folgen für die übertragende Personengesellschaft bei der Verschmelzung auf die KGaA richten sich nach § 20 Absatz 3 UmwStG.

105 Für den Einbringenden gilt als Veräußerungspreis für das eingebrachte Vermögen und als Anschaffungskosten für die erhaltenen Anteile nach § 20 Absatz 3 Satz 1 UmwStG der Wert, den die übernehmende KGaA für das eingebrachte Betriebsvermögen ansetzt. Insofern wird die Höhe des Veräußerungspreises bzw. der Anschaffungskosten der Gesellschaftsanteile an den Wertansatz bei der aufnehmenden KGaA geknüpft. Damit bleibt es, zumindest in Inlandsfällen, bei einer "doppelten Buchwertverknüpfung".

106 Für die übertragende Personengesellschaft bzw. deren Mitunternehmer ist der Erfolg durch **Gegenüberstellung** von Veräußerungspreis und Buchwert des eingebrachten Vermögens zu bestimmen. Der Buchwert des Vermögens der übertragenden Personengesellschaft bestimmt sich seinerseits wieder aus dem Wert des Nettovermögens laut Gesamthandsbilanz (bezogen auf den Mitunternehmer, d.h. somit seinem Kapitalkonto) zuzüglich der Ergänzungsbilanz und Sonderbilanz.

107 Ein **Einbringungsgewinn** unterliegt nach den allgemeinen Regeln des Ertragsteuerrechts bei den Mitunternehmern der übertragenden Personengesellschaft der laufenden Besteuerung.

108 Die Anteile, die der **Kommanditaktionär** und ehemalige Mitunternehmer erhält, gehen bei natürlichen Personen grundsätzlich in das Privatvermögen über. Erfolgt die Einbringung in die KGaA zu Werten unterhalb der gemeinen Werte, werden die erhaltenen Anteile aufgrund von § 17 Absatz 6 EStG unabhängig von ihrer Beteiligungshöhe stets als Anteile i.S.v. § 17 EStG qualifiziert.[43]

d) Besonderheit: Sperrfristbehaftete Anteile

109 Der neue Kommanditaktionär der KGaA hat im Hinblick auf die Veräußerung der Kommanditaktien an der KGaA bestimmte Besonderheiten zu beachten. Das bisherige Konzept der sog. einbringungsgeborenen Anteile in § 8b Absatz 4 KStG a.F. und § 3 Nr. 40 Satz 3 und 4 EStG a.F. wurde durch das SEStEG im Grundsatz aufgegeben und durch ein einheitliches Konzept der rückwirkenden Besteuerung ersetzt.

110 Die Besteuerungsfolgen bei einer späteren Veräußerung der als Gegenleistung erhaltenen Aktien oder Verwirklichung eines gleichgestellten Vorgangs, sog. **sperrfristbehafteter Anteile** sind nunmehr in § 22 Absatz 1 UmwStG geregelt. Werden die durch die Einbringung unter dem gemeinen Wert erhaltenen Anteile innerhalb von sieben Jahren nach der Einbringung veräußert, ist nachträglich ein sog. **Einbringungsgewinn I**, in Höhe der zum Einbringungszeitpunkt im eingebrachten Betriebsvermögen vorhandenen stillen Reserven abzüglich der Kosten des Vermögensübergangs, zu ermitteln.

111 Zu einer Besteuerung dieser stillen Reserven kommt es rückwirkend auf den Einbringungszeitpunkt. Es handelt sich insofern um ein **rückwirkendes Ereignis** i.S.d. § 175 Absatz 1 Nr. 2 AO.

---

43 Dies hat wiederum zur Folge, dass die erhaltenen Anteile grundsätzlich dem Teileinkünfteverfahren und nicht der Abgeltungsteuer unterliegen.

Der Einbringungsgewinn I reduziert sich für jedes seit dem Einbringungszeitpunkt abgelaufene Zeitjahr jeweils um ein Siebtel. Der **Siebtelregelung** liegt nach der Gesetzesbegründung der Gedanke zu Grunde, dass die Vermutung der missbräuchlichen Gestaltung (z.B. Vorbereitung eines share deals anstelle eines asset deals) mit zeitlichem Abstand zum Einbringungszeitpunkt abnimmt.[44] Wird nur ein Teil der sperrfristbehafteten Anteile innerhalb der siebenjährigen Frist veräußert, ist auch nur „insoweit" der Einbringungsgewinn I zu versteuern.

Die Versteuerung eines Einbringungsgewinns I führt automatisch zu **nachträglichen Anschaffungskosten** auf die erhaltenen Anteile in Höhe des Einbringungsgewinns I (§ 22 Absatz 1 Satz 4 UmwStG). Dies bedeutet wiederum eine Verringerung des nach den allgemeinen steuerlichen Vorschriften zu beurteilenden Veräußerungsgewinns, Entnahmegewinns oder Ähnlichem.

Sind im Betriebsvermögen der übertragenden Personengesellschaft Anteile an Kapitalgesellschaften enthalten, kommt es nach § 22 Absatz 1 Satz 5 Halbsatz 1 UmwStG insoweit zur Anwendung des § 22 Absatz 2 UmwStG, wenn der Gewinn hinsichtlich der Veräußerung der eingebrachten Anteile beim Einbringenden nach § 8b KStG steuerfrei gewesen wäre. Es gelten insofern die Regeln des **Einbringungsgewinns II** beim Anteilstausch i.S. des § 21 UmwStG, d.h. es kommt nur zur Besteuerung der eingebrachten Anteile, wenn die übernehmende Kapitalgesellschaft die eingebrachten Anteile veräußert. An dieser grundsätzlichen Einordnung dürfte auch die Tatsache nichts ändern, dass es sich bei dem übernehmenden Rechtsträger um eine KGaA handelt.

e) Anteile an der Komplementär-GmbH als wesentliche Betriebsgrundlage

Unabhängig von der konkreten Ausgestaltung ist es bei der Einbringung bei einer GmbH & Co. KG wichtig darauf hinzuweisen, dass die Beteiligung des Mitunternehmers an der **Komplementär-GmbH** zum Sonderbetriebsvermögen des Mitunternehmers zählt und damit grundsätzlich auch in die KGaA einzubringen ist.

Den **wesentlichen Betriebsgrundlagen** eines Mitunternehmeranteils sind diejenigen Wirtschaftsgüter des mitunternehmerischen Betriebsvermögens, d.h. des Gesamthandsvermögens und des Sonderbetriebsvermögens zuzuordnen, die

- in dem von der Mitunternehmerschaft betriebenen **Unternehmen eingesetzt** werden und ein wesentliches wirtschaftliches Gewicht besitzen und
- für das **Funktionieren** der Mitunternehmerstellung unverzichtbar sind.

Hierzu gehören nach allgmeiner Auffassung u.a. die Beteiligung eines Mitunternehmers einer GmbH & Co. KG an der Komplementär-GmbH.

Gleichwohl ist es entscheidend, differenziert zu beurteilen, ob die Beteiligung an der Komplementär-GmbH dem Sonderbetriebsvermögen II des Kommanditisten der GmbH & Co. KG zuzurechnen ist bzw. eine wesentliche Betriebsgrundlage darstellt. Eine eindeutige **Rechtsprechung** des BFH zu der hier angesprochenen Frage liegt bislang nicht vor.[45] Erst aktuell hat die **Oberfinanzdirektion Rheinland** in ihrer Verfügung vom 23.3.2011 zur Frage der Anteile der Komplementär-GmbH Stellung genommen.[46] Darin wird zunächst zwischen folgenden Fällen unterschieden:

---

44 BT-Drucksache 16/2710, S. 46.
45 Die wohl herrschende Meinung in der Literatur beurteilt die Beteiligung an der Komplementär-GmbH generell als wesentliche Grundlage des Mitunternehmeranteils des Kommanditisten der KG. Vgl. etwa *Dötsch/Jost/Pung/Witt*, § 20 UmwStG, Rz. 137.
46 OFD Rheinland v. 23.3.2011, FR 2011, S. 489.

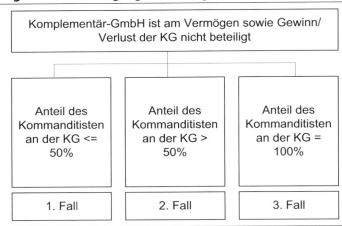

Abbildung 55: Keine Beteiligung am Vermögen bzw. Gewinn/Verlust an der KG

119 Ist der Kommanditist im **ersten Fall** gleichzeitig beherrschender Gesellschafter der GmbH, ist die Beteiligung an der Komplementär-GmbH als funktional wesentliche Grundlage seiner Mitunternehmerstellung anzusehen. Und zwar gilt dies unabhängig davon, ob er gleichzeitig auch Geschäftsführer der Komplementär-GmbH ist.

120 Dagegen ist der Kommanditist im **zweiten Fall** bereits mehrheitlich an der GmbH & Co. KG beteiligt. Die Möglichkeiten einer weiteren Einflussnahme über die Komplementär-GmbH sind von untergeordneter Bedeutung, so dass bei ihm die Beteiligung an der Komplementär-GmbH keine funktional wesentliche Betriebsgrundlage darstellt.[47]

121 Im **dritten Fall** sieht die Finanzverwaltung eine abweichende Argumentation vor. Die Beteiligung stellt nach der OFD-Verfügung eine funktional wesentliche Betriebsgrundlage dar, weil die GmbH benötigt wird, um eine Personengesellschaft und damit eine Kommanditistenstellung mit entsprechender Haftungsbegrenzung zu begründen bzw. zu erhalten.[48]

122 Daneben ist zu beachten, ob die Komplementär-GmbH über einen **eigenen Geschäftsbetrieb** von nicht untergeordneter Bedeutung verfügt. Unterhält nämlich die Komplementär-GmbH neben ihrer Geschäftsführertätigkeit für die GmbH & Co. KG einen nicht untergeordneten eigenen Geschäftsbetrieb, stehen beide gleichrangig nebeneinander. Dies wiederum bedeutet, dass die Anteile des Kommanditisten an der Komplementär-GmbH nicht zum notwendigen Sonderbetriebsvermögen II gehören und keine funktional wesentliche Betriebsgrundlage darstellen.[49] Anders sei nach Auffassung der Finanzverwaltung der Fall nur dann zu behandeln, wenn die Geschäftstätigkeit der GmbH mit der GmbH & Co. KG stark verflochten ist.[50]

---

47 OFD Rheinland v. 23.3.2011, FR 2011, S. 489, Rz. II.2.
48 OFD Rheinland v. 23.3.2011, FR 2011, S. 489, Rz. II.3.
49 BFH v. 12.11.1985, VIII R 286/81, BStBl. II 1986, S. 55; BFH v. 11.12.1990, VIII R 14/87, BStBl. II 1991, S. 510.
50 Beispielsweise übernimmt die GmbH (neben der Geschäftsführungstätigkeit) den Alleinvertrieb für die GmbH & Co. KG. Vgl. OFD Rheinland v. 23.3.2011, FR 2011, S. 489, Rz. IV.2.

B. Formwechsel in eine KGaA

§ 191 Absatz 1 UmwG zählt die zahlreichen Gesellschaftsformen auf, die ihre Form in eine KGaA wechseln können, dazu zählen insbesondere Personenhandelsgesellschaften (OHG, KG) und Kapitalgesellschaften (GmbH, AG). Das nachfolgende Kapitel über die rechtlichen Aspekte deckt lediglich die allgemeinen Abläufe eines Formwechsels in eine KGaA ab. Das Umwandlungsgesetz hält zusätzliche rechtsformspezifische Regelungen bereit, abhängig davon, aus welcher Rechtsform in die KGaA gewechselt werden soll. Die steuerlichen Implikationen werden am Formwechsel einer GmbH & Co. KG in eine KGaA dargestellt.

I. Rechtliche Aspekte

Der Formwechsel verläuft nach dem UmwG identitätswahrend und damit ohne Vermögensübertragung, da der formwechselnde Rechtsträger gem. § 202 Absatz 1 Nr. 1 UmwG nach der Handelsregistereintragung mit dem schon vor dem Formwechsel vorhandenen Vermögen weiterbesteht. Durch diese gesetzliche Regelung gestaltet sich der Formwechsel wesentlich einfacher als eine Verschmelzung. Anders als bei der Verschmelzung ist dem Registergericht auch keine Schlussbilanz vorzulegen, daher werden die Vorbereitungen für einen Formwechsel nicht durch die Acht-Monats-Frist, die für die Verschmelzung gilt, zeitlich begrenzt.[51]

Auch für die Durchführung eines Formwechsels lassen sich drei Phasen unterscheiden:

Vorbereitungsphase:

- Umwandlungsbericht, es sei denn, alle Gesellschafter verzichten darauf oder eine 100 % Tochtergesellschaft ist betroffen;
- Entwurf des Umwandlungsbeschlusses;
- Prüfung eines Barabfindungsangebots, wenn nicht alle Gesellschafter darauf verzichten;
- Übersendung des Entwurfs des Umwandlungsbeschlusses einen Monat vor Beschlussfassung an den Betriebsrat.

Beschlussphase:

- Beschlussfassung des Formwechsels in Gesellschafterversammlung;
- Evtl. Zustimmungserklärungen.

Vollzugsphase:

- Anmeldung des Formwechsels zum Handelsregister, in das der formwechselnde Rechtsträger einzutragen ist;
- Eintragung in das Handelsregister.

---

[51] Unter Umständen ist jedoch die steuerliche Acht-Monats-Frist zu beachten, siehe S. 183.

1. Vorbereitung

129 Wird die KGaA als Zielrechtsform bestimmt, sind die für die KGaA geltenden Gründungsvorschriften zu beachten (§ 197 UmwG). Allerdings sind gemäß § 197 Satz 2 Halbsatz 2 UmwG die Bestimmungen der §§ 30 und 31 AktG über die Bildung und Zusammensetzung des Aufsichtsrats nicht anwendbar.

130 Der Umwandlungsbericht ist von dem Vertretungsorgan des formwechselnden Rechtsträgers aufzustellen und besteht aus zwei Teilen, dem Erläuterungs- und Begründungsteil und dem Entwurf des Umwandlungsbeschlusses (§ 192 Absatz 1 UmwG). Der Umwandlungsbericht ist entbehrlich, wenn die Gesellschaft, deren Form gewechselt werden soll, nur einen Anteilseigner hat oder alle Gesellschafter den Verzicht erklären. Die Erklärungen müssen notariell beurkundet sein (§ 192 Absatz 2 UmwG). Einen breiten Raum nimmt die Erläuterung und Begründung der im Umwandlungsbeschluss angebotenen Barabfindung ein, auf deren Grundlage die Anteilseigner nachvollziehen können müssen, ob die Berechnung der Barabfindung plausibel ist.[52] Das Angebot der Barabfindung wird für die Anteilseigner abgegeben, die gegen den Umwandlungsbeschluss Widerspruch zur Niederschrift erklären und hat die Barabfindung für den Erwerb der umgewandelten Anteile oder Mitgliedschaften dieses Anteilseigners zum Gegenstand (§ 207 UmwG).

131 § 194 UmwG bestimmt den Mindestinhalt des Umwandlungsbeschlusses. Bei einer Umwandlung in eine KGaA muss insbesondere festgelegt werden, wer persönlich haftender Gesellschafter wird und wer Kommanditaktionär. Anders als bei der Verschmelzung einer Kapitalgesellschaft auf eine KGaA kann beim Formwechsel einer Kapitalgesellschaft in eine KGaA nicht eine sogenannte **Mischumwandlung** vorgenommen werden (vgl. § 247 Absatz 1 UmwG). Soll also zum Beispiel ein Gesellschafter einer GmbH in die Stellung eines Komplementärs bei der KGaA einrücken, kann er nicht seine bisherige Beteiligung am Stammkapital in eine Sondereinlage umwandeln. Vielmehr muss er zusätzlich eine Sondereinlage leisten, so dies gewünscht ist.[53]

2. Beschlussfassung

132 Der Formwechsel setzt einen notariell beurkundeten Beschluss der Gesellschafter in einer Gesellschafterversammlung über den Formwechsel voraus, § 193 Absatz 1 UmwG. Das Gesetz sieht eine Mindestmehrheit von ¾ der abgegebenen Stimmen bzw. des vertretenen Grundkapitals vor. Ferner sind notariell zu beurkundende Zustimmungserklärungen einzuholen. Diese sind insbesondere von den Anteilseignern abzugeben, die in der zukünftigen Rechtsform persönlich haften sollen, sowie von Anteilseignern, die ihre bisherigen besonderen Rechte durch den Formwechsel verlieren. Der Umwandlungsbeschluss ist schwebend unwirksam, bis alle erforderlichen Zustimmungserklärungen abgegeben sind.[54]

133 Spätestens einen Monat vor Beschlussfassung muss der Entwurf des Umwandlungsbeschlusses dem zuständigen Betriebsrat des formwechselnden Rechtsträgers zugeleitet werden (§ 194 Absatz 2 UmwG).

---

52 BGH NJW 2001, S.1425, 1426.
53 *Schütz/Bürgers/Riotte*, § 11, Rz. 325.
54 *Sagasser/Bula/Brügner*, Umwandlungen, § 26, Rz. 36.

3. Vollzug

Die Eintragung bewirkt, dass der Rechtsträger in seiner neuen Form fortbesteht und die Anteilseigner an dem neuen Rechtsträger nach den für ihn geltenden Vorschriften beteiligt sind.

Die Regelung zur Registersperre des § 16 Absatz 2 und 3 UmwG gilt gemäß § 198 UmwG auch beim Formwechsel.[55]

Der Gläubigerschutz gemäß § 22 UmwG gilt entsprechend (§ 204 UmwG).[56]

II. Steuerliche Aspekte

Unsicherheiten dürften sich regelmäßig dann einstellen, wenn es um die Frage des Formwechsels einer GmbH & Co. KG in eine KGaA geht. Der bisherigen Systematik folgend, ist bei der steuerlichen Würdigung dahingehend zu differenzieren, ob der Einbringende, d.h. der Mitunternehmer der GmbH & Co. KG, im Zuge des **Formwechsels** bei der KGaA die Stellung eines persönlich haftenden Gesellschafters oder die eines Kommanditaktionärs einnimmt.

Davon wird es schließlich abhängen, ob es sich aus steuerlicher Sicht bei dem Formwechsel um die Einbringung einer Personen- in eine andere Personengesellschaft oder eben in eine Kapitalgesellschaft handelt. Beides wird steuerlich unterschiedlich zu würdigen sein. Zusammenfassend ergibt sich die folgende Grundunterscheidung:

Abbildung 56: Steuerliche Einordnung eines Formwechsels einer GmbH & Co. KG auf eine KGaA

Die einzelnen Normen verweisen ihrerseits auf weitere Vorschriften des UmwStG, die dann wiederum Anwendung finden.[57] Im Einzelnen bedeutet das:

---

55 Hierzu vgl. S. 178.
56 Hierzu vgl. S. 179.
57 In diesem Sinne auch *Abele*, in: Sagasser/Bula/Brünger, Umwandlungen, § 28, Rz. 38.

Abbildung 57: Steuerliche Behandlung des Formwechsels einer GmbH & Co. KG in eine KGaA	
Einschlägige Rechtsnorm	Steuerliche Behandlung
§ 24 Absatz 1 UmwStG	Formwechsel Personengesellschaft auf Personengesellschaft wird gem. § 24 Absatz 1 UmwStG als Einbringung in eine Personengesellschaft behandelt
§ 25 Satz 1 UmwStG	Formwechsel Personengesellschaft auf Kapitalgesellschaft wird gem. § 25 Satz 1 UmwStG als Einbringung i.S.d. §§ 20 – 23 UmwStG behandelt

139 Grundsätzlich stellt die Einbringung eines Betriebs, Teilbetriebs oder Mitunternehmeranteils ein **Veräußerungsgeschäft** dar, bei dem die übernehmende Gesellschaft als Gegenleistung für das eingebrachte Betriebsvermögen einen Mitunternehmeranteil oder einen Geschäftsanteil an der aufnehmenden Gesellschaft erhält.

140 Unter bestimmten Voraussetzungen können derartige Einbringungen aber **steuerneutral** erfolgen. Voraussetzung für die steuerneutrale Einbringung ist auch hier, dass der Mitunternehmeranteil

- mit **sämtlichen**, zu diesem Mitunternehmeranteil gehörenden,
- funktional wesentlichen Betriebsgrundlagen

eingebracht wird.[58]

1. Mitunternehmer wird Komplementär

141 Wird ein Betrieb, Teilbetrieb oder Mitunternehmeranteil gegen Gewährung von Gesellschaftsrechten in eine Personengesellschaft eingebracht, liegt aus der Sicht des Einbringenden ein **tauschähnlicher Veräußerungsvorgang** und aus der Sicht des übernehmenden Rechtsträgers ein Anschaffungsgeschäft vor.

142 § 24 UmwStG setzt diese Rechtsfolge unter den in der Vorschrift bestimmten Voraussetzungen außer Kraft, und ermöglicht dadurch die **Steuerneutralität** der Einbringung.

143 Somit setzt § 24 UmwStG einen Veräußerungstatbestand voraus, so dass die Vorschrift in keinem **Konkurrenzverhältnis** zu § 6 Abs. 3 EStG steht. Letztere setzt gerade die Unentgeltlichkeit der Übertragung voraus.[59]

a) Übernehmende KGaA (mitunternehmerschaftsähnlicher Zweig)

144 Die übernehmende KGaA hat das eingebrachte Betriebsvermögen zu bilanzieren. Der Wert, den die KGaA dabei ansetzt, gilt gem. § 24 Absatz 3 UmwStG für den Einbringenden als Veräußerungspreis.

145 Grundsätzlich hat die KGaA das eingebrachte Betriebsvermögen in ihrer Steuerbilanz gem. § 24 Absatz 2 Satz 1 UmwStG mit dem **gemeinen Wert** anzusetzen. Davon abweichend kann die Personengesellschaft gem. § 24 Absatz 2 Satz 2 UmwStG das Betriebsvermögen auf Antrag

---

58 UmwSt-Erlass, Rz. 20.05. Nach dem UmwSt-Erlass 2011 Rz. 20.06.
59 Vgl. *Schmitt*, in: Schmitt/Hörtnagl/Stratz, UmwStG-Kommentar, § 24 UmwStG, Rz. 4.

ausnahmsweise mit dem **Buchwert** oder einem **Zwischenwert** ansetzen, soweit das Recht der Bundesrepublik Deutschland hinsichtlich der Besteuerung des eingebrachten Betriebsvermögens durch die Einbringung nicht ausgeschlossen oder beschränkt wird.

Zur Vermeidung langatmiger Wiederholungen sei auf das Kapitel hinsichtlich der Verschmelzung einer Personengesellschaft auf den mitunternehmerschaftsähnlichen Zweig der KGaA verwiesen.[60]

b) Übertragender Mitunternehmer

Gem. § 24 Absatz 3 UmwStG gilt der Wert, mit dem das eingebrachte Betriebsvermögen in der Steuerbilanz der übernehmenden KGaA angesetzt wird, für den Einbringenden als Veräußerungspreis. Aufgrund der Transparenz der Personengesellschaft gilt dieser Wert grundsätzlich automatisch, d.h. ohne ausdrückliche gesetzliche Anordnung, auch als Anschaffungskosten des gewährten Mitunternehmeranteils.

Ein sich ergebender Einbringungsgewinn kann unter den Voraussetzungen der §§ 16 und 34 EStG bei dem einbringenden Mitunternehmer zu bestimmten Vergünstigungen führen.

2. Mitunternehmer wird Kommanditaktionär

Nach § 25 UmwStG gelten in den Fällen eines Formwechsels einer Personen- in eine Kapitalgesellschaft i.S.v. § 190 UmwG die §§ 20 bis 23 UmwStG entsprechend. Die in § 25 Satz 1 UmwStG angeordnete entsprechende Anwendung des Sechsten Teils des UmwStG hat zur Folge, dass die in §§ 20 ff. UmwStG genannten Tatbestandsmerkmale erfüllt sein müssen. Steuerlich wird somit eine Vermögensübertragung fingiert,[61] was seinen Grund wiederum in der unterschiedlichen ertragsteuerlichen Behandlung der Kapitalgesellschaft (Trennungsprinzip) einerseits und einer Personengesellschaft (Transparenzprinzip) bzw. ihrer Anteilseigner andererseits hat.

Zu dem Mitunternehmeranteil gehört nicht nur der Anteil am Gesamthandsvermögen, sondern auch das Sonderbetriebsvermögen. Hinsichtlich der Behandlung der Wirtschaftsgüter des Sonderbetriebsvermögens i.R.d. Formwechsels muss danach unterschieden werden, ob es sich um funktional wesentliche Betriebsgrundlagen handelt oder nicht.

Das Handelsrecht kennt keine **Rückbeziehung** des Formwechsels. Somit hilft die in § 2 Absatz 1 UmwStG enthaltene Rückbeziehungsregelung für den Formwechsel nicht weiter. § 25 Satz 2 normiert daher i.V.m. § 9 Sätze 2 und 3 UmwStG eine eigenständige steuerliche Rückwirkungsregelung und erklärt § 2 Absatz 3 UmwStG für anwendbar.

a) Übernehmende KGaA (kapitalistischer Zweig)

Wie vorstehend bereits erläutert, liegt das Wahlrecht zur Bewertung des eingebrachten Betriebsvermögens bei der KGaA als übernehmender Rechtsträger.

---
60 Kapitel § 5 A.III.1.a.
61 Vgl. *Rabback*, in: Rödder/Herlinghaus/van Lishaut, UmwStG-Kommentar, § 25, Rz. 4.

153 Die **Regelbewertung** erfolgt nach § 20 Absatz 2 Satz 1 UmwStG zu gemeinen Werten. Hiervon abweichend kann die KGaA das eingebrachte Vermögen auf **Antrag** einheitlich mit dem Buchwert oder einem höheren Wert ansetzen (§ 20 Absatz 2 Satz 2 UmwStG). Gleichwohl erfolgt die Versteuerung nicht bei der KGaA, sondern bei dem Mitunternehmer der eingebrachten Personengesellschaft.

b) Übertragender Mitunternehmer

154 Der Kommanditist der GmbH & Co. KG bringt seinen Mitunternehmeranteil ein und erhält dafür Kommanditaktien.

155 Die steuerlichen Folgen für die übertragende Mitunternehmerschaft und damit für die daran beteiligten Mitunternehmer ergeben sich aus § 20 Absatz 3 UmwStG. Nach § 20 Absatz 3 Satz 1 UmwStG gilt der Wert, mit dem die übernehmende Gesellschaft das eingebrachte Betriebsvermögen ansetzt, für den Einbringenden als **Veräußerungspreis** und gleichzeitig als **Anschaffungskosten** der Kommanditaktien an der KGaA.

156 Der **Einbringungserfolg** ergibt sich aus der Gegenüberstellung von Veräußerungspreis und Buchwert des eingebrachten Vermögens:

Veräußerungspreis
./. Buchwert der eingebrachten Wirtschaftsgüter
./. Einbringungskosten die vom Einbringenden übernommen wurden
./. gegebenenfalls Freibetrag nach § 16 Absatz 4 EStG bzw. § 20 Absatz 4 Satz 1 UmwStG
= Einbringungsgewinn/Einbringungsverlust

157 Zu weiteren Einzelheiten siehe die Ausführungen in Bezug auf den Verschmelzungsfall.[62]

158 Schließlich ist bei dem Kommanditaktionär (und früheren Mitunternehmer) § 22 UmwStG als Vorschrift des steuerlichen **Umgehungsschutzes** zu berücksichtigen.

159 Soweit in den Fällen einer Einbringung das Betriebsvermögen nach § 20 Absatz 2 Satz 2 UmwStG unterhalb des gemeinen Werts angesetzt wurde und der Einbringende die erhaltenen Anteile innerhalb eines Zeitraums von sieben Jahren veräußert, ist der Gewinn aus der Einbringung rückwirkend im Wirtschaftsjahr der Einbringung i.S.v. § 16 EStG zu versteuern. Gleichzeitig gilt der so entstehende **Einbringungsgewinn** als nachträgliche Anschaffungskosten der erhaltenen Kommanditaktien.[63]

c) Wesentliche Betriebsgrundlagen

160 Wirtschaftsgüter des Sonderbetriebsvermögens, die **nicht** zu den wesentlichen Betriebsgrundlagen gehören, müssen nicht mit in die Kapitalgesellschaft eingebracht werden, um den Vorgang nach § 20 UmwStG steuerneutral zu gestalten.

---

[62] siehe Seite 193.
[63] Zu den Einzelheiten vgl. die Ausführungen auf S. 196.

Der Einbringungsvorgang führt jedoch zur **Vollbeendigung** der Mitunternehmerschaft und damit zum Wegfall des Sonderbetriebsvermögens. Diese zurückbehaltenen Wirtschaftsgüter werden demzufolge grundsätzlich als entnommen behandelt, mit der Folge, dass die in ihnen ruhenden stillen Reserven der Besteuerung zu unterwerfen sind.[64]

Nach der wohl herrschender Auffassung, der sich die Finanzverwaltung angeschlossen hat,[65] müssen Wirtschaftsgüter des Sonderbetriebsvermögens, die zu den wesentlichen Betriebsgrundlagen gehören, zwingend mit in die Kapitalgesellschaft eingebracht werden.

Werden diese Wirtschafsgüter nicht mit in die Kapitalgesellschaft eingebracht, so hat dies zur Folge, dass die in den eingebrachten Wirtschaftsgütern ruhenden stillen Reserven aufzudecken und der Besteuerung zu unterwerfen sind.[66] In diesem Fall ist nämlich das Tatbestandsmerkmal „Einbringung eines Mitunternehmeranteils" des § 20 Absatz 1 Satz 1 UmwStG als nicht erfüllt anzusehen.

Zu beachten ist außerdem, dass durch den Formwechsel nach § 190 UmwG nur das Gesamthandsvermögen der übertragenden Personengesellschaft erfasst wird. Hingegen werden die Wirtschaftsgüter des Sonderbetriebsvermögens nicht vom Formwechsel erfasst, da das Sonderbetriebsvermögen **zivilrechtliches Eigentum** des jeweiligen Mitunternehmers ist.

Damit die Umwandlung insgesamt aber als eine steuerneutrale Einbringung i.S.v. § 20 UmwStG erfolgen kann, ist es notwendig, dass das Sonderbetriebsvermögen durch eine gesonderte Übertragung in die Kapitalgesellschaft eingebracht wird.

Eine derartige Übertragung hat in einem sachlichen und zeitlichen Zusammenhang mit dem Formwechsel (Umwandlungsbeschluss) zu erfolgen. Aufgrund der gesonderten Übertragung erweist sich der Sacheinlagevorgang i.S.v. § 20 UmwStG als Kombination zwischen Einzelrechtsnachfolge und Wirkung der formwechselnden Umwandlung. Aus diesem Grund geht § 25 UmwStG als Spezialvorschrift den Normen für Übertragungen für Einzelwirtschaftsgüter vor.[67]

3. Sonderfall: Anteile an der Komplementär-GmbH

Zu dem Sonderfall der Behandlung der Anteile eines Kommanditisten an der Komplementär-GmbH & Co. KG nimmt die OFD Rheinland Stellung.[68]

Handelt es sich danach um eine „echte" Komplementär-GmbH, deren ausschließliche Tätigkeit sich darauf beschränkt, die Geschäftsführungsfunktion bei der KG auszuüben, wäre eine Übertragung der Beteiligung an der Komplementär-GmbH auf die übernehmende Kapitalgesellschaft wirtschaftlich ohne Sinn.

Folgerichtig kommt die OFD Rheinland zu dem Schluss, dass der Kommanditist, der eine solche Beteiligung nicht mit in die aufnehmende Kapitalgesellschaft einbringt, keine funktional wesentliche Betriebsgrundlage zurückbehält und dies somit für eine steuerneutrale Einbringung unschädlich ist.[69] Dies ist für derartige Formwechsel eine gute Nachricht, weil damit ein massives Umwandlungshemmnis abgebaut wird.

---

64 Dies gilt nicht, wenn diese Wirtschaftsgüter weiterhin Betriebsvermögen bleiben. Vgl. UmwSt-Erlass, Rz. 20.07.
65 Vgl. UmwSt-Erlass, Rz. 20.06.
66 Vgl. UmwSt-Erlass, Rz. 20.06.
67 Als Spezialvorschriften gelten z.B. § 6 Absatz 5 Satz 3 EStG oder § 6 Absatz 6 EStG.
68 Vgl. OFD-Rheinland v. 23.3.2011, S 2242 – 25 – St 111, FR 2011, S. 489
69 Hinweis auf BFH v. 16.12.2009, I R 97/08, BStBl. II 2010, S. 808.

Stichwortverzeichnis

fette Zahlen = Paragraph
andere Zahlen = Randnummer

A

Abberufung des Geschäftsführers **2** 79
Abberufungsdurchgriff **2** 79
Abfindungsanspruch **2** 97, 106
Abgeltungsteuer **4** 168, 176, 275
Abgeltungsteuersatz **4** 168, 169
Abhängigkeitsbericht **3** 93
Abkommensberechtigung **4** 208
abkommensrechtliche Person **4** 204
abkommensrechtliches Schachtelprivileg **4** 230, 237
Abschirmwirkung **4** 151, 235
Abschlussprüfer **3** 10
Abspaltungsverbot **2** 52
Abweichungen **3** 39
Abzugsrahmen **4** 196
actio pro socio **2** 53, 64, 115
Agio **2** 19
Aktiengesetz **3** 26
Aktivitätsvorbehalt **4** 248
allgemeine Bilanzierungsgrundsätze **3** 24
Aneinanderreihung **3** 37
Anhang **3** 80
Anrechnung **4** 128
Anrechnungsmethode **4** 248, 256
Anrechnungsvolumen **4** 147, 154
Ansässigkeitsstaat **4** 285
Anteilserwerb **4** 80
Anteilsveräußerung **4** 113
Anzahl der Arbeitnehmer **3** 31
Arbeitnehmerbelange **3** 87
Arbeitsdirektor **2** 207
Atypische KGaA **1** 19
Aufgabe **2** 138; **3** 6
Auflösung der Gesellschaft **2** 13
Aufsichtsrat **1** 5; **2** 136, 138; **3** 12
Ausführungskompetenz **2** 139
Auskunftsanspruch **2** 63
Auslandsinvestitionen **4** 214

Ausscheiden eines Komplementärs **2** 91, 97
Ausschluss eines Komplementärs **2** 96
Ausschüttung **4** 17, 29
Ausschüttungsbemessungsfunktion **3** 6
außerbilanzielle Korrekturen **4** 35
außergewöhnliche Geschäfte **1** 4
außerordentliche Einkünfte **4** 117
Ausstehende Einlagen **3** 49

B

Bargründung **2** 4; **4** 63
Beirat **1** 7
Bemessungsgrundlage **4** 28
Beschlussfassung **2** 61
Beschlussmehrheiten **2** 62
beschränkte Steuerpflicht **4** 269, 272
Besteuerungsebenen **4** 20
Besteuerungsgrundsätze **4** 164
Besteuerungsprinzipien **4** 8
Besteuerungsrecht **4** 220, 285, 313
Besteuerungssubjekt **4** 3
Besteuerungsverfahren **4** 318
Bestimmtheitsgrundsatz **2** 52
Beteiligungserträge **4** 35
Beteiligungsumfang **4** 333
Betriebsausgaben **4** 33
Betriebsbezogenheit **4** 203
Betriebsfinanzamt **4** 162
Betriebsstätte **4** 241, 258, 286
Betriebsstättenfinanzamt **4** 318
Betriebsstättengewinne **4** 245
Betriebsstättenprinzip **4** 245, 255
Betriebsstättenstaat **4** 245, 247, 294
Betriebsstättenvermögen **4** 246
Betriebsvermögen **4** 115, 119, 136, 165, 172, 180
Betriebsvermögensvergleich **4** 31, 42, 105
Bilanz **3** 21
Bilanzeid **3** 90

Stichwortverzeichnis

Bilanzierungsgrundsätze **3** 9, 21
Bilanzrechtsmodernisierungsgesetz **3** 7, 70, 88; **4** 32, 69
Bilanzschema **3** 36
Bilanzsumme **3** 31
Bilanzverlust **3** 65
Buchwert **2** 106
Buchwertklausel **2** 106

D
Darlehen **4** 42
DBA **4** 254
Dividenden **4** 47, 166
Dividendenvorzug **2** 25
Doppelbesteuerung **4** 206, 256
Doppelbesteuerungsabkommen **4** 227
Drittelbeteiligungsgesetz **2** 205
Durchführung **2** 117; **4** 67

E
EBITDA **4** 192, 202
EBITDA-Vortrag **4** 196
Eigenkapital **3** 41; **4** 31, 186, 216
Eigenkapitalquote **4** 193
Einberufung Gesellschafter **2** 117
Einebenenbesteuerung **4** 9
einheitliche und gesonderte Feststellung **4** 163
Einheits-KGaA **1** 24
Einkommen **4** 27
Einkommensermittlung **4** 29, 99
Einkommensteuer **4** 111
Einkommensteuerermäßigung **4** 132
Einkommenszurechnung **4** 151
Einkünfte aus Gewerbebetrieb **4** 29
Einkünfte aus Kapitalvermögen **4** 168, 273
Einkunftskomponenten **4** 102
Einlage **2** 19, **4** 36
Einmalbelastung **4** 226
Einmalbesteuerung **4** 120
Einmann-KGaA **1** 18; **4** 302
Einzahlungspflicht **3** 57
Einzahlungsverpflichtungen **3** 65
Einzelabschluss **3** 2
Einzelunternehmen **4** 57
Entnahmebefugnis **3** 64
Entnahmen **3** 63; **4** 36
Entnahmerecht **3** 46
Entnahmeverbote **3** 66
Entwicklung des Unternehmens **3** 90

Erbschaftsteuer **4** 329
Erbschaftsteuerreform **4** 331
Ergänzungsbilanz **4** 110
Ergebnisabführungsvertrag **4** 63, 65
Ergebniszurechnung **4** 242
Erleichterungen **3** 33
Ermäßigungshöchstbetrag **4** 145
Erstattungsverfahren **4** 279
Ertragslage **3** 72
Ertragsteuerbelastung **4** 306
Escapeklausel **4** 193
EU-/EWR-Ausland **4** 60
externe Gründungsprüfung **2** 31

F
Fehlbetrag **3** 59
Festsetzung **4** 126
Feststellung **3** 13; **4** 160
finanziell eingegliedert **4** 63
finanzielle Leistungsindikatoren **3** 87
Finanzierungsfreiheit **4** 186
Finanzrechtsprechung **4** 5, 250
Firma **2** 9
Formkaufmann **4** 29
Forschung und Entwicklung **3** 91
Freibetrag **4** 96, 116
Freigrenze **4** 193
Freistellung **4** 239
Freistellungmethode **4** 256, 266
Freistellungsverfahren **4** 279
freiwilliges Organ **1** 7
fremdfinanziert **4** 170
Fremdkapital **4** 186, 216
Fünftelungsregelung **4** 117

G
geborene Geschäftsführungs- und Vertretungsorgane **1** 9
geborene Geschäftsführungsorgane **1** 2
Gesamtbetrag der Einkünfte **4** 77
Gesamthandsvermögen **4** 103, 110
Gesamtheit der Kommanditaktionäre **2** 111
gesamtschuldnerische Haftung **2** 86
Gesamtverfahren **3** 73
Geschäftsbriefe **2** 47
Geschäftsführer **4** 137
Geschäftsführervergütung **4** 43, 87
Geschäftsführungsbefugnis **2** 73
Geschäftsleitung **4** 24, 59, 220, 271

Stichwortverzeichnis

Geschäftsverlauf **3** 87
Gesellschafterfremdfinanzierung **4** 188
Gewerbebetrieb **4** 26, 85, 101, 113, 152
Gewerbeertrag **4** 86, 95, 149
Gewerbesteuer **4** 118, 182
Gewerbesteueranrechnung **4** 127
Gewerbesteuerhebesatz **4** 131
Gewerbesteuerkompensation **4** 129
gewerbesteuerlich **4** 174
gewerbesteuerliche Organschaft **4** 61
gewerbesteuerliche Doppelerfassung **4** 120
Gewerbesteuermessbescheid **4** 125, 126, 127, 139, 149, 157, 160
Gewerbesteuerpflicht **4** 118
Gewerbesteuerschuld **4** 160
Gewerbesteuersubjekt **4** 136
Gewerbetreibender **4** 103
Gewinn- und Verlustrechnung **3** 21, 72
Gewinnanteile **4** 87, 90, 135, 153
Gewinnbezugsrecht **2** 68
Gewinnermittlungsstufe **4** 15
Gewinnermittlungsvorschriften **4** 39
Gewinnrepatriierung **4** 299
Gewinnrücklagen **3** 50
Gewinnverteilung **2** 68
Gewinnverteilungsschlüssel **4** 140
Gewinnverwendung **3** 12
Gewinnverwendungsbeschluss **3** 14
gewöhnliche Geschäftsführungsmaßnahmen **2** 80
gezeichnetes Kapital **3** 41
Gläubigerschutz **5** 24
Gläubigerschutzfunktion **3** 6
Gliederungsvorschrift **3** 73
GmbH & Co. KG **4** 152
Größenklassen **3** 32
Größenklassenmerkmale **3** 31
Gründerhaftung **2** 38
Grundkapital **1** 3; **2** 18; **3** 44
Grundlagenbescheide **4** 161
Grundlagengeschäfte **1** 4; **2** 80
Grundsätze ordnungsmäßiger Buchführung **3** 43; **4** 32
Gründung **2** 1
Gründungsbericht **2** 27, 29
Gründungsprüfer **2** 31
Gründungsprüfung **2** 29

H
Handelndenhaftung **2** 45
Handelsregister **4** 66
Handelsregisteranmeldung **2** 33
Hauptversammlung **1** 4; **2** 117; **3** 11, 13
Hebesatz **4** 126
Hinzurechnung **4** 86, 153
Hinzurechnungsbesteuerung **4** 235
Höchstbetragsbegrenzung **4** 162
Höchstbetragsrechnung **4** 147

I
IAS/IFRS **3** 96
Inbound **4** 268, 292
Inboundvehikel **4** 299
Informations- und Kontrollrechte **2** 63
Informationsfunktion **3** 6
Inhaberaktien **2** 22
Inland **4** 24
internationale Rechnungslegungsnormen **3** 95
interperiodische Verlustverrechnung **4** 79

J
Jahresabschluss **1** 5; **3** 2
Jahresfehlbetrag **4** 31
Jahresüberschuss **4** 31

K
Kapitalanteile der persönlich haftenden Gesellschafter **3** 41
Kapitaleinlage s.a. Sondereinlage **3** 56
Kapitalerhaltungsvorschriften **3** 49
Kapitalertragsteuer **4** 274, 282
Kapitalgesellschaft **4** 181
Kapitalkonto **3** 55
Kapitalmarktorientierung **3** 3
Kapitalrücklagen **3** 50
Katalog **4** 273
Kernbereichslehre **2** 52
Kirchensteuer **4** 132
Kommanditaktionäre **1** 3; **4** 17, 23, 164
Kompensation **4** 127
Komplementär **1** 2; **2** 61, 62; **4** 23, 118
Kontoform **3** 36
Konzernabschluss **3** 3, 95
konzerninterne Beteiligungserwerb **4** 82
Konzernklausel **4** 193
Konzernspitze **4** 270

Körperschaftsteuer **4** 84
Körperschaftsteuerpflicht **4** 24
Kredite **3** 60
Kündigung der Komplementärstellung **2** 95
Kürzung **4** 86, 121, 153
Kürzung der Gewinnanteile **4** 34

L Lagebericht **3** 21, 86
Laufende Besteuerung **4** 105, 166
Liquiditätskrisen **3** 91

M Maßgeblichkeit **4** 32
Methodenartikel **4** 256
Mindestbesitzzeit **4** 46
Mindestbesteuerung **4** 74
Mindestbeteiligungshöhe **4** 46, 183, 224, 231
Mindesthaltefristen **4** 225
Mindestnorm **3** 38
Mitbestimmungsergänzungsgesetz **2** 205
Mitbestimmungsgesetz **2** 205
mittelbare Beteiligung **4** 108
Mitunternehmerinitiative **4** 104
Mitunternehmerrisiko **4** 104
Mitunternehmerschaft **4** 201
Mitunternehmerstellung **4** 97
Montanmitbestimmungsgesetz **2** 205
Mutter-Tochter/Richtlinie **4** 222, 238, 278

N Nachfolgeklausel **2** 104
Nachhaftung **2** 97
Namensaktien **2** 23
natürliche Person **4** 165
Nennbetragsaktien **2** 20
Nettozinsaufwendungen **4** 193
nicht abziehbare Betriebsausgabe **4** 35, 51, 105, 173
nichtabzugsfähige Zinsaufwand **4** 195
nichtfinanzielle Leistungsindikatoren **3** 87

O Offenlegung **3** 18
ordentliche Einziehungsverfahren **2** 200
Ordnungsgeldverfahren **3** 20
Organgesellschaft **4** 56, 59, 150
Organschaft **4** 53
Organträger **4** 56, 57, 149
Outbound **4** 291

P Passivierungspflicht **3** 68
Passivseite **3** 44
Pensionsrückstellungen **4** 90
Pensionsverpflichtungen **3** 67
Personalkompetenz **1** 5; **2** 145
Personengesellschaft **4** 258
persönlich haftende Gesellschafter s.a. Komplementär **4** 18
persönlicher Steuersatz **4** 169
Pflichtorgane **2** 49
Pflichtprüfung **3** 10
Privatvermögen **4** 167
Progressionsvorbehalt **4** 257, 266
progressiven Einkommensteuertarif **4** 111
Prüfungsbericht **3** 12

Q Qualifikationskonflikt **4** 206, 263, 264
Qualifizierung **4** 25
Quellensteuer **4** 221

R Rechtsform **4** 85, 152
Rechtsformneutralität **4** 13
rechtsformspezifische Besonderheiten **3** 28
Rechtspersönlichkeit **4** 25
Rechtstypenvergleich **4** 262
Registersperre **5** 22
Risiken **3** 87
Risikomanagementziele **3** 91
Rücklagen **3** 41
Ruhegehälter **4** 90

S Sachgründung **2** 4
Saldierungsverbot **3** 58
Sanierungsklausel **4** 82
Satzung **1** 8; **3** 45
Schachtelbeteiligung **4** 277
Schachteldividenden **4** 226
Schuldrechtliche Beziehung **4** 10
Selbstorganschaft **1** 2; **2** 52
Sitz **2** 13; **4** 24, 59, 220, 271
Sitzstaat **4** 247
Sockelbetrag **4** 78
Solidaritätszuschlag **4** 84, 129
Sonderbestimmungen **3** 30
Sonderbetriebseinkünfte **4** 89

Stichwortverzeichnis

Sonderbetriebseinnahmen **4** 108
Sonderbetriebserträge **4** 189
Sonderbetriebsvermögen **4** 108, 189
Sonderbilanzen **4** 107
Sondereinlage s.a. Kapitaleinlage **2** 66, 203
Sonderposten **3** 59
Sondervergütungen **4** 135, 136, 212, 269, 289, 293
Sondervorschriften **3** 25
spezielle Verteilungsartikel **4** 290
Sphäre **4** 33
Staffelform **3** 73
Stammhaus **4** 241
Steuerbefreiung **4** 48
Steuerbelastung **4** 220
Steuerbemessungsfunktion **3** 6
Steuerbilanz **4** 32, 105
Steuerbilanzrecht **4** 32
Steuerermäßigung **4** 127, 139, 155, 161
Steuerfestsetzung **4** 28
Steuermessbetrag **4** 96
Steuermesszahl **4** 96, 128
Steuerobjekt **4** 27
Steuersatz **4** 84
Steuersubjekt **4** 24
stille Reserven **4** 82, 110
Stimmrecht **2** 52
Stimmverbot **1** 9, 17
Streubesitzbeteiligungen **4** 277
Stückaktien **2** 21
subject-to-tax-Klauseln **4** 251
Subjekte **4** 272

Tantieme **4** 91
Teilbetrieb **4** 113
Teileinkünfteverfahren **4** 48, 179, 180, 239
Teiltransparenz **4** 39
Teilwertabschreibungen **4** 181
transparente Personengesellschaften **4** 241
Transparenz **4** 258
Transparenzprinzip **4** 5, 48
Trennungsprinzip **4** 5, 48
Treuepflicht **2** 52, 79, 83

Über-Pari-Emission **2** 19
Überkompensation **4** 131
Überlassung **4** 42

Überlassung von Darlehen **4** 92
Überlassung von Wirtschaftsgütern **4** 92
Übernahmerechtliche Angaben **3** 90
Übertragung der Komplementärbeteiligung **2** 94
Umsatzerlöse **3** 31
Umsatzkostenverfahren **3** 73
Umweltbelange **3** 87
Unterbilanzhaftung **2** 42
Unterkompensation **4** 131
Unternehmenserhaltung **3** 6
Unternehmensgegenstand **2** 16
Unternehmensgewinn **4** 250, 288, 294
Unternehmensgruppe **3** 3
Unternehmensverbund **4** 222
unternehmerische Mitbestimmung **2** 205
Unterschiedsbetrag **4** 31

Veranlagung **4** 169
Veräußerung **4** 178, 246, 297, 314
Veräußerungsgewinn **4** 47, 115, 116, 175, 180, 183
Veräußerungskosten **4** 115
Veräußerungspreis **4** 115
Verbandssouveränität **2** 52
verdeckte Einlagen **4** 35
verdeckte Gewinnausschüttungen **4** 35, 168
vereinfachte Einziehungsverfahren **2** 201
Vereinfachung **3** 18
Verfahrensrecht **4** 319
Vergünstigungen **4** 333
Vergütungen **3** 77
Verlustabzug **4** 74
Verlustanteile **3** 65
Verlustausgleich **4** 146
Verlustausweis **3** 55
Verlustdeckungshaftung **2** 43
Verlustrücktrag **4** 75
Verlustübernahme **4** 70
Verlustvortrag **4** 76, 80
Vermerke **3** 40
Vermögens-, Finanz- und Ertragslage **3** 22
Vermögenseinlage **1** 2; **4** 198
Verschmelzung **5** 5
Verschmelzung zur Aufnahme **5** 5
Verschmelzung zur Neugründung **5** 5
Verschmelzungsbericht **5** 16

Stichwortverzeichnis

Verschmelzungsstichtag **5** 23
Verschmelzungsvertrag **5** 16
Verteilungsartikeln **4** 250
Vertretungsbefugnis **2** 75
Vertretungskompetenz **2** 145
Verwaltungsvermögen **4** 335
Vinkulierung **2** 25
Vor-KGaA **2** 1, 8, 38
Vorgründungsgesellschaft **2** 1
Vorzugsaktien **2** 25
Vorzugsgewinnanteil **3** 64

W
Wegzugsbesteuerung **4** 313
Welteinkommen **4** 220, 253
Werbungskosten **4** 169, 170
wesentliche Anteile **4** 178
Wettbewerbsverbot **2** 83
Widerspruch **3** 11

Wohnsitzfinanzämter **4** 318
Wurzeltheorie **4** 4, 5, 99, 202, 234

Z
Zahlungsstromschwankungen **3** 91
Zerlegung **4** 126
Zinsaufwendungen **4** 170
Zinsschranke **4** 188, 198
Zinsvortrag **4** 195
zu versteuerndes Einkommen **4** 27, 51, 111
Zuflusszeitpunkt **4** 168
Zuordnungsfunktion **4** 39
zusätzliche Bilanzierungsgrundsätze **3** 27
Zwangseinziehung **2** 199
Zweigniederlassung **3** 91
Zweistufige Gewinnermittlung **4** 30
zwingende Organe **1** 5
Zwischengesellschaft **4** 236